主编：程原生 米东明

探索发现
Tansuofaxian
Yandiling
炎帝陵

山西出版传媒集团
三晋出版社

编委会

总顾问
范堆相

顾　问
闫元锁　闫爱英　张庚富　李留锁　李建方　范建年

文字学顾问
白双法

编委主任
谢克敏

副主任
秦建孝　杨晓波

主　编
程原生　米东明

副主编
陈　戊　秦春英

编　委
张志刚　梁晋高　李立平　郝卫东　段晓军　赵志敏　张立新　李　皓
张卫国　博先锋　卢　渝　韩树勋　吴天和　马志生　白春明　石小荣
　　　　程　波　王百灵　赵　芳　苏锦绣　李　津　宏　晨

主办单位
高平市委市政府
山西省炎帝文化研究会

2009 年高平市公祭炎帝神农氏典礼

2009 年公祭神农炎帝,高平市委书记、市长谢克敏宣读祭文

2009 年参加公祭神农炎帝的各级老领导老同志马志峰、赵魁元、谢彬、李立功、范堆相、常毅、张庚富

清化寺遗址出土之螭首唐碑

炎帝154代孙、台北姜氏宗亲会常务理事姜竹先生来羊头山祭祖

高平炎帝神农氏陵庙皇城遗址陵碑

高平副市长米东明欢迎台湾大中华炎帝文化研究会筹备处召集人姜兆佳先生

米东明、程原生重逢感慨：发现炎帝陵方有今日公祭盛典

《山海经》记载"神农尝五谷之所,山形象羊头"

最初清理出清化寺(上寺)遗址全貌

清化寺下羊头山向南环抱之龟蛇形

勘测羊头山炎帝神农氏高庙遗址

高平炎帝陵碑发现经过记事碑

炎帝神农殿前三人合抱之桧柏遗迹

陵庙皇城遗址炎帝神农殿，元代自羊头
山迁来,重建于陵墓正殿基础上

古下马碑残片

央视、日本NHK电视台首次报道炎帝陵碑采访守庙老人

神农镇故关村炎帝行宫

央视、日本NHK电视台报道高平炎帝陵

央视首次报道摄制羊头山者一行

泽州县珏山碑记:珏山祀元帝。《国朝图志》称,
帝生神农末年,为静乐王(发鸠山为西珏山)

最初在草丛中发现羊头山清化寺(上寺)遗址

洪荒时代能够安全生存的山西高原地形

羊头山炎帝广场炎帝神农像

序一

范堆相

　　曾任中央电视台10频道文化栏目编导的程原生写了这本书，内容充实有深度，写作方式独到，体现了一种执著的探索精神，和探索出成果的创作模式。这对于山西炎帝神农文化的研究和弘扬，进而推动山西文化产业，是一件很有意义的大事。

　　山西上党地处黄河中下游、太行山与王屋山之间，自古就是"愚公移山"、"精卫填海"、"神农尝百草"、"女娲补天"、"后羿射日"、"仓颉造字"等大部分中华神话故事发生的地方。其中许多都与炎帝神农有关，不仅被《山海经》等诸多文献记载，也为当代考古研究逐渐证明。

　　《探索发现炎帝陵》与其他许多写炎帝神农的书不同之处：别人是在写"是什么""有什么""记载了什么"，这本书却在写"为什么"；一些书止于收集文献资料，这本书却深入研究高平炎帝神农遗迹的点滴秘密；一些书止于罗列已知现实，这本书将理性分析倾注于炎帝神农遗迹的每一个角落；一些书不乏猜测与想象，这本书科学严谨的理性分析，导致文化内涵与历史规律的深入揭示。他以一种崭新的探索思维，全方位、百科式探索研究了高平炎帝陵。本书象导游书，却更深入学术层面；像专著，又洋洋洒洒，以百科知识解读历史人文；具学术性，又向无数科学领域展开，立足通俗、普及、可读性，是一种全新的学术纵横谈模式。

　　这是一种深度发掘分析研究的思想方法，因此就探索出许多新发现。虽然作者是影视宣传工作者，由于思想方法独到，结果就有独到之处，不少新发现在学术上有研究价值。这种探索发现的思想方法，对我们其他学科的研究，都有启示和借鉴意义。

　　"了解过去的五千年,才能把握未来的一百年"。本书对于炎帝神农文化的探索和研究,奠定了山西高平羊头山是中华民族农耕始祖炎帝神农氏首创农耕之地,是炎帝神农文化重要源头的地位,对黄河农耕文明的研究和弘扬,旅游经济发展乃至中华民族的历史发展,都有很大的意义。在我们发展文化产业,以文化促经济的今日,炎帝神农文化已经成为山西省经济发展的重要文化资源和重大机遇。把握这个机遇,振兴山西文化产业和经济建设,是我们炎黄子孙共同的责任和义务!

　　希望本书内涵的文化探索精神,能够成为探索发展社会经济的精神动力。

二〇一二年二月二十三日

　　(作者为山西省炎帝文化研究会会长、原山西省常务副省长)

序二

炎帝足迹信是真，神农文化老而新
——读《探索发现炎帝陵》

曲润海

中华炎黄文化研究会转给我一本程原生先生的书稿《探索发现炎帝陵》，要我作序。我孤陋寡闻、学识浅薄，胆怯气虚，不敢应命。但出于山西人的特殊感情，出于对高平羊头山炎帝陵的好奇，我还是把书稿拿上了。

说我对羊头山炎帝陵好奇，是我看过一本《高平发现炎帝陵》，而且参加过一次在高平举行的学术研讨会，看过一次炎帝陵，上过一次羊头山。意犹未尽，还想再看。

说我胆怯气虚不敢应命，是我看到一些文章在探讨历史问题甚至艺术现象时，往往具有一种强烈的排他精神和臆造精神。如互相指说对方论说的对象是假的，只有自己论说的对象才是真的，唯一的。又如给孙悟空造出了故里。我不赞成这类论说和臆造，但我又没有足够的论据和勇气进行论辩，因此"走为上"，回避了吧。不料回到太原，程原生登门来了，于是聊了半日，打消我的顾虑，然后就断断续续读起书来。

我是货真价实的"老西儿"。"尧都平阳"、"舜都蒲坂"、"禹都安邑"的观念根深蒂固，十分自豪，从来没有产生过什么疑问。后来我到了文化部艺术局充任打杂官，工作之便走了不少地方，开始产生了一些疑问：炎帝和黄帝活动的中心地域在山西南部和河南，怎么和蚩尤跑到河北北部去打仗？舜的都城在蒲坂，怎么大老远地到湖南去死？禹的都城在安邑，却不是山西人或河南人，而是四川大地震的北川人，治水从山西一直治到浙江，死在浙江，那时他治理的地方有那么大吗？我第一次在湖南炎陵县(原酃县)敬谒炎帝神农陵寝，就以为炎帝神农氏出生在湖南。退休后参与了中华炎黄文化研究会的工作，才知道陕西宝鸡、湖北随州也有炎帝陵，那么哪个是真的呢？答案还没有见一撇，又来了山西高平的炎帝陵，而且有好多相关的图片，引起中华炎黄文化研究会几位知名的学者副会长抑制不住的兴奋，当即有几位到高平考察，"感到它对于全面研究炎黄文化具有重要价值"，决定收入正在出版的巨著《炎黄汇典》。

出版《炎黄汇典》，翻阅有关的文章，到高平参加学术研讨会，听台湾姜氏后人姜竹先生介绍，我才知道，炎帝神农氏并不是一个人，而是几百年中的几代人。湖南的有见识的专家，也不认为湖南的炎帝(榆网)是唯一的一个，而是有两个，就是说在末代炎帝榆网之前还有一个不在湖南的炎帝。陕西宝鸡的专家霍彦儒，则认为几代神农的足迹遍布中原许多地方，在山西的足迹就北至忻州定襄。程原生更确切地说，炎帝神农氏历经五百年共八代，最后一代才是榆网，与黄帝结盟的正是这一位。他比轩辕黄帝年长，虽然实际的盟长是黄帝，但还是把炎帝排在了前面，称为"炎黄"。那么，高平的炎帝神农氏究竟是第几代？他根据先秦文献《山海经》等推断，八代炎帝之中，有三代四人与羊头山直接相关，而尝百草获嘉谷创农耕的始祖炎帝就在羊头山，这是真真切切的客观存在。

程原生是怎样认定高平的炎帝神农是真实的存在呢？他实地踏勘过高平、长治、长子的多处有关炎帝神农的古迹，他说仅炎帝神农祠庙，高平至今还遗存46座、上党地区还遗存一百多座，这绝不是好事者无缘无故建造的，而一定有其的历史渊源。他沿着明代朱载堉《羊头山新记》所记的方向距离，找到了所有的遗迹。他走访了当地许多老人，听了许多相关的传说，有些老人竟是实物的见证者甚至保存者。他搜集了几十种古籍中有关炎帝、黄帝、蚩尤、仓颉等上古人物以及山水、风物、气象、度量衡、律吕、仪规的记载。他走出上党核心区域，对周边市县的炎黄遗存，也进行了察访。他还参阅了陕西宝鸡、湖北神农架、湖南炎陵的重要资料。最后对这些资料加以比较，从而做出他的论述、结论。

真实在于探索，探索需要论证，论证则要公允。既不要人云亦云，也不要牵强附会、强词夺理。为此要占有充分翔实的资料，作为自己的论据。而且应该尽量收集不同角度乃至不同观点的资料，作为参照、印证和反证。这样在论证的过程中，才可能少一些片面性，才可能周密一些，公允一些。这样形成的概念，进行的判断和推理，得出的结论，才可能接近事实的本来面貌，才能让人接受、信服。炎黄时期至今五千年，是个约数。尽管我国进行了浩大的夏商周断代工程，排出了基本可信的编年，但黄帝以后至尧舜年代还没有经过考古佐证，更是个约数，因此对炎帝神农文化的时期研究更应该采取探索的态度，探索才可能继续发现。程原生把书名冠以"探索发现",是一种可贵的"求实"精神。我以为,在探索、求实的过程中,既要毫不含糊地坚持自己的见解,也要平等地尊重别人的意见。用中华炎黄文化研究会前任会长费孝通先生的话说,就是应该"各美其美,美人之美,美美与共"。

我们现在是文化高度发展的时代,但在民间依然流传着许多古代神话、民间传说、祭祀仪规、民情风俗,这些东西世世代代传递着古老的文化信息,价值不可忽视。比如保存在上党地区的"迎神赛社"仪规,就是极有价值的非物质文化遗产。类似的遗产在三晋大地到处可见,其中有一些就是炎帝文化遗存。比如高平和全省好多地方的面塑艺术,毫无例外地都要捏面羊。过去并不觉得有什么特异之处,上过羊头山以后,很自然地会联想到,这不就是神农氏族的羊图腾羊崇拜吗?定襄不仅捏面羊,而且捏谷穗,在农历七月十五的时候,给祖先上坟,就要贡献面羊和谷穗。有的人家还要"挂纸",把花花绿绿的纸条挂在庄稼上。上完坟以后,路过谷子地、黍子地,要拔几株回家搭在房檐上。无独有偶,定襄和高平的风俗几乎一模一样。这不是在祈祷丰收,纪念神农吗?七月十五农事大忙已过,挂了锄钩,好些地方要唱戏,在忻州定襄原平还要摔跤,优胜者获一只大绵羊,叫做"挠羊赛"("挠"是举、扛的意思)。这不又是羊崇拜的神农文化遗存吗?由此,我又忽然想到,我们现在都在开发文化资源,创造文化品牌,而且要做大做强。其实最要紧的是作出特色,没有特色谈何大与强?而要作出特色,首先要数数家珍,知道自己有哪些珍宝,怎样保护好这些珍宝。在保护好的前提下合理利用,创造特色品牌。在创造品牌的过程中,要避免趋同。高平羊头山的神农氏显然崇拜的是羊,不是牛,那么我们何必不突出羊的形象,也要塑造成牛的形象呢?不大而破旧的祭天坛,何不修旧如旧保护起来,却要拆掉旧的新修一个高大的呢?如果高平46座炎帝神农祠庙都焕然一新,就都成假的了,还有什么价值,还能打得起炎帝神农的品牌吗?创造品牌不可破旧立新!文化是客观存在,品牌要精心创造。

米东明、程原生探索发现炎帝陵及其著作的出版,还给我们一些启示,值得捉摸。一是探索文化遗存,一定要实地踏勘,光在书本里探索远远不够。二是要重视民间世代相传的文化遗存,民族、氏族、家族都会保留下来一些鲜为人知的珍贵的东西。三是珍贵遗产要原样子保护,不要嫌陈旧,不要避讳神鬼,切不可再把全国独一份的迎神赛社变成到处都有的社火。四是高平炎帝神农的纪念活动、研讨活动要规范化、定型定期,不论在什么情况下(包括领导人变更)都要坚持举行。研讨活动一次要有一次的话题。五是加大宣传力度,既重视宣传社会,也要重视宣传领导。目前高平纪念活动和学术研讨活动,远不如河南、陕西、湖南、湖北影响大。

我并不认为《探索发现炎帝陵》的探索、论证已经很周密、无懈可击、不容置疑了。程原生仍可继续探索发现，各种观点仍可质疑、辩驳、补充，或另辟蹊径。但是我出于对米东明、程原生探索发现炎帝陵的孜孜不倦精神的钦佩，也出于对炎帝神农文化的好奇，更出于对故乡文化建设的关心，我还是说了上面这些隔靴搔痒的话。只能算是赤子真情，难以充当学术书序。

二○一二年一月六日

　　（作者为文化部原艺术局局长、中国艺术研究院原常务副院长、中华炎黄文化研究会副会长）

前言

　　五千年文明看山西,可以有无数种看法,但原则上总有一种是好的,就是能够准确把握山西文化历史的精神气质,又能提供科学依据,对人类社会根本性的问题进行有效思考的那种。原因很简单,展现文化历史的演化,是希望世界人民都愿意来山西看看的,或是希望文化山西走向世界的。如果没有科学依据,或是发现不了根本性的问题,那就很难引发文化共鸣,变成一厢情愿的自言自语或自卖自夸。现代人类的快乐实在太多太混乱太复杂太商业化了,常常丢下自己要命的苦闷去购买浮浅的游乐,如果没有一些有效的问题,实在有愧于厚重的山西。

　　比如,五千年文明看山西,和国家文明的起源有关,但代表国家起源的二里头文化在今河南,殷墟在河南,构成天下体系的周都在陕西,那么,五千年文明看山西看什么呢? 又比如,当今世界格局和春秋战国差不多,而晋文公称霸、韩赵魏三家分晋的故事就发生在山西,恰恰是这个时期,四大古文明一起创造了一个“中枢时代”,这对现代人类来说,是不是可能激发一些联想。还比如,文明的冲突是当代人类社会的一个主题,而佛教进入中原遭受的第一次劫难就发生在大同,大同云冈石窟又代表了两大古文明之间的融合,那么,冲突与融合是在什么条件下发生转化的。

　　类似的问题是不是根本性的问题,我们不知道,于是想寻找一种方式,搭一个平台,让那些知道的人慢慢梳理,让那些根本性问题凸显出来。只要让思想冲破牢笼,就能发现那些典籍、器物、碑刻、简帛、墓葬、古文字、古村落、古城墙以及与之相互依存的山水中,蕴藏着祖先们极为丰富的生存智慧和十分深刻的思想资源。那些景点、山水、风光、项目无论再多,也是有限的,但其中的思想资源却是无限的。一种思想语言越是被公开地开采和使用,它的利用价值就越大。越是被集体地开采,解释和批评越多,资源本身就会得到不断的补充和发展。文化旅游的发展也就会不断地兴旺发达。我们将这种方式称之为思想最大化。

　　思想最大化不是大想大干,而是从从容容地小打小闹,让越来越多的创意成长起来。只要你的“种子”是独特的,我们就尽可能和你一起浇水施肥,人类文化历史的演化原本没有什么预设的目标,只是一点一滴地、一层一层地积累,照此机制,一路走来,自成气象。

《五千年文明看山西》文化创意工作室

目 录

炎帝神农陵庙皇城遗址

一 从和说起

2008 年最令国人振奋的,莫过北京奥运会,我国以金牌数量居首,展示了中华民族冲击人类极限的力度与智慧。

北京奥运会绚丽多彩,恢弘壮丽。当开幕式刻意展示中华文化的精髓时,运动场变幻的图形呈现出一个宋体"和"字。主持人激情地解说:"一个和字,荏苒千年,发展变化,表达了孔子的人文理念'和为贵',彰显出中华民族的和谐观"。

以"和"字组成的词组,因此都有相同或相近的含义,如和平、和谐、和谈、和缓、和解、和善、和亲、和声、和气、和蔼、和美、媾和等等,连和面、和泥、和棋、言和、调和、麻将和了等词组的应用,都无一例外地展示了中华民族"亲和"的民族品格。

在奥运会唯一地突出这个"和"字,充分体现了当今世界的时代主题——和谐稳定、和平外交、和谈休战、和平共处、和睦友好、和衷共济。不论双方有着怎样的恩怨,到了比赛场上,都会站在同一个起跑线上,共同冲刺人类极限。为此,奥运会主题歌开始就是"我和你……"。

汉字"和"的字形演变,包含在现场展现的两个古体"和"字。"禾"与"口"可以左右调换位置,字意不变。但这是为什么? 奥运会开幕式没有回答。这一点如果不回答,则与和谐、和平衔接不上。因此留下这个疑问,"和"到底是什么?

以字理分析,"禾"为农作物,"口"是嘴。这就是"和"字的根源,即"五谷之禾入口平和", 或 "入口之禾口感平和",左右换位意义相同。因此"和"与"禾"发音相同,同音往往同意。

"和"字的时代内涵,首先来自汉字本身的文化内涵,即中华农耕民族的基本品格。如果将此文化内涵与时代内涵结合,对"和"字的阐释将更为清晰。

世界所有民族,最初发展都是

北京奥运队列呈现"和"字

以解决吃饭问题发端。从谚语可见,如"万物土中生,庄稼是根本""土能生万物,地可发千祥""七十二行,庄稼为王""人哄地皮,地哄肚皮"……。

现代社会虽然高度进步,许多事务都依旧用吃饭来比喻。如谋生叫糊口,岗位叫饭碗,受雇叫混饭,花积蓄叫吃老本,混得好叫吃得开,男人靠女人叫吃软饭,男人占女人便宜叫吃豆腐,女人漂亮叫秀色可餐,受人欢迎叫吃香,受到特殊照顾叫吃小灶,不顾他人叫吃独食,受人伤害叫吃亏,男女嫉妒叫吃醋,犹豫不决叫吃不准,不能胜任叫干什么吃的,负不起责任叫吃不了兜着走,办事不力没能耐叫吃干饭。

不要认为在此高谈文化之际说"俗事"有失风雅,饿三天就会明白什么事情最重要。我们今日已难遇到因大规模灾荒导致饥饿之事,但真实的历史记载却能给我们提示没饭吃的悲惨往事。

高平市牛庄乡西里门村南二仙庙内《纪荒警世碑》记载,清光绪六年,"高邑大饥,户口逃亡故绝者,村疃沦灭九分计,城郭绝以多半计","成灾之区也"。由于秋粮减产,加上大雨连绵,原野浸茫,致使仅有的一点粮食也"渐落霉烂"。尽管当地政府停征赋税,开仓赈民,人民仍是到了"剥树皮、刈草籽、拾桑叶、搂瓜秧,并骡马牛羊宰尽,以及鸡犬无声,凡下咽充肠者无不食"的地步,饿死上吊而死者不可计数。以至"有杀子女以省米食,更有父食子、兄食弟、夫食妻、妇食夫"的事屡屡发生,遇死人则"遂窃抢而煮食","米山乡查收人骨满缸,生人餐死人之肉","辛里村查收尼姑人血两盆","见饥饿频死之人遂窃抱而煮食"。

因粮食奇缺,导致"食物昂贵,器物至贱,小米一斗一千二百文,小麦每斗一千三百文","锦衣美器,难易一饭","千家村落闲无人迹,城市街衙,形影悉空",一幅极为凄惨的灾荒画卷。

高平"自死墓"的传说,应该是对灾荒极端案例的补充。

高平市扶市村的老人悄悄告诉笔者,离村子南面不到半里有一座"自死墓",相传不知多少年前,村里因粮食短缺,订了一条严格的村规,凡是过了60岁的老人,就要被送出家门,去"自死墓"自生自灭——都是为了那点口粮。

后来,远方民族进犯中原,船上带来一批老鼠,见什么损害什么。百姓的粮食和器物开始出现损耗,因此把老鼠叫耗子。古籍记载"北人以鼠损耗器物,故名"。村里闹饥荒,为省口粮,上岁数不能干活的老人必须去"自死墓"。村里的孟老汉养了一只猫,平日总卧在老汉袖子里。这猫可真神奇,外形不大,专吃外来老鼠。

眼看孟老汉60岁了,为省粮食,他只能去"自死墓"。可是他还惦记着村里的粮食,每天晚上偷偷回到村口放猫吃鼠。没几天,猫就吃光了村里的老鼠,粮食再也不损耗了。孟家儿女真后悔,赶紧去"自死墓"背回奄奄一息的孟老汉。从此，村里人开始服侍老人，村名改为"服侍村"，至今演变为扶市村。

由对粮食的重视，高平历代重修炎帝庙宇，弘扬神农精神，绝非偶然。

我国著名的音乐家冼星海在法国巴黎留学期间，为了解决昂贵的学费，走勤工俭学之路。一次，他在音乐会上表演出色获奖，记者问他："你现在最需要的是什么"？他毫不犹豫地回答"饭票"，结果四座哗然。这个回答绝非锦衣玉食者能够想象出来。

吃饭问题，任何民族都是同一个道理。

二十世纪 80 年代，日本拍摄了一部故事片《楢山节考》，讲述了日本信州深山中一个极度贫困的小山村，因缺少粮食而形成了一条严厉的法规：村里每出生一个孩子，就必须有一个人死去。因此，凡活到 60 岁还没有死去的老人，就要让家人背到楢山上去饿死，名为"参拜楢山"。另外，村里每家只有长子可以娶妻，其余的儿子只能作为劳力，无权结婚。若偷窃粮食，全家都要被活埋。这些令人难以理解的残酷规定，村民已共同遵守、延续多年。

阿玲婆今年已经 69 岁，身体却十分健壮，虽然离去"参拜楢山"的日子不远了，但她对此并不在意，显得十分平静，每天只是操办大儿子续弦的事。当大儿子把阿玉娶到家后，阿玲婆第一件事就要教会儿媳捕捉冬鼠，以免粮食被老鼠偷吃。无权娶妻的二儿子利助，最让她可怜。她决心在去楢山之前一定给他找个临时女人，让她尝到人间男女之情的滋味。她终于说服了一个老年妇女，出于同情答应跟利助同床一夜。

一个不幸的初秋，村里西屋家的男人由于饥饿偷了些豆饼而被抓住，全家因此被捆在一起活埋了。

深秋，红叶已经落尽，阿玲婆被送往楢山的日子将要到了。这天傍晚，接受阿玲婆最后嘱托的妇女阿金，在马棚里让利助尝到了男女之欢的情趣。深夜，大儿子辰平背着母亲离开了家。很受婆母喜爱的儿媳阿玉倚门目送他们渐渐离去。

当辰平背着母亲走到楢山半山腰时，正好看到村里钱屋家的儿子将其不愿去死的父亲硬推下山谷去的惨景。此时，辰平的心情十分复杂，像逃跑似的背着妈妈向山顶上攀登。累极了，妈妈掏出自己没舍得吃的最后小半块饼子塞给辰平。山上飘起了茫茫的雪花……

《楢山节考》是高平"自死墓"风俗的日本版，反映了日本古代的社会风俗，真实地揭示了生产力极度低下、粮食极度短缺时人们的生存形态。曾经的那个野蛮时期，或许是早期世界各民族的共同经历。

这都是人类的真实历史，因此最欣慰之事，莫过"喜看稻菽千重浪"，"和"字就代表了中华民族自农耕时代开始的基本内涵。

代表国家政权的一个字是"鼎",其原型正是饭锅,功能是烹饪食物,主要是煮肉。我国先民在渔猎食肉时代还没有锅,发明了锅以后首先用来烹饪食物。"鼎"寓意国家最重要的事是占据国土,解决吃饭问题。

植物并非都入口平和。入口不平和的植物,有些虽然不能直接以"和"字表达,却与"和"字有关,能够增强口感,"调和五味",使食物更有滋味。如花椒、大料二味。如果有两位客人走近酒店,店小二一般都拖长声调吆喝"二位(味),里面请",表示二位客商可在本店享受此二味调料。此外还有大葱、大蒜、生姜、辣椒、胡椒、茴香、韭花、孜然等,都是极好的调味品,使食物口感大增。十八世纪欧洲商船向中国运来鸦片,回程运走各种调味香料等,欧洲人品尝后大为欣赏,市场售价极高,以致相互之间可以为争夺一袋香料而决斗。因此"客上天然居,居然天上客",此评价绝不为过。

中国的茶是饮料上品,不仅口感清香,还有解毒功效,传到欧洲后,许多医生遇到诸多病症,都统统开药方"应服浓茶",或有一定道理。当钦差大臣林则徐查禁了英国商船从印度运来的鸦片,英国也对等地查禁了中国产的茶叶。中国禁烟是禁毒,国人叫好。英国禁茶,岂是英国国民之愿望?

其余更多的植物,则不能直接作为食物食用,因为它们体现了对人类各种极不平和的口感和后果,却因此体现了它们的药性,归类为四气(寒、热、温、凉)、五味(辛、酸、甘、苦、咸)。不同的药性构成了治愈人类疾病最天然、最绿色、最生态、最取之不尽用之不竭的基本草类药物,因其为中华民族特有之开发利用而称中医中药。

2003年非典流行,以西医化学药品治疗患者每例平均治疗费用26万元,除了医治无效死亡的,治愈的基本都遗留终身后遗症。而中医治疗成本极低,基本无死亡、无后遗症。

云南白药的发明,则是一位中医发现毒蛇受伤后,能够自行寻找食用一种草随后自愈。由此诞生了这种既能外用、又能内服的伤口愈合传世之药。这是草药治病的经典案例,这类经历或许就是启示古人尝百草创医药的最初动力。

中药的来源极其广泛,大致分为"草、木、虫、石、谷"五类,几乎多数自在之物都能入药,甚至如"灶中土(灶内壁黑灰)""童之便"都在中药之列,都没有化学制品的副作用,治好病才是硬道理。当然不同的药性要经过品尝检验。

入口平和或不平和,以及不同药性与效应的鉴定工作,已由我中华民族的一位祖先,依靠自己的口感和身体反应基本识别完成。虽然评价他的功绩是尝五谷发明粮食、尝百草发明中药,其实最初都是品尝植物。这位祖先就是中华农耕始祖炎帝神农氏。

中国的中医中药在当今时代日益显示出它无可争议的优势。巴克特著《现代医学与易经》对此有一段精辟的论述:"在西方,尤其是在美国,医药行业是一个庞大的行业,公众的健康水平却在逐年下降。医药和医院的费用已经上升到天文数字,但疾病的单子却是越列越长……而这种疾病的蔓延,医生自己也感到束手无策……许多疾病实际上是医生和他们所使用的治疗方法造成的。在人类遭受苦难的疾病这个长长的单子中,我们还应加上这样一大类:由医生所致之病。巨额的费用被用来修补由现代药物和手术造成的危害。"

当西方国家饱尝工业化与化学药品的弊端,开始反思人与自然的相互关系,开始关注绿色生态环保安全的价值时,才转而开始关注中医中药。

国际卫生组织在 20 世纪末的一次会议上宣称,在未来的新世纪中,近代兴起的化学药剂将被限制使用并逐步淘汰,包括中、印等国传统的天然植物制作的医疗保健药品将占据主导地位。因此,炎帝神农氏始创的具有五千年历史的中医药学,将在人类走了一段弯路之后,被重新正确认识和对待,西方国家"尝百草"的时代正在到来。尽管他们已经迟了五千年,但再迟也为时不晚,因为还有中医中药可资借鉴。

李时珍所著《本草纲目》,是《神农本草经》以来最全的药物学专著,自 1606 年首传日本起被译为多国文字,是中国被翻译成外文最多、影响最大的古代科学巨著。保留中医中药传统的中医们,必将以全新的姿态走向世界。

我们今天谈论炎帝神农氏,并非企图阐述什么学术研究。而是在人类日益关注身体健康之际,来彻底反思身体健康之根本到底是什么?为了身体健康,我们到底该向何处去?追寻先人足迹,或许能为我们探索一条健康人生之路。

高平炎帝陵的发现,是我们探索炎帝神农氏的起点。

二　发现炎帝陵

团池乡曾是高平的"老大难"乡镇,在全市是最难最乱最难缠。几年连换几任书记和乡长,任期最长的不满2年,有的仅几个月。中国自古有句俗话:宁做小国之君,不做大国之臣。然而此信条在团池乡却全然相反,几位团池乡的离任干部都表示:"宁在市里当干事,不到团池任一把手。"那么,团池乡由谁来挂帅呢?市委派专人下乡访民意、搞调研,终于了解到,米东明几年前在此任乡长期间,在群众中很有威信。市委书记随即找米东明谈话,郑重指出,团池乡是高平大乡镇,又是高平的边远穷乡,问题成堆,边关缺将,组织上认为派你去当乡党委书记比较合适,想听听你的意见?

去一个几任领导都呆不下去的"老大难"乡工作,米东明并非没有考虑,但面对组织的信任,身为党员干部,他别无选择:"我去,改变不了面貌,绝不离开团池!"就此,1993年12月,米东明"临危"受命,重返团池乡任乡党委书记,颇有"视死如归"之凄壮。

米东明当时年近不惑,有魄力又实在,黑黑的脸膛容易使人联想黑脸包公。团池乡,是历史上以民间诉讼多而闻名的地方。乡机关所在地清化寺下寺大殿台阶下一块"诉讼碑",向人们展示着本乡几百年沿袭的民风民俗。至今,当地乡民仍较少宽容,稍有办事不公,便要论个长短……。

果然,米东明上任报到那天,正赶上乡政府院里几十个村民上访告状。当时团池乡可真是一个"烂摊子",乡民流传着顺口溜:"电话没响声(线缆常被不法分子偷割),喇叭没音声(经常停电),吃水没井绳,晚上没电灯(许多村拖欠电费40万元,被供电部门停了电),征购税收完不成(不交粮纳税),打架斗殴常发生,三胎四胎到处生(计划生育不能落实,全乡几百个超生三、四胎户),上访告状一窝蜂,进了团池一路坑(进乡政府的公路无人管护到处是坑)。"

团池乡位于太行山南麓的羊头山下,煤铁资源丰富,采煤、炼铁、小铸造是团池乡的传统产业。但因利益分配不均,干群关系紧张,干部互相拆台,农民攀比告状十分严重。至米东明上任之日,全乡冶炼业几乎全部停产,15个煤矿只有一个乡办煤矿还在生产。为此,米东明响亮提出"党委树威信,政府树威力""抓发展必须抓稳定,抓稳定必须抓班子建设",从整顿各村各企业的领导班子入手,先抓干部党员的思想教育,正党风、扶正气,少说空话,多办实事。他以身作则,清正廉洁。通过党委一班人艰苦努力,乡政民风焕然一新,多数煤矿恢复了生产,冶炼企业全部点火,互相拆台告状现象得到遏制,米东明很快受到百姓拥戴。

为使全乡经济步入良性发展轨道,他踌躇满志迈开第二步,通过调查研究发展地面企业,寻找新的经济增长点。他带领党政一班人再次走遍团池乡33个行政村、47个自然村的山山水水。当他看到离乡政府6公里的羊头山六名寺内九华池清澈的泉水,得知泉水不仅终年不断,甘甜无比,而且还有药用价值。当地群众常来这里用水洗眼,医治眼病。为此,米东明亲自上山考察,萌发了建矿泉水厂的念头。为此,米东明安排原东沙煤矿矿长申重信具体负责此项工作。他亲自提取水样赴河北正定作水的全面分析检测,结论是羊头山泉水含锶量为华北地区之最,水质不仅符合人类饮用矿泉水标准,而且含有多种对人体有益的微量元素。正当米东明暗自高兴时,鉴定中心化验室周主任却说:"米书记呀,现在是市场经济,光有优质矿泉水还不行,占领市场还必须有好的品牌。"

当时国内"崂山矿泉"等有名气的矿泉水有20多种,羊头山矿泉水确定什么牌子?既要好听好记,又要有本地特色。为此,从河北回来的路上米东明一直考虑商标问题。他想到高平是战国后期著名的长平之战古战场,曾想起名"长平矿泉",又感觉不太理想。最后,米东明让申重信搜集当地的民间传说和古籍资料,再参考一下,一定确定一个好的商标名称。不久,申重信前来汇报,许家村有个几代教书的民办教师许钦顺,家藏一本《泽州府志》,其中一篇文章是明代朱载堉写的《羊头山新记》全文。米东明喜出望外,专门和申重信前往许家,看到是一本线装书,米东明如获至宝,当下借来复印细读。

《羊头山新记》记载,羊头山上有与炎帝神农氏有关的古迹神农城、神农庙、神农井,神农泉以及五谷畦,详细描写了这些古迹以脚步测量的具体位置。

这可是个了不起的信息!一个重大发现!

过去,人们只知道羊头山上有不少北魏石窟,1990年高平新编县志也如此介绍,却无人知道羊头山有这么多与炎帝神农氏有关的古迹。这些古迹现在有没有了呢?为此米东明吩咐申重信,再到实地详细调查,要先找到居住在羊头山腰六名寺的村民朱红有,他最熟悉羊头山的情况。

随后便有村民向米书记反映,有两个人一连几天在山上转悠,是不是经神病院有人偷跑出来?

功夫不负有心人,古书上标注的炎帝神农四大遗迹都找到了。原先须要命名商标的泉水正是神农井泉水。"神农泉",一个新的商标名称已经不言而喻、顺理成章了!

正当此时,又一个关于"皇坟"的消息传来。

庄里村"皇坟"的说法自古流传。最初听说是"黄昏",米东明并未在意。后来了解当地方言其实是"皇坟",顿时心里一亮,必须亲自考察,或许有新的契机。

守庙老人张根昌

1994 年 8 月，秋高气爽，米东明亲自带着刚到任的副书记梁晋高一同来到了庄里村，村支书王林发、村长任启新介绍，村里有一座五谷庙，又叫皇坟，还有说是城隍庙的，可惜在"文革"中已经遭到破坏。住在庙里的老人知道一些情况，说着说着就到了五谷庙。

五谷庙正殿光线昏暗，堆满集体的农具。房东张根昌夫妇住在五谷庙东厢房，靠墙有一张桌子，上有一个香炉。屋里有南北两个套间，北边套间供起居，光线昏暗，家具简陋。南边套间有灶台算是灶间，墙壁被烟熏火燎成黑褐色。张老汉介绍，早年这里叫皇坟，供的是一位城隍老爷，但不知道这位城隍老爷究竟是何人。常有人来烧香上供，逢庙会时来人就更多了。

既然是"皇坟"、城隍老爷，总该有碑刻说明吧？米东明问了半天，张老汉一直说没有碑刻。后来问急了，说是有一块碑，在另外的房间，钥匙被家人拿走了。话语支支吾吾，闪烁其辞，反而使人生疑。米东明不温不火，耐心给老人解释，要他打消顾虑，并说明自己就是团池乡党委书记米东明，所问的事情是负责任的。老人一听顿时态度大转："你就是米青天呀！"

原来，1976 年，庄里村党员干部曾反映村干部的问题，米东明当年任乡长期间就办事公道，敢给群众做主，受到群众普遍好评。老人已经听说米东明又来乡里上任书记，威信很高。这才道出真情："碑是有，就在这家里。"

顺着老人手指的方向，正堂供桌后是一张写有"天地英雄气"的大字画卷。

炎帝陵碑

老人说："就在那后面。"米东明掀开画卷，后面是一幅因年久而颜色发黄的毛泽东主席像。揭开毛主席像贴附的旧报纸，一个凹陷进去的墙洞呈现在眼前。墙洞里黑糊糊一片，什么也看不清。米书记用手摸，像是一块沾满厚厚油烟黑灰的石碑。他立刻吩咐司机拿来擦拭轿车用的毛巾，蘸着张家人端来的一盆清水，反复擦洗起来。首先从碑中央擦出一个模糊不清的"帝"字，心中暗喜。紧接着又擦出"帝"之上的"炎"字，是"炎帝"！大家又惊又喜。很快，碑的下部"陵"字，以及左下部的万历年号等落款一一显示出来。

炎帝陵,终于在米东明把石碑擦洗了20多遍之后,显露真容。烟熏的痕迹说明,之前几十年内没有任何人触动过,确是首次发现。

一个乡党委书记,第一次把当地若罔若闻的传闻,变成了真实存在的现实。

张老汉随后诉说,近30年前的文革时期,为防止红卫兵"破四旧"毁坏陵碑殃及房屋安全,特意张贴了报纸与毛主席像,才免遭一劫。后来又张贴大幅字遮盖,碑刻的事一直严守秘密。至此,这个旷世大发现的第一证据终于重见天日,成为"高平发现炎帝陵"的标志性事件。

此事随即报告了高平市委市政府。

一晃到了12月3日,山西电视台驻省计生委记者站副站长程原生与特约记者陈戊,赴高平市团池乡拍摄计划生育电视新闻。第二天上午,两位记者完成了预定任务在高平宾馆等车,准备返回省城。米东明特来送行,这不仅是一般的礼节,他还另有想法。在与记者言谈中,米东明看着记者的摄像机箱说道:"有这么个事,不知你们是否感兴趣。我们乡最近发现了一块炎帝陵碑,羊头山上也发现了炎帝文化遗迹……"

随即是一段关键的对话:"湖南已有炎帝陵……事情复杂化","把水搅浑了……","浑水才能摸鱼……重在参与……","比较才能鉴别……","今日不回太原,直奔团池乡庄里村……"

山西发现有4500万年前的中华曙猿化石,旧石器时代遗址200多处,新石器时代遗址500多处,夏商周及唐代遗址墓葬群500多处,不可移动文物70万件,宋金以前的古建筑占全国的75%。现在又发现炎帝陵?完全有可能。程陈二人愿意相信这次发现,愿以自己的努力使之真正成为"发现"。

程原生自1979年开始从事电视工作,始终牢记一句话"及时拍摄一切可能有新闻价值的突发事件"。这次面对炎黄始祖遗迹,或促成重大发现,或仅是一说而已。对事件的判断评价能力,就是新闻敏感性的标志。对祖国历史文化遗产的挚爱,促成了二人即刻前往,首次、独家采访拍摄。

高平市计生委主任陈俊生原本是来送行,欣闻之下也同行前往。

五谷庙正殿是一座宋元风格的古建筑,保存完好。明朝万历年制的琉璃宝刹做工十分精巧,殿内大梁上清朝乾隆年重修的记载清晰可见。在大殿的墙角下,静静地躺着一块残破的石碑残片,抹去上面厚厚的尘土,"炎帝陵乃古迹之胜地也"的字句依稀可见。为证于此,后来查阅清版《泽州府志》记载:"上古炎帝陵,相传在县西北四十里换马镇。帝尝五谷于此。"书里说的换马镇现在叫换马村,离庄里村不到一里路,那时候庄里村属换马镇管辖。如此看来,炎帝在这一带尝五谷的历史,始终是得到官方认同的。

看庙老人张根昌告诉我们,大殿的东墙和西墙上,原来都有陵庙及四周皇

1994年首次拍摄六名寺

城的彩绘，可惜1953年被铲掉了墙皮。还有东殿的大太子、二太子的塑像和西殿三太子的塑像，均毁于1955年。

我们要找的炎帝陵碑在东厢房。正墙上挂着一幅黄底色的大字"天地英雄气"，书法遒劲，使整个房间透射着一股凛然正气，使本来就充满悬念的房间更显神秘。

米东明把我们要拍摄的意思告诉了老人："老人家，这是两位记者，今天来是要给炎帝陵碑拍电视，让全省全国的人都知道山西有个炎帝陵。"

张根昌夫妇听说我们要给炎帝陵碑拍电视，稍许沉默后说："那就拍吧，要不在这儿祭祀了这么多年皇坟，后人还不知道祭祀的谁。"说着，面对摄像机镜头，米东明又一次揭开了"天地英雄气"大字画卷、毛主席像和裱糊的报纸。就这样，中国最古老的帝王陵碑——上古炎帝陵碑终于重见天日。

由于陵碑年代长久，近几十年还被煤烟熏，呈现黑褐色。正中间是炎帝陵三个大字。左右分别刻写年号与落款。此碑历经岁月沧桑，到当时1994年已有384年的历史，到2011年就是整400年了。

采访拍摄促使我们仔细搜寻相关遗迹。院内东南角是钟楼遗址，还保留一人高的三面墙，里面是一两米高倒塌的土石堆积、丛生的枯萎杂草，泥土半掩埋着不少碎裂的碑刻残片，村民帮忙立刻就翻了出来，采访拍摄一路顺利。

程原生、陈戊首次采访拍摄炎帝陵

当天晚上与第二天拍摄了六名寺与羊头山，随即整理送电视台。

一周后，未见新闻播发。米东明急了，专程奔太原询问。省台新闻部告知，年终重大新闻多，这种"软新闻"没有时效性，给重大新闻让一让。

第二周又去问，通联部张晋霞说，正要给你们打电话，素材那么多，哪个是陵庙、哪个是正殿，又没有明显标志，怕搞错。我们当即现场办公，我上机找镜头，霞霞编辑，随即电告米东明。1995年1月初，《山西新闻》终于正式播出。

第三次到台里时，霞霞高兴地告诉我们："那天上午我把《上古炎帝陵碑重见天日》的新闻传到中央台，下午刚上班，新闻部段荣鑫主任就在楼道里大声喊："谁拿着炎帝陵的素材，赶快给我送过来！"我一听很紧张，不知发生了什么事，赶紧拿着录像素材跑到段主任办公室。段主任告诉我，中央电视台新闻部主任亲自给他打来电话，说《上古炎帝陵碑重见天日》内容很好，中央电视台要重编一下，晚上播出，要求立即把素材用微波传过去，我悬着的心这才放下来、好事啊，就该是新闻联播的题材。当晚，中央电视台正式播出，天下皆知。

高平市委市政府也开始高度关注。

3月7日，广东《炎黄世界》杂志社编辑龚素贞来函约稿。

3月9日，远在台湾的炎帝神农氏第154代孙姜竹先生来信，"顷接大陆同乡来函告知，二月二十四日晚，中央电视台新闻报道，说山西省高平县发现"炎帝陵"，有建筑、有碑碣等消息，欣闻之下，今特修函驰达联系，并附'始祖炎帝神农氏传略'及'姜姓始祖炎帝神农氏传承一百五十七代世系表'及'浙江联谊报'剪印各一份……恳请赐寄炎帝陵有关资料及照片，以便参考并而后联络或择期寻访为荷"。

不久，米东明又发现炎帝行宫。程陈二记者再次拍摄《上古炎帝遗迹亟待保护开发》于中央电视台5月3日《午间新闻》报道。并经省级电视台信息交流中心通过香港坚增公司代理，送日本广播协会NHK电视台新闻播发，成为第一条海外传媒炎帝陵的新闻报道。

吉林电视台通过卫星转播这条新闻，电波辐射整个东南亚。

高平炎帝陵开始走向世界。

重大发现常常得之偶然，必然寓于偶然之中。

随着中央电视台新闻报道，"发现炎帝陵碑"这个标志性事件立即切入主流社会。从此，"炎帝陵"由历代相传、乡民口传、志书记载，一跃而成为有明确地点的确凿遗

程原生、陈戊首次采访拍摄米东明发现的炎帝陵碑

首届炎帝文化旅游节

存。

在此之前,所有的口传、记载都不可能成为证据。如同长平尸骨坑的客观存在,两千年来谁都知道,当地百姓知之更详。秦将白起不可能将40万赵国人的尸骨运回秦国,只能留弃当地。但人们也只能是概念性了解,没有找到就谁也不能具体确定。只有使用工具掘出尸骨坑的那一刻,才构成证据的发现,发现的意义在于明确的时间地点获得物证,从而事件的确认或证明。常有人事后说"不算发现,我以前就知道",多被传为笑谈。

未见到"炎帝陵"三个字的碑刻,上党炎帝陵永远只是个美丽的传说。尽管五谷庙住持后裔知晓,但那是他心底的秘密,是主流社会无法知晓的宝藏。宝藏的揭示、媒体的传播、主流社会的即刻广而知之,即是"发现"的当代形态。

米东明以文化促经济,亲手实践了这个"发现",机遇只赐给有准备的头脑。

三 五谷庙猜想

每饭不忘

封建社会提倡"每饭不忘君",现在不说这了,似乎花几个铜板就有饭吃,与天上掉馅饼差不多。即便没有每餐记起,我们也绝不应该忘怀我们的先祖寻求食物的历史。

炎帝神农氏是我国始创农耕的始祖,我国上古时代姜姓部落首领,名魁傀,又名"伊耆氏",号烈山氏,"姜"姓,长于姜水。有圣德,以火德王,故号炎帝。为使百姓足食丰衣,不受病疾之苦,他遍尝百草,以致一日中七十次毒。他又作乐器,让百姓懂得礼仪,为后世尊崇。据《纲鉴》等记载:"炎帝以火德代伏羲治天下,其俗朴,重端悫,不岔争而财足,无制令而民从,威厉而不杀,法省而不烦,于是南至交趾,北至幽都,东至旸谷,西至三危,莫不从其化。"《越绝书》记载:"昔者神农氏之治天下,务利之已矣,不望其报;不贪天下之财,而天下共富之;不以其智能自贵于人,而天下共尊之。"

炎帝神农氏对中华民族的贡献足称伟大。班固云:"古之人民,皆食禽兽肉,至于神农,人民众多,禽兽不足。于是神农因天之时,分地之利,创制耒耜,教民耕作,神而化之,故谓之神农也。"

羊头山炎帝像

神农炎帝时代之后是轩辕黄帝时代。

轩辕黄帝为中华民族的人文初祖,中国远古时代部落联盟首领。黄帝,本姓公孙,长居姬水,因改姬姓,居轩辕之丘(今河南新郑西北),故号轩辕氏,出生、创业和建都于有熊(今河南新郑),故亦称有熊氏,因有土德之瑞,故号黄帝。他首先以统一中华民族的伟绩载入史册。他大力发展生产,创造文字,始制衣冠,建造舟车,发明指南车,定算数,制音律,创医学等,是承前启后之中华文明的先祖。

司马贞索隐:"有土德之瑞,土色黄,故称黄帝,犹神农火德王而称炎帝然也。"《国语·晋语》记载:"成而异德,故黄帝为姬,炎帝为姜。二帝用师以相济也,异德之故也。"

历经悠长岁月,两个部落渐渐融合成华夏族,华夏族在最强盛的汉朝以后称为汉人,再到强大一统的唐朝以后又称为唐人。炎帝和黄帝是中国农耕文明的始祖,传说他们以及他们的臣子与后代创造了上古几乎所有重要的发明。因此,炎帝和黄帝共同成为我华夏民族的祖先,开创了代表中华文化的炎黄时代。至今,中国乃至世界华人不论走到天涯海角,都始终不会忘记自己是炎黄子孙。

然而,人文初祖轩辕黄帝陵庙在陕西省黄陵县世人皆知。农耕始祖神农炎帝比轩辕黄帝更为久远,他尝百草、种五谷,为中华民族解决了粮食这个人间最大的难题,永远地受到中华民族的尊崇。但直至1994年8月,炎帝神农氏之高平炎帝陵才被发现,才被世人瞩目。从此,我们开始了探索与发现的艰难历程。

高平市神农镇庄里村五谷庙,自1994年8月发现炎帝陵碑那天开始,就一直留下一个最大的谜团:以中华始祖炎帝神农氏的不朽业绩,完全应该拥有独立的祭祀场所,帝陵标志的碑刻为什么仅座落在一个小小村落的五谷庙呢?

无论谁走进庄里村炎帝陵,都没有米东明16年前第一次发现炎帝陵碑的秘密时那般神秘。正是这种神秘,将高平炎帝陵一鼓作气推向世界,成就了现在每年一度炎帝神农氏祭祀大典。现在高平炎帝陵已经名扬四海,学术界研讨炎帝神农氏,已经把高平作为炎帝神农氏当年活动最重要的地区。

笔者在CCTV—10编导摄制大型文化专题节目《寻找炎帝遗迹》访谈时,特意聘请了原中华炎黄文化研究会常务副会长王俊义先生、中国社会科学院先秦史专家罗琨女士以及原高平市委书记王树新做嘉宾。王俊义先生特别指出:"高平市炎帝庙有30多座,上党地区炎帝庙100多座,属于明显的大范围高度密集。"特别是仅神农镇羊头山和周边乡村,就有炎帝陵、炎帝行宫、炎帝中庙、炎帝下庙、炎帝城、神农泉、神农井、五谷畦、艺谷圃、下马碑、五谷庙等成片遗迹群。更由于此地丰厚的炎帝神农文化内涵,为国内其他省份炎帝神农纪念场所难以比肩。

目前迫切需要的,是深入揭示炎帝陵区的诸多悬念,这不仅为了解答多年来专家和游客提出的种种疑问,更重要的是为了整体发掘这一带炎帝神农遗迹群的文化内涵,奠定完整的实物和历史考证基础。

神圣家族

由南向北走近五谷庙,是一种探微幽深的心境。

由戏台向北走去，便走到山门遗址，两边是钟、鼓楼废墟。晨钟暮鼓，当然是东边钟楼，西边鼓楼，都是二层楼的规制。钟楼一直矗立至1986年。1994年发现炎帝陵时，残碑都散落在钟楼遗址，成为今日解读炎帝陵庙的珍贵文物。钟、鼓楼遗址都还能看出轮廓，尚余一米高的墙体。

正中一条甬道，直通正中坐北朝南坐落的五谷庙正殿，即五谷神炎帝神农殿，宋元风格，配以东西角殿，和东、西两边厢房。东厢房就是炎帝陵碑所在的碑亭原址。祠庙整体规模可观，最重要的，是它难以替代的文化意义，和历代久远所蕴涵的无数历史信息。

正殿门前阶下一米远之处原有三门，现在还留有石柱遗迹，应该是类似牌楼的造作。

三门前早年有献台一座，用于放置供品，由于年久已失。这是国内祖庙的独特设置。

中华传统文化，仅知道"是什么"，还难以称其为"文化"。只有知道了"为什么"，方进入文化领域。故凡去文物古迹观瞻，必须了解许多文化传统常识。否则按百姓说就是"瞎看"，与闭着眼观赏差不多。

古代的庙，一般都是祖庙，用来祭祀祖先。"庙"字的繁体是"廟"，上面"广"代表房屋，下边"朝"是朝拜之意。中国人早晨起来要先朝向老人礼拜问安。"廟"就是定时向死去的老人问安之处，也就是祭祀、朝拜之处。"廟"字的另一个异体字为"庿"，下面的"苗"代表本族人的苗裔前往祭祀之处。后来又逐渐产生一个简化的"庙"字，下边是一个"由"字，是"原由"之意，本家族、有原由的人祭祀的场所。

"祭祀"是我国独特的祭奠祖先的仪式。"祭"字下边是"示"字，即庙里三石支撑的献台及贡品的象形字。上部右边"又"，在甲骨文里是一只手的象形字，左边是"肉月"，即"肉"字。可见"祭"是用肉祭奠，内涵了远古时代的祭祀遗俗。"祀"字左边是"礻"字旁，同样是供桌供品即"示"字。右边"巳"是腿弯曲、手蜷曲前伸下跪的"人"字变形。因此"祭祀"就是

陵庙皇城遗址炎帝神农殿

人跪着以肉祭奠之意，以此表示对祖先敬重，希望获得祖先保佑。

《礼记·祭说》曰："凡治人之道，莫及于理，理有五经，莫重于祭。"《礼记·祭法》认为，化育万物的天地，护佑万民的神明、先祖，圣勋贤臣于民有开创之功者，都要享受祭祀。

祭祀通常要设供台、摆香炉。香炉内一般盛小米，点燃象征天、地、人的三炷香分别插进香炉，行跪拜礼，念祷词。

当地俗传农家到此祭祀则丰产，商贾到此祭拜则富甲，医者到此感悟则技高，药者到此则灵验，游者到此览胜则福安。

原始渔猎文化时代，人民祭天、祭地、祭祖以及祭各种神灵，常常以战俘充当祭品。考古专家在山西南部发掘出捆绑埋人的灰坑，即是这种远古时期"人祭"、"人牲"的祭祀遗迹。二十世纪初，边远少数民族还有"人祭"习俗。小说上常有贼寇"杀头祭旗"，就是这种远古风俗的遗存。

到了商朝、周朝，祭祀已经逐渐采用"牛、羊、豕（猪）"等牲畜。并有了"太牢"和"少牢"的等级规格之分。"太牢"就是祭祀用牛、羊、猪三种牲畜，"三牲具曰太牢"。因为使用了农业生产的牲畜"牛"来作贡品，因此"太牢"是古代最隆重的祭品，后来太牢专指以牛祭祀。以羊祭祀则被称为"少牢"。古籍中有"诸侯之祭，牛曰太牢；大夫之祭，牲羊，曰少牢"的记载。用来祭祀的牛羊猪等牲畜称"牲"，都是牛字旁。牲的繁体"犧"字，右边上部是"羊"，"牲"字右边是"生"，表示生灵。这说明造字阶段已经开始脱离人祭阶段，进入以牲畜祭祀的时代。

明代《七修类稿》记载"馒头本名蛮头"。相传诸葛亮亲率兵马在云南贵州与孟获作战，七擒七纵平定了叛乱。班师回朝之际，行至泸水，忽遇狂风大浪，部队不能渡河。当地百姓告之，此乃"猖神"作怪，需49个人头及黑牛、白羊祭祀，方能安然渡河。诸葛亮不忍以人祭祀，遂令用牛、羊、豕肉作馅，包入面叶之中，塑成人头形状，以祭鬼神。

晋人熟悉的《饼赋》说："三春之初，阴阳之至，于时宴享，则馒头宜设。"此时举行宴会祭享，陈设包有馅的馒头，象征一年的顺利。联想诸葛亮南征回师，正值三春之际，这三春之际宴享馒头的风尚，似有沿用诸葛亮始创最高规格祭品之意。

庄里村村民传说，在清末与民国初期，五谷庙里用黍、稷、麦、菽、麻等五谷，以及蒸面猪等贡品祭祀炎帝神农氏，这是炎帝神农氏发明五谷种植以后，民俗尊崇炎帝神农氏的最高规格祭品。

高平乡间秋凉之际糊窗纸，必留一个小洞，说是神农老爷还没有回来，要留门。秋收后十月初一方可糊严实。北方的许多节令，在高平都是祭祀炎帝神农的日子。如二月初二为动土日，十月初十为谢土日，七月十五中元节祭祀亲人，却要到地里供羊馒头,祭祀五谷爷(神农),亲戚邻里互送羊馒头。感念炎帝神农粒食之恩。建房与丧葬时的镇物都是谷子。

朝廷定时的祭祀活动通常称为"社稷",要在社稷坛进行。古代帝王祭祀日要记入朝廷祀典。祭祀时礼节极为庄重,百姓不得参与。祭祀的仪式,通常要设立供台,上摆香炉。这种香炉通常盛满小米,将点燃的三炷香分别插进香炉,跪拜行礼,口念祈祷之词。

庄里村历代是祭祀炎帝神农氏的圣地,设有下马碑,提示朝廷官员到换马村就要"文官下轿,武官下马",步行前往炎帝神农陵庙进香祭祀,以示敬重。据清顺治《高平县志》记载,高平西关有社稷坛,"明洪武初建,有司岁以春秋以上戊日致祭"。

祭祀是极为庄重的大事,"国之大事,惟祀与戎","祀"是祭祀,甲骨文"戎"字是"戈"与一只手,手持兵器"戈",即是征伐之意。祭祀与征伐同为国之大事。"礼之起于祀神",由对神的祭祀逐渐产生了"礼","礼"字右边是人下跪的字形,有礼的面貌为礼貌。中国为礼仪之邦,可见我国对祭祀传统之重视。

过去人们常在庙里说"煌煌庙堂,神灵在上",说明庙是一个严肃的地方,不能妄言。太庙的明堂称庙堂,是古代帝王祭祀和商议军政大事的地方,故《淮南子·兵略》记载"故运筹于庙堂之上,决胜于千里之外"。

遇有难以决断的大事,常在庙里推测或密谋,称为"庙算"。面对祖先,首先要祭祀,以祈求古人帮助。在神灵面前猜测推断就是"神机庙算",这是后来演变为"神机妙算"一词的字理本意。例如隋朝末年,李世民在晋阳城(太原古称晋阳)晋祠起兵反隋,"祷于祠下"(晋祠),许愿并求助古唐国先祖唐叔虞保佑。得天下之后立即还愿,定国号为"唐"。这都是"庙算"的"神机",是严肃的事。"庙算"一词演变为"妙算",似乎缺少了严肃庄重,有自作聪明之感。

庙里的仙女和仙子神像均年轻貌美,因此一般说到美女年龄时忌讳直说多少岁,都以仙女仙子作比喻,称"庙龄",后来也被演变为"妙龄",不知什么年龄为"妙"?

《礼记·祭法》:"远庙为祧。"孙希旦集解:"盖高祖父高祖之祖庙也。"那么炎帝神农氏之庙是我们中华民族共同的"高祖父高祖之祖庙",其敬重尊崇应在所有远祖之上,是最神圣、最高级别的庙。

高平人祭祀炎帝神农氏敬重有加,敬重的心态却与外地不同。每年正月初一都要来炎帝神农庙请炎帝神农老爷回家吃饭,是当作祖宗、亲人、恩人看待,并不见外,常言"老爷就是咱种地人的圣人,不用那些讲究。丰收了也要记着带些五谷、带几个馍来告诉一声,不能忘了老祖宗"。

据明代皇世子、音律学家朱载堉的《羊头山新记》记载,此地当时"有石栏、

炎帝神农殿镶嵌金龙的大梁

石柱存焉，盖金元物也"。金、元是指我国北方两个少数民族统治中原的时期。当时作者对这座庙的描写，透露了炎帝神农氏声名远播至北方草原民族乃至中华各民族的特殊地位，显示了所有炎黄子孙对农耕初祖的独特尊崇。

五谷庙正殿顶上是琉璃脊饰，正中有一个竖立的琉璃宝刹，正面刻有"炎帝神农殿"，背面刻着"大明嘉靖六年"，记载了炎帝神农氏的名号，并最后一次大规模修缮的时间。

正殿内，四根并排的方形顶梁石柱支撑着四根大梁。即正殿"面阔五间"，约宽十五米。梁上以真金塑造着飞腾的金龙，这在国内极为罕见，标志着炎帝神农殿的顶级规格，与神农镇中庙村敕封"炎帝中庙"规格相同，应该也是帝王亲封。

一米高的石砌神台上，有三尊端坐铜像。居中是炎帝神农氏始祖。根据台湾炎帝154代孙姜竹先生研究排列的"炎帝神农氏分支分氏世系表"，炎帝神农氏始祖魁傀，又名伊耆氏、烈山氏，在位120年。炎帝神农氏左手持嘉禾即优良谷物，右手拄耒耜即原始农具，仪态肃穆，神情庄重，象征尝百草、种五谷、始创农耕的崇高地位和伟大功绩。文学家班固评价炎帝神农"古之人民皆食禽兽肉，至于神农，人民众多，禽兽不足。于是神农因天之时，分地之利，创制耒耜，教民耕作，神而化之，故谓之神农也"。

中国自古以农业立国，是世界上最早开创原始农业的国家之一。我国古籍毫无例外地记载着代表这一时期的开创者，最先尝百草，制耒耜，教民稼穑的神农氏。这是历史的真实记录，是符合社会历史发展的进程，反映社会发展规律的，没有丝毫的神化色彩。

"耒"与"耜"，都是上古时代的农具，两个字都是实物的象形字。

"稼"与"穑"，"稼"字是"禾"苗在"家"，即种在田里；"穑"右边上部是"麦"的上半部，下边是"回"，意为麦子收回，加"禾"字旁为"穑"，引申为庄稼收获回来。因此"种曰稼，敛曰穑"。

文献记载，"神农，神也"，这是一个极高的评价。远古三皇五帝直到现在名号为"神"，并被人民普遍长久认同当之无愧者极少。那么，"神"是什么呢？

按照《说文解字》记载，"神者，申也"。"申"的汉字归类于"礻"字旁，属祭祀类。那么"申"又是什么呢？汉字研究专家白双法先生曾讲述他切身的一次亲历。

为了拍一部关于汉字的电视系列片，2000年夏，他与剧组驾车前往清东陵，眼看已到达却下起了雨。本想在一株大树下暂避，白先生提议紧跑几步到门洞里从容等待。刚要跨进门洞，猛然一个炸雷闪电落在身后，回头望去，那株大树已经劈为两半。雨稍停，大家立即跑去查看，大树除了闪电劈开的垂直裂缝外，两边都有横向的几道裂痕。乡村老年人说来，这就是龙爪印。白先生顿时大笑，随之告诉大家，这就是"申"字。左右各一个向里的三个叉代表"手"的字形，中间垂直一竖，就是甲骨文的"申"字。后来左右两个"手"的字形连接，演变为现在的"申"字。"申"字表示不同种类闪电之中的那种"立闪"，如果闪电拐弯，字形就是"电"。不料今日亲身遭遇，千载难逢。

原来，古人心目中的"神（申）"，就是雷霆万钧、震惊天地、人类无法抵御的闪电，是大自然最超然之无可比拟的巨大力量。引申之就是伟大、巨大的力量，丝毫没有精灵鬼怪之意。在我国先民心中，炎帝神农氏就是"神"，就是那般无以言表的伟大，无以言表征服自然的力量，就是广阔宇宙亿万斯年永远无法超越的最顶天立地者。因此班固评价："炎帝者，太阳也"，如同万物生长依靠的太阳。我们常常脱口而出"神农"，仿佛只是一个普通名称。我们今日的思维，永远难以企及古代先民思索的那般无法言表的精神境界。如果我们到达一个陌生的星球，即将饿死之际食物从天而降，那么给予食物者不就是"神"吗？远古时代的地球，不就相似于那个陌生的星球吗？那时的食物直接决定人的生与死，或许比一个炸雷更震撼心灵、刻骨铭心。《正义》曰：天神曰神，人神曰鬼。又云圣人之精气谓之神，贤人之精气谓之鬼。因此就有"神圣"与"鬼仙（贤）"的概念，最高明的谋略技能为"神施鬼设""神出鬼没""鬼斧神工"，更高的境界为"神鬼莫测"。炎帝神农氏始祖名为魁傀，其中都有"鬼"字，那就不是一般的凡人，是人中最高明者。

农业自神农氏始，之前只有猎人、渔夫，那么神农氏就是中国第一位真正意义上的农民。如果说采集乃至尝试植物种植是向农耕演变属"量变"，那么炎帝神农氏获嘉禾就属"质变"。从此肇始了中华五千年农耕文明史，这不仅是中国农民的骄傲，更是以农耕为基本特征之中华民族的骄傲。

"神农氏"就是农业之"神"。他的神力展现为每年春季放火烧荒，为当年耕作清除土地上的灌木杂草。《说文解字》记载"炎者，火光上也，从重火"，即火焰上升为炎。神农氏开创原始农业，由火耕到耜耕，而且火耕一直与耜耕相伴而行，使生产力不断提高，故神农氏又名烈山氏。孟子说："益烈山泽而焚之"。"烈"字下面的"灬"是"火"字，"列"字是"刀"与"歹"，字理是火烧如同刀杀，发音是大火燃烧时"列列"的响声。"烈山"与"炎帝"字理字意相通，是远古文化信息在汉字笔划里的储存。贯穿于汉字笔划之中的字理意义，均是这个规律，因此汉字被公认为中国历史文化的"活化石"。

直到建国前后，我国西南某些少数民族仍采用刀耕火种。因为火与农耕，与人民生活发生的关系，使火成为人们心中最神圣之力量，敬仰之，崇拜之。神农氏为火耕之祖，以火德王，人们就尊其号为炎帝。《左传》记载："炎帝氏以火纪，故为火师而火名。"所以后世都把炎帝及其后裔祝融，崇为火神，民间所谓火德星群是也。

放火烧荒时，山上山下火焰冲天，那气势无疑是惊心动魄。"炎"的字形上下都是"火"，能够代表那般情景的真实写照。火焰烧过后，土地覆盖厚厚一层草木灰，为谷物种子发芽生长准备了充足的养分，秋季就能收获保障氏族生存的粮食。土地在诞生农耕以后成为人类生存的基础，"炎帝"就是"炎地"，同音往往同意，音近往往意连。

我国秦汉以后的古籍中，常以炎帝为主，祝融为辅，四季配夏，方位配南，敬仰以极。火为红色、赤色，故炎帝又号称赤帝。中国常称为赤县神州，赤县即赤帝之县，神州即神农之州也。炎帝神农氏的威名几乎与中国等同。我中华民族喜好红色，以红色象征喜税，象征胜利，故以红色装饰喜庆，以红旗为胜利的旗帜。

古代帝王都是面南而坐，以此为基准，就是前为南、后为北、左为东、右为西。与我们今天识别地图"上北下南右东左西"完全不同。

炎帝神农殿的炎帝神农氏铜像左边即东边并排而坐的，是后妃铜像。将夫妻塑像并列，这在封建社会儒家思想的祭祀规范里比较少见。但炎帝神农氏并非封建帝王，他位列三皇五帝，远在封建礼制形成之前几千年，处于早期母系氏族向父系氏族过渡阶段，氏族首领或男或女，只要为氏族做出成就和贡献，都会受到同等尊崇，是原始社会的男女平等时期。如女娲补天、嫘祖养蚕、精卫填海等女中杰出人物，同样受到敬仰。中唐时期唐玄宗到高平，见秦赵长平之战遗址尸骨遍野不忍，遂下令掩埋被坑赵国军人尸骨建造骷髅庙，正殿塑赵国王师统帅赵括夫妇塑像，就保持了这样的传统。

居炎帝神农氏铜像右边即西边

炎帝神农氏铜像

并排的是太子铜像，按说应该是后来继任的炎帝。

但是，高平庄里村五谷庙是根据本村世代传说塑像，本村世代传说这是史籍记载的农官"柱"。太子"柱"长期随父参与尝百草种五谷担任农官，由于经常替父尝草中毒，寿命不长未能继承帝位，但为始创农耕也作出重大贡献，享受同等祭祀待遇。

太子本意为大子，一般即长子、最大的儿子。即将继承王位的长子是普天之下最大的儿子，常常再强调而称为"大大子"。古人竖写文字，凡相同的两个字，第二个字常常省略写成"丶"，"丶"逐渐写入"大"字之中形成"太"字，由此继承王位的"大大子"就演变为"太子"。太子的师傅文为"太师"、武为"太傅"，即最大的师傅。最大的医生为太医，最大的监督人员为太监。太监监督後宫又要防止出轨，就要阉割，做个小手术，从根本上解决问题。

因此，比"大人""大娘"还大的为"太公""太婆""太夫人"，更老的人称"老太公""老太婆""老太太"，考入国子监的学子称"太学生"等。中华文化由我国流传至日本，日语仍遗留有称"大大"的习惯，如对汉奸、叛徒等常说"大大地好"。

炎帝神农氏始祖、后妃、太子神座坐落的神台上雕刻着飞龙、麋鹿、麒麟、花卉等浮雕图案，其中两头石狮的前半身探出神台之外一尺多，极为罕见。浮雕虽风化严重，但仍展示出极为精美的雕刻工艺。

这座正殿虽属明代建筑，大梁上"大清乾隆年岁次巳未仲秋重修"的记载历历在目，大梁上的彩绘镶金的金龙熠熠生辉。"龙"的形象非帝王而不能采用，尤其是金龙。炎帝神农氏位列三皇五帝，这种帝王规格远非寻常庙宇能够相比。

正殿门前石阶下，尚存"石臼"一具，是古代用来杵米的杵臼之"臼"。虽然配套使用的"杵"已失，却足以说明正是极为古老的脱壳碎米工具。后来我国乡村以畜力为主适用高效的"磨"取代。"磨"字由"麻"与"石"合体，因石磨工作面只有凿成不光滑的粗糙面，像脸上的"麻子"一样互相摩擦，才容易将粮食脱壳、磨为面粉。

炎帝神农氏铜像神台浮雕

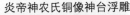

高平市直至近代杵臼仍在长期沿用。据高平市知名作家袁富才回忆，他1974年还在高平米山老家使用杵臼为玉米褪皮。首先放玉米粒于臼内，倒入一些凉水，用带木柄的石杵不停地上下杵

享受祭祀的炎帝神农氏三位太子

击，直至玉米粒褪去表皮。杵上一会儿，就溅起一身黄色斑点，至今难忘。杵臼的特点是比较省事，随用随杵，用多少杵多少。春秋时期赵国保护赵氏孤儿的大臣就有一位公孙杵臼，复姓公孙，以此工具取名。

东角殿是太子殿，目前祭祀三位太子。为什么三位太子也会配享祭祀，而且都称太子呢？这源于当时正在进行的食物革命。由于火的使用、石器的使用、弓箭的使用，大大增强了中华先民搏击猛兽的战斗力，猎获物大大增加，人口迅速增长。随后便是野兽越来越少，食物需求越来越大，"古之人民皆食禽兽肉，至于神农，人民众多，禽兽不足"，氏族面临食物短缺的生存危机，这种形势迫使人们寻找解决食物危机的出路。神农尝百草，种五谷，开创了农耕，开始了长期的、不止一代人的谷物种植实验。这里有其三位儿子的艰辛劳作和农业技术成果，他们同样代表了当时最高的农业技术水准与贡献，同样受到尊崇。不过为什么塑像都是青面獠牙呢？

张文秀根据世代传说告之，由于三位太子都参与替父尝百草，都长期接触着各种毒草，因此长成畸形。但他们对始创农耕作出的贡献同样不可磨灭。还有一位四太子，因病未长大成人，故未入庙。

《改修炎帝行宫碑记》记载，"陵之上即艺谷圃也"。"陵之上"即紧靠炎帝神农氏陵墓的东面高处，是当时炎帝神农时代最初的种植实验园地。湖北神农架地区古代流传至今还在传唱的中华创世纪史诗《黑暗传》，记载了炎帝神农氏获得嘉禾之后，"八种才能成栗谷，后人才有小米饭"，记载了炎帝神农氏在最初的"艺谷圃"八年才实验成功谷物栽培。但要推广扩大种植面积，在整个氏族推广采用农耕技术，则需要长久的，许多代人的不断实验推广。炎帝神农氏的三个儿子都继承父业，参与在"艺谷圃"农业实验和开拓农耕事业，这是解决吃饭、拯救氏族、拯救人民最伟大的事业，同样被人民铭记。因此，虽然"太子"的字意应该是最大的儿子，但人民铭记在心的，是与炎帝神农氏同等伟大的几位儿子，都称太子，都受到祭祀景仰。

居中是大太子，担任炎帝神农氏的农官，手持嘉禾。据南宋罗泌所作《路史》记载："炎帝柱，神农氏子也。"2002 年羊头山出土之唐碑记载："此山炎帝之所居也……播生嘉谷,柱出兹山矣。"这是目前所见国内最早的关于农官柱的碑刻记载。又据《国语》记载"昔烈山氏之有天下也,其子曰柱,能植百谷百蔬";《潜夫论》记载"初,烈山氏之有天下也,其子曰柱,能植百谷,故立以为稷,自夏以上祀之。周之兴也,以弃代之,至今祀之";《蒲州府志》中《路史·国名记》记载'柱所都蒲阪'";《帝王世纪》记载"神农氏之后,烈山氏都于蒲阪"。这些记载,描绘了农官柱出生羊头山,后来发展到河东即今晋南地区建立氏族领地的发展轨迹。左边是二太子,也手持嘉禾,同样子承父志,从事农耕技术。

右边是三太子,主要从事医药实验,因此塑像手中未置嘉禾。因其许多毒草都代父品尝,炎帝神农尝百草形成的《方书》,即百草药性及医疗知识,主要由三太子传承。

三嵕之神

西角殿是三嵕殿。三嵕之名别处极少听说,神像又是新塑,为什么会有这个三嵕殿呢?笔者1994年拍摄炎帝陵时未曾见闻。虽然当时拍摄了不少被村民挪做建筑材料的炎帝陵庙碑刻,但因主题所限,未详细研读所有碑文。此次亲眼见到了刚从村民家中收集回来的一批石碑,其中一通皇明天启六年之重修三嵕殿碑记,方知确有所据。

羿射九日

"嵕"字并非常用字,生活用语极少采用。按字理,右半边是凶险峻峭的字形,左半边"山"字是归于山类,因此"嵕"便是险峻之山。汉代许慎记载"羿,帝喾射官也。三嵕山今在屯留县西北",即高平北面长治市屯留县,主峰海拔1266米。《淮南子》载:尧时十日并出,禾木焦杀,民无所食,尧乃命羿仰射十日,中其九,万民皆喜。《古今图书集成》载:"三嵕山,一名灵山,一名麟山,在屯留县西北三十五里,三峰高峻,为县伟观,相传羿射九日之所。"

长子县志记载"俗传尧时,善射之羿殁,而为三嵕山之神"。当地传说,羿为尧时的小部落首领,是弓箭发明者。甲骨文"羿"字下部为双手并举,上为"羽",故"羿"即双手并举发射羽箭猎取鸟羽类目标之意。"殁"字右边是"没"的半边,就是"没了"、死了。左边是"歹",不好之意,百姓常说"不知好歹"即此意,"殁"即死。"(宋)崇宁间,敕赐庙额封灵贶王"。可见,三崚之神是华夏民族的著名人物,"羿射九日"的英雄。

当地传说,羿射下的九日坠入上党大地,化作至今还能点燃的石头,人们称作煤。

现今老爷山下的神渠村,就是羿的故乡。因羿射九日,得王母娘娘的厚爱,送羿一粒长生不死丹,却被嫦娥偷吃,飞升月宫。羿思念嫦娥积郁成疾,不幸于农历七月七日病逝。羿去世后,英灵化作白云,与嫦娥在天上相会。据说,每年农历七月七日,老爷山地区都要下雨,传说是夫妻二人洒泪痛述离情别绪所致。

王母娘娘得知此情,为羿所感动,奏请玉皇大帝遣羿于三崚山为神,显灵庇佑百姓。从此,民间凡遭天旱、疾病,有祈必应,有求必验。久之,来此祈福还愿乡民四时不断。每年的农历五月初一和七月初七,举行两次大庙会,方圆数百里乡民都争先恐后前来老爷山进香祭拜,祈求平安幸福。

羿射九日在尧时,后羿射日在夏朝,可知射日之事不止一次发生。

据天文研究,向前推3600—6000年期间,一颗巨大的太阳系外星球从地球的近旁擦过,使地球的极点移到了现在的位置,相应的地理方位也发生了偏转,古人惊恐的发现"天倾西北,地陷东南"。赤道也相应的发生了偏移,而横亘蒙古至中欧的大草原应比现在更偏向南方。

这颗星球与谷神座附近的行星发生了碰撞,在谷神座附近留下难以计数的碎片,于是地球上的人便看到了碰撞后的碎片,天文学家称为谷神座小行星,其中燃烧的巨大碎片有九个,加上太阳,上古先民称十个太阳,且在较长一段时间内照耀着地球,光辉所到之处万物枯焦,此时应为尧执政时期。这或许就是《山海经》记载羿射九日的自然灾变之根源。

由于过于炎热,海洋中的水份大量蒸发,所以当碎片冷却,气温下降,于是就开始下暴雨。这几个碎片接二连三地坠入地球的海洋中,称为焦侥,冲击掀起滔天巨浪,引发全球性的大洪水,这也就是中国历史传说中的洪水,大禹治水和诺亚方舟都是这个时代的事情。

"十日并出"透露了神农氏始创农耕之后,因种庄稼开始需要雨水,而羿的时期遭遇特大干旱,导致"焦禾民无所得食",尧命精于射箭的羿"射落九日",不利的干旱气候后来缓解。由此可知,农业与气候从来紧密相依。

由农耕的需求,我国古代得以产生辨别气候、指导农业的二十四节气。我国中原农业气候的把握均以此为依据,中华农耕文明逐渐形成。曾经斗争恶劣气候、以图保障农业丰收的羿,便与农耕始祖炎帝神农氏一同在此受到人民纪念。"尧使羿射九乌于三崚之山,杀九婴于凶水之上,缴(带绳子的箭)大风于青邱之泽",充分展示我古代先民搏击自然之英雄气概。

在此特别指出,我国的农耕气候极为独特,有着北半球同纬度最寒冷的冬季。黑龙江最北部的漠河,冬季最低温可达摄氏零下 39℃(2010 年冬又刷新纪录),同纬度的英国伦敦却是 4℃。广西桂林最冷时能够飘下雪花,同纬度的美国加利福尼亚海滨,人们还在游泳。到了夏季,山西省南部的运城地区是我国仅次于吐鲁番盆地的最热地区,最高温度可达摄氏 42.6℃,坐树阴下亦汗流浃背,今人俗称"桑拿天"。按当代气象科技测量,运城地区水蒸发量为降雨量的 5 倍,远古水泽因此逐渐蒸发演变为盐池。可见我国是最典型四季分明的气候。从我国几千年来的气候变化曲线看,羿的时代确是一个高温气候的时期。因此,"后羿射日"的故事向我们透露了最直接的远古气候信息。我国先民与大自然抗争就是这样不屈不挠,因此配享祭祀于炎帝神农氏一侧。

灵贶王于炎帝侧,三峻山之神于神农氏侧。即"王"在"帝"侧、"射神"在"农神"侧,等级符合礼制规范,神位资格毋庸置疑。

西角殿旁边是坐西朝东的子孙祠,是村民求子处。里面子孙娘娘的形象,怀抱一个婴儿,似静坐莲花的观音菩萨。

与子孙祠连接的是西厢房,碑刻记载为西陪房,再南就是鼓楼遗址。

东角殿太子殿东边,是牛王殿马王殿,现在已经成为围起院墙的墙外建筑了。因炎帝驯服了牛马,牛马为农耕立下汗马功劳。每年七月十五,家家户户要做一锅米面菜饭喂牲口,同时唱"打一千骂一万,七月十五喂顿面菜饭"。

炎帝陵碑

东厢房正面墙壁内,就镶嵌着 1994 年引发高平炎帝遗迹群大发现的炎帝陵碑。正中"炎帝陵"三个楷书大字,书法浑厚遒劲。右侧直书"万历三十九年孟夏吉旦"。左侧下书"生员申道统立"。碑高 95 厘米,宽 66 厘米;70 厘米以上为碑额,呈弧形。石碑底座长 90 厘米,前伸 30 厘米,碑体平面与墙体平面相差 14 厘米,即为凹陷深度。因碑嵌在墙内,无法测量碑的厚度。万历是明代年号,万历三十九年即公元 1611 年,立碑至今年整 400 年。

守庙老人讲述了半个世纪以前的一些往事,早年炎帝陵碑所在是个大亭房,四不扇,方言即没有四面墙,亭后面是"皇坟",并不知道是哪个皇帝的坟。共产党取得政权,实行土地改革以后,这里分给老人,砌墙盖成房子,把陵碑包在其中建为东厢房。这在 20 世纪 50 年代,传统文化不被重视的年代,只是一件难以被人存入记忆的往事。

现在,张根昌夫妇已先后去世,五谷庙的许多事就成为往事。任何"为什么"

砌在墙内的炎帝陵碑

都需要我们自己去"解读"。探索发现的巨大魅力，就在于对无数未知提出"为什么"，对无数"为什么"不懈的考察、探索、分析、综合、推理、解读。"是什么"百姓都知道，很难说就算文化。解读"为什么"才有了文化深度，才具备文化要素。

历史之谜，最大的魅力恰在最初不解之际。

遗憾之余，也暗自庆幸这次前来还不致太迟，否则线索将会越来越少，有效信息将会一个个悄然带入坟墓。

我等自认对高平炎帝陵还是了解的，可是一到具体问题，就常陷入"历代久远，莫知其详"。现在无需收集游客提问，这里到底是什么？是五谷庙？是炎帝庙？是陵墓？还是祠堂？它的基本定位，是困扰我们的一个最大猜想。

1995年7月，在发现炎帝陵将近一周年之际，山西日报记者姚剑闻讯后立刻赶来五谷庙采访，米东明将两次考察湖南炎帝陵购回的资料书籍五册一套悉数赠送，由此促成山西日报开始报道，时任高平市委书记也开始关注，高平炎帝陵的传播继中央电视台之后开始延伸，对炎帝陵的关注，已经不止最初三、五人等。

四　陵墓疑云

被遗忘的工程

每次考察，我们都是奔"五谷庙"而来。但至今，我们都没有看到任何一处以任何方式记载的"五谷庙"字样，只是依据村民称呼而称"五谷庙"。看庙老人张根昌的老伴张龙凤曾介绍，村民还称呼五谷庙为"五谷神庙"，也叫"炎帝陵庙"，又叫"祠堂庙"、"炎帝祠堂"等等。

因此，必须对称作"五谷庙"的这处古迹准确定位。虽然村民的说法都有参考价值，但纷纭的众说未必就是答案。

最初采访拍摄时，陵碑掩饰物等都是原貌。院内钟楼遗址散落着许多半埋在泥土中的历代石碑残片。据村民介绍，这里已知的历代碑刻应该有40多通，最大的一通碑刻连底座有七尺高，碑额刻有4个龙头，与太原晋祠李世民的贞观碑形制相同，显然是一座御碑，应该承载着炎帝陵全部秘密。可惜半个世纪至今已经多数散落，一位村民建房，曾用60元钱买走13通石碑，另一村民买走7块石碑砌在院墙上，已将字迹全部凿平等等。根据当时的采访记录和这些年的资料整理，现有碑刻资料对庙名的不同称呼归纳如下：

《续修炎帝后妃像增制煖宫记》残碑："炎帝神农陵庙，历代相传，载在祀典，其形势嵯峨，林木深阻久矣，吾邑封内之胜迹……"

《大明嘉靖丙戌年重修神农祠》残碑："神农祠……"

清道光残碑："炎帝陵乃古迹之胜地也……"

大明嘉靖六年制琉璃脊饰："炎帝神农殿……"

清顺治《高平县志》："神农庙……在换马镇东南……有神农冢。"

正是由于碑刻这种信息载体，使诸多不同历史阶段的文化信息得以保留。虽是残碑，遗留的点滴信息其文化价值仍是不可估量。

根据各种碑刻记载，这里并没有一个统一的名称，也没有见到过一个全面综合的名称。那么，各种不同时代不同的名称，就一定有其各自的依据。汉字的特点从来就非常具体，每个字都有特定的含意，表意准确，不易出现歧义。古人用字极为严谨，不同的字，必有不同的定义。这也是目前联合国的每份文件都要使用7个国家的文字印刷发文，其中包括中国汉语汉字，而每份文件都是汉语的那份文件最薄的重要原因。

那么,这里的陵、墓、祠、庙等等,是否会有个别相近的意义,能够假借使用呢?这一点对解读炎帝陵至关重要,我们必须明确这些概念的基本涵义,这就是本书写作请来白双法先生的目的。

"陵",左边"阝"是"阜"字的省写,字意是山坡。右边是"土"与"夋"的字形,字理是高大的土山,如丘陵。也用作高处的坟墓,如"高者为陵,低者为坟"。

"墓"是上"莫"下"土"。"莫"是日落于草木之下。加"土"意为埋入草木之下的土中即为墓。墓一般是葬于平地的坟墓。

"坟"是"墳"的异体字。"墳"归土类,右边"賁",即埋死人的土堆是使人悲愤之处。古时一般的坟墓没有围墙,也没有树。后来为了记录死者,就刻制石碑,刻写文字,因此出现了"坟"字。

"祠",左边"礻"字旁归祭祀类,右"司"就是"词"的省写,即祠堂是纪念先祖祷念祝词之处。"祝"字不是祝贺,"礻"字旁可知是祭祀时使用,右边"兄"字,上边"口"与下边"人"字的变形,即口念悼词之人,一般由长子担任,因此"口"与"人"合为"兄",长子就是"兄",次子以下是"弟","次弟"之意,合称兄弟。"贺"字是"加"与"贝"。"贝"是钱币,"贺"字表示带钱币礼物为"贺"。因此,祝是说词、贺是送礼,各有定义。

"堂"字是"尚"与"土",是时尚之地,宽敞明亮的建筑,摆设崇尚之物,通常接待贵客。因此"祠堂"就是祭祀性、纪念性的宽敞明亮的建筑物。

如此看来,这些概念都极严谨,陵、墓、坟、庙、祠、堂等几种名称不可能随意变通使用。那么,这座历史古迹不同碑刻记载的不同名称,就一定是在透露它的历史变迁。那么,这处古迹究竟发生过怎样的变迁呢?

米东明并不管理文化与文物,应该不会对此有太多时间研究。却不料要紧时候能有惊人之语,居然提到五谷庙与羊头山之间的一个重要联系。果然,宋代《太平寰宇记》记载"炎帝庙,在县北三十五里羊头山上"。

明代《重修炎帝庙记》记载:"炎帝之神古来旧矣,其真灵在泫氏之北,换马镇之南……"

明代《山西通志》记载:"神农庙……高平县有二:一在县北三十五里故关村羊头山上,元初徙建山下坟侧,至正十年修,国朝俱有司岁祀。"

这三段记载与明代《羊头山新记》所述"有石栏、石柱存焉,盖金元物也"相互印证。出乎意料,不仅文献记载有元代初年由羊头山迁徙而来的炎帝庙,至正十年有损而重新修葺,明初有见证者的记录,而且是迁来至炎帝"真灵""坟侧"。

炎帝庙于元代初期"徙建"山下"真灵""坟侧",说明炎帝坟墓古已有之,庙址选择确有依据。那么,庄里村就是古陵墓所在地吗?

地宫亲历者

五谷庙正殿与陵碑的格局，看上去似乎是非整体性设计。东厢房，与其南边连为一体的厢房并不齐整，墙面不在一条直线上，显然是格局有过改变，因此展现了并不统一的建造格局。

这个格局与张根昌老人所言"碑亭"对照，我心中设想了除去陵碑前边墙壁与南边的东陪房后的面貌，剩下的就恰是一座拾级而上的碑亭，只是石阶参差不齐，规格不一，似拼凑而成，这个想法似乎难以成立。

经走访已去世的张根昌老伴张龙凤的侄子张文秀，方知陵碑碑亭前边原来确有整齐规范的石阶。共和国成立之初土地改革，碑亭砌砖成房归张根昌居住，他卖掉石阶材料补贴了建筑费用，另外寻找了目前所见并不整齐的石条替补使用至今。

更为意外的却是，细看这组台阶，与碑亭之间是紧密贴靠，而非相互咬合的一体建筑。石阶顶端即最后踏上碑亭处，是一根明显宽于石阶宽度的长石条，建筑于碑亭前壁上沿。那么，碑亭如同戏台一般是一个敞开式设计，人们可以在下瞻仰，却不能拾阶而上，这就显然避免了来人上上下下熙熙攘攘有损肃穆之气氛。建筑规制之巧妙即在于此，可见碑亭建造之初，最初设计根本不可能有石阶。那么早些年规范的石阶就不可能是最初设计，只能是后来增设。

为祭祀事务人员出入，另有碑亭两侧的台阶可以沟通。因碑亭四周砌砖成住房，上下出入之通道早已堵死，堵塞之痕迹确也使我疑惑多年，今日大白，使我们解读陵墓跨前了一大步。

但是，炎帝陵碑后面是民居，并无坟墓痕迹。炎帝神农氏时代至今五千余年，庙又是元代初期迁徙而来，这个陵墓又在哪里呢？

庄里村的一个传说延伸了我们的猜想。

1994 年第一次电视采访时，庄里村老年人曾介绍，陵碑背后有入口，进入后的隧道里有一盏石制万年灯，相传古时需要每年下人去添油，一次要添一桶多。炎帝陵碑是明代万历年间镌刻，而万历年的皇帝是明神宗朱翊钧，死后葬于北京十三陵的定陵。这是明代陵墓中唯一被全面系统发掘的帝王陵寝。资料记载，墓室开掘后，就发现有一盏点油的万年灯。可见，油灯是那个时代帝王陵墓中应有之物。

当时村民张文秀曾告之，传说历史上曾有南蛮人到此地盗墓，第一次盗墓未成功；第二次来时带了宝物"分土剑"（不知是不是洛阳铲），不但盗墓没有成功，反而将分土剑插进去抽不出来，至今仍在墓中。张文秀因此认为此地是"真脉气"。

当问及"现在是否还能找到洞口",当时无人回答。后来我曾单独问过张根昌的老伴张龙凤老太太,她带我们神秘地指了一个位置,是否属实,尚未发掘。

当时张老太太还告之,50年代一场大雨,陵碑后面的地面塌陷一个大洞,洞的上方可看到石条,村民认为是陵墓所在,但谁也不敢下去。

张文秀又说出一段往事。当时洞边有一株桃树,他孩提时为攀树摘桃子还曾掉进洞口。当时洞不深,里面都是土,边上有石条。后来村里有一位老人为盖房抬走了不少石条。老张还告知,1986年,村里用自来水浇地,结果水流了大半天,地里却不见水。后顺着水管寻找,发现水管经过这个洞的位置漏水,一上午的浇地用水全部漏进洞里,可见是很大很深的空间。为测深浅,曾推了一个大碌碡下去,结果没有听到什么声响,估计内部空间很大很深。为了防止小孩再掉进去出危险,村里利用拆了七八间旧房子的砖石废土,才把洞填平。

另一个惊人的线索,完全证实了这个猜想。

米东明回忆,下台村有一位姓邢的老人,当年以换油为生,就经常为庄里村炎帝陵的万年灯送油。他辛亥革命那年出生,23岁那年正是民国二十三年,当时年轻好奇,专门下到炎帝陵墓里去看了一次"万年灯"。他顺着洞口石阶走下去,就是一条长长的走廊,走廊尽头是一个大厅,大厅中央就是"万年灯"。灯盘巨大无比,每年加足一次油,足够一年用。灯芯有碗口那么粗,灯光灼灼耀亮,常年不熄。"万年灯"的燃油供给,是由五谷庙周边方圆十多里范围内的村庄各家各户分别摊派。邢老汉1995年去世,享年八十四岁。

如果说,有的讲述者现已故去,那么儿时从桃树掉进洞里看到石条的张文秀就在眼前,陵墓的存在确实真实可信。

对照明代《泽州府志》记载"羊头山东南炎帝陵……石甃尚存"(属祠庙建筑),明代《羊头山新记》记载"松柏茂密,相传为炎帝陵,有石栏、石柱存焉,盖金元物也……今此坟侧,有神农庙,有司岁时致祭焉"(属陵墓建筑),实物与记载吻合。

"甃"为垫井底的陶片、砌井壁的砖,那么"石甃"应即此类材料。"柏"是柏树,木料可作弓箭,古时兵器使用量很大,生长又很缓慢,至今已不多见。

庄里村炎帝神农陵墓与祠庙,到现在至少已经查到800余年的明确记载。同时陵墓与祠庙在此之前显然各自的客观存在,尽管具体年代一时难以详尽,却是毋庸置疑的。

五 炎帝神农陵庙

最久远的遗存

　　现代庄里村最有名的古树名木，当属五谷庙院内正殿门前于1964年砍伐的两株古树，看庙老人曾告知为桧柏。

　　千百年来，两株桧柏一直枝繁叶茂。到二十世纪六十年代，由于历代久远，树干上渐渐形成一个大裂缝，村民在里面养了一大窝蜜蜂。孩子们嘴馋，常到这儿用蚊香熏走蜜蜂，然后用勺刮蜂蜜吃。五谷庙正南有一个戏台，每年庙会时要唱戏。1964年为了修缮戏台，村民将古老的桧柏砍伐，卖钱充作修缮经费。

　　为什么陵墓前有树木呢？

　　原始先民认为，人虽死去，但阴间灵魂依然保佑阳间的世人。特别是始祖，是本氏族的保护神，这就是祖先崇拜。祭祀祖先的由来，可以在较多保留古代遗俗的少数民族那里考察。蒙古人早先首领去世掩埋，为防止先人受到侵扰，都要铲平墓地并派武士驻守，直至草木生长起来杳无踪迹方才离去。为便于祭祀能够找到墓址，埋葬时要当着一头母骆驼的面杀死它的小骆驼。再来祭祀时由这头母骆驼领路，就能找到墓址。但是时间久了，这种方式也有诸多不便，最终不能长久。后来就逐渐发展为墓地植树，以便识别，象征生生不息。

　　祖先崇拜逐渐产生，祖先祭祀也随之出现。《白虎通》明确记载了王侯封土的高度和植树的种类："天子坟高三仞（周一仞为八尺；西汉为七尺；东汉为五尺六寸），树以松；诸侯半之，树以柏；大夫八尺，树以栾；士四尺，树以槐；庶人无坟，树以杨柳"。庄里村神农冢种植两株桧柏，桧柏的树种就代表了它的规格。

　　桧柏是一种长寿而且生长缓慢的树种，生长几千年犹枝叶繁茂。桧柏树像松树，叶却如同柏树，会合了两种树的特点，所以得名"会"，归类加木字旁为"桧"，称桧柏，非常独特，现在已少见，"桧"字因此很少使用，却被陷害岳飞的秦桧用过，以后更无人愿意以它作姓名。曾有人与秦桧的一位后人到岳飞墓前，纷纷题诗，秦桧的后人羞愧之余，题诗"人从宋后羞名桧，我到坟前愧姓秦"。

　　现在来看，院内正殿门前砖铺的甬道两边，还各留一个桧柏的大树根，露出地面的部分跨度约两三米，树的周长应该有好几米，未砍伐时得几人合抱，完全可以与太原晋祠圣母殿旁3000年的周柏相媲美。按照正殿门前古树名木左右对称的格局来判断，几千年的古树就应该能见证几千年前的祭祀建筑，这就是炎帝陵墓活的见证。尽管它40年前毁于斧钺，遗留的错节盘根依旧能够见证它的久远历史。相比宋太祖赵匡胤遍访天下帝王陵墓时，仅因一个梦就指认湖南茶陵县建炎帝陵，1995年中央电视台报道高平炎帝陵后，同年5月湖南省迅速改茶陵县划分生来的酃县为炎陵县，这些应急举措都可以投资打造，却很难具备这种久远历史活的物证。

与陕西省黄陵县黄帝陵相比，山西省高平市庄里村炎帝陵文物保存稍差。神农炎帝早于轩辕黄帝五百多年，炎帝陵祠庙文化意义不在陕西黄陵之下。

炎帝？ 神农？

中国文化传统，祭祀建筑都依据主体建筑与附属建筑形成的中轴线排列。明代记载"石栏、石柱存焉，盖金元物也"，证明元代迁庙确有其事。现在还遗留的正殿与戏台之间形成的中轴线，古桧柏、钟鼓楼分列中轴线两侧。元代迁徙而来的炎帝庙正是沿用了原有的祭祀建筑原址。

《泽州府志》记载："上古炎帝陵，相传在县西北四十里换马镇。帝尝五谷于此，后人思之，乃作陵。陵后有庙，春秋供祀。"何为"陵后有庙"？这显然是因为自羊头山迁来的炎帝庙，坐落在原有东西方向的炎帝陵墓中轴线以北。中国古代的方位坐标系统与今日不同，是前为南、后为北，北即"背"，陵墓中轴线以北即为后，《泽州府志》故此以"陵后有庙"记载。

中庙村炎帝中庙碑刻记载"羊头山故有神农氏祠"；北宋真宗天禧三年（公元1019年）立《宝云寺碑记》，碑文有"西接尝五谷之神祠，道北靠龙山炎帝之庙貌"。宝云寺在长治县内王村，"西接"即指羊头山神农祠。长治县师庄乡近年发现的羊头山神农庙元代《后歌碑》记载"神农遗迹在羊山，祠宇重修构此间"；均记载羊头山上炎帝神农遗迹为"祠"，而且是元代之"重修"。

《山西通志》记载"神农庙……故关村羊头山上，元初徙建山下坟侧"，记载又为"庙"。我国古代祠与庙的功能相近，常常祠庙合称。因此，元代以前羊头山上应是有祠有庙或祠庙合一。

炎帝神农氏祠庙迁至炎帝神农氏陵墓旁边以后，又分别记载为"神农庙"（《高平县志》）、"神农氏祠"（《大明嘉靖丙戌年重修神农氏祠》）、"炎帝神农陵庙"（《续修炎帝后妃像增制煖宫记》）。村民也各自不同地称呼为"炎帝陵庙"、"炎帝祠堂"、"祠堂庙"。可见羊头山上的祠、庙，后来都一同出现在庄里村，即是一同迁徙来，而《山西通志》"神农庙……元初徙建山下坟侧"记载为"庙"，显然是祠与庙的统称。"炎帝神农氏陵庙"（《续修炎帝后妃像增制煖宫记》）则是祠、庙、陵墓合一后的统称。

古籍文献的称呼常单称"炎帝",或单称"神农氏",又有合称"炎帝神农氏"或"神农炎帝"。班固在《汉书》中解释:"炮羲氏没,神农氏作,……以火承木,故为炎帝,教民耕种,故天下号曰神农氏。"这是我国历史上最强盛朝代之汉朝学者群体的认定,当为基本认识。

陵庙皇城遗址炎帝神农殿顶琉璃宝刹题记拓片

这一处陵庙既有陵碑之"炎帝"名称,又有正殿顶上"大明嘉靖六年"琉璃宝刹"炎帝神农殿"之"炎帝神农"名称。因此,我们在称呼这位始祖时,似应在论"尝百草""种五谷"时沿用"神农氏"或"炎帝神农氏"称呼。论三皇五帝先祖领袖时称呼"炎帝"或"神农炎帝"。此处炎帝神农氏遗址名称,有"炎帝神农殿"宝刹与碑刻依据,应该以此为准。碑刻记载之"炎帝神农氏陵庙"名称亦可为依据。

古籍记载既有单称炎帝,又有单称神农氏,最后又有合称"炎帝神农氏",这不同的称呼到底是不是一回事?人们对此常有讨论。仅以两千年以来有限的后世文字记载,来做这种文字表面的判断,才会有这样的讨论。我们可以从其内涵来分析。

"神农氏"是说发明农耕者,"炎帝"是善于用火烧荒者,为什么要烧荒呢?

上古时期,人类掌握了第一种自然力即火的使用,人类在自然界逐渐成为最强大的主宰。神农氏因始创农耕,逐渐开始扩大规模以火烧荒,烧去草莽林木,开垦出耕地种植五谷。又因当时洪水危害和狩猎便利,神农氏族常以居住平原之高处即丘陵山地为主。放火烧荒时,山上山下火焰冲天,产生了上下都是火的"炎"字。至今,长治地区说烧火还称"炎火";而"帝"字的古字"帝"又有"四面八方"的字形和"地"的含义,控制一方土地善于用火以助耕作的神农氏族首领,因此获得"炎帝"的称呼。

假设烧荒为了狩猎,那是准备"吃了这顿不管下顿"的做法,是竭泽而渔的做法,以中华古人的生存智慧也断然不会采用。神农氏在猎获物开始减少、人口开始增加时就敏锐地发现这种趋势,以"尝百草"来寻找新的食物来源,就足以说明那时我民族先人的生存智慧远非"吃光等死"的水准。现在太平洋一些岛屿上的土著居民,他们在沙滩的海龟产卵处拾取海龟卵时,一直奉行每一窝仅拾

羊头山炎帝像

取三分之一的比例、绝不全部取走的古老原则。《荀子》记载，我国古人对自然生态的做法是："草木荣华滋硕之时则斧斤不入山林，不夭其生，不绝其长也；鼋鼍、鱼鳖、鳝孕别之时，罔罟毒药不入泽，不夭其生，不绝其长也。"这是人类能够生存至今的基本法则，没有这种智慧，只能灭亡。或者说，能够生存至今的民族，其古人已属此类智慧民族。

因此，"炎帝"烧荒只能是为了耕作需要。而且出现农耕就必须学会烧荒，二者内涵是相通的。"炎帝"与"神农"的不同称呼，一个是称烧荒者，一个是称农耕者，二者相辅相成。称烧荒者为"神农炎帝"，言农耕者为"炎帝神农"。如同言蜂则"蜜蜂"，言蜜则"蜂蜜"。

后世人的称呼亦有"姓""名""字""号"之分，如复姓"诸葛"、单名"亮"、字"孔明"、号"卧龙先生"，均指三国蜀丞相也。

许多人提出的"炎帝"与"神农氏"是否一个人的问题，似应以此形成一个基本认识。至于春秋秦汉才出现炎帝称呼并列入三皇五帝，那是后世的追认，如同周文王周武王为后世之称呼一样。

由于炎帝神农氏在高平尝百草、种五谷，几千年历史传承，高平各乡镇广布炎帝庙，即明代《羊头山新记》记载"夫神农庙宇在处犹多，兹不足纪。盖皆乡民积年私建，谓之行祠云"。"私建"说明非官府出面建造，是乡民发自内心的愿望与行动。中国古代圣贤数不胜数，高平却唯独建造炎帝神农氏祠庙，与其他省份其他地区形成鲜明对比，这不能不说是一种独特的文化现象与文化传承，它透露着原始源头的重要信息。

直至现在，高平仍旧保留46座、上党地区保留一百多座炎帝神农庙。而庄里村炎帝陵庙因其自羊头山高庙迁徙而来，是比较特殊的建筑群，为高平炎帝庙之首，故称上庙，与羊头山神农城（炎帝城）高庙、下台村皇帝敕封炎帝中庙、高平东关炎帝下庙、上党地区祠庙广布形成完整体系。这与我国其他省份巨资打造现代化辉煌宏伟的炎帝神农纪念景观相比，或许更具文化内涵、更多文化信息。

六　林木深阻的帝陵

临终往事

但是,羊头山神农庙为什么要迁建到庄里村这个位置呢?

这或许要从上古说起。

火的使用,使人们获取猎物与征服自然的能力大大增强,人口迅速增长,而能够猎获的动物数量却逐渐减少,狩猎已经不能维持原始氏族的生存需求,必须寻找新的食物来源。神农氏为了氏族生存发展,开始在植物之中寻找可供人们食用的种类。他亲尝百草,发现了可以食用的黍粟类植物优良品种,并亲自栽培实验种植,形成最初的农业技术。同时也发现了虽不能直接作为食物,但可减缓甚至治疗某些疾病的植物,形成最初的中医中药。这就是古文献记载的"遍陟群山,备尝庶草"。

长年"尝百草",炎帝神农氏终于不幸亲尝断肠草中毒,病痛不能骑马,于是换马乘"轿",即最初的将人抬起来的用具。换马的地方因此得名"换马村"。当炎帝被抬到相距一里处的一个小村时,病情加重,已呼叫不应,那个村便得名"不应村",因年代久远当地口音流传,逐渐演变成现在的"北营村"。

炎帝"驾崩"后,在现庄里村位置"装敛棺里",方言渐渐说成"庄里"。装敛后在五谷庙东北方向一处平地上停放,这块平地便得名"卧龙湾"。炎帝"驾崩"后葬于现在炎帝陵墓的位置,他的红色骏马"红骢"同样受到尊重而放生,后来人们还能看到骏马奔驰在换马村东南的山岭上,留下地名"跑马岭"。近代这里逐渐演变形成"庄里村"。这个典故在当地世代流传,《高平地名志》上一一记载。

当然,《高平地名志》为近代编纂,许多记载来源于世代延续的口耳相传。那么,这种"口耳相传"具有多大的可信度呢?

学者程桃田指出:口耳相传的古代遗语,又是甚至比书本上的陈言更有考古价值。人"口"中的"文献",虽经数千百年,兵变劫不去,易姓也不能改变。训诂学家阮元又指出:"因古人以简策传世者少,以口舌传世者多,以目治世者多,以口耳治世者多,势必寡其辞,协其音,以文其言,始能达意,始能行远。"

日本学者认为,传说是对本民族悠久历史文化传统的一种夸耀,是一种口碑文化。当西方学者踏上古老的非洲大陆时,在那些几乎与文明社会隔绝的古老部落中,无论怎样强调口头传说的重要性都不会过分。一些掌握口头传说的老人，他们从小要受到甚至长达21年的训练，以便能够背诵自己部落自古留下来的所有传说，还能将本部落中新近发生的事情编进去，并培养自己的接班人。这种以传说传递历史信息，古今中外概莫能外。而担负本民族传说使命的人，必然是首领、智者、巫师等。由于他们的口头传承，才可能使古老的炎帝神农事迹代代相传，后来记入龟甲、简册、史书，并一同流传至今。湖北神农架近年发现的中华民族创世史诗《黑暗传》，就是以这种方式世代流传下来的上古时代口碑历史，是古籍文献最重要的互补资料。

以这样的思想方法来分析上述地名传说，就能确定几个最重要的历史信息：第一，传说神农氏最后尝百草中毒时经过的几个地方都在换马村、庄里村周围，非常集中。第二，这里距离羊头山仅数里之遥，而羊头山是传说炎帝神农氏尝百草，获嘉禾之地。神农氏中毒又是由于尝百草所致。第三，炎帝神农氏陵墓陵碑在换马村东南二里。

这样联系起来，神农氏尝百草与尝草中毒、与逝世埋葬、与发现的陵碑与陵墓、与文献大量记载等等，就此构成一个"传说"与"文献记载"与"实物"，丰富、系统、完整、符合生活逻辑的"神农氏之死"的全过程。

神农氏之死

1994年8月，米东明在高平发现炎帝陵。随后就引出炎帝神农氏之死的讨论。

对此，不同的古籍文献记载了两种传说。一说炎帝神农氏尝百草时误食一种"断肠草"，腐烂了肠胃，无药可救而死。二说炎帝神农氏在尝百草时，品尝了百足虫，中毒致死。

如果只有一种死因记载，炎帝神农氏之死即为定论。但文献中两种传说并存，结果使人哪个都不大相信。

管理学上有一个手表定理：当一个人有一只手表时，可以知道现在是几点钟。而当他同时拥有两只手表时却无法确定。两只手表并不能告诉人更准确的时间，反而会让看表的人失去对准确时间的信心。

根据神农之死的两种记载，人们就形成了两种观点，互相难以说服。

羊头山上有一种身体两边长满腿脚，遍体布满黑黄相间条纹的虫子，长两寸多，学名"百足虫"，或许其足还不止百条，日本称其为"千足虫"，国际资料已记载有750条足的。这种虫爬行起来，成百条足运动呈规则的波浪形，井然有序，飘飘然犹如众人划桨、大海行船。

看到这种百足虫，就使人联想起炎帝神农氏的死因。

羊头山盛产的那种百足虫,庄里村民称之为"断肠虫"。而我们在羊头山脚下李家庄采访,村民却称其为"断肠草"。笔者追问:既是"虫"类,何以有此"草"名?村民正色道"虫类都入本草",语出惊人,令我等大为震惊。

村民的这个直截了当却直奔主题的回答,是一个极为重要的发现,它将古籍文献中看似不同的两种说法,内在地联系在一起,使两个看似互相冲突、互相矛盾的记载,合理地、圆满地合二为一。神农氏之死因此有了答案。

五类中药

笔者曾在中央电视台第7套农业节目山西工作站任职,了解中草药古称本草,来源为"草、木、虫、石、谷"五类,可知中药的种类极其广泛,除熟知者之外,许多种类令人意想不到。例如"灶中土",为柴灶灶壁上的黑灰,"青之水"为茅坑里的粪水,"井中泥""童便"更为人们所熟知……这些都可能在中医诊治疾病过程中,起到难以想象的作用。

清朝慈禧太后命御医制作的"玉容散"中,就有"白丁香""鹰条白""鸽条白"的成分,它们分别是麻雀、鹰和鸽子的排泄物。世界上最昂贵的咖啡已经不再是备受小资追捧的蓝山咖啡,而是印度尼西亚的鲁瓦克咖啡,产自一种狸猫的粪便;黄莺的粪便则是美白洗面奶的重要成分。由此就容易明白,食物消化,在动物体内从胃至大肠的每一个阶段,理化特性都会不同。食物消化直至大肠,器官仍在吸收,对动物身体必有不同的成分作用与生理效应。对此用之恰当,就会有医疗作用,这就是五千年前炎帝神农氏的高明之处,神农就是神农。

至于"全蝎"、"僵蚕"、"蜈蚣"等毒虫入药,早已为人们熟知。因此"虫"入药是中医中药的重要组成部分,亦被称为"本草"。有的村民告知,因百足虫有毒,平时鸡见了都不敢吃,充分证实百足虫确是毒虫,就必有某种药用功能。

为此笔者专程前往原畜牧局干部李玉振处查阅《神农本草经》。此书是汉代根据《神农本草》的中药知识整理而成,是我国最早的医药书之一。书中将中药按无毒、微毒、有毒的情况分为上中下三品,下品中有药名"马陆"者,即为百足虫。同时看到明代李时珍所著《本草纲目》,亦有"马陆"词条:"马陆,释名为百足、百节、千足、马蚿、马蠲、刀环虫……"等十多种,同时特别记载:"时珍曰:马陆系神农药。此虫足甚多,寸寸断断,亦便寸行。故鲁连子云:百足之虫,死而不僵……有人自毒,服一枚便死也",果然是中草药中极不寻常的一个品种。《红楼梦》里便以"百足之虫,死而不僵"来比喻一种世态兴衰。最重要的是,马陆被历代中医配伍多种药方,却被李时珍特别注明为"神农药",此中意味深长。

此次采访,找到了百足虫剧毒入药、并与神农氏直接相关的文献依据,为论证炎帝神农氏之死跨出了关键的一步。

五千年前神农氏之死谜案，竟被当地农民直接引向答案。得之虽属偶然，但大面积寻访必有收获，却属必然。必然寓于偶然之中。

至此，关于炎帝神农氏之死遗留的一连串地名如换马、北营（不应）、卧龙湾、庄里（装殓）、跑马岭等直至炎帝陵，连接成为一个完整的"神农氏之死"的全过程。从此，神农氏之死就形成一个完整的答案。最重要的是，这个答案的成功解读，其核心部分竟来自羊头山下神农镇（历代直至宋朝为神农乡）的农民。神农乡的农耕文化传统确实源远流长。

当然，这只是依据百足虫的中医药理记载，要想做个实验极为困难。

为炎帝尝药

高平是文化之乡，绝不缺少对知识穷根究底者。

高平有一位小学数学教师名秦华，以曾对数学上勾股弦定理提出不同学术观点而闻名，曾被邀请参加国际数学研讨会。秦华是一个中医药爱好者，为了证明百足虫是否具有古代医书和传说的毒性，下定决心，焙干研末一次吃下 5 条百足虫，结果中毒昏迷送医院抢救，6 个多小时才回过气来，死里逃生，为当地所称道。这次亲身尝药的意义极为重大，不仅证明百足虫毒性大，而且佐证了炎帝神农氏在羊头山尝百足虫而去世之传说的可信度。

那么，诸多书籍对炎帝神农氏之死有不同的记载，炎帝神农氏到底是"误食"百足虫而死呢？还是"尝百草"品尝百足虫辨别药性而死呢？这个问题很重要，是对诸多书籍"误食"或"亲尝"描述的准确定位。

马陆这种毒虫，常见小的一寸左右，大的两寸以上，筷子粗。遍布身躯的是黑黄相间的条纹，非常显眼，即使混在草丛里，也很容易发现辨别。神农尝百草，都是有意逐一品尝，绝无"误食"的可能，这是与西方医药分析化验根本不同的鉴别方式。神农尝百草本身就是一件危险的工作，尝到毒草是预料中事，甚至是计划中事。因此有神农氏一日中七十毒的记载。至此，我们虽然不知道神农尝百草首先尝了哪一种植物，却已经知道炎帝神农氏亲尝的最后一味中药是百足虫。李时珍在《本草纲目》（金陵本）"马陆"词条特别注明并署名"时珍曰：马陆系神农药"，这是一位中国最著名太医的历史研究和真实记录。

虫与草两种名称、文献上记载的两种传说，经深入采访考察分析，在高平神农乡取得了内在的统一，终于解读了这个历史悬案。这个重大发现，使炎帝的死因从此得以确认，炎帝陵的存在也就有了进一步的依据。

从此明确，尝百草、获嘉谷、始创农耕的炎帝神农氏尝百足虫而死，地点在山西高平羊头山,临终经过换马、北营至庄里村一带,埋葬地在庄里炎帝神农氏陵庙的位置。传说与文献记载、遗迹物证相互吻合,脉络清晰,符合生活逻辑,足可取信。

炎帝神农氏为探索百草入药而献身,以可贵之躯为中华药典宝库填写了最后一味中药,其精神已经永垂岂止千秋。

炎帝神农始祖不仅是中华农耕的开山始祖,也是中医药的开辟始祖。农作物与中草药都主要来自植物,因此是药食同源,都源自土生万物。炎帝尝百草,对药、食两类植物进行了区分。如哪些草木无毒,可播种食用;哪些有毒,可以毒攻毒,用来医治某些疾病等等,被后人尊为"药王"之祖。

氏族名称之药

相传炎帝神农尝百草、定医药,是从发现生姜的药用开始的。

相传有一次,神农氏在群山尝百草中毒,随后取了一种植物的根块,嚼碎吞咽下去,不久感觉毒症消释。在惊异这小小植物块茎疗效神奇之余,以自己的姓氏"姜姓"为这种神奇的草命名为"姜",成为一味中药,同时成为一种食用调味品。炎帝深知许多人平时受尽各种疾病的折磨,无数人不治而亡。于是下定决心,对世间的草木一一品尝,以确定它们的品味和药性,然后形成食物种类与医疗药方,解决了人口发展后的食物短缺与人民的疾病医治。

由此,神农时代的初始农耕与中华医药遂逐渐形成。如果说,中华文明诞生于采摘第一粒谷物种子的手,那么中华医药就诞生于采摘第一味本草的手。这就是中华文明系统中,农耕发源地羊头山的独特地位,并与农耕始祖炎帝神农氏之间的关系。

神农尝百草、定医药的事迹,古籍中多有记载:"神农以赭鞭鞭百草,尽知平、毒、寒、温之性,臭味所主……"(《拾遗记》);炎帝神农氏"尝百草酸咸之味……一日而遇七十毒,神而化之"(《通鉴外记》);"民有疾病,未知药石,炎帝始味草木之滋,察其温平寒

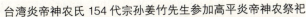

台湾炎帝神农氏154代宗孙姜竹先生参加高平炎帝神农祭祀

民以食为天

热之性……遂作《方书》,以疗民疾,而医道立矣"(《增补资治通鉴》)。

我国历代传承中医药理的君臣佐使,阴阳配合,子母兄弟,根茎花实草石骨肉,寒热温凉四气,酸咸甘苦辛五味,六欲七情和合,子午流注,奇经八脉,灵龟八法,飞腾八法等等,都凝聚了我国古代劳动人民对肇始神农的中医中药文化的传承和智慧才干。

如果说《穗书》是传说中炎帝神农时代农书的话,那么《方书》即是医书。当然,那时完备的文字尚未形成,但至少适用的一种记载符号、即初期的文字一定已经产生,以一种记载符号表述药的种类和剂量,是完全可能、甚至是必须的。炎帝神农氏通过多年品尝本草,在医疗实践中探索,终于摸清了各类本草对于人体的药性,然后将本草按一定比例配制成无数药方,传授给人们。这个过程如果没有一种记载方式是不可想象的。

台湾炎帝神农氏第 154 代宗孙姜竹先生多年研究认为,炎帝神农氏在医药方面的贡献主要表现在三个方面:一是尝百草。由于"古时人民野食,致多疾病,毒伤之害,故神农尝百草,以辨药性",即"夫圣人者,不耻身之贱,而愧道之不行;不忧命之短,而忧百姓之穷"。二是定医术。神农尝草辨味,传至于民,留下《神农本草》,启迪和培养了历代众多的神医药圣。三是试水泉。炎帝神农氏有感于"人民常因饮水而遭毒害者,所以试水泉之甘苦,以分饮用之别"。

农耕与中医中药,共同构成了以炎帝神农农耕文明为代表的中华民族古代文明,成为世界唯一延续至今的古国文明。

七 消逝的皇城

瞭望演奇楼

因米东明发现炎帝陵,山西电视台、中央电视台、日本 NHK 电视台接连报道,便有后来多次延伸报道与纪录片拍摄。

另一次面对摄像机镜头,米东明站在炎帝神农殿台阶下,手指远处戏台介绍:"台上演戏都是给炎帝神农老爷看的,碑文记载就有'演奇楼'……"。此后笔者一直疑惑,就说炎帝神农老爷眼神好,演奇楼建造也不该隔了几十丈远,如此是否有些不敬啊?

后来再次说起此事,米东明断言"一定不是不敬",为此留下心结。

搞清此事却颇费周折,断断续续历时二年,考察、走访、讨论数次,结果米还是米、程还是程,书都快写出来了,一段千年往事才渐渐"浮出水面"。

炎帝神农氏在上党地区尝百草、种五谷,高平各乡镇广布炎帝庙,至今仍保留四十多座。与国内其它地区相比,上党地区特别是羊头山周边区域,是炎帝神农祠庙高度密集的地区。羊头山上,则是最高规格的炎帝高庙。

高平炎帝神农陵庙皇城遗址演奇楼

宋代《太平寰宇记》记载"炎帝庙,在县北三十五里羊头山上。"

明代《重修炎帝庙记》记载:"炎帝之神古来旧矣,其真灵在泫氏之北,换马镇之南……"

明代《山西通志》记载:"神农庙……高平县有二:一在县北三十五里故关村羊头山上,元初徙建山下坟侧,至正十年修,国朝俱有司岁祀……"

综合三段文献记载,庄里村炎帝庙是于元代由羊头山高庙迁徙到炎帝陵墓"真灵"处,因此应该是比较特殊的建筑,历代为高平炎帝庙之首,戏楼就标志着它的规格,故称"上庙",与羊头山神农城(炎帝城)高庙、中庙村皇帝敕封炎帝中庙、高平东关炎帝下庙、上党地区祠庙广布形成一个完整体系。

由于羊头山炎帝庙迁回了炎帝当年丧葬的地方，庄里村因此成为"圣地"。2010年6月，我们问到正坐在路边乘凉的换马村老人焦有发，得知他居然在抗战时给川军带过路，当时他带着川军路过庄里村西与换马村接壤的路口时，见立有一块"换马镇"碑，楷书"文官下轿武官下马"八个大字，历代朝廷命官到此都要下轿下马，步行前往圣地——炎帝神农庙进香祭祀。川军长官个头不高，骑的马也个头不高，见碑随即下马，称"到了五谷山"，下令全军在碑前列队脱帽致敬。焦老汉记得为带路还得到两毛赏钱。

焦老汉回忆，这通碑直至1991年还立在那里，后来修建长晋公路期间断为两截，一截被村民修排水沟时埋在了沟底，另一截被村民盖房时用了石料。笔者这时想起1994年发现炎帝陵碑时，米东明领着拍摄过门墩石上残碑的汉字笔划。屋里西墙根床下，还见到"换马镇"三字被埋了半截的残碑。因为残碑是倒着砌入墙脚，拍摄新闻片时，爬在床下将摄像机倒置，才把三个倒置的半截字正面摄入镜头。现在再找这些遗迹，却见原址早已盖起二层楼，"换马镇"三字残碑置于楼东棚内，残存大字笔划的两个石块放在西门口，笔划依旧清晰。

据《泽州府志》记载："上古炎帝陵，相传在县西北四十里换马镇。帝尝五谷于此。"这段记载对"下马碑"的地名表述，印证了当地村民的回忆，却同时透露了一个重要信息，各种文献记载从来没有使用过"庄里村"这个村名。记载历史从来都是读书人，不大可能在村名上出现疏忽。那么，"庄里村"难道不存在吗？

没有户籍的村庄

首次报道米东明发现炎帝陵时，拍摄过《续修炎帝后妃像增制煖宫记》残碑，碑文记载："炎帝神农氏陵庙，历代相传，载在祀典，其形势嵯峨，林木深阻久矣，吾邑封内之胜迹……"此碑因大部分短缺，无法了解碑刻年代，但碑刻字迹之清晰，所在炎帝陵庙之位置，都说明应该是元代初期炎帝庙迁建之后的碑刻。碑文之"形势嵯峨，林木深阻"，描绘当时的周边地貌是地形高峻，林木成片，道路不通，非人民居住道路通达之所在。"林木深阻久矣"特别说明是人迹罕至而且长久封闭，这个信息非常意外。

炎帝陵碑砌在五谷庙东厢房东墙内，这说明陵墓是坐东朝西，这个方位并非人居首选方位，作为阴宅当然没有问题，但阴宅又不该与阳宅同在一处，因此这里早年似乎不可能有乡民居住。也就是说，早年可能根本没有这个"庄里村"。

由此看来，早年这里曾经是一处人迹罕至、地形高峻的五谷山，炎帝陵庙就在林木幽深处。因此近代县志都没有记载炎帝陵的位置，以致1994年才被米东明发现。

但是，现在的庄里村却分明坐落在那里。如此庄严的帝王陵庙，乡民何以胆敢纷纷迁来居住呢？中华民族几千年的文化传统，那样的情况应该是不可能。但是，"炎帝神农氏陵庙，历代相传，载在祀典"，如此重要的国家级祭祀建筑，也应该有守护人等。记得曾寻访晋南夏县司马光陵庙，就有特别为陵庙配属的土地作为庙产，以庙产地租作为维护陵庙的费用，并有专职寺僧管理此项工作，因此司马光陵庙能够不断得到修缮、千年不衰。陕西韩城始建于宋代的司马迁祠堂，也是由于配属了二亩庙产土地，地租维持了千年祠堂经久不衰。高平炎帝陵庙是否也有这样的情况呢？

为此，2008年8月的一天，下着毛毛雨，笔者趴在五谷庙正殿前收集回来的《重修炎帝庙名神殿禅房并补修桥梁扩大舞楼新绘已竣及细说款项来源》碑上，记录了"在（高平县治东关）下庙未创建前，县官朔望行香春秋祭祀大典，必须亲诣换马岭五谷庙炎帝陵□□□□不敢废弛"。虽然同样没有庄里村名，却表明地位极为重要，每年有春秋两次祭祀大典。因此，即使炎帝陵庙周边无人居住，也一定有守陵户看管维护。这样看来，现在的庄里村会不会就有当年的守陵户后裔？现在的周边土地所属，会不会就是陵区庙产呢？

这个猜想，或许只有当时的守陵户自己知晓。考虑至此，已是半夜时分，明知无法带着疑问入睡，就没有顾及对方感受，一个电话打了过去。果然，庄里村张文秀接电话时，声调懒洋洋的，但问题一经提出，对方的声音听着就精神了。他说，本村的历史不过400多年，以前没有居民，只有村东紧邻的汤家河村有人居住，现在仅留村名地名，早已成为遗址。至于庄里村原来是否有守陵户，或许应该有，但年代久远，历经明、清、民国等几个历史阶段，已隔十几代人，这类具体的村庄演变与人员职业变化的事一般不记入家谱，无法调查。但他爷爷是五谷庙住持却有碑刻为证，应是当年的守陵户后裔无疑。

这个电话太过及时，它几乎完全证实了这个猜想，这里原来确实是炎帝神农陵庙区域，并非民居村落，早先这里根本没有"庄里村"。

发现皇城记录

既然山西高平神农镇（历代直至宋朝均为神农乡）庄里村炎帝陵庙"历代相传，载在祀典"，属国家级别的祭祀场所，为什么村民却称这里为"五谷庙"，而且仅有如此狭小的院落规模呢？

2008年8月，趁长治办事之机，再赴五谷庙寻访。此时守庙老人张根昌夫妇已经去世，谁还可能知道更多的炎帝陵故事呢？只能先找比较熟悉的张文秀，不

炎帝神农陵庙皇城遗址演奇楼

料细问方知，张根昌的老伴张龙凤便是张文秀的亲姑姑，张根昌便是他姑父，这样的近亲，应该是目前最了解情况者。

此行的目的，是专程了解那个疑问，即五谷庙前的戏楼为何建筑如此之远，远在大几十米以外，远远大于一般学校的操场。而我国传统戏台的功能又一定是为了酬神。五谷庙碑刻记载戏台为"演奇楼"，即演绎人间奇闻轶事之所。那么"演奇楼"与五谷庙院落显然过于疏远，戏楼是否为了给另外哪路庙观神灵建造，根本与炎帝神农殿无关呢？按张文秀的看法，炎帝神农氏是我民族农耕始祖，没有哪个庙观神主有资格坐在炎帝神农殿之前，因此从来没有什么其他祠庙。

如果"演奇楼"确是为炎帝神农殿建造，二者之间如此远的距离作何解释呢？至此笔者已隐约感到，炎帝神农陵庙或许远不止我们见到的一座正殿、几间厢房这么简单。

这时，毕生研究汉字的太原师范大学汉字研究所所长白双法先生的研究成果"双法字理"发挥了至关重要的作用，他对"殿"字的字源解释，完全展示了一个出乎意料的字源本意。"殿"字左半边是"展"字的省写。上为"尸"，代表人的身体；下边的古字形是四个共，表示相同、共同；"殿"字右半边是"股"的一半，就是屁股之意。因此，"殿"字表示人体服装皱褶最少、最平展一致的部位即臀部——"殿"。

到了秦汉时期，汉字字量突然增加，是因秦宰相李斯增加偏旁部首使汉字分类。"殿"字属人体部分，下边就增加一个"肉月"，进一步强调是人体部位而成为"臀"。臀部是人体最大最重的部位，端坐时是稳定的中心。而原先的"殿"字则主要用于建筑，表示建筑群里最大最重要的中心建筑稳定地坐在哪里。因此大型建筑常称"坐落"，有时因其是有顶的建筑写为"座落"。所以使用原本表示臀部的"殿"字，是因为臀部在人身体的后边，而殿一般也都在建筑群靠后坐镇的位置。军队撤退时后边掩护的军队称为"殿后"，与"腚后"音近意连，是极其巧妙的比喻和造字命名。

以人体比喻建筑的情况很普遍，如称呼正殿两边紧靠而较小的建筑时，是将正殿比作人脸，两边的小型建筑像耳朵，故称耳殿、朵殿。台阶两边的土壤称两腋，因被石阶横穿而过，称气脉不连等。如此称呼即使无建筑知识也一说便知，这就印证了张光鉴老先生曾给我们讲述的，"相似论"之思维"相似性"联想规律。

这里既然是一座"炎帝神农殿"，"殿"有建筑群中高大、庄重、中心、靠后座落的主建筑之意，那么前面就一定有许多其它建筑。戏楼的远距离存在，说明有诸多附属配套建筑，至少延伸到戏楼的范围。那么，这座陵庙曾有的附属建筑、占地面积与规模完全可能出乎意料。

为此，来之前已专门通过电话，请张文秀跨步测量了陵庙院落与戏楼的距离数据。正殿到戏楼50步，东西厢房之间12步。"步"字上半部是一个"止"字，甲骨文字形是一只脚；下半部是一个倒过来的"止"字。那么，字理表示的"步"就是左右脚都要跨步。古时左右脚向前各跨一脚为一"步"，长5尺。那么正殿到戏楼50步就是83米，院宽12步即20米。这样算来，这中间的面积约1660平方米，近二亩半，比原来认为的范围要大的多，完全是一个开阔的陵庙区域。

五谷庙正殿到戏楼之间距离83米，其间的建筑年久无存之后，就遗留一个场地，因商业发展形成一个巨大的商业市场、热闹非凡的年度庙会，"致天下之民，聚天下之货，交易而退，各得其所"，因此就有"走扬州、下汉口，不如五谷庙里当社首"的民谣。

细访张文秀得知，他儿童时代即二十世纪中期所见，沿正殿与演奇楼的中轴线，还分为上下两院。从前至后分别排列演奇楼、山门、钟鼓楼、甬道、献台、三门牌楼、正殿等。因此演奇楼到陵庙正殿之间，确属陵庙范围。而目前演奇楼向北甬道两旁的三排民居院落，都是1991年村民建房占用的炎帝神农陵庙所属土地，此前正是一个宽阔的广场，一个属于帝王级别的宽广天地。千百年前有何建筑目前难以考证，因其宽广而成为每年一度炎帝庙会场所。

假如这里仅是一座五谷庙，就不可能拥有如此宽广的巨大广场。演奇楼应该更向正殿靠近建造。如果按中华第一大帝、炎帝神农陵庙应有的规格来布局，其间就一定还有其他建筑。只是由于沧桑演变，痕迹都已经消逝，仅留散落周围不少雕刻精美的雕花石条。

但是，当年迁来建造的炎帝庙究竟有着怎样的格局与规模呢？

在仔细查阅各祠庙的碑文过程中，笔者的视线落到了长子县熨斗台的炎帝庙建造格局。清顺治十八年《重修炎帝神农庙碑记》记载："……增修正殿五间、寝宫五间，东西殿三间。周围蔽以长廊。围以砖槛。台之前香亭三间，东西钟鼓楼各一间。前增台，各三丈，长五尺；两旁砌石为梯各三重。台下增修入蜡殿三间，香亭三间；东西各楼二间，廊三间；前为舞楼三间。楼之南，重修公主殿三间，香亭一座，观音殿三间，子孙殿五间，山门三间。东阁建角殿一间……"

这几乎描绘了一幅熨斗台炎帝庙的建筑平面草图,粗看大格局,就已经是正殿前、正殿到舞楼、舞楼到公主殿、公主殿到三门之间的三、四进院落,另外还有中轴线上三进院里的三处香亭、增加的台及入蜡殿等,不仅占据空间,各建筑之间必然还相互保留着空间间隔。因此,碑文虽然没有整体尺度数据,但中轴线总长度却极为可观。

再看炎帝庙的整体宽度,不仅正殿面阔五间,左右还各有一个面阔三间的东、西殿,周围又有长廊,相互之间还要留出间隔,院落总宽度同样极为可观。

如此宏伟壮阔的一座炎帝庙,虽然是清顺治十八年"增修","栋宇规模,视古昔所做,稍宏敞而曼硕焉",基本上是"易旧址而重构之",规模与原来相比,稍有扩展。那么原来又是何时建造呢?

碑文有一句重要的记载"金天德四年,邑人建庙于熨斗台上",这一点非常重要,它说明长子县熨斗台炎帝庙的建造,早于元初羊头山炎帝庙向换马岭炎帝陵迁建的时间。

元朝初期大型炎帝庙宇迁建,必然属于国家级别的工程。因此,迁徙并随后设计构建的祠庙,一定会对周边已有的祠庙进行参照,就一定不会逊色于"邑人建庙"的附近长子县熨斗台炎帝庙。那么换马镇炎帝神农陵庙正殿到演奇楼之间50步即83米的巨大间隔空间,说明那里一定容纳着被历史消磨去的无比辉煌,2.5亩空间一定会被早期建筑设计全部占用,甚至可能根本就不止陵庙范围仅到达演奇楼为止、根本就不止仅2.5亩的范围界限,因为这座陵庙到现在还没有找到早年的"正门"。

在灭亡的金朝废墟上新生的元朝,最初的国家级工程的规模、规格和品位,应该不会低于左近旧政权设计建造的祠庙之下。庄里村炎帝神农殿一定是一个别有天地的更大造作。

五谷庙周围散落的雕刻精美的神台基石、御碑残片等,证实了这个猜测。

遗失的御碑底座残片

最初策划写书之际,就讨论过最初发现炎帝陵时的旧事,说到当时看庙老人说过的"皇城"。

"有皇坟就应该有皇城",米东明说:"当年我找皇坟,就是先从羊头山神农城开始。炎帝庙迁建庄里村,炎帝城应该一起搬了下来。"

记起1994年采访,看庙老人介绍:"儿时每天在此玩耍,大殿东西墙上原来都绘有陵庙及周围皇城的彩色壁画,可惜1953年墙皮被铲掉,现在年轻人都没有见过这些壁画。"既然当时已经看不到壁画,关于"皇城"就认为只是一说而已,没有特别留意。

这时忽然想起,当时正殿门前墙上镶嵌着一块约一尺长半尺宽的石碑,碑文里有一个"城"字,立即找出当时新闻报道的录像磁带查看,果然。随即电话联系张文秀帮忙抄写,被告知因是一块修水渠记事碑,修缮时已经从墙上取下,不知能否找到。刚燃起的希望又蒙阴影。

所幸,因是炎帝陵物品,乡镇有过保护的规定,老张当时就留过心,总算在物料堆中翻了出来。第二天发回传真,是一块《挑圪水渠碑记》。这个"圪"字琢磨了半天,后来一拍脑门,加个"扌"不就是"挖"吗?因此白双法先生最初出版的四本书,其中一本就是《一猜就对》,这套学说果然了得。

细看碑文传真,"本城东门有水渠一所……及观水渠低城濠数尺,挑圪无用……道光三年十月廿日",真是若有神助。如果说看庙老人已经去世,难以对证,此碑文上一个"本城"、一个"东门"却是铁证,而且城墙有护卫城濠,"濠"字用的是偏旁"氵"之"濠"字,与"土"旁之"壕"不同。那么此"城濠"必然有水即为护城河,有护城河就必然有桥。有桥与城就必有城门,国家级陵庙皇城城门既不能常开,又不能永远闭锁,祠庙山门又有中门与边门不同的等级进出要求,就必有开门关门之管理,必有住持人员守护,百姓就不能随时任意出入,朝廷人员前来祭祀必有人员接待呼应。这样一座明代尚留"垣址"之城墙周环、护城河护绕,住持人员守卫维护的陵庙,如何不是规格一流,等级之最,如同一座都市城池一般?那般壮观景象仿佛就在眼前。

帝王陵庙有明确的规格,元初如此重大的搬迁重建之举不可能降低、而只会保持甚至提高规格,"皇城"只会建造的更壮观。"城"字就是"土"与"成"组合,陵庙土木建筑落成,就一定如羊头山"神农城"一样建"城"。未料打开皇城的钥匙,居然是这块挖水沟的碑记。

如果元代初期羊头山炎帝庙搬迁,那么明代音律学家、皇亲朱载堉所写的《羊头山新记》该有记载。忙找出原文,其中"今之长治县,即旧上党县也!山之东南八里,曰故关村。村之东二里,曰换马镇。镇东南一里许,有古冢,垣址东西广六十步,南北袤百步,松柏茂密,相传为炎帝陵。有石栏、石柱存焉,盖金元物也……今此坟侧,有神农庙,有司岁时致祭焉",果然记载清楚。

这个段落中的"冢"字,上部"冖"是覆盖之顶,下边是"豕"字加一点,应该是捆绑了腿的猪。"冢"字在此何意呢?

商周时代以后,祭祀的祭品有"太牢""少牢"的等级区别。以牛、羊、豕(猪)三牲祭祀为"太牢",是古代最隆重的祭品,后来太牢专指以牛祭祀。"牢"字就是上有遮蔽之顶、专门圈牛的场所。后世将关押罪犯的地方也称作"牢房",是因相似而延伸引用。以大牲畜来祭祀，说明祭祀的规格。"太牢"规格最高，"少牢"仅以羊或猪祭祀，规格略低。

庄里村传说在清末民国初期，五谷庙祭祀炎帝神农氏除了用黍、稷、麦、菽、麻五谷以外，还用蒸面猪，即是古代曾以猪祭祀的民俗遗存。因此，"冢"就是坟墓，而且常常是高规格的高坟。

前述所引《羊头山新记》段落里的"袤"字，是"衣"字中间加一个"矛"。过去穿的是长袍，衣即表示长；"矛"是长兵器，撑开"衣"字，特别强调其长，因此"袤"字泛指"长"。"东西曰广，南北曰袤"，写文章常有"广袤的土地"，正是此意。有此了解，这段文字就清楚了。

"垣"字，右半边"亘"为天地之间日月之运行恒久不变。加"忄"为"恒"，持之以恒。加"土"为"垣"，恒久不变的土建为"垣"，就是墙。房舍可以倒塌、重建。墙也能损坏，但墙垣标志的土地界限和范围却永远不会改变。

这说明，炎帝神农陵庙是有围墙的。"垣址"即根据围墙的位置步测到的范围。垣址占地东西 60 步合 100 米，南北 100 步合 167 米，面积则为 16700 平方米，占地约 25 亩。原来认为二亩半的正殿院落延伸至戏楼之间的面积，不过是陵庙范围的十分之一而已。米东明这时冒出一句方言"摊气大了"。

我们决心寻找"城"的遗迹。在张文秀的引领下，来到演奇楼后墙的东西延长线，果然隐约可见。虽然早已平整为庄稼地，但田埂高低界限，是依旧分明的城墙遗迹。

既然演奇楼后墙紧靠皇城城墙，就不可能有炎帝陵庙中轴线正对的南正门，那么皇城门在何处？共有几个城门呢？张文秀告知，本城共有两个城门，一个是东门，与碑刻记载一致。另一个是西南门，正对长畛村。

因炎帝陵坐落于五谷山，俗称的东门，实际测量偏向东南方向，陵墓面向则为西北方向。皇城除陵庙区面积外，大部分面积都在陵庙西北方向，就是西马场的方向。显然，这种布局是炎帝庙自元初由羊头山迁建而来之前的格局，现在已是大片的庄稼地。张文秀告知，这片庄稼地历来由陵庙住持张文秀祖上一家耕作，收获的一部分归社里所有，这个"社"不是指后来的人民公社，而是指原始之"社会"，即每年的庙会领袖"社首"之"社"。

陵庙残碑上记载有"……奇楼之处亦尽木朽……"，演奇楼就是戏楼，演戏就是"演奇"。不可能让炎帝神农始祖隔墙看戏，戏楼当然属于陵庙范围之内。

再联想明代《泽州府志》记载"羊头山东南炎帝陵……石甃尚存"，便是烧制陶片或砖石铺设的陵庙内硬化地面，在古代这就是最高规格。因此，远年的炎帝陵庙和所在的皇城建筑，是煌煌的规格，宽广的占地、恢宏的气势，远非我们今日所见五谷庙的狭小院落。而明代《羊头山新记》记载"相传为炎帝陵……石甃尚存",作者的记载是依据"相传",看到的是"尚存"的残留。以此证明,到明朝建国二百年之际,炎帝陵庙与皇城已经倾颓,当时建造陵庙已经三百多年,人迹罕至,"林木深阻久矣"。

尽管到明代炎帝神农陵庙与皇城早已倾颓,但直至清道光三年,仍然能够记载"本城东门……"。而"垣址"之"垣"似乎应为城垣。若是墙垣,则城更为广大。

至此,一座规模巨大的陵庙皇城,已经确凿无疑。

大型炎帝神农陵庙皇城遗址

据张文秀回忆儿时所见,钟、鼓楼间有"山门",门南为广场,正南是"演奇楼",楼东是"魁星楼",再东有文昌阁,乾隆十一年文昌阁改药王殿至今尚存。

"演奇楼"西为"应声庙"。问及何为"应声庙",张文秀告知,陵庙西南二里是长畛村,是炎帝神农氏第二位夫人的娘家,娘家有事呼唤,炎帝神农氏要答应并帮助办事,"应声庙"就是便于与长畛村相互呼应,娘家来人可以在此居住,为此便利而建。真是应了一句古话,"事事有源头,字字有出处"。

按照《改修炎帝行宫碑记》记载,"陵之上即艺谷圃也",据笔者精确测量,炎帝神农殿坐东北向西南的走向,一般说的东厢房即炎帝神农氏陵墓为座东南向西北。"《经》云:奎壁角轸,天地之门户也"。即二十八星宿之奎、壁二宿在西北,角、轸二宿在东南。"伏羲六十四卦之图,以乾居西北,坤居东南,正合天门地户之义"。炎帝神农氏陵墓中轴线因此面天门而背地户,与太原纪念晋国开国诸侯唐叔虞的晋祠的中轴线方位完全一致。位列三皇的炎帝神农氏是"通天"的,方位选择当然极为讲究。

那么,这"陵之上"的"艺谷圃",即陵墓背后的高处,现在仍在耕种的田地,称种谷为"艺",就是农艺。后来有了园艺、文艺、演艺直至工艺,不论多么高雅,"艺"还是"艹"字头,繁体字是"藝",下边是"执"与"云","云"代表雨水,"执云"就是手持器物浇水,都是始于农耕的造字。而最初的艺术还是炎帝神农氏在此的农艺,艺谷圃就是最初的五谷种植实验园圃。

除了陵庙本身范围之外,正殿之后地名为"神岭",再后是"换马岭",换马岭北面有永惠桥,唐代修建时名"大桥",证明那里曾是一条大河。

演奇楼南为"神西河",再南是"龙王道"、"马场",河东为"赛场",西面是"神操"等等,都是与一般民居村落无关、而与陵庙之"神主"有关的地名,这一带过去无疑是大片的炎帝神农氏陵庙区域所属。碑刻记载与知情者回忆,再现了这一带旧时的神圣风貌。

炎帝神农氏陵墓周边有着众多的地名,常常长宽数米至数十米的地方都有地名,这不仅在今日难以想象,其他地方亦罕有所闻,构成高平羊头山地区一种极为罕见的原始地名文化现象。如庄里村的"卧龙湾"不过十几平方米,一辆轿车都难以掉头,却有古地名。由此可以窥见,古时取名不仅仅是一个村镇,一个区域"需要"有个称呼,而是它具体"有"什么事迹、"有"什么功能就直接呼之。一个村落周边有十数个地名说明什么,非"因需要而取名",而是"本身就有故事而因此称呼"。那是历史流传,是口传历史数千年传承,不是我们简单想象"需要不需要"的问题。

这个问题简单地用西方思维的"符号论"难以解释,而以强调文化内涵的"文化论"则用之皆准。

例如山西太原自古至今有大夏、夏墟、平阳、并州、晋阳、大卤、大原、太原八个名称。如用符号论则认为只是个记忆符号,称呼什么不重要。非也,否则则用一个即可,何用八个?其实每个名称都有其深厚的历史文化依据。

庄里村周边的地名,也同样都包含着世代传承的文化信息,绝非为了有个称呼便于什么户籍邮递等而为。

访谈了解村民建房时掌握的地质特征,陵庙区域靠东与东南面的土壤是坚实的硬土,靠西与西北面则夹杂残砖碎瓦,即为后垫的松土。由此可知目前庄里村的地面,是陵庙建造时为了平衡原来陵庙东高西低的地形,取土垫平形成的平坦地形。近年修缮五谷庙正殿时发现,正殿五间的几根立柱柱础下边,都各埋有一米高的方形石柱,比地面上的立柱粗一些,抹棱,底部另有柱础。按其风格似为北魏至北齐时期的建筑材料。因此应该是元初迁建炎帝神农庙时,为取平地面而垫高。新垫的土壤松软,因此新建筑的承重立柱就选择了原来祭祀建筑的地基和下半截立柱,统一凿齐至一米处作为新建筑地平线,在每根半截的立柱上设置新柱础和新立柱,支撑了后建的炎帝神农殿。

炎帝神农殿旧基础之上的新柱础

新柱础是"鼓"形,却比现在所有古建筑的鼓形柱础高出许多,而且鼓还坐于莲花座上,显然是更为古老的特殊形制,是高平炎帝神农氏陵庙久远历史传统的一个重要印记。

由此可见,元初迁建神农庙之前,这里就已经有更早年代的祭祀建筑。这也是炎帝神农氏陵庙一个历代沿革标志的重大发现。

由此可知,元初羊头山迁来炎帝庙之前,是东偏南高、西偏北低的自然地形。根据垫起的范围与方位测量推断,原始自然地形是背向东南、面向西北的典型"罗圈掌"地形,又有北面"大桥"下的大河,东、南神河,背山傍水,是炎帝神农氏陵墓最初选择之典型的好风水地貌。

曾有一位老红军焦根红,回忆起曾有一位四川籍战友,听说其是高平人,就问起高平炎帝陵所在是否一座五谷山。显然,元初陵庙迁建至此,为建庙而取平了地形,形成现在适于村民居住的地面环境。那么五谷山之名,必然渊源久远,一定在元初之前无疑。

为此取指北针测量,正殿是与正北方位夹角30°的北偏东北、面向南偏西南,非民居常选的朝阳方向。而庄里村现在的民居方位都是以此方向为正方向,与炎帝神农殿平行一致,显然是后来所建民居皆依形就势,依傍陵庙方位而建。村民俗传这里是"皇坟"就是一个重要佐证。由此看来,庄里村最初的居民应主要是守陵户后裔无疑。

古代曾有护陵监的机构,职责是专门保护和管理陵园。历代帝王都把保护祖宗的陵墓作为一种特别重大的事情来办,第一是相信祖宗有灵,还在保佑他们的江山社稷,永远统治着他们的天下。第二是对祖宗的感恩报德,因此不惜付出很大的代价,花费很大的人力、财力和物力来保护。担任护陵任务一般都是具有很高威望的亲王大臣。

护陵护墓的传统建筑同样很早就有,只是很简单。相传孔子去世后,他的弟子们就曾分别到他的墓地守墓,居住就是搭一个简单的房子。一般的坟墓不一定专门看管,也不一定常住,而帝王陵墓几千年来盛行"厚葬"制度,殉葬品极多,就必须要设立一个护陵的机构,以防盗掘和破坏。护陵监的外面也有城墙,里面有"衙门"、"街市"、住宅等,设置了陵令、属官、寝庙令、门吏等专职管理人员。西汉武帝的茂陵采取了将文武大臣,豪绅富户迁居陵区的做法,以加强保护,并把原来的茂乡升格为县,当时迁到茂陵的官宦富商很多,人口达27万,使当时的茂陵县有富甲长安之称。有了这样多的护陵人员,就得有更多的为他们服务

米东明、程原生在炎帝神农氏陵庙皇城遗址

和供应的人员,据记载,当时茂陵仅在陵区负责浇水,打扫的人员就5千多人。这样,处在荒郊僻野的一个陵区很快就繁荣发展起来了。西汉长安的汉高祖长陵,惠帝的安陵,景帝的阳陵,武帝的茂陵,昭帝的平陵就先后分设了5个陵县,使这里都成了富庶之地。河北遵化的清东陵,除设置了护陵监外,还专门修了一座"新城"作为护陵之用。

看来已经没有什么疑问,今日庄里村村址,正是一个建成近千年,现在却鲜为人知的,占地25亩以上、城墙周环、护城河围护、专职守陵人住持、载入国家祀典保持祭祀的,国家级大型炎帝神农氏陵庙皇城遗址。至此,一座国内唯一的"大型炎帝神农氏陵庙皇城遗址"终于被发现,终于被考证出来,这是继米东明发现炎帝陵事迹并通过山西电视台、中央电视台、日本NHK电视台报道以来,最重大的探索与发现的成果。

这个发现的意义,或不亚于最初发现炎帝陵碑。遗址的规格与规模,因其炎帝神农氏的"炎黄"始祖身份,无疑在建造时属国内之最。如此上古帝王陵庙大型国家级工程,不可能建造的比附近普通庙宇逊色,假如那样就完全失去了迁移建造的重大意义,失去了展示尊崇炎帝神农精神的目的,失去了劝农重农、鼓励耕织、增强国力的垂范表率作用。而这一点,在元朝是不可能被忽略的。

民以食为天,元世祖忽必烈懂得这个道理。他深为蒙古民族多年来东征西战,军队和百姓饱尝风餐露宿之苦所困扰,也为统一中原后增强国力、笼络民心,维护统治而思考。因此大局一定,他就高度重视发展农业生产,即位不久就成立劝农司,重用汉人有识之士姚枢为大司农。以陈邃、崔斌等8人为劝农使,分赴各地考察农业生产情况,招集流亡之民回乡生产,还组织编写了适合当时农业生产的书籍《农桑辑要》。为了稳定政治,尤其是安抚汉民族知识官僚阶层的情绪,蒙古统治者引经据典,在考证了历代耕祭神农的情况之后,于至元九年(1273年)始祭神农,"命祭先农如祭社之仪",后在大都东郊选地千亩作为裸田;至大三年(1311年),建先农坛,"从大司农请,建农、蚕二坛"(《元史》卷76)。

国家级大型炎帝神农氏陵庙皇城的迁移建造,标志和展示着元初统治者以农兴国的基本国策。由"至元九年(1273年)始祭神农","元成宗大德九年(1305年)亦尝遣祭"可知,"遣祭"即派员祭祀的时间是成吉思汗1206年建国开始计算的百年之际(1305年),是元朝百年国庆大典。那么此前应该已经做好了祭祀的所有准备工作。而32年前的"至元九年(1273年)始祭神农",那时能够"开始祭祀",应该正是完成羊头山炎帝神农氏陵庙皇城迁建的时间。而且曾"至正十年修",那么迁建68年后需要维修的可能性大于36年就维修,1273年迁建无疑。此说更正了"元初迁建"之说,是一个重大发现。

由于元代统治者的励精图治,元代初期的农业、科学技术、商业和文学都有了长足的发展,较之辽、金和南宋时期,可谓繁荣昌盛,因此蒙古民族才能在中原维持 12 代王朝的统治。

虽然目前尚未考古发掘,但仅以元代国家级大型炎帝神农陵庙皇城遗址说来,它也完全应该具备申报物质文化遗产保护资格。

高平炎帝陵最初发现、报道之际,每天来此参观、焚香祭祀者络绎不绝,尤其以长治、晋城居多。外省来人最早的,当数湖南、湖北两省,河南、陕西、黑龙江、山东、内蒙等也连连光顾;北京市人大领导是开小车来的。长治郊区一位老农专程来这里,捐献了一块精心制作的黄布幔,悬挂在炎帝陵碑上方,以表一片虔诚之心。中央电视台的大型制作,当属《寻找炎帝遗迹》,成为迄今为止最深入挖掘炎帝神农氏文化内涵的电视代表作。

《泽州府志》记载:高平每年四月八日祭赛炎帝大会十日,九月十三日祭赛关帝于炎帝庙。诸货骈罗,远近士女云集。

1995 年农历四月初八,借着高平炎帝陵等文物古迹在电视上频频报道的东风,米东明周密策划,高平市文化局与团池乡联合举办了解放以来最隆重的"中华民族祖先炎帝祭祀大会",木框架制作带有彩色图标的大型旅游图版,将团池乡炎帝遗迹景点一一标出。

当时因本省和中央电视台刚刚播出发现庄里村炎帝陵碑的新闻不久,慕名而来赶庙会的人流猛增、熙熙攘攘,成为近几十年最盛大的一次炎帝神农庙会,半个世纪以来,庄里村没这么热闹过。米东明最初为羊头山公园设计的极具特色的门票,已经成为收藏者的热门品种。自首次大型祭祀活动创建开始,现在已经发展为每两年一次山西省最大型的祭典活动。当时米东明以一乡领导之力"重在参与"的指导思想,十五年来,已经连续不断放射出璀璨的光辉。一个小村庄里的一个并非旗鼓张扬的发现,却开创了中华农耕文明弘扬光大的崭新篇章。万里长征跨不出第一步,就永远不会名扬天下。

2008 年 5 月 8 日,马来西亚旅行团专程来五谷庙焚香祭祀,随后用食品袋装满院内的泥土和香灰。他们告诉五谷庙管理人员,在马来西亚他们居住的地方也有五谷庙,他们也是炎黄子孙,与我们是同一个老祖宗,此行就是特意前来认祖归宗。而 2009 年 5 月 22 日举办炎帝神农氏祭典时,笔者结识的台湾"大中华炎帝文化研究会筹备处"召集人姜兆佳先生告知,台湾也有五谷庙一百多所,祭祀的是"神农氏",而且在 1949 年蒋氏政权进入台湾之前,早已形成传统。

这就展示了炎帝神农文化的重大意义,展示了炎帝神农文化在中华民族海内外华人之中的巨大凝聚力和感召力,展示了中华民族五千年文明史的独特价值。虽然远年的辉煌今天只能依稀想象,但在未来世界人类文明史的久远价值,未来历史文化发展的广阔前景却无可估量。

八　揭秘五谷庙

帝陵里建庙?

大型炎帝神农陵庙皇城遗址已经无可争议,却为何又有五谷庙之说? 且不仅本村村民人人呼之为"五谷庙",附近村民也如是说,却又没有任何标志与碑刻记载,这座陵庙从前看到后,几乎找不出任何与五谷庙有关的印记。

同时,守陵户后裔仅为少数,大量村民又为何能进入陵庙区域定居,他们是如何突破陵庙阴宅的无形门坎,敢于人神共居、人鬼共居呢? 是什么力量推动农民跨出最需要勇气的这一步呢?

村民的五谷庙传说却也言之凿凿,每逢农历四月初八炎帝神农氏诞生日,这里"四月八,神农活,炎帝子孙都记得,祖先种地都靠他"。因此,四月初八就成为五谷神庙的庙会日。届时,炎帝神农氏祭祀按时举行,这里就成为当地最大的集市。附近乡民都来这里烧香祈祷、祭拜炎帝神农氏祖先,或求吉祥、或祷甘雨、或祈丰收,络绎不绝。久之,渐成一种长期沿袭的民间风俗。

庙会,这一古老的聚会形式,最初是由远古炎帝神农时代的"社会"发展而来,又常常与贸易紧密联系在一起。"社会"一词在商周时期已经普遍使用,25 户为一"社",社人聚会而为"社会"。

这个当地享有盛誉的庙会,二十世纪逐渐衰落。但为何村民热情讲述,却找不出一点历史印记呢?

与炎帝陵碑亭相接的东厢房,土地改革时划属张文秀所有。西厢房没有归属,里面空无一物,也没有一点其他物件可资参考。后来存放庙里的残碑石刻。

当笔者问到正殿门前躺着的几块不久前刚收集回来的残碑时,张文秀指着其中一块石碑上的落款"住持春喜",告知"这是我爷爷"。惊异之余细看碑文。

这是民国三十年之《重修炎帝庙名神殿禅房并补修桥梁扩大舞楼新绘已竣及细说款项来源》碑,碑文有"换马岭炎帝陵种种遗迹昭昭可考……换马岭炎帝庙为上庙,有炎帝冢在焉,后人建五谷庙于此……城东是为下庙。在下庙未创建前,县官朔望行香春秋祭祀大典必须亲诣换马岭五谷庙炎帝陵□□□□不敢废弛……住持春喜"。

碑文信息的关键,莫过"后人建五谷庙于此"。那么"此"是哪里呢? 张文秀明确告知碑在本村找到,属早年从五谷庙买走建房使用。这就排除了外村的可能。

但本村另有五谷庙吗？还是即此庙呢？碑文"换马岭五谷庙炎帝陵"似乎已经告知，"炎帝陵"在"五谷庙"内。那么碑题《重修炎帝庙名神殿禅房……》，为何又称炎帝庙呢？

反复断句后认定，应为"重修—炎帝庙名（名称之门额）"和"神殿禅房"等，那么"后人建五谷庙于此"即说明炎帝庙早已更换名称，从"重修"可知，民国三十年即1941年修缮门额，当时改名五谷庙的时间绝不在几十年以内。

根据收集的明代崇祯四年《重修炎帝庙太子殿碑记》记载"换马东南有炎帝庙古址"。另一通明代天启七年《重修三峻殿碑记》记载："神农炎帝庙内西北原系庄里村善人修盖三峻神空殿三间……"；两通碑刻制时间仅相差4年，碑文记载择选阴阳的先生都是王宗教。可见到了明代末期，这里依旧还是神农炎帝庙，改为五谷庙只能在其后。而且刚重修了正殿的东、西两座角殿，并无改庙名之举。而崇祯年号共17年，在此之后13年就改朝换代，这13年内政局飘摇，改变庙的名称之可能性不大。因此，极有可能是进入清代以后改的五谷庙名称。刚收集回来的这些石碑，居然有可能成为打开五谷庙历史之门的钥匙。

1941年是抗日战争时期，距今相去未远。张文秀老先生这时依稀想起，当时在钟鼓楼之间有山门，中门门额就是"五谷庙"。平日乡民从两个边门进出，只有县令以上的官员前来，方打开中门迎送。

另一块躺在地下的《重修西陪房碑记》，则直接描绘了每逢四月初八炎帝庙会，五谷庙"民商云集"。"云集"二字，极为传神，那么，村民传说当年"走扬州、下汉口，不如五谷庙里当社首"就应是名不虚传了。

此碑文的一个关键内容，是"西陪房"的名称。按照一般大型宫殿庙宇特别是宋代《营造法式》的规范，正殿两边的建筑应该是配殿，即东配殿、西配殿。炎帝神农氏陵庙皇城如此高的规格，如此巨大的规模，一定应该有两厢的配殿，为何却称作"西陪房"呢？

看现在的"西陪房"，即便使劲往高里说，也无论如何不能称作"配殿"，只能是个陪房。再看咸丰八年的那篇碑文，"……无奈历年久而西陪房六楹渐致摧倾之势矣。忽于丁巳年废堕不堪。六村社首目击心忧，回邀众村以谋，众村均无异言随分捐金，做修建之举……"原来是西陪房年久失修不堪再用，周边六个村庄的社首协商修缮，各自回村由各家分摊捐助办理，捐助最多的不过"四千文"，属民间自筹修缮，当然就只能是沿袭修缮"西陪房"而不可能重建"西配殿"了。我们见到如民房一般的面貌时称作西厢房，确已不是炎帝神农配殿的规制，早已是"五谷庙"的村级规格了。

张文秀告知，五谷庙钟鼓楼以外的民居，都是1991年经村委会统一规划建造，在此之前，钟鼓楼至戏台之间是一个大广场。庙会时商贾云集，庙会来客不下万人。庙会的组织者就是社首,办公地点就是现在看来毫不起眼的西陪房。每年正式庙会日虽然只有一天,但赶会做生意的客商早几天就已川流而来,吃喝娱乐等附属经营活动随之进入,庙会早几天就已经繁荣起来。到四月初八之后,客商也不会马上散去,许多生意还要继续做几天。因此,庙会之前自农历四月初一开始,社首人等就要进驻西陪房办公,直至四月十四结束。之后,庙会管理的银两进出账目要用红纸张榜公布于正殿前靠西的墙上。社首要带领全体管理人员到五谷庙炎帝老爷塑像前跪地祷告。祷辞大意是"炎帝老爷在上,如有贪污天打五雷轰……"。

清道光年的几块《补修炎帝庙碑记》残碑拼合一处,依稀的碑文佐证了社首的管理职权:"……(演)奇楼之处亦尽木朽……钱壹佰四十九千权……工修理补葺,演义……为物料朽三棵以……新加围屏所有花费钱……养松树五十株以补前……"社首管理事无巨细,开支费用之详尽无余,非寻常庙宇修缮碑记可比。由此可以窥见,炎帝庙会社首的职能,已经由一般的组织管理费用收支,演变为兼管陵庙的维修补葺、设施添置、戏班约请、补植树木乃至陵庙内树木伐用决策,延及周边"大桥"等等,完全取代了一般庙宇倾圮时四处化缘,或请官员恻隐支助的惯常做法,这是"非先帝生民之德""树艺五谷,德配三皇,造三农兴万世,治民之本"的炎帝神农氏之威望依托而难以仿效的管理模式。

由于许多客商带来骡马车辆,张文秀爷爷是五谷庙住持,自然要负责安排。目前张文秀一家居住的院子在五谷庙东北角墙外紧靠牛王殿马王殿的东北角。他告诉我们,当年与此住房同一排,有七间敞篷马厩,都配有马槽草料,客商车马可以来此存放,自然收取一定的草料服务费用。带来车马的,都是大户客商,许多都是多年老客户,生意总是兴隆,大家都能满载而归,因此互相来往都很客气,虽属收费服务却很宽容,属纯朴民风背景的友情往来。

庙会期间少不了唱戏酬神,大家为图红火吉庆有助赚钱,都要凑份子请戏班唱大戏,这些事都由社首操办。戏台前面是大广场,看戏的自然是人山人海。我们看"戏"字,左边"又"字,甲骨文是一只手,一般代表右手;右边是"戈",右手持戈如果不是作战,就是表演、就是演戏,极为形象。繁体"戲"字包含"虎""豆""戈",说明演绎的戏剧,内容主要是人间古代战争,虎代表兽皮,"豆"是一种餐具,餐具上蒙兽皮就是鼓,敲鼓舞戈,就是演戏。一个"戲"字几乎就是一台戏。

每年四月初八庄里村庙会结束后,戏班子还必须去长治县苏店原家庄唱戏,原家庄西北角也有一座炎帝庙,至今还有遗址。为什么对长治县原家庄要有例外的待遇呢?

本地世代相传炎帝神农氏第一位夫人娘家住原家庄,是原配夫人原来住家的村庄之意,因此这边有什么好事都忘不了有娘家一份,庙会红火自然也要送一台戏过去。一台戏,那就是一个戏班子到另一个县演出的全部食宿行演出费用,需要一笔银钱。如果没有炎帝神农氏与原妃这层关系,怎会有主动送戏即送钱的事情?庄里村八旬老人牛永振儿时曾随长者去送戏,至今仍津津乐道。只有几千年始终不断延续下来的古老传统形成的遗风,才可能长期坚守至今。这里蕴藏的是极其深厚的炎帝神农氏族风俗之内涵,是极为独特的文化现象。

庄里村每年七月十五是神农节,要祭祀炎帝神农氏。每到这一天,要将炎帝神农像请到田间,村民要到地里拔一些黍、稷、麦、菽、麻等作物,要连根拔起,竖到五谷庙正殿炎帝像前,焚香祭拜,家家户户还要蒸面猪面鱼作供品。此风俗一直延续至今。山西晋中以北的定襄县与此极为相似,时间、形式都相同,区别仅是贡献面羊与谷穗。

高平市除庄里村四月初八庙会外,还有秦城村,即秦赵长平之战时秦军统帅部所在之村正月二十的古庙会;长平村农历三月十一日至十三日的庙会;北王庄农历七月十五的物资交流会;王报村农历七月二十四至二十六日的物资交流会等。众多不同日期和规模的商贸庙会,构成高平丰富多彩的地方庙会传统。

山西中部以南,民间祭祀神农氏的传统方式和时间各异。秋分以后的祭祀活动为最盛,祭品多以白面蒸食为主,以秋天的丰收回报神农氏。陵川等地秋收后,在祭祀台摆设油炸食品,鼓吹祭祀神农氏,喜庆丰收;绛县秋收后的社祭活动叫"闭神门"。平遥秋收后都在十月十五,叫"祭土地",农家要蒸面鸡、面鱼、面兔等,还从田中取土一筐,于院中放供,供后放回原处,将供品埋入土堆。

六月初六,古称"天祝节",榆次百姓称"五谷节",农家要在谷物上挂花絮、以祈丰收。榆社等地为"牛羊节",农户家家要蒸面鱼,吃面条,喝白酒。太谷等地为"瓜王节",瓜农要在瓜田垒小神阁,用馒头祭祀,祈求瓜王保佑丰收。

《周易》《五德志》等都记载了炎帝神农氏"日中为市,致天下之民,聚天下之货,交易而退,各得其所"。这是炎帝神农氏时代集市贸易的传承写照。"日中为市"是采用土圭测影测量时间的方法确定集市贸易的时间。

日中为市

关于"土圭测影",甲骨文的"土"字为"⊥",表示凡氏族居住的地方,都要立表木测日影以掌握时间,也因此标志占有此处土地。社会的"社"字,即是归类加了"礻"字旁的"⊥"字。《汉书》记载商朝、周朝25家为一社,即以表木为标志占有这片土地,邻里乡党谋公事的地方。

古时常说"社稷",稷是粮食,社稷就是土地和粮食。可见,"江山社稷"就是古代国家之主要内涵,故以鼎为标志。

"圭"字是土地上立着刻有刻度表木的象形字,是最初测量时间的方法。按照太阳升起到哪个刻度,以此判断时间。因是以刻度作时间标志,时间也称"时刻"。以现在钟表的精确计时看来,土圭测影只是个概略时间。农村表达时间,常说"太阳都一竿子高了",就是几千年流传至今土圭测影方法的口碑遗存。

周朝以八尺为一丈,达到或超过八尺高的民夫即为"丈夫",以此为征兵入伍的标准。再看"夫"字,"大"是一个人伸手叉腿的字形,上边再加一横,就是"夫",表示身高达到或超过了八尺的标准,极为形象。

按照人高八尺的标准立表木,显然是神农时代以前,以太阳照射人影判断时间的历史遗存。

按照圭表日影随时间变化在地面移动的位置划出"刻"度,用来掌握的就是"时刻"。"时"字是"日"走每"寸"的间隔,繁体是"時",还是相同的意义。"日中为市"即正午日影居正中时开始市场贸易。这种测量时刻的方法,后来演变为"日晷",现在北京故宫等地还有实物矗立,是后来取代了土圭测影采取的新方法新器材。现代的钟"表"则更精确。但土圭测影是最古老的测影标志,后世不能忘怀,国家建筑还以此作为中华民族图腾式标志物,即为天安门前的华表,意为中华民族早期显示时间之"表"。因"表"能掌握上天的信息,是通天之物,华表上部有云板,表示比云还高直通天际。"表"字现在仍在使用,钟"表"仍然是计量时间的工具。"表示"一词的原始本意,就是以"表木""显示"时间信息。

"日晷"这种时刻指示法一直沿用到近代,"午时三刻斩首"便是"日中"的时刻。由于这时日影也正好指向正北,因此土圭测影法也能指示方向。另外一年之中正午影子长短不同,根据不同影长还能指示二十四节气,至今河南登封县部城镇周公测影台还遗留着周朝的测影设施,包括宋代改进的"量天尺"与精密测影器材。

"日中为市"证明了土圭测影是炎帝神农时代已经使用的时间计量方法,《周易》记载炎帝神农时代的市场贸易时,明确记载了这种方法。炎帝神农时代由于农业发展,人民的生活资料开始有了剩余,只有不同的生产资料与剩余生活资料之间才可能出现交换即贸易。农业生产与贸易都对时间的准确把握有了社会需求,只有社会需求才是推动技术创造和应用的动力。因此,土圭测影法只能历史地、不可替代地发展应用于对时间、节令迫切需求的农耕初始之炎帝神农时代。

因所有本氏族占据的土地都以土圭测影,"圭"就有了土地的内涵。后世的国家管理者,上至帝王,下至大臣,都以执圭作为管理一方土地的标志。"圭,瑞玉也,上圆下方。公执桓圭,九寸;侯执信圭,伯执躬圭,皆七寸;子执谷圭,男执蒲璧,皆五寸。以封诸侯,从重土"。

上自历代王朝统治者,下至乡村百姓都谨记自己是炎黄子孙,未有敢忘记始创农耕,发明五谷的炎帝神农氏者。《汉书》记载"神农之教曰:'有石城十仞,汤池百步,带甲百万而亡粟,弗能守也'。以是观之,粟者,王者大用,政之本务",一仞为八尺。"神农之教"说明,即使有八丈高的石砌城墙,如金城汤池般不易攻破的城池,拥有甲兵百万,没有粮食也无法守卫。炎帝神农氏正是解决了粮食问题。相比后世豪杰,有的只是智慧用在了特定的地方,有的杀人较多都封了神,炎帝神农氏让所有的人民都有饭吃,又如何不该是一位最高之"神"呢?

炎帝神农氏是创制五谷种植的农耕之"神",祭祀炎帝神农氏自然以奉献五谷为主,陵庙所在地又定期以粮食等交换贸易为主,这与中国其它各类神庙不同,是炎帝神农氏陵庙的重要特点,炎帝神农氏陵庙因此逐渐演变为"五谷庙"。

但是,原来的炎帝神农陵庙突然改为"五谷庙",可能吗?如此改换名称,难道是改祭五谷,不再祭祀炎帝神农氏之神了吗?而正殿里至今祭祀的依旧是炎帝神农氏,这与"五谷庙"之名称如何统一呢?

这时米东明提起1994年最初采访看庙老人的老伴时,说过村民还传有"五谷神庙"之名称。只有这个名称,才最终使"炎帝神农庙"与"五谷庙"之间取得了统一。炎帝神农氏创造了五谷种植,他是当之无愧的五谷之神,庙名只应该唯一地称作"五谷神庙"。

五谷庙农贸市场的繁荣,必须依托丰富的乡村货源。

清代晋商纵横天下,众多商号的总部,遍布祁县、太谷、平遥,但主要货源却在广大乡村,贸易最初首先以农产五谷为主,因此这里就成为一个重要的农产品集散地。四月初八这个阶段,春季播种的庄稼还是青苗,冬小麦也尚未成熟变黄,正是"青""黄"不接,五谷价格当然就最高,商业利益也就最高。何为"利"?便是"刀"割"禾",使用刀具非常利索;同时,割取之禾就是"利益"。这是农耕民族之基本利益,商业使农产品价值得以实现。这就是《周易》记载的"日中为市,致天下之民,聚天下之货,交易而退,各得其所"的那个时代之贸易,反映了炎帝时代农业发展,有了剩余和交换。剩余和交换说明人类出现了温饱的初步解决。产品交换的传统一直流传至今,这就是炎帝神农庙会的意义所在,这就是农耕民族的历史发展规律。

尊崇炎帝神农氏的意义在这里得以延伸,突出了发明农业、创制五谷耕作的价值,炎帝神农氏逐渐凸显其"五谷之神"的地位,炎帝庙会也由五谷神祭祀为主,逐渐演变为兼有五谷杂粮展示与贸易,因此才有陵庙逐渐演变为"五谷神庙",此中有着丰富的农耕文化内涵。

因当时每年一度四月初八,炎帝神农祭祀按期举办,势必规模宏大,人来车往,极为热闹。除了商人的五谷贸易,当地人也会紧握商机提供饮食车马住宿娱乐等一应服务。久之,为庙会提供服务的农民逐渐在此建房定居,渐成固定的服务群体即庙会的重要组成部分,此即逐渐形成的庄里村村民。记载于《路史·炎帝》的"列廛于国,日中为市","廛"字是按照一定的规矩建筑房屋,即围绕市场建房之意。这是描写古代贸易市场与民居的这种相辅相成的关系。

因此,是炎帝庙会川流不息的人流,将庄里村最初的居民带进陵庙区域。连续多日的集市贸易,使他们最初在陵庙区域短期暂居,而最终长期定居,其推动力则源于利用庙会的机会获取的利益。

米东明告知,正殿前面偏东南是原来的钟楼,钟声一响,声震八方,远近村民都来聚会,共商大事。每年农历四月初八的炎帝庙会都在这里举行,日正午应该是祭祀大典举行的时刻,周边自然形成贸易高潮。民谣"走苏州,下汉口,不如五谷庙里当社首",繁荣景象犹在眼前。

中华民族几千年的商品交换与贸易,见于古代文献的大量记载,其源头最初都应该始于始创农耕的炎帝神农氏。

《纲鉴合编》记载:"神农姓姜,以火德王,炎帝……又置升斗秤尺,日中为市,教民贸易,以其所有,易其所无。"《幼学琼林》记载"兴贸易,制耒耜,皆由炎帝",这是对中国原始市场贸易概括的记录。"耒耜"则是炎帝神农时代的主要农具,可以作为农产品贸易的主要交换商品。

《尚书》载:"范洪八政,一曰食,二曰货……二者生民之本,兴自神农之世。"炎帝神农时代的农业市场已经初步繁荣,开始出现一定的规律。

进入"日中为市"的商品首先一定是农产品粮食、蔬菜等。《尔雅》记载"谷不熟为饥,蔬不熟为馑","饥"与"馑"的定义是很明确的。若一种粮食无收成,市场粮食总量就短缺,粮食的市价将上涨十倍。若两种粮食无收成,市场粮食总量就更少,粮价就上涨二十倍。则要割取蔬菜补充粮食。没有口粮的,用公有仓储的陈粮供给他们。没有种子的,就借给他们新粮作种子,因此不会有赢利十倍的商人,也不可能有放高利贷的现象出现。神农时代的做法,反映了原始公社为了氏族生存,应对市场规律采取的平抑物价、保障人民生存的有效措施。这就是《揆度》中管仲所说"神农之数曰:一谷不登,减一谷,谷之沽什倍;二谷不登减二谷,谷之沽再什倍。夷疏满之,无食者予之陈,无种者贷之新。故无什倍之贾,无倍称之民"。

注意,这里记载的都是"谷"而非"稻",谷是北方农作物品种。如果记载南方事,则应为稻。因此,关于炎帝神农氏平抑市场粮食物价的记载,只可能发生在中原黄河流域地区。

原始社会开始的贸易应该是以物易物,货币是用来作为等价物交换的特殊商品,是已经符号化的等价物。笔者在友人处亲眼见到三个"铲"形币,其一插入木柄就是可以使用的工具。其二形状基本相同,却已经不能受力,插入木柄使用就会折断,是已经开始符号化的货币。其三已经完全是符号化的货币,即将失去"铲"的形状。如果再排列其四,就应该是末耜形状如战国时代赵国的布币了。神农时代是否已经产生货币,需要深入考证,但在已经出现商品交换的集市贸易,出现货币是早晚的事、必然的事。仅炎帝神农时代的市场贸易就有几百年,产生一种公认的通用等价物是必然的。通用等价物最有可能的首先还应该是粮食与工具,粮食是最先掌握农耕的部落产品,工具是服务于农耕的手工制品成为交换品。战国时期山西的赵国使用布币,就相似于末耜类工具。

《路史》记载,(神农)"范金排货,以济国用",注释为:《班志》云:食货兴于神农之世。而《易》明言,神农聚天下之货,货币之来久矣。故杜佑谓:神农列廛于国,以聚货币,日中为市,以变有无。寓考前谱异布中……又一种,长二寸四分,上广寸五分,下寸七分,首广六分,足间八分,重八铢,有郭面七字纵横,神农币也。又不知年代品,有一大钱,圆径寸五分,重七铢,好(注:玉璧或圆形铸币中间的孔为"好",实体部分为"肉"。"肉倍好谓之璧,好倍肉谓之瑗,肉好若一谓之环")圆无轮郭(笔者注:此"郭"字今为"廓"),状如半两,无轮郭,铜色纯赤,左有旰字,钩画甚精,神字也。根据《路史》的这个记载,南宋时代已经发现被认为是神农币的收藏品,

人类产生了农业,才会有产品的剩余;才会有产品交换和集市贸易。青铜货币的诸多种类我们已经司空见惯,而神农、蚩尤时代已经能够"造立兵仗刀戟大弩",说明当时的金属冶炼技术已经进入实用阶段,金属器物就可能开始走向市场,金属货币的出现亦有可能。

贝币的出现与使用,应该是在金属货币出现之前,而且肯定与造字时代同步,这不仅在包含"贝"的汉字"贫货贪贵、贯责资赝、费赏贾赁、贷贸负责、贺贤质赘、赘赞贡贮、贰贬贿赂、贼赃贱账、赈赌赎财、贩败贴贮、购赠赋赈"等之中得以充分体现,笔者亲见的个人贝币收藏也是极为生动感人,充分保留着古代贸易的丰富信息。

学者王大有指出,以海贝作为货币始于东夷族民。因海贝产于沿海地区,后来东夷与中原人民贸易交往中,海贝作为货币为炎帝神农所采用和推广。后来的殷人之所以称"商人",是因周灭殷之后,殷人贵族失去政权与土地,只能经营贸易,成为最早而且是真正意义上的贸易群体。商周以后,青铜货币的大量出现取代了贝壳,成为"钱"。现在,只有"货"、"资"、"财"等一批与"贝"相关的汉字,还保留一点远古贸易的信息:远古先民总是将贝壳的多少与财富的多少并重。那么,贝类必然是人们需求的一种交换物品,它能作什么用呢?或许是装饰,如同今日的金饰。

《路史》记载"神农之世，躬耕而食，妇织而衣"，那么当时进入"日中为市"的商品就应该有粮食、纺织品、陶器、石器、骨器等。仰韶时期的遗址发掘出精致的骨针、骨锥，石质刀、斧、锛、凿、箭头、石纺轮、石磨盘、石磨棒等，各种盛水器、甑、灶、鼎、碗、杯、盆、罐、瓮等，日中为市无疑是十分繁荣的市场。

《刘子新论》记载"神农弦木为弧，剡木为矢。弧矢之利，以威天下"；《世本下篇》记载"神农作琴，神农作瑟"等等，这些产品都可能甚至必须在市场取得或出售。农耕诞生便有了分工，只有各自一流的产品才能换取一流的其他产品。

闻名于世的上党特产潞麻、高平丝织、高平黑陶等，上古时代应该是市场的主要商品。

丝绸源头

中国是丝绸发源地，丝绸是上古中华文明的首创产品，也是中华文明的历史见证。不论是西域的丝绸之路，还是广东、福建的海上丝绸航线，都是以丝绸作为主要出口产品之一。

新中国早期历史学家范文澜先生曾指出："高平最早叫泫氏县，那里有条河叫泫水，泫水河畔是我国丝绸的发祥地"。泫水的具体地点是发源于西珏山麓的泫水河。西珏山正是发鸠山的别称，因此泫水河就是今日的丹河。泫水作为缫丝的首创地，地处高平市西北山区的泫谷。

《竹书纪年》记载："商汤二十四年，大旱，王祷于桑林，雨。"《穆天子传》记载"天子四日休于濩泽，以观赏者，乃饮于桑林"，即周穆王亲临沁河流域今之阳城桑林，与民同乐，观赏当地人民的采桑养蚕农事活动。阳城紧靠高平西南，连接高平泫水流域。

《竹书纪年》成书于战国时期。公元279年10月，西晋汲郡有个名叫"不准"的人，盗掘战国时期魏国国君的坟墓，出土了大量殉葬品，其中有大量的竹简。盗墓者为了盗取墓内财宝，以竹简燃烧照明。待官府闻讯，还检得未烧完的竹简几十车。后整理成书《竹书纪年》，因此其史料价值很高，所述比较可靠。

《旧志》记载"士勤诵读，女多纺织，力田服贾，邑无游民"，王纪论"居唐魏之间，亟耕桑，务俭约"，旧《沁水县志》云"民勤耕稼务蚕桑"，《山西桑树品种资源》论述"晋城、长治蚕区，相传历史上曾是我国养蚕发祥地之一。在垣曲、沁水、阳城交界处，至今还保留着原始混交桑林"，"自古以来，沁水、阳城、凤台、陵川、高平等县，当地农民就有利用梯田地埂栽桑的传统习惯。据史籍记载，北魏时代沁水县就已建立了护桑碑"。1988年5月，沁水县西部土沃乡东阳圪、台亭、南阳等地发现几株古桑，其中一株最大的荆桑，属白桑系统，为栽培类型，树龄约五百年以上，胸围 3.2m，树高 7.8m，树冠覆盖面积为 68m，至今生长仍很健旺，春秋两季可产桑叶 50—75kg。

古泽州、潞州之沁河流域，一直是我国北方地区最大的蚕桑丝绸生产基地，饮誉天下。《隋书》记载："上党之民多重农桑。栽桑、养蚕、纺织，在上党积久成习"，潞绸成为皇家贡品，《辞海》之"潞州"词条记载："明为纺织业的中心，以产潞绸著名"。潞绸还漂洋过海，出口阿拉伯、印度、地中海东部沿海、欧非两洲等，形成连接长安横贯亚洲的丝绸之路。仅《金瓶梅》就有 17 处提到潞绸。

文献记载，唐、宋年间，泽州、潞州两地丝绸织机已达 35000 台，称雄历代的"潞丝"与"杭缎"相媲美，潞绸始终是中国的名产，这首先因潞绸为工极细，络丝、练线、染色、抛梭、机户不以为累，色调可谓五彩缤纷，有天青、石青、沙蓝、月白、油绿、真紫、艾紫以及黑、红、黄、绿、酱等 10 多种花色，犹如"捐碎璧于宝山，分零玑于瑶海（乾隆《潞安府志》)"所以，"西山之机潞最工"(《蚕论》)。

晋商的形成，与山西物产与商业历史传统有着内在的关系。《史记·货殖列传》记载，范蠡曾拜计然为师学习商业理论。计然何许人？《史记》载"其先晋国亡公子也"，山西人。早在春秋时期，山西就已出现自由商人，汉唐时期，中国境内生产的丝绸、纸张和铜器等商品，由山西商人通过"丝绸"之路运往西域和罗马。同时，山西商人还打通了以山西为枢纽、北越长城、贯通蒙古和西伯利亚，直抵欧洲腹地的商路。明清时期，晋商更是称雄商界、汇通天下，其规模之大，经营范围之广，财力之雄厚，至今令人惊异。山西商人之富，有许多天文数字可以引证。在清代全国商业领域，人数最多、资本最厚、散布最广的是山西人；每次全国性募捐，捐出银两数目最大的是山西人；要在全国排出最富有的家庭和个人，最前面的一大串名字也是山西人。1949 年新中国成立后，财政部曾召开过一次会议，除某省一人之外，到会的各省财政厅长均为山西人，这就是山西商业历史传统的一次经典展示。

晋商的崛起，完全可以从高平找到历史的印证。

明人沈思孝在《晋录》中指出："平阳（今临汾）、泽（今晋城）、潞（今长治）豪商大贾甲天下，非数十万不称富"。《军机处录副·太平天国》中清惠亲王绵瑜说："伏思天下之广，不乏富庶之人，而富庶之省，莫过广东、山西为最"。清华大学教授陈志华因此感叹，即使把这些话打几个折扣，山西之富也算得上在全国领先。而且至少在明代，山西之富首先在晋东南，并不在晋中。

与晋中晋商向北发展不同，晋东南的泽潞商帮主要向南、向东南开拓，包括陕西、河南、山东、安徽、江苏、浙江、福建、湖广等地。明万历版《泽州府志》写道：（泽州）"货有布、缣、绫、帕、苔、丝、蜡、石炭、文石、铁，尤潞绸、泽帕名闻天下"，主要为煤、铁、丝织品三大类。相邻的潞安府则"货之属有绸、绫、绢、帕、布、丝、铁、蜜、麻、靛、矾"(《潞安府志》)。

处于泽州与潞州之间的五谷庙会,就成为最早发源、最大规模当之无愧的货品集散地。

上党商帮

羊头山东麓的长治县荫城镇,人人会打铁,荫城铁货包揽了生产和生活工具的全部,多达3000多个品种。荫城铁货制艺高超,非一般铁货可比,规格精巧,独具地方特色。荫城的"娃娃绳",其形如链,每挂百环,重仅半斤,十分精致,一度远销西藏,为藏民所喜爱的装饰品;荫城的冰泡钉,头圆心空,厚薄均匀,入注不生锈;荫城的椽钉,人称"三绝",上尺绝,长短粗细,分毫不差,上秤绝,几个一斤,数准秤平,上木绝,入木生锈,牢不可拔。

然而荫城弹丸之地,靠的是手工操作,即使人人打铁,又能造几根钉,无论如何不可能满足全国市场需求。这还要归功于荫城人善于经营。荫城铁货以其品种全、质量高而创出名牌之后,极大地刺激了上党地区冶铁业的蓬勃发展,从而形成一个庞大的冶铁集团,长治、高平、壶关、陵川、晋城等县的几百个村庄、千万户农民齐集在荫城铁货的旗帜之下,把自己的铁制品源源不断地运往荫城,至今当地还流传有"高平铁、晋城炭、离了荫城不能干"的民谣。荫城人在吸纳他们的同时,质量上严格把关,认真负责地维护其名牌声誉,共同营造一个全国最大的铁货市场。于是,荫城铁货愈见声名鹊起,吸引了八方来客,常驻荫城客商共有九路,分别是关东客、京客、上府客、西府客、口外客、河南客、山东客、两广客、西南客,荫城铁货因此遍布全国。明《实录》弘治十四年(公元1502年)八月行壬申条载,大同十一州县使用的铁器和耕具,皆由商人从潞州贩运而来,隆庆六年(公元1572年)五月乙巳条中所说的潞安锅,是商人贩运而来卖给蒙古族和满族的。上党铁货还远销俄国、日本、朝鲜、不丹、尼泊尔等国,年交易额可达白银一千万两。

上党除了丝绸、铁货之外,"潞酒一过小南天,香飘万里醉半山";潞麻行销四海,"一熟天下贱",铜器技术精湛,运进了紫禁城;陶缸,"身正口圆里外光,驰名远近响丁当";稍后一些的长治堆花、草帽辫、长治皮毛,腊驴肉……连接这些产品与市场的枢纽,则归功于这批脱离了土地,进入亦农亦工亦商行列的上党商业群体。

遗留至今的众多商家院落星罗棋布。始建于明末清初的高平石末乡侯庄老南院赵家一进十八院,大小三百多房间,占地一万四千平方米。老赵家主人发迹于明代中叶,"生意兴隆远通豫皖苏浙,财源茂盛直达黄淮江瓯",从高平到杭州共建有一百零八个店铺，一路走去，每日行程范围都有自家的店，出行一路不住别家客栈。到明末清初，已经胜过贸通天下的徽商，几乎垄断了淮北的盐业。直到 1956 年公私合营结束，历时 400 年之久。阳城潘氏清初开始经商，经营绸、布、盐、铁、陶瓷、百货等，店号遍布中州，远达江浙，每月都从朱仙镇运回数十驮银洋。

重新热闹起来的炎帝陵

明沈思孝《晋录》记载"平阳泽潞豪商大贾非数十万不称富……其富者不藏于家，而尽散之为伙计。估人产者但数其大小伙计若干，则数十百万产可屈指矣。所以富者不能遽贫，贫者可以立富，其居室善而行止胜也。"

庄里村历史恰是 400 多年，即明末清初开始，村落因商业而形成，商业又以农产品及本地特产为主，自然依托了中国近代商业发展的大背景。因此，400 余年村史，应该就是五谷神庙庙会商业成为主题最繁荣鼎盛的时期，正是与晋商辉煌几百年历史相吻合的时期。目前全国金元以前古建筑 161 座，上党地区就有 80 座，与晋中票号并驾齐驱的，正是驰骋中原的上党商帮。

炎帝陵庙前逐渐形成的这个在上党最重要的农村贸易市场，传承的正是炎帝神农时代日中为市的久远传统。

九　帝陵兴衰

我们现在已经知道,400多年来,炎帝神农氏陵庙庙会逐渐繁荣,构成数百年纵横海内、汇通天下的晋商之上党商帮,庄里村也由此兴旺,逐渐形成长期稳定的村落。那么,这个庙会兴起所依托的炎帝神农氏陵庙,一定不是一般的规格级别。元代初年羊头山炎帝庙迁徙至此,也完全不止是简单的重修再建之举。

元朝的背影

《山西通志》记载,炎帝神农庙"元初徙建山下坟侧,至正十年修,国朝俱有司岁祀",《羊头山新记》载"元成宗大德九年亦尝遣祭,禁樵采",这是元代自铁木真即成吉思汗开始共163年统治中原历史的中后期、整100周年时,朝廷派遣大员举办的一次重大祭祀活动,这说明元代朝廷对此一直保持着一脉相承的高度关注,体现了元代自元世祖忽必烈开始积极推行汉法,重用大批汉族官吏,注重以汉制汉、汉文化治国,实行劝农等一系列政策。

民以食为天,元世祖忽必烈深谙此道,即位不久就成立了劝农司,重用汉人有识之士姚枢为大司农,以陈邃、崔斌等8人为劝农使,分赴各地考察农业,招集流亡之民回乡生产,组织编写了适合农业生产需要的农书《农桑辑要》。由于元代统治者的励精图治,元代初期的农业、科学技术、商业和文学都有了长足的发展,较辽、金统治时期,可谓繁荣昌盛。

依据这样的政治背景,"至元九年(1273年)始祭神农",炎帝神农庙由羊头山迁徙至换马岭帝陵所在地,体现了元代朝廷最重大的一项基本国策,由此才能解读如此耗费至巨打造一座"炎帝神农氏陵庙皇城"浩大工程背后真正的原因。因此,这个浩大工程的巨额支出必然是元代皇帝的一项重大决定,必然是下诏执行、派员督办、落成祭祀庆典等等。那么,这座虎踞龙盘的"炎帝神农氏陵庙皇城",就一定是顶级规格。现已遗失的四龙在上的巨碑能够说明,只能是皇帝亲旨敕封无疑。

尽管记载"林木深阻久矣"的碑刻缺失了记载年代的部分,但明隆庆年间即公元1567年后,音律学家明世子朱载堉上羊头山之际,所看到的换马镇炎帝陵庙还"有石栏、石柱存焉,盖金元物也"。"石栏、石柱"能够说明最初建造的巨资投入和顶级规格,"存焉"说明已非原貌、多有损毁,留存的仅为剩余少数部分,作者看到的是陵墓的衰颓景象,但向我们传递的,却是元朝末期到明朝建国200年之间实际状况的真实信息。

以此与其91年前即明成化11年的《重修神农炎帝行宫碑记》记载之"祠在换马村东南,见有坟冢,木栏绕护"相比,见证的是"木栏绕护"等设施已经在不到百年期间损之无存。

朱载堉是明王朝宗室郑恭王朱厚烷之子,明太祖朱元璋九世孙。他在音乐方面首创新法密律即十二平均律,是明代杰出科学家和文学艺术家。朱厚烷因上书被明世宗削职下狱,朱载堉因此在民间钻研数学、律学、历学19年。明穆宗即位后大赦天下,朱厚烷恢复了"亲王"爵位。朱厚烷去世后,朱载堉本可继承爵位,但他研究音律、文学、科技等已成大家,或许感觉到从事政治的风险,因此没有选择投身政治,为此上书穆宗皇帝,放弃了爵位继承,毕生从事学术研究。

为了研究古乐器,确定"黍定黄钟"的准确尺度,朱载堉连续三年千里迢迢自京城来羊头山,这应该是明穆宗即位、朱厚烷恢复爵位以后隆庆年间的初期,因为这时他才具备了方便出行考察所需的政治地位、经济条件、学术造诣和正值中年的热情。

至今保留在院内的《大明嘉靖六年重修碑》、刻有"大明嘉靖六年"印记并保留至今的"炎帝神农殿"琉璃宝刹,都标志着朱载堉到达"今此坟侧,有神农庙"的时间,是那次重修炎帝神农庙40年之后。而《大明嘉靖丙戌年重修神农氏祠》碑,记载的是这期间的另一次重修。当时"有司岁时致祭焉",说明朝廷还延续每年祭祀的制度。

仅数年后,一位万历甲午年河南叶县名安遇的乡进士来陵庙时,留下一通目前仅剩断残为四块的残碑,碑文有"此其若没若灭亦难具论……又暂时之微报教稼之帝"之辞,对炎帝神农陵庙的衰颓颇为感慨。

《续修炎帝后妃像增制煖宫记》碑刻,记载的不是陵庙的全面修缮,而是仅对其中一尊塑像的"续修"并"增制煖宫",显然非政府级别的大规模整修。其规模之小、投入之微,似乎只能是民间集资补充完善之举。碑文"其形势嵯峨,林木深阻久矣"透露了炎帝神农氏陵庙在当时"若没若灭"的社会影响。虽然因朝廷"有司岁时致祭"而得以维系,却又难保常修常新。虽然庙貌森严、闲杂人等远之,非寻常百姓能够任意往来随意添置设施,而这次续修后妃塑像的规模本身,应该是后来庙会日渐繁荣阶段之初期民间行为的标志。

因此,此碑刻制既非"林木深阻久矣"的明代,又非五谷庙庙会繁荣起来后,社会相对稳定的清代中后期,应属明末清初五谷庙庙会兴盛起来的晋商崛起初期,这通露天而立的碑刻风化程度轻微,其年代也能旁证这个推断。

到五谷庙庙会逐渐兴盛起来的明末清初,陵庙区域开始有人入住定居逐渐形成庄里村,由于人们对炎帝神农氏的尊崇,不仅避免了陵庙渐至倾颓,而且一定有不断的修缮之举。因庙会商贸逐渐兴起和繁荣,农产品与炎帝神农氏有关,已经衰颓的炎帝神农氏陵庙正殿及院落逐渐整修演变为"五谷神庙",知名度与民众关注度都大大提高。陵庙里的钟声,成为周边各村集结聚会的信号,居民定居与本村民俗形成,构成延续至二十世纪五十年代之前,庄里村五谷庙特有的文化形态。今日想象那般景象,一定堪比现今太原近郊三晋第一名区之晋祠与晋祠庙会。

细看以下三个朝代的几段文献记载或碑文:

1.《山西通志》记载"(炎帝神农氏陵庙)元初徙建山下坟侧,国朝俱有司岁祀"之隆重庄严的建设。

2.《羊头山新记》记载"元成宗大德九年,亦尝遣祭,禁樵采"。

3.《潞安府志》记载明开国之洪武年《重修神农庙记》碑文"国家追崇祀典……命所司凡圣帝贤王,春秋祭祀,载于典,祭以时。仰惟炎帝神农之庙,在潞当祭"。

4.清代《重修东关炎帝庙碑记》"入我国朝,举先代帝王有功德于民者,悉修其陵寝,命有司致祭"。

综合起来可以看出,元明清三代改朝换代之初,朝廷都极为重视炎帝神农氏陵庙的修建与祭祀。高平炎帝神农氏陵庙的千年兴衰特点,是元明两代不及清代兴盛。清代晋商崛起,炎帝神农氏始创的农产品成为大宗商品,陵庙又成为商品集散地,商业兴旺维护了陵庙的兴盛。

那么,为何元明两代之炎帝神农氏陵庙虽记载有国家祭祀,事实上却僻处一隅,以致"林木深阻久矣"呢?按说百姓向来是见神敬香,见庙磕头,又从来尊崇炎帝神农氏,何以这座陵庙香火不旺呢?

一个多余的字,将我们引向了答案。

那天是独自一人路过,难得无人催促赶路,径直来到炎帝神农殿。

从村民院落陆续收集回来不久的碑刻躺在门前和阶下,天空飘起了小雨,难以仔细阅读,就匆匆浏览了几块残碑。

其中一通碑刻时间为"中华民国卅十年"。"文革"初期罢课时笔者仅读书六年半,也就小学水平,依稀记得"卅"就是三十,民国卅年就是1941年。那么"卅十年"是多少年?"卅"再加十年?共四十年就到了1951年,解放初还修过炎帝庙?不可能。因此"卅十年"应该是"三十年"或"卅年",多一个"十"字致此疑惑。疑惑之余心中感慨,当年"文革"没有机会读书,关键时刻就是费事。

回过神来细看碑文，这是《重修炎帝庙名神殿禅房并补修桥梁扩大舞楼新绘已竣及细说款项来源》碑，一段重要的碑文扑面而来，"在下庙未创建前，县官朔望行香，春秋祭祀大典，必须亲诣换马岭五谷庙炎帝陵□□□□不敢废弛"。

河西镇焦河村炎帝庙清嘉庆《重修炎帝庙记》则记载了"邑之羊头山，帝陵在焉。东关下庙，岁有常祭。邑令职之典至巨也"，明确记载了东关下庙建成后，虽"邑之羊头山，帝陵在焉"，祭祀却已转移至"东关下庙，岁有常祭"，邑令（县令）职责所在之祭祀典礼规模"至巨也"。这里出现一个重要信息，炎帝神农氏陵庙的地名描述是"邑之羊头山"而非"换马岭"，高平县东关的下庙是在元初羊头山神农城迁徙之前已经建成，那么下庙最迟也在宋代建造，到现在至少十个世纪即千年以上。而炎帝陵址的描述，显然将四十里之遥的羊头山高庙与山麓之陵墓统称为一处。

至于《重修炎帝庙名……》碑文里"五谷庙"的名称，显然是乡民逐渐形成的称呼，虽未见经典记载，却曾刻于庙会兴起后钟鼓楼之间的山门之上，碑文也就这么写上去了。既然能把"卅年"写成"卅十年"，银钱"二十四铢"写为"二十四株"，标题洋洋 30 个字，未加任何精简提炼等，将庙名依乡民俗称直书其上就能够理解了。

皇城今昔

自下庙建成，春秋祭祀就不必再去羊头山或炎帝神农氏陵庙，省去路途劳顿。有此原因，换马岭炎帝神农氏陵庙建成后便面临鲜有问津、年久失修的局面。这里显示一个重要信息，陵庙的地名用"换马岭"或"羊头山"而非"庄里村"，可见直至抗日战争时期，庄里村虽早有乡民入住，但其名分还是炎帝神农氏陵庙演变之五谷神庙与炎帝陵。

再参考距此不远的故关村炎帝行宫内清光绪十年《改修炎帝行宫碑记》载"余村东南二里之遥有炎帝陵焉"；行宫内清道光年《补修神殿及陪房碑记》载"东南有陵碑可考"；其他村镇碑记如明《重修炎帝庙记》载"其真灵在泫氏之北，换马镇之南"；清《重修炎帝庙碑记》载"神农炎帝庙在常家沟之西北隅"；朱载堉的散文《羊头山新记》载"……村之东二里，曰换马镇。镇东南一里许，有古冢"等等，对炎帝神农氏陵庙位置无不以方向、距离来描述，均无"庄里村"村名。

因此，陵庙就是陵庙，并非村落，即使有乡民擅自入住也依旧是陵庙，历史上从来没有"庄里村"村名。

那么，东关下庙建造后，"朔望行香春秋祭祀大典"始于何时呢？这个问题极为重要，它直接关系到换马岭炎帝神农氏陵庙的兴衰。

据清康熙三十三年《重修东关炎帝庙碑记》载："所谓上庙者,是庙去县治凡四十里,祭之期恐远不逮焉。爰附东郭立庙,今所谓下庙是也。问庙之建,无有能言其创始者,其重修则自宋元以迄明诸碑记悉载之。"

原来是换马镇炎帝神农氏陵庙距城太远祭祀不便,在高平东关建造了炎帝神农下庙。最初建造的时间虽历代久远,难以明晰,但清康熙三十三年之际还能看到不少"宋元以迄"即宋代、元代重修的碑刻,即创建下庙的碑刻记载至少在千年以前。显然,即使有更早的碑刻留存,千年的风雨侵蚀也早已风化漫漶难以辨认。那么,即使碑刻没有看到记载,宋朝之前建下庙的可能性也必然是存在的。

这通碑还写道:"入我国朝,举先代帝王有功德于民者,悉修其陵寝,命有司致祭。而兹庙因僻在山城,历年来风雨飘摇,鸟鼠窜伏,垣颓檐堕,瓦裂衰崩,虽春秋之祭未尝不举,而修以新之则有待乎其人。"

这段生动的碑文描述,暗示了换马岭炎帝神农氏陵庙"林木深阻久矣"的原因,是由于高平东城门外修建了炎帝下庙,县令就近春秋祭祀,不必再远行四十里赴换马岭炎帝神农氏陵庙。当时碑文作者看到下庙"虽春秋之祭未尝不举",尚且"垣颓檐堕,瓦裂衰崩……而修以新之则有待乎其人",岂有可能再顾及四十里之外已经实际停止了每年官方祭祀的换马岭炎帝神农氏陵庙皇城?

因此,炎帝神农氏陵庙渐至管理废弛、建筑倾颓,砖瓦木石散失,直至现在仅存正殿、陵碑等几座建筑。煌煌一座规模巨大的陵庙皇城,就这样被岁月消磨成一个尽管规模恢弘却遗存无几的遗址。

这段碑文事实上已经透露了"林木深阻久矣"的根源,几乎自"元初徙建山下坟侧"之时,换马岭炎帝陵墓扩建为炎帝神农氏陵庙皇城之后,虽庙貌森严、建筑恢弘、陵后有庙、庙周有墙,墙外有周环之城,城外有护城之河,却自建成之日就注定因选址祭祀不便这个最关键的人文要素,陵庙皇城的维护又没有可靠的资源再生系统作保障,因而无可避免地日渐倾颓,竟致今日连曾经恢弘壮阔的遗址也须极为严密的考证方能知其一二。

毕竟,"元成宗大德九年,亦尝遣祭,禁樵采",林木有明确的禁止樵夫砍伐采集的禁令,陵庙区域又无乡民居住,平日乡民几乎没有进出陵庙区的理由,因此不得随意伐木砍柴的禁令甚至有可能成为不得随意进入的禁令,结果树木枝干任其自由生长,枯枝蔓草灌木丛生,残枝败叶长期自由堆积。故此,炎帝神农氏陵庙"林木深阻久矣"。

十 陵庙遗风

炎帝出巡

虽然因县东关建炎帝神农庙,而停止了换马镇炎帝神农氏陵庙每年的春秋祭祀,附近乡民还是来这里烧香祈祷、求神、求雨、求吉祥、祭拜炎帝神农氏始祖。每逢农历四月初八炎帝神农庙会,正值青黄不接,山西又是十年九旱、十年十春旱,五谷庙更是门庭若市,四乡八村来的百姓络绎不绝,久之,逐渐形成了特定的民间遗俗。

张文秀年近60,自爷爷张春喜手中传下来一尊炎帝坐像,一直精心保存。坐像高约两尺,泥塑彩画而成,浓眉大眼,神情庄重。这尊炎帝神农氏塑像经历了各种社会风波,能够一直保存下来,倒是一个奇迹。

张文秀告之,在他爷爷担任五谷庙住持的时代,即清末至民国初期,五谷庙曾有一高一低两尊可以移动的炎帝神农氏塑像。高些的那一尊有一米多高,敬在五谷庙正殿。塑像头顶帝冠,下垂12行珠,象征一年有十二个月。身上彩绘有黄色服饰和玉带,玉带上绘有蟠龙。左手持盘,盘中有黍、稷、麦、菽、麻五谷。低些的那一尊塑像正襟危坐,由他爷爷敬在家中。每年农历七月十五,他的父亲就到地里拔些黍、谷、麦、高粱等作物,一一敬献在炎帝塑像前,焚香祭祀。这一天,全村人等除在五谷庙焚香,还要上地头烧香磕头,家家户户还要蒸面猪上供。面猪取代了生猪祭祀,还是"豖"的本意,传统遗存。

庄里村还有一个重要的祭祀炎帝神农氏的活动——求雨,因炎帝通天文,知天数。但求雨的程序有等级辈份区别。求雨祭祀时,因长治县原家庄(一说苗村,或为同一地,三苗九黎之地,亦为原配居住之庄)是炎帝第一夫人的娘家,通常他们首先要来请那尊高些的塑像,说他是管长治那边下雨的。附近的长畛村为炎帝第二夫人的母家,求雨时则请低些的那尊塑像。

清末民初,长治县老顶山镇来人请炎帝塑像求雨,请走后再没有请回,那尊高的金像就见不到了,从此长治县也不再来请炎帝像了。这或与清末民初改朝换代,新青年提倡新思想,传统风俗被破除有关。

此风俗与庙会送一台戏一样,同样展示了相同的炎帝神农氏家族风俗内涵。如果没有原由,长治县原家庄没有必要必须来此请炎帝像。为何没有自行塑像,却必须来请呢?长畛村也是同样的道理。答案只有一个,一切都只能是真实的历史,几千年从未中断,谁也不能改变。而如五四运动那样的政治运动,"打倒孔家店",破除封建残余,波及了这个独特的传统。一旦这个传统中断,它又非常脆弱,没有自身家族成员的第一推动,当代人传统意识的缺失与淡薄,农村社首传统的消失,再也没有恢复起来。由此反观历史,却反而说明此传统五千年没有中断过,上党人民对炎帝神农氏是五千年如一日地传承尊崇,炎帝神农家族的故事是真实存在过的。

据张文秀介绍,长治县南宋乡南掌沟村对五谷庙的修建贡献最大,曾在一次大型修建时出资一半,因此凡来求雨时,本庙开山门之中门相迎,而历次求雨,相传亦为"百发百中"。

他们来求雨,必须派属龙者前来。一次久旱,南掌村选派了几个属龙的年轻人前来,年轻人不知轻重,走至赵村累了就歇息一会儿,结果赵村下了大雨,自家南掌村仅下了小雨。从此凡来求雨,路上再不敢歇脚。

1981年初秋入三伏,南掌村久旱无雨,庄稼即将枯死。身为生产队主任为一年收成焦急万分。当时文革虽然结束,但多年破除迷信,求雨还有政治压力,有可能因此被免职。但改革开放已经开始,如果一年没有收成,全村就要挨饿。这个经济压力更为巨大。为全村免遭干旱绝收之灾,生产队长下定决心"就是免职也要去庄里求雨"。

一辆大车(马车)就这样出了村。车上共10人,除了生产队长,还包括7个自然村的生产小队长,一个属龙的持宝瓶者,一个车把式。到了五谷庙大殿,谁也不说一句话,先跪地三小时虔诚默祷,然后上香祭拜、放鞭炮,天空万里无云,没有一点云雨的迹象。眼看着香还没燃烧到一半,鞭炮还没有放完,不知哪儿来的黑云骤起,铜钱大的雨点跟着就落下来,一行人大喜,淋着瓢泼大雨回去了。

为此,南掌村特意集资建了炎帝庙,从此求雨就在本村,无需再来庄里村求雨。

民国以前,每年农历正月十五是炎帝庙会,组织者是由每年推选出来的临时经理,称社首。社首由各村轮流担任,一年一换,每年要在城隍庙举行跪拜交接检点仪式。庙会时,农民要请出炎帝神农老爷塑像,四人小轿抬到附近各村地头巡视庄稼,巡查民间善恶。

巡视开始于巳时即上午9—11点,从五谷庙请出炎帝神农氏金塑像,先烧香,后鸣炮,然后请炎帝老爷上轿。轿顶上有串球,四角雕龙,轿杠约5米长,轿门上挂黄布帘。抬轿者由庄里村选4人承担,前边有大小太尉引路,红白二将军护驾。其余众人则敲锣打鼓簇拥炎帝神农氏的轿子巡游。先到北营村小庙祭祀,后依次经换马村、跑马岭东、故关村、西坡、长畛、口则等,最后回庄里神归原位。听老人传说,每过一村,要在村里炎帝庙祭台上香,然后放炮,村民男女老幼皆出迎跪拜炎帝老爷,非常热闹。

四月初八是炎帝神农氏生日,是最大规模庆寿公祭日,当地至今还流传这样的歌谣:"四月八,神农活,炎帝子孙都记着,祖先种地全靠他。"釜山、南赵庄、米山等炎帝庙中的几位太子塑像要乘神轿来五谷庙,给炎帝与后妃娘娘拜寿。长畛村北大庙几位太子的神轿队伍来时最为隆重威风,有护卫、乐队相随。

供品是用荻茎做架,用蜂蜜和上等麦粉和成软面团,再用五谷之一的麻秆油炸成圪酥式祭品。要特意做六棱木摔、小锣、小鼓等玩具供四太子。

拜寿时,由七社社首主持。神农殿前搭高大的彩棚,炎帝与后妃娘娘塑像安坐龙椅,全场向炎帝、娘娘行三拜礼,接着太子行礼拜寿,午前结束后公祭。

公祭由社首主持,奏乐、焚香、献祭后由德高望重的老人在大殿神像前诵读炎帝文书。公祭结束后,各村开始表演。有讲故事、踩高跷、打船、竹马等,热闹非凡。

秋收后,羊头山周边七社各村庆贺队伍顺神道进五谷庙,两面大锣鸣锣开道,有肃游回琏脚、黄罗伞、飞龙飞虎旗相护,红白二将军引道。随后用花轿抬炎帝像到各村。各村老翁跪迎以示对师祖敬仰。还有卖吃食、娱人等项目加入。

晋东南多有炎帝神农庙会,经常参与炎帝神农祭祀庆典和求雨的有黎岭村、百谷山、原家庄、五谷山、经纺村、熨斗台、下色头村、高良村、下台村、贾村、团池村、团池西村、釜山村、羊头山、庄里村等。

长畛求雨

每逢大旱就有祈雨活动。各村挑所有属龙年龄大的人,从五谷庙正殿东阁请出炎帝像游行。村人赤足、卷裤腿、头戴柳条帽、手持柳条棍、口念"炎帝显灵",至各村广场祈雨。

庄里村西南2里远的长畛村,求雨活动则与众不同,有许多独特的讲究。

每逢入伏久旱无雨,长畛村就派几个妇女去庄里村请炎帝神农老爷。因为来的是妇女,炎帝老爷会比较客气,求雨容易灵验。如果男人去,就难保灵验了。每次去庄里村都要趁黑夜,沿途如果有男人相遇都要回避。去了五谷庙,要给炎帝神农氏塑像穿上缝好的崭新"服"饰,以之"服"人。然后放炮出行,一路照例鸣锣开道,前有一人开道,手持柳树枝左右横扫,以清"雨道",柳枝也是为了雨水下流顺畅。路人就像见了皇帝老爷一样,纷纷躲避,以防"阻雨"。万一碰到人就不客气,特别是未出嫁的黄毛丫头,举起柳树枝便打,打了谁都没地方讲理。因为这是正经大事,关系到一方庄稼收成,谁挡了路阻了雨,还没找你问罪哩。

炎帝老爷请到长畛村后供在院子里,立刻派人持宝瓶去六名寺"东海源头"

请回一瓶"东海清泉"，与炎帝老爷供在一起焚香"拜见"。为什么是"拜见"而不是觐见呢？

开始去了多次五谷庙，也没有关注长畛村，因其独特的求雨方式，终于在专程采访拍摄《寻找炎帝遗迹》时，得知炎帝神农氏第二夫人的娘家居住长畛村，亲属关系不同，求雨方式也与众不同。

女婿归女婿，到底还是炎帝神农老爷，礼数也不能少。最后要请到屋内留住三天。因为是请来的炎帝老爷，不是去宫里朝拜，只能称作拜见，而非觐见。

如果三天还没有下雨，娘家不满意了，就将炎帝老爷抬到后山坡田边曝晒三天，让它看看干旱的庄稼，尝尝烈日的滋味，看是不是该给点雨了。炎帝老爷虽然贵为"五帝"，但在长畛村也不过是本村女婿，给娘家人降雨是份内之事。如果炎帝老爷来了还没雨，就是不给面子，娘家人也就不客气地晒晒他。据说这种方式十有八九都灵验。据长畛村老人说，天上下雨的事，入伏前归龙王爷管，入伏后归炎帝爷管。这事其它村一般人不知道，也不便告诉他们。

为了与娘家人保持联系，五谷庙"演奇楼"西边特别建有一座"应声庙"，当然是处于五谷庙正殿西南长畛村的方向。长畛村娘家人如果有事"呼唤"，炎帝神农氏要在应声庙"回应"并帮助办事，"应声庙"就是为了便于与长畛村相互呼应，娘家人去五谷庙需要居住也有此方便。

有此一位炎帝神农氏老爷坐镇五谷庙，各村因此沾光不少。神农镇一座碑文因此称炎帝为"万民生成之主，开百代稼穑之源，凡在井里皆蒙其恩，农氓均沾其泽"。"泽"即水泽，周边农民享受到的恩惠，就如同庄稼地靠近水泽享受浇灌的便利一般。

"长畛"村名的字意，"畛"的字理是田畴相持之间的小路。"长畛"便是一条长长的农田之间的小路。"长"必然相对某两点来说，既然炎帝神农氏陵庙西南角有应声庙，与长畛村相互呼应，二里多也够远了，长畛村名由此而来。

炎帝四太子

申胡根是长畛村十三代祖传风水先生，对炎帝神农氏传说最为了解。他告诉我们，相传长畛村原为炎帝神农氏的第二位丈母娘家。二夫人最小的四儿子小名松疙枝。因从小有病没有长大成人，没有入庙，后世也没有祭祀纪念。

因为炎帝神农氏长期尝百草中了许多毒，四儿子从小有病长得青面獠牙，比较丑陋。为了防止他外出受欺负，于是便把他留在本村姥姥家住。姥姥从小对他娇生惯养，从不打骂。因此现在村里谁家的孩子不听话，就有人说，看你就和松疙枝一样，娇生惯养的。为了治好小儿子的病，炎帝神农氏吩咐由三太子配草药给他服用。由于是疑难杂症,草药治病又在初创时期,小儿子吃药后脸越来越小,脸色也发红。这孩子感觉吃药味道不好,经常拒绝服药,把药倒进村南头的田地里,于是泥土里至今还有许多小药球。说话间,老人的小孙子为笔者从地里挖出一些带药球的黏土,只见那药球比仁丹略大,土里数量不少。这也只有村南头的土地里有,别的地里从未发现,这使我等大为吃惊。或许这就是几千年前炎帝神农时代配制的中药,一直印证着这个流传几千年的传说。

据《高平县地名志》记载,常畛村东北有一瘟神沟,建有一座瘟神庙,又称瘟神洞。原有两进院落,建筑较为整齐。正殿下边有一洞穴,曾有溪水外流,清澈见底。瘟神庙意在给瘟神一个休养的去处,把他供起来,也算有个安置,以便少出来做他那些事。既然神农氏尝百草创造了医药,不免得罪瘟神,瘟神就跑到这里来祸害,松疙枝就受了害。瘟神也是神,盖个庙、敬上神,大家都安心。

每年正月十六,周围几十里的农民都要到瘟神庙前流出的溪水里掘取冰块,用来做一餐饭食。既然敬了神,再喝水就放心,意在驱邪祛瘟,早作预防。

据申胡根老人讲,长畛村抗战前是有名的社火村。村里有一个庞大的戏班子,既扭秧歌,又唱邦子,还能唱落子,过去远近闻名。道具有红黄彩伞七十多把,锣三、四十面。唱戏时锣鼓手不够,还要去外村请。通常一年里有三个祭时唱戏,唱戏日很有讲究,秋后要根据皇历定日子,三个好日子连在一起才能唱戏,连唱三、四天。唱戏要临时推选一个“社首”,担任临祭祀联欢活动的总经理。社首每年轮换,清点道具交接。七七事变后高平来了日本兵,为奴役中国人当顺民,禁止长畛村唱戏,并把伞锣等道具统统破坏(鬼子总是干这类事,不知干过一两件好事没有),以至抗战胜利后这项社火民俗活动一直没有恢复起来。

浩庄求雨

浩庄村炎帝庙当地称茭子王庙。茭白原名菰,也叫“茭笋”、“茭瓜”。茭白子称菰米,为古代六谷、九谷之一。古籍称,茭白合栗米为粥,食之能充饥,亦作药用。

相传茭子王就是农官“柱”,浩庄人的外甥,种庄稼的好手。幼时寄住舅舅家,常受妗母虐待。成人后把舅舅家几十亩地全种茭子,每块地只留五株苗,秋后收获茭子多得家里放不下。茭子王临走时,妗母说了句气话“往后俺家要去求你,就死一口人”。第二年村里大旱,老舅领着村人找外甥求雨。雨求来了,老舅却死了。从那后,浩庄人每次求雨得抬一口棺材,雨降透后村里必死一口人。

十一　蚩尤往事

蚩尤故里

在长畛村最大的发现，是传说蚩尤即本村人。

据申胡根老人介绍，蚩尤家住长畛村，王姓，不务农业，整天舞枪弄棒，村里嗤之为一害，不论大人小孩都敢骂他是"蚩尤"。"蚩尤"是"嗤－唷"的发音，即是蝗虫。因蝗虫起飞时，发出"嗤—唷"的声响而得名。人们以"嗤－唷"的发音称呼蚩尤。蚩尤的"蚩"字，上半部是"趾"即"止"的变形，下半部是"虫"字。意为有脚的虫，"尤"是特别的意思。称呼"蚩尤"就好像说蝗虫一样不服管教，四处横行。相传蚩尤后来不甘务农，便纠集意气相投者外出闯荡。后来竟成为三苗九黎联盟首领。此说《归藏》记载"蚩尤出自羊水，八肱八趾疏首"完全一致，因羊水即羊头山之水。

数十年后，蚩尤氏族在天文、农业、金属冶炼等方面大大发展，制造的金属兵器锐利无比，实力强大，三苗九黎都在其统治之下。后向太行山地区发展，与炎帝神农氏族争夺生存空间。因其士兵配备金属盔甲，人称"铜头铁额"，手持金属"兵杖刀戟大弩"，势不可挡，很快就占据了太行山以东、以西的大片土地。蚩尤以"炎帝"的名号侵凌各氏族部落。炎帝神农氏第八代榆罔（参卢）奈何他不得，便求助轩辕氏族，联兵讨伐。然而蚩尤部落很难对付，轩辕氏九战九不胜。

申胡根告诉我们，相传最后一代炎帝榆罔配制了一种"慢药"，遣人暗暗放入蚩尤的饭食，蚩尤体力不支，黄帝终于将东夷三苗九黎氏族打败，捉拿蚩尤斩杀，尸体肢解，王大有认为河南濮

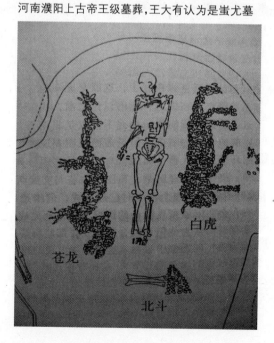

河南濮阳上古帝王级墓葬，王大有认为是蚩尤墓

苍龙　白虎　北斗

阳的帝王陵墓即应该是蚩尤陵墓。因墓内尸骨的头骨、四肢、胸骨均断裂。墓内以蚌壳排列出四象二十八星宿，北极星方位指示系统，人物驾龙太空遨游等等，为上古最高等级规格的帝王陵墓。帝王身首肢解，骨架及上肢、颈骨、肋骨等均断开。历史记载中原地区只有蚩尤如此。如此结论有些道理。

因蚩尤部族崇拜龙蛇虫类动物，被长畛村人称呼为蝗虫。蝗虫的"蝗"字，是归于"虫"类的"皇"字。但是，虫类也能称"皇"吗？

炎帝神农氏被人称为"人皇"、"农皇"，"三皇"之一。蚩尤与榆罔相争，用炎帝名号，也是统帅三苗九黎的盖世英雄、人中之"皇"，皇皇大军披甲执锐横扫中原，如同蝗虫一身甲胄，奔走腾飞矫捷，飞蝗铺天盖地。蚩尤后来战败被贬低，造字归于虫类称"蝗"。不论何人，有群众自发统一的称号，能够五千年流传至今，就不是寻常人。蚩尤的名字因此也非比寻常。查炎帝神农世系表，蚩尤是炎帝神农氏始祖的支系子孙，也是贵胄出身，因此长畛村人认定，"蝗"字即由此发源。按说"蝗"字本是对皇权的大不敬，却被普遍认同，流传于世，未被皇家典籍删除或修改，或许即此原因。

高平乃至上党不少地方都有好蚼庙，祭祀蝗虫，即有暗中祭祀蚩尤之意。据说每当蝗灾，百姓就到庙中烧香祭祀，祈祷蝗虫不要作害庄稼。古地方志均有此类记载。据张文秀说，以往每年深秋，天空中到处可以看到飞翔的蝗虫"嗤－唷"而去。自1995年炎帝文化古迹被中央电视台宣传报道以后，庄里村一带蝗虫少见了。百姓说，这是因为蚩尤的神灵怕炎帝。而一种有上百条腿的虫子——"百足虫"倒是多了起来，因炎帝神农氏老爷是尝这种虫而死。这倒是个有趣的说法。

血染盐池

据湖北神农架千古流传的《黑暗传》古歌记载，"又有夙沙才欺心，要反神农有道君，大臣箕文劝不可，夙沙大怒杀箕文。百姓群集心大怒，要杀夙沙这反臣。夙沙孤寡不敌众，被百姓杀死命归阴……自从神农皇帝崩，又有榆罔治乾坤，只有榆罔多无道，反臣蚩尤大兴兵，榆罔惧怕蚩尤凶，悄悄迁都让反臣"。

安邑和解州所以成为黄帝蚩尤大战的主战场，与此地独特物产"盐"分不开。这个盐池最早为夙沙氏所占据。《说文》"古者宿沙初作煮海盐"。宿沙，又名宿夙，神农时代的氏族部落首领。吕枕云："夙沙氏，煮海之神，谓之盐宗，尊之也。"《山堂肆考》羽集二卷《煮盐》记载："宿涉氏始以海水煮乳煎成盐，其色有青、红、白、黑、紫五样。"古代"海"的概念，是指大的湖泊。夙沙氏，又名质沙氏，是一个世代以煮制盐业为生的氏族部落，曾聚落于安邑和解州一带。不论宿沙、夙沙氏还是质沙氏,几个名称都有一个相同的"沙"字,以此印证蚩尤"食沙子",说明是古时其它氏族对晋南人食盐没搞清之前,采取的这种模糊的表述。

关于夙沙氏后归神农部族,成为炎帝古国的诸侯之事,古籍《路史》这样记载:"《世本》载:夙沙氏煮海为盐,亦为炎帝之诸侯。今安邑东南十里有盐宗庙。"

"夙沙氏"的"夙"字,甲骨文是人跪地劳作的字形;"沙"是水中、地下些小之物。因此,"夙沙氏"是一个聚落于今运城盐池一带,善于生产池盐的氏族。这成为后来轩辕黄帝任命"夙沙氏"管理盐池的原因。

当代文献记载:运城解州的地域是古湖泊,每逢夏季暑热时,池中盐分可自然结晶成颗粒,捞采即可。储运交换便利,如种韭菜可一茬一茬反复收采。司马迁在《史记》中写道:"山东食海盐,山西食盐卤,岭南、河北故往往出盐。河之北,大体如此矣。"古时黄河以北称河北,即山西,安邑之盐甲天下,腌咸菜经久不坏。

北魏时盐池收入折绢三十万匹,当冀州、定州两州所征绢数。元朝时解州、安邑两盐池,收入占全国盐池七分之一;唐朝时全国盐池十八个,解州、安邑独占五个。明万历六年,山西纳银3.4万两,占全国近六分之一。

《安邑县志·蚩尤城》记载:"《通志》载,小颛者……本即古解城也。史载榆罔(参卢)命蚩尤守小颛。"这应该是后来蚩尤氏族的天文、农业、冶炼等科技水平居高,领地扩大,直至扩张到晋南地区的记载。蚩尤具备先进的生产力,经常进入和占据新的领地,氏族之间就会有领地利益之争,终于成为战争主角。

蚩尤占据运城盐池,战败被肢解,因此那里地名"解州"。《孔子三朝记》载"黄帝杀之于中冀。蚩尤股体身首异处,而其血化为卤,则解之盐池也。因其尸解,故名其地为'解'"。"解"字笔划之字理是"刀"卸"牛""角",可见蚩尤与炎帝神农氏一样,也是身披牛皮甲胄、头饰牛角冲锋陷阵。刀卸牛角意为将其杀害,因此"解"字与"卸"同音,而在运城地区又特别与"害"同音,即有除害、为害、遇害、杀害的意思,此意敌对各方均可接受。"解"字的普通话标准读音为"jie",引伸意为解开"结",即"解决"。

关于刀解牛角,与炎帝神农氏"牛首人身"之说一致。原始氏族公社时代,各氏族部落以图腾为标志,作为氏族的象征。当时,人们相信自己的民族与某种动物或植物或自然现象有血缘关系,认为它是自己的祖先,就把它作为本氏族的图腾、徽志或名称保护,甚至作为氏族酋长的装束和脸谱。《史记·黄帝记》说:黄帝"教熊、罴、貔、貅、貙、虎以与炎帝战于阪泉之野",就是指挥以这六种动物为图腾与装束的部族作战。

我国古代有所谓有熊氏、骊畜氏、玄鸟氏,都是以动物为图腾。这种习俗,不仅中国原始氏族社会如此,外国原始社会中也有类似情况。恩格斯在《家庭、私有制和国家的起源》一文中,就举出印第安人的一个部落内,八个民族分别以熊、龟、狼、鹰等八种动物命名,也是各以一种动物为图腾。

氏族的图腾。"图"为图形,即文字,"腾"为合婚、繁衍。图腾一词从印第安语翻译而来,本意为亲族。王大有先生依据我国首任驻美国大使欧阳庚及其子收集的大量材料研究印第安文化,认为美洲印第安人是上古华夏族流向美洲的移民,他们的文字属象形文字;他们的文物上就发现有直书的汉字"武当山";他们的口传历代远祖与中华民族的历代远祖完全相同;他们的医疗技术系统与中医相同;其中一支即安第斯山部落及首领侯喜医师,正是郭沫若托国外学者寻找的殷商灭亡之际,在山东突然消失的 25 万殷商军民及首领攸侯喜之后,他们世代传唱的古歌,正是描述远离故国,历经惊涛骇浪,下船后给 25 个部落分配种子,约定互相支援,世代不相忘……我国首位驻美国大使欧阳庚赴墨西哥时,听到印第安人讲话,完全是如同袁世凯的河南腔。"图腾"一词正是由印第安语引用而来,其本源则为汉语。印第安人为黄种人,祖先来自亚洲,已是公认的事实,已有 DNA 检验的支持。

以动物为图腾的习俗,国内一些边远山区的民族至今还保持着。现在,我们使用国徽、党徽等,也都是古代图腾的遗俗。因此"牛首人身"之说,应该就是神农部族的装束,是当时特别器重牛的表现。《述异记》载"秦汉之间,说蚩尤牛耳,鬓如剑戟,有角,与轩辕斗,以角触人,人不能尚",即说蚩尤也是牛首人身。

蚩尤姜姓、神农之后,他的习俗也是从炎帝神农氏族继承下来。牛首人身的形状,可与原始社会的情况相印证。由于农业发展,人民逐渐定居,饲养业也得到发展,畜类也由鸡犬发展到牛羊。牲畜的繁殖,不仅为人类提供了耕种的引力和运输工具,还可利用毛皮遮体保暖。王献堂先生认为:当时尚无衣裳,冬寒以牛羊之皮覆盖身上。那时的制革工艺也不如现在,仍全刮其皮,首尾完全,"以牛皮覆身,牛有双角蒙在头上,平时以壮观瞻,战斗时用作武器,以角触人,在当时兵器不发达的情况下,是重要斗技之一"。

这种装束,久之相沿成习,于是部族以之作图腾,作为祖先的形象。《述异记》记载:"今冀州有名蚩尤戏,其民三三两两,头戴牛角相触,汉造角觝戏,盖其遗制也"。可见这种习俗,自秦汉至六朝,在河北人民中仍以角觝戏的形式流传,影响深远。据《龙鱼河图》记载,"蚩尤殁后,天下复扰乱。黄帝画蚩尤形象以威天下,天下咸谓蚩尤不死,八方万邦,皆为弭眼"。各部落信以为真,以此震慑。

在中国人心目中,蚩尤是个失败的英雄,是兵神。汉高祖刘邦起兵反秦时,曾在沛县一拜先祖黄帝,二祭兵主蚩尤。可见蚩尤影响之深远长久。

因此,蚩尤战败被肢解。因"解"字的笔划分别是"刀"卸"牛""角",汉字这种"活化石"笔划中隐藏的文化信息,又可以作为反证历史的重要"文物",证明黄帝战蚩尤的主战场在运城盐池一带,在此杀蚩尤。

因蚩尤占据运城盐池,了解盐的食用价值并食用,因此体力强壮所向无敌,《史记》正义引《龙鱼河图》的记载:"黄帝摄政,有蚩尤兄弟八十一人,并兽人语,铜头铁额,食沙子,造立兵仗刀戟大弩,威振天下。"

"食沙子"就是采食盐颗粒,其它氏族看到而不解,疑为蚩尤捡食地下的沙子。后来轩辕黄帝主政中原,特别派遣"宿沙氏煮盐之神"(《路史》)管理运城盐池。而"兽人语"是因氏族之间语言不通或军事暗语。"铜头铁额""造立兵仗刀戟大弩"说明蚩尤氏族已经能够冶炼金属制造兵器,是先进生产力的代表。中国历史上的战争,许多是落后生产力的野蛮者打败先进生产力的文明者,而先进生产力的社会进步要素却会继承发展下去,此为一说。

北京中国军事博物馆记述"蚩尤造兵器"的文字表述为:传说蚩尤既聪明又勇敢。他将牛角装在头上,作为兵器使用;为了鼓舞士气,他又用兽皮制成大军鼓,军鼓发出响雷般的声音,曾让黄帝的军队胆战心惊。他制五兵,造九冶,对中国兵器的发展有过重大贡献。人们将蚩尤与天、地、日、月诸神并列,称其为"兵主之神"。

盐池水泛红色,相传因轩辕黄帝与蚩尤殊死争夺盐池,蚩尤血所染。《河东盐法备览》记载"轩辕氏逐蚩尤于涿鹿之野,血入池化卤,今池南有蚩尤城,相传是其丧处"。黄帝与蚩尤大战时大雾漫天,这与晋南运城地区夏季高热仅次于新疆吐鲁番,地面水蒸发量为降雨量的 5 倍、因此蒸发形成盐池,周围常常大雾漫天的气候特征完全相符。按当地口音,蚩尤为"池牛",此为一个解释。

另一个重要信息隐藏在古籍之中。黄帝大战蚩尤时大雾弥漫,黄帝认为是蚩尤作法,就制造了指南车得以辨清方向。这段记载并未显示蚩尤何以没有指南车也不迷失方向。这就证明蚩尤及其部队驻扎本地,熟悉地形,熟悉气候环境,遇大雾照旧可以指挥自如,不受气象变化影响。

中国气象局网站从气象频道精选登录的 12 部纪录片中,排为第一部的是笔者与山西气象影视中心合作为国家气象频道摄制的《运城盐池》,为了拍摄四季景色,一年之中六次赴运城,除冬季采访撰稿时遇到冷空气南下见过一次蓝天,拍摄时几乎没有遇到一次真正的晴朗天气,仅几公里之遥的中条山,总是若隐若现,拍摄非常困难。以此可以印证,黄帝战蚩尤时的大雾,是运城盐池的特有地理气候特征。而且蚩尤是主军,黄帝是客军。蚩尤驻扎本地,黄帝率军前来。这与文献记载基本吻合。

另外,熟悉盐的特性还可用简单的方法预报气象。把盐撒到火里,根据爆裂的不同响声可以预测降雨。因为盐会吸收不同潮湿程度的空气水分,高温使这些水分汽化,盐粒就会因盐的含水量发出不同程度的爆裂声,根据经验就能预测阴晴变化的气象信息。蚩尤应该就是这样来把握盐池周围的气象变化。

《通志》记载"小颢者……本即古解城也,史载参卢(榆冈)命蚩尤守小颢"。《蒲州府志》中记载了《路史》的内容,即炎帝神农氏二太子"柱所都蒲阪";《帝王世纪》记载农官柱为"神农之后,烈山氏都于蒲阪";《潜夫论》记载"烈山氏之有天下也,其子曰柱,能植百谷,故立为稷,自夏以上祀之。周之兴也,以弃代之,至今祀之";《国语》记载"昔烈山氏之有天下也,其子曰柱,能殖百谷百蔬,夏之兴也;周弃继之,故祀为稷"。弃即周弃,为周人祖先,杰出的部落农耕首领。"稷"字是田之所种高峻之禾。现稷山县的稷王山在与古蒲阪、解州盐池都相距不远,同属"河东"。

这些历史记载均反映了同一个信息,即炎帝神农氏时的农官柱与第八代榆冈同时代的蚩尤,都在山西南部现运城地区,因此晋南地区应为炎帝神农氏族领地。轩辕黄帝是率师远征开赴运城战场,开始九战九不胜,后登王屋山祭天获九天玄女相助,锲而不舍赢得胜利。蚩尤是本土作战以逸待劳九战九胜,却最后战败身死,失去盐池和土地。可见盐这种极为重要的生活物资本身就是财富,因此常常成为战争的目标。

每逢夏季暑热之时,池中盐分可自然结晶成颗粒状,直接捞采即可,如种韭菜,可一茬一茬反复收采,储运交换非常便利,为领军作战的后勤财源,"一失盐池,三军乏食",确实太吸引人。因此,上古时代记载蚩尤"食沙子",那是生活水准较高的标志。

因此,山西南部成为古代中原最重要的地区。对这个地区的评价,《尔雅》记载:"两河之间曰冀州。"《吕氏春秋》记载:"两河之间为冀州,晋也。"两河,是指黄河中游的一段,其中南流至风陵渡晋陕间的一段为西河,向东经豫北、晋南一段为南河。再折向北流去的古河道为东河,黄河随后东折入海。冀州即西河与东河之间的晋地即今山西。因为黄河环绕,也称"河内"。亦有古籍描述为"西河之东,东河之西,南河之北,谓之河内,谓之中国"。从其"两河""西河""东河""南河"之词汇的使用可以看出,描述时的立足点都在晋南地区,而非站在其它省份远景描述。

一些学者认为黄帝蚩尤大战不在晋南地区。那么以下记载可作参照。

《逸周书·尝麦》载:黄帝"执蚩尤杀之于中冀"。

《史纪·五帝记》载:黄帝"与蚩尤战于涿鹿之野,遂禽(擒)杀蚩尤"。

《安邑县志·蚩尤城》载:"《通志》载,小颢者……本即古解城也。史载参卢命蚩尤守小颢。"有的学者认为阪泉位于晋南安邑县,因该地有盐池。

《解县志》载"原解县亦称涿鹿"。唐代诗人王翰咏解州诗《盐池晓望》写道:"涿鹿城头分曙色,素池如练迥无尘。"

其它古籍多记载"解州,古称涿鹿"。《拾遗记》言"穷桑者西海之滨也,地有孤桑千寻,盖在西垂"。故《周书尝麦》云:"帝命蚩尤宇於小颢。"

现盐池东南二华里的中条山(即黎山,《轩辕本记》载:"杀蚩尤于黎山之丘")下,有个蚩尤村,村里有蚩尤冢,曾改为"从善村",改恶从善之意,反映了是以儒家思想为修改依据。近年已经改回"蚩尤村"古名,立有古蚩尤村标志碑,以正历史本来面目。

该村自古流传祭拜蚩尤的习俗。有关学者考证后认为,古战场涿鹿和阪泉,都距蚩尤村不远。近年来媒体报道,海内外的蚩尤族后裔,如我国的苗族、黎族,彝族(古东夷),韩国的宗亲使团常来解州蚩尤村和盐池祭拜先祖,当地也开始为这里的蚩尤正名,将蚩尤氏族看做黄河中游运城一带最早运用冶铜技术制造兵器和生产工具的一个氏族。

蚩尤村遗址的地理位置极为优越,南为金、铁、铜资源丰富的中条山(冶炼可"造之兵杖刀戟大弩"),北为盐池(古代之盐犹如今日之石油类战略资源),东为平坦可耕之地,西北牧场(猗顿牧场)。从山谷顺水越过中条山,即达河南三门峡进入中原。

由此我们就可以理解,为什么黄帝与蚩尤大战。人没有无缘无故的爱,也没有无缘无故的恨,不会饭后消遣去打仗。黄帝与蚩尤只能是为了争夺晋南盐池这种生活资源和财富利益,"有百分之三百的利润,人们就甘冒绞首的危险"(马克思)。黄帝战胜蚩尤,占据了运城盐池,就掌握了财富,最终统一了各氏族,成为中华民族的人文初祖。

搞清了黄帝战蚩尤的所在地,就容易理解蚩尤为何可能生于晋东南高平长畛村,就容易理解李家庄炎帝庙正殿东边紧靠的就是蚩尤殿,南城桥北村炎帝庙也塑蚩尤神像,就容易理解炎帝神农世系表内蚩尤被记载为炎帝神农氏的支系子孙,就容易理解蚩尤虽战败犹影响深远,仍受普遍尊崇。

十二 炎帝行宫

　　由周边各乡镇众多炎帝庙碑刻的点滴记载，就能勾勒出一幅炎帝神农氏陵庙与皇城的兴衰史。这就是文化积淀、文化内涵，非千百年累积不能形成，以巨资打造也不可能形成。

　　高平以及延伸到整个上党地区遍布乡镇的炎帝神农祠庙，其各自展示的文化特色与内涵，非笼而统之能够概括。

　　炎帝神农陵庙西北二里之遥是故关，是战国时期进出长平的重要关隘，泽州、潞州之间的必经之路，又称谷关、古关、固关。仅此一说便有2000年以上的历史。《魏史》记载"谷关在羊头山下"，《魏书》记载"羊头山下有神农泉，北有谷关，即神农得嘉禾处"。《隋书》记载"上党之黍……阳地黍乃自高平界也"。北魏《风土记》记载羊头山下有"谷关"，即现今炎帝行宫所在的"故关村"、古"故关"由"谷关"演变而来。

　　故关村有一座黄花观，东院门上方嵌一块长石条，上有楷书"炎帝行宫"四个大字，是凸出的"阳刻"文字。石上刻字的方法有两种，一般是凿深刻出文字笔划的"阴刻"；另一种是这种"阳刻"，是凿平其余的部分，留下凸出的文字笔划，因此凿刻工作量极大，数十倍于阴刻，工艺水准要求也极高，一般碑刻极少采用，极为罕见。

　　这是炎帝行宫最宝贵的碑刻，每个字虽仅半尺见方，却非常醒目。它并不在曲径通幽、难以得见之处，却是赫然刻在门首条石之上，抬头可见。令人不解的是，这里原来

炎帝行宫东门

探索发现炎帝陵

炎帝行宫全貌

是故关小学。朗朗乾坤，昭昭日月，每日过往者不计其数，出入都是读书识字之人，却不知为什么谁也"没看见"，多年来竟无一人过而问者，却突然被米东明手指着"发现"出来。

当时全场震惊，惊的不是四个字如何离奇，惊的是恼恨爹娘咋就没给自己生出那个眼神，由此无须解释什么叫"熟视无睹"。

1994年发现炎帝陵遗迹群以后，为了保护文化古迹，小学迁走。

行宫建筑外观是具上党特色的明清建筑，系后人历代修葺，已不可能是远古时期的建筑。房檐下有各种立体木雕，仔细观摩，有城池、田畴、高山等，特别是有羊，其意义尚需细细解读。

据热情的村民介绍，米书记初来考察时，这些木雕被一层砖砌在里面。米东明邀笔者再次拍摄《高平炎帝遗迹亟待保护开发》新闻报道时，介绍这里面相传有木雕。为便于拍摄，米东明当场指示村民登梯上墙，将护砖一一除去，木雕方展现真容，通过电视展现至国内外。

行宫正殿为坐北朝南，面阔五间，原来正殿中央高悬一块"炎帝行宫"金字匾，正殿墙上绘满壁画，记载炎帝神农氏族的历代领袖率上古先民创业的故事，可惜1958年被粉刷覆盖，不知有没有现代技术可以复原。明成化十一年（1475年）《重修神农炎帝行宫碑记》之"壁画圣像，分名分氏"，佐证了村民的传说。

据最后一位担任过社首的庄里村村民介绍，炎帝行宫正殿原有一尊炎帝坐像，身体可以活动，是极为罕见的神像精品。

每年正月初一，庄里村社首带队来行宫，扶炎帝爷换上崭新的金装，金瓜钺斧朝天镫前后簇拥摆驾，经换马村正道到炎帝神农陵庙，庄里村全村人进庙拜见炎帝老爷，保佑一年风调雨顺，五谷丰登。巡视一天接受朝拜后摆驾回行宫。

行宫正殿原是三面围墙、一面木结构大堂，1962年改为小学教室，才在正面廊柱之间砌了一道墙并安装正门。两块主碑因此被砌在墙内封闭，留下许多悬念。

村民告知，炎帝行宫是故关村主要古建筑，平日三太子长住行宫，炎帝神农氏"遍陟群山，备尝庶草"时，这里是出行休息之所。"陟"字右边是上下正反两个

"止(脚)"合为"步",左"阝"旁为"阜"字省写,意为山坡,"陟"即在山坡行走,炎帝神农氏是"遍陟群山",今人常错写为"涉","涉"属水类归"氵"部,是走在水里,如涉水、涉足等。此错字致字意皆非。

人类社会是由渔猎采集——游牧采集——农耕畜牧的趋势发展,即使到了农耕畜牧阶段,也还有个"抛荒流动"的阶段。与此生产方式相适应的住房也是由穴居——半定居——定居房屋趋势发展。

《韩非子》记载:"有圣人作,构木为巢,以避群害,号曰:有巢氏。"《太平御览》记载:"上古皆穴处,有圣人教之巢居,号大巢氏。今南方人巢居、北方人穴处,古之遗俗也。"近代考古学家在南方发现了干栏房即巢居的遗迹,即是证明。

20世纪70年代,山西考古学家在吕梁山区岔沟村附近,发现一处距今5000年以上的远古窑洞遗址,是利用自然形成的黄土壕沟断崖面上挖凿的窑洞。在黄土上开挖窑洞,不需要复杂的技术和其他建筑材料,只需要简单的掘土工具和劳动力即可,居住起来冬暖夏凉,十分舒适。窑洞居室在高平以至整个上党地区都很普遍,至今仍大量使用。

抗日战争时期,华东新四军派人来上党支援八路军黄崖洞兵工厂。来时有人说,上党是个好地方,特别是居室,冬天暖,夏天凉,下边能住人,上边能打场。听者百思不解,到上党方知此地高大笔直的土崖随处可见,当地人因地制宜,在崖下打窑居住。为防雨水下渗将窑浸塌,便将窑顶的土铺开、整平、夯实、压光,可当打谷场用。收获季节,麦、谷、黍、菽等连秸秆运到场上,籽粒打下堆在一起,用木掀铲上向空中一扬,糠皮顺风而去,留下金灿灿的籽粒,入库储藏。上党有句俗语:"修房盖屋费心劳,不如就地打土窑。"由于打窑比建房省力、省钱、省木料,人们便在有崖处打窑;无崖处就地取材,用石料和土坯券窑,后来又用砖券窑。

还有一种以晋南平陆县"地窨院"为代表的地下式窑洞。平地上挖一个大坑,四面整齐下切,四个方向各掘窑洞,远远望去什么也看不到,走到跟前,才能看到地面以下的院子和窑洞。另一种地穴式居室,一半挖陷于地面之下,上一半用木石搭建而成。

炎帝神农时代,人们普遍居住的只可能是这类居室,形制虽然原始,却有诸多优势。即使以今天生态眼光来看,冬季冰冻时节,窑洞有地气温暖而不寒冷。夏季暑热时节,又有地气降温而不炎热,充分利用了大自然的温度调节作用,属最经典的低碳节能型居室,正是人们今日追求的基本要素。

炎帝神农氏之前是渔猎时代,人类远距离追逐各种野兽,只能居无定所,寻找自然洞穴甚至露宿。到炎帝神农氏开始了农耕为主的时代,春种、夏长、秋收、冬藏,人们必然在耕作的土地周围定居。居室才可能真正成为人们必需的生存

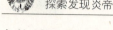

条件,真正开始建窑建房。

由于当时农耕初创,炎帝神农氏获嘉禾之后,"八种才能成粟谷",种植、实验、推广在进行中,仍需经常出行,炎帝行宫居羊头山与换马岭艺谷圃之间,能够说明这个问题。

村民相传,炎帝行宫的后墙外,间隔两座院落的一线,有东、西两边分别座落的东宫与西宫,遗址非常明确,只因年代久远失修衰落。明清之际,遗址上各有一家建造了高楼院落。西宫那一处因家里出了一个举人,两进院落的四周都是二层高楼,雕梁画栋煞是气派。东宫亦毫不逊色。东、西宫遗址虽为民居占据,但村民始终以东、西宫相称至今。可知炎帝行宫的建制,没有炎帝神农氏在此生活居住的历史背景,绝难凭空想象。

炎帝神农氏去世后在行宫享受祭祀,"易观其血食兹土,神降莫测",即炎帝神农氏尝百草于群山,行踪不定。或在羊头山炎帝城居住,或行至此暂住,故建行宫,即"静则依祠,动则游宫"。因此这里的居民"春祈秋报者在此,转凶迪吉者在此"。行宫既为炎帝神农氏出行休息之所,也为居民祈求和报告农业生产收获情况,询问疾病雨雪胜败吉凶之场所。按此碑文记载,炎帝神农氏无疑是那个时代最大的巫师。

上古时代的巫师,在当时科技落后时代,承担预测猎获、天气阴晴,粮食收成、战争胜负等各种事务的责任,当时只有经验丰富的超群智者、作战统帅之氏族首领方能胜任。因此上古时期的氏族首领都是集统帅、巫师、医师、星象家、气候预测者于一身的智勇皆备者。因其体魄健壮、高大威猛、智慧不凡,方能统帅氏族,因此称"高人"。这个词汇沿用至今,还保留上古时代的字源本意。我们不能因今日科技发达就认定上古时代为愚昧落后。那个时代根据丰富的经验进行预测,比之前根本懵懂无知、无所适从,无疑属进步行为。从开始思考预测甚至刻划记录,比之以前听天由命,是一种文化进步。河南殷墟出土刻有文字的甲骨,刻写的基本都是占卜预测内容。主要由此原因,甲骨象形文字才得以保存至今。今日之先进恰是立足于往昔之先行者的不懈探索,否定往昔何有今日?最后一个馒头使我们吃饱,决不能因此否定第一个馒头的价值。

因此,炎帝神农氏"其精神威灵之显耀,赫然在人心目中,千万载犹一日"。为神出游建宫,春种秋收来此祈祷回报,炎帝神农氏在日之功,去日之思,犹念念不忘。言辞之恳切,非故里故人之情莫能如此,这与一般祠庙碑记煌煌若日月之高论迥然不同。

为上古神人建庙祭祀,是我民族的传统,而"宫庙之设,则未之闻"。炎帝行宫国内目前所知仅此一处,是所知"唯一"之上古遗制。

令人不解的是炎帝行宫为何仅此一所。

纵观其它各路神灵,太行山太岳山地区女娲遗迹称作"正宫"的仅有潞城、黎城、长治、阳泉四处娲皇宫(庙),其余各县已知的23处均自称"行宫"。或许因为渔猎时代居无定所,又逢天地灾变,无定居条件。而晋豫两省汤帝行宫已知遗留至今的不少于83所,是因为商汤时代皇权职能为主,交通亦有了需求与条件,特别是著名的"成汤祷雨",即连续五年大旱之际,汤帝挺身而出,以身为牺牲祷于桑林(今阳城县),"亲自砍柴,堆成柴堆,坐于柴堆之上点火自焚",以此感动上苍迎来大雨。有这样的灵验事迹,则各地均有不断的指导之需求,出行不断,行宫则遍及黄河两岸。

炎帝神农氏始创农耕之际,主要工作是八种选育、尝草分类、实验种植等,这都需要鞠躬尽瘁的扎实劳作。农耕初步成熟之后,农耕的本质导致了群体定居为主,出巡减少。但因还处于"烈山"刀耕火种阶段,隔几年就要休耕轮作,换一块土地,居住地也要转移,故有炎帝行宫。但休耕土地过几年又可耕种,返回原住地。炎帝神农氏是真实的农耕领袖,有具体的居住地点,并非泛泛的神灵,如土地爷那样无处不在。故行宫只有一座。

正殿门前竖立着两通石碑。明成化十一年《重修神农炎帝行宫碑记》记载:"神农炎帝行宫,磐基在故关里村前,肇建太古,无文考验",行宫的历史究竟如何久远?寥寥几句,极为传神。"祠在换马村东南,见存坟冢,木栏绕护,然祠与宫其相去凡七百余步矣",将行宫与换马岭的神农氏祠即炎帝神农氏陵庙的方位距离,并当时所见面貌精确记录,今人记事也难有此简约之笔。

记载固然精彩,最初却未发现年代如何久远的具体说明。却是炎帝行宫门边后来清除了抹墙石灰后,发现的一通碑记对此作了注脚。这就是《大石坡创鍊碑记》,其中"诗云:'高岸为谷',殆谓此欤"此句出自《诗经》,原文"烨烨震电,不宁不令,百川沸腾,山冢崒崩,高岸为谷,深谷为陵,哀之今人,胡惨莫惩",记录了周幽王二年(公元前780年),晋文侯姬仇元年,镐京发生大地震,"泾(水)渭(水)洛(水)三川无水而竭,岐山崩"。

如果碑文引用《诗经》出之有据,便是当时黄河以西震动天地、山崩水绝的特大地震波及到这里,使这里的地形也发生了明显变化。高岸陷落为深谷,这等重大事件在此留下记载,是极为珍贵的历史地质资料。由此可见,碑刻虽不可能是商周时代刻制,也应该是世代传承转载至今,这种几十个世纪的历史传承,必有一个传承的载体,行宫的设置与历代延续使这种传承得以实现。这个商周时期的信息传承就能暗示炎帝行宫的历史,中国历史文化传统由此窥见一斑。

正殿门前另一通清光绪十年(1874)《改修炎帝行宫碑记》载,"常思上古穴居而野处,后世圣人易之以宫室,上栋下宇以待风雨;余村行宫由来久矣"。

这个"圣"字,碑文为繁体"聖",古字形下半部是一个人站在土地上即"壬",

其任务即是上部的"耳"与"口",即圣人只需听与说。圣人必须善于听取各种意见和言论,然后分析综合做出决策。古代议事总是下属各抒己见,最后首领拍板决策,不是首领拿不出意见,否则坐不到那个位置,而是兼听则明,此即为圣人。

关于"上栋下宇",其本意今人已经不大熟悉,而分析中华古代文化却不能不了解。"栋"是搭建古建筑最高处最长最直的大型木材构件。因古建筑正房大多坐北朝南,最高处的一根大"栋"材就是东西朝向,而东为阳西为阴,一般以朝东朝阳为主方向,以"东"字表示。秦汉时以木材归为木类加木字旁为"栋"。"梁"为南北朝向架在"柱"之上的较大木材。古时河上架设独木为"桥"。有桥墩或立柱支撑的,衔接两边的木构件为"梁"。厅、堂等等大型建筑有立柱,以立柱多少确定为"几间房",立柱上架设的大材就是"梁",南北朝向。

因"栋"与"梁"为古代建房的主要大材,因此常合称"栋梁",引申以"栋梁之才"比喻国家高级别人才。

"宇宙"一词,今人常常理解为世间最大的空间,其实不然。按照字理已有明确定义,"上下四方曰宇,古往今来曰宙",即"宇"为空间,"宙"为时间。"宇宙"即为中华文化的"时空"概念,这是炎帝神农时代中华先民解决了吃饭问题以后,才可能考虑的哲学命题。

那么,"上栋下宇"就是上有栋梁等构成房屋,下有空间可供居住的居室,文字表达极为精辟。

行宫正殿对面是朝向正殿的戏楼。

碑文记载,正殿东厢为圣贤殿三间、东大门钟楼三间,东南耳楼两间,正南乐楼三间,西南为耳楼两间。以"春祈秋报,存祀典于不遂,演戏酬神"的记载,当年这里每年两次洋溢着乡民寄托之春种祈祷、秋收回报、演戏酬神的红火热闹。

院里的树墩,原来是一棵历经沧桑的桧柏。村民告知,以前满周岁的孩子都要来此抱一抱这棵古树,以求长生百岁。以神农食五谷而在位 120 年(一说 140 年)之高龄,为长寿之楷模,为乡民所向往并以此民俗而传承。

"行"字的甲骨文字形是一个接近十字形岔路口的象形字。这是因为有了房屋建筑以后,道路自然就形成十字路口。人在路上走就是"行(xíng)"。说临终的人"不行了",即表示不能再行走了。

古代的道路狭窄,人多自然就排成了"行(háng)"。路边百业排列经营自然成行,即为行业。"商行"是经商的行业,"银行""镖行"等都是其中的行业。我们探讨古代事务,必须从造字的本义上来考查。"行"字在《殷墟书契考释》解释为"像四达之衢,人之所行也"。因此,"行宫"一词,字面之意应为"出行之宫"。这里或许就是那个时代创造房屋历代演变的遗存,因此才有炎帝神农氏死后葬于距此地东南方向仅七百余步的位置关系。

"宫"字很有讲究,按照字理是有前后院落的字形。那么,按照"宫"的规制,炎帝行宫应该有更大的规模,不该仅是一个独院。

行宫门外南边墙上的《大石坡创鍊碑记》的碑文记述了该地地处低洼处,"庙之前有深谿焉",当时"……村村水均注于此村,以日深一日也,庙之谿渐为水所溃,将不利于庙况。神艺五谷,作《方书》有功祀者也,吾侪忍坐视乎?曷计田亩,出赀财以助之,愈曰善。遂鸠众炼石而固其壑焉……"落款为大清康熙癸卯年。记载的是为保护行宫不被水浸冲溃,村民申上高等人召集本村富户,集资对行宫和沟渠进行了修建,终于消除了水患对行宫的继续侵蚀。现在的行宫门前脚下,确实有一条以水泥板覆盖的水渠,引导雨天汇集的径流排泄。

那么,集资修渠之前,必然是雨水长年径流汇集侵蚀行宫,而且已经到了即将危及炎帝行宫院落的程度,"庙之谿渐为水所溃"。"谿"字是小溪流淌形成的类似山谷的河道,它的"为水所溃"必然已经波及紧靠水渠的炎帝行宫,因此"遂鸠众炼石而固其壑焉,一则固庙貌之根底,一则便行人之往来"。

因有长年的汇流溪水冲刷,那么"为水所溃"的情况就可能历史地经常发生,就可能有多次波及行宫。因此,按"宫"的规制,炎帝行宫应该至少有两进以上院落,有可能因水流侵蚀逐渐演变为今日的一进院落。再者,行宫坐北朝南,以"宫"的规制,大门应该在正殿中轴线向南的延伸线上。现在进出是朝东的旁门左道,或许就是南部正门损毁,改而自后院朝东开门,不合规制便有不合规制的原由。

因此,炎帝行宫早年应该是一座规模可观的大型祠宫。

目前,能够说明年代的最早实物,当属已经收存的三块墓志铭碑刻,年代最早的是"唐天佑七年",即公元910年。地名记载为"泽州高平县神农乡团池村",说明唐代这里就是神农乡,那么,神农乡里的炎帝行宫一定早于这个年代无疑。

炎帝行宫,碑刻尚且记载"肇建太古,无文考验",是年代久远的古迹,为何县志却始终没有记载呢?

炎帝神农氏陵庙的中华民国三十年之《重修炎帝庙名神殿禅房并补修桥梁扩大舞楼新绘已竣及细说款项来源》记载:"查炎帝庙吾高共有四处,羊头山顶为高庙……换马岭炎帝庙为上庙……下台以城东是为下庙……"以高平至今还遍布乡镇的诸多炎帝庙而论,几乎没有一座建造于民国三十年之后,当时也不可能忽视其余村落的炎帝神农庙这种普遍的客观存在。那么,碑文"查炎帝庙吾高共有四处"之"查"字,显然表示"查阅"了县志等方志文献,有所根据。那么能够记载入方志的,均为历代官方纳入祀典者,是为祭祀而记录。"行宫"非祭祀类处所,或许这就是炎帝行宫未能在县志查到的原因。

无论怎样"肇建太古,无文考验",行宫最初都不可能凭想象来建造。中华文化的一个特征是"事事有来历",中国读书人思考问题常常"引经据典",诗词歌赋"字字有出处",诗词的凝练简洁就在于寥寥三五个字,一点就通,人人明白,最简洁最通俗常常就最有品味。"羌笛何须怨杨柳","疑是银河落九天","寂寞嫦娥舒广袖"这些能够长久流传的诗词绝品,没有中华文化背景,无论如何也无法解读。这既有中华文化背景作底衬,又有张光鉴之"相似论"由相似而联想的人类共同的思维规律作基础。没有炎帝神农氏在此世系流传的故有之事,就不可能建造并延续"行宫"这样"肇建太古,无文考验"的祠宫,不可能有高平至今还遗存 46 座、上党地区遗存一百多座炎帝神农祠庙的现实。这就如同村村有关帝庙,是一定有历史源头的。

按《山西通志》记载,"炎帝庙……县北三十五里故关村羊头山上",因此羊头山行政隶属炎帝行宫所在之故关村。炎帝神农氏虽然"遍陟群山、备尝庶草",但因获得嘉禾发明了农业,始创农业耕作,耕作离不开土地,后期应该主要从事种植实践。再看故关村所属范围,羊头山上有神农城居住地,有神农泉神农井,有种植实验的五谷畦,村东南方向几百米就是炎帝陵庙,陵庙之上就是种植实践推广耕作技术的艺谷圃,临终前经过的几个村都在几百米以内。以这样的地理关系,日常活动范围、居住地、墓地都在一个很小的范围,二位夫人都娶自附近,几个儿女都在附近留有记录。那么,本世纪初团池乡开始打出"炎帝神农故里"的路标,便是有典故、有依据、有道理的。

因此,2001 年 5 月,根据原团池乡书记米东明的既定发展规划,继任党委书记梁晋高经笔者牵线搭桥,取得山西省民政厅有关领导白春明、石小荣的特别支持,于同年 6 月 28 日,将团池乡正式更名为"神农镇"。

十三　炎帝下庙

　　据庄里村村民传说,早先祭祀炎帝每年有两次,正月初八一次,四月初八一次。高平东关下庙有一尊可移动的炎帝塑像,正月初八祭祀时,祭祀此像。每年四月初八,要将下庙炎帝塑像请过庄里村,置于庄里村五谷庙中祭祀。为什么庄里村炎帝神农陵庙为历代正宗,却反而要请东关下庙的炎帝塑像来此祭祀呢?

　　清康熙三十三年《重修东关炎帝庙碑记》透露一个重要信息:"所谓上庙者,是庙去县治凡四十里,祭之期恐远不逮焉。爰附东郭立庙,今所谓下庙是也。"可见下庙建造是为了就近祭祀。但就近祭祀之庙,也不该是正宗吧?

　　据中华民国三十年《重修炎帝庙名……》碑载"查炎帝庙吾高共有四处,羊头山顶为高庙……换马岭炎帝庙为上庙……下台以城东是为下庙"。显然,下庙建造虽晚,却已经成为高平最重要的炎帝神农庙之一。

　　下庙原址为现在的广场西南角机械厂宿舍所在地,2000年笔者专程前来寻找时,宿舍大楼尚未竣工,打听炎帝下庙无人知晓,只是在工地使用的自来水龙头接水台子下见一块一尺多见方的小石碑,刻"竈君庙"等一篇文字,"竈"字是书法很好却极复杂的繁体,一时无法识别。随后在车辆进出处见有四根抹棱石柱,楼前阳台下发现一个一米多长手工碾药的石药槽,风化严重石质粗糙显然属当地所出较高质量的沙石打制。旁边横躺着一通一人多长,碑文朝下的大石碑,请几位民工帮忙翻了过来,但碑文里还是那个繁体"竈"字。

　　回到太原以后才查到"竈"就是"灶",繁体与简体的区别。《史记》记载:"有圣德以火德王,故号炎帝"。《左传》载:"炎帝氏以火纪,故为火师而火名。"

　　火的使用,人们随之发明了灶具,"火神"也就顺理成章成为灶神、灶君、灶王爷。这不仅由于开灶与升火有关,灶上或蒸或煮都是五谷杂粮,都是炎帝神农氏始创,炎帝神农氏就是灶神、灶君、灶王爷,无可替代。《论衡》为此作了说明:"炎帝作火,死而为灶",高诱注"炎帝神农氏以火德王天下,死托祀于灶神"。

　　相传,每年农历腊月二十三日,又称过小年,灶王爷要上天向天帝汇报人间善恶情况,因此临行要祭灶王爷,家家户户都要把灶台几案、锅碗瓢盆收拾得干干净净。祭灶前,先将墙上的旧灶王爷像揭下,在香炉前焚化,烟袅袅升起,表示灶王爷上天。然后张贴新的灶王爷像。像两旁还要贴对联"上天言好事,回宫降吉祥"。供品中一定要有农村里传统制作的一种糖瓜,意为糊住灶王爷的嘴,以便少说不好的话。高平乡间祭过灶王爷的饭食只能由长辈吃,晚辈不能动用。

《中华全国风俗志》)记载:家家聚酒果于一堂,送灶神上天,至刍豆于灶前,以秣神马,其置一堂者,俗意为塞满口,使之上天不得多言也。

《东京梦华录》记载:腊月二十四交年,贴灶马于灶上,于酒糟涂抹灶门,谓之醉司命。其用意也是想让灶神醉酒,上天不说人短处。

总之,中国人升火开灶食五谷,都来自炎帝神农氏的创造。炎帝神农氏因此演化为灶神、灶君、灶王爷。东城门建一座庙,敬一尊神,炎帝就在身边。官府与百姓祭了炎帝神农氏又祭了灶君,大家恭敬、祈求护佑、求言好事都来此。高平县城东关的灶君庙正是祭祀炎帝神农氏的下庙。

现在炎帝下庙虽已不存,高平机械厂宿舍建设时遗留的下庙碑刻,连同记载这个变迁的记事碑,一同立于宿舍楼下一间独立的平房内。值此地价飞涨之际,虽未恢复下庙建制,还能为炎帝神农氏保留一片天地,殊为难得。

那么,炎帝神农下庙建筑于什么年代呢?

经查乾隆年《高平县志》与《泽州府志》,《重修东关炎帝庙碑记》载"无有能言其创始者;其重修则自宋元以迄,明诸碑记悉载之"。请注意,这个信息极为重要,明确见证了宋代已经有重修记载,则其下庙最迟也在宋代已经建庙祭祀。

最重要的物证是第一次考察下庙时,工地路边下庙遗址处的四根石柱。石柱长三米以上,都是方柱抹棱,这种做法只有南北朝时期的北魏到北齐才采用,显然是北齐原物沿用至近年。因宋朝以后都采用圆柱或八角柱。由此推断,下庙最迟也在北魏至北齐已经存在。这与羊头山出土北齐碑刻一致,可以相互印证。这个证据与记载下庙的那些碑记中明确记录的宋碑,不仅能够互证,而且更早了几个朝代。这无疑是目前我国最早的炎帝神农祠庙资料组合。

炎帝下庙的建造,是因为羊头山炎帝神农庙祭祀距离过远,每年祭祀虽不敢废弛,却很不方便才建造。如同北京的天坛、地坛建筑是为避免远行泰山祭祀,就近而建祭祀天地的场所。

事实上,下庙所在的东关位置本身就已经说明了它的性质,《考工记·匠人》记载为"左祖右庙",西关一定是社稷坛,后来果然找到了记载。

因此可以结论,炎帝神农庙最迟于北魏北齐年代就已经有常年祭祀。这比目前可见的羊头山唐碑、黎城县宝泰寺隋碑等年代都更为久远。

山西上党地区的众多文物可以互证,这是国内现有的炎帝神农遗迹中无可比拟的古迹遗存,无可比拟的文物资源,无可比拟的文化依据。

下庙的规模,"按庙三殿三大楹,俨古宫殿规模;两偏小殿宇仍其旧;殿之后正厅五楹,东西耳楼上下各十楹,周垣壁立;殿之前栏以月台,台之前甬道。东西两廊十四楹。廊之南食房、茶房各二楹,面立舞楼三楹,虚其下为神檠;东钟楼下角门主入,辅以耳楼三楹,西鼓楼下角门主出,辅以耳楼三楹;出门五楹,视昔制高大之,临大路以壮伟观"。

在此这样详细地罗列下庙当年建筑面貌碑文,不仅要说明它目前可见记载不断重修的历史至少在北魏北齐之前,更要说明炎帝在高平人心中的位置,是超乎任何神圣,唯此独尊的。炎帝下庙可以由此想象的辉煌雄伟,绝不在一般县衙府衙建筑规格之下。那么,殿宇的辉煌,展示的必然是对炎帝神农氏丰功伟绩的敬仰与神往。

恢弘的炎帝下庙,显示无比灵光的炎帝塑像,正式的每年两次官方主持春秋祭祀,构成了当年炎帝神农故里高平县城非凡的荣耀与辉煌。那么,下庙的祭祀便有了正式、规范、官方等多重意义,炎帝神农氏祭祀中心已逐渐转移至此,炎帝神农下庙已经逐渐成为祭祀主庙。

由羊头山到高平县城,炎帝神农氏的民俗形象也发生了变化,不仅成为灶王爷,还成为火神。《淮南子》记载:"炎帝作火,死而为灶","灶,灶神,亦火神",此为神话中火神最古者,故"五帝"中南方炎帝以祝融为其属神。《中国神话传说词典》引《山海经》云:南方祝融,兽身人面乘两龙。郭璞注:"火神也"。

火神庙位于原城墙外东南角,即今泫氏街与建设路交叉口西南角,麒麟宾馆与泫氏批发商场处。

火神庙与灶君庙建筑风格相似,亦极其宏阔,由三个院组成。东院是正院,有南正殿大三开间,左右两边有两间小耳殿,院中央有献亭。北殿是玉皇殿,左右也是两间小耳殿。据传东为蚕姑殿,西为关公殿。东有配殿三间为阎罗殿,再下是龙王殿三间。西六间既无神像又非殿宇。只是民房式厢房。西北开正门进入中小院。中院北殿无神像,纵深二椽,南殿是小三间奉观音、普贤、文殊之佛堂。西边也是民房式厢房西北开七门,眉额春池中书"火神庙"。门外,即最西院是戏台三间,面东。左右各四间戏楼,南部中央开一间砖券门,西无房为单墙。东有南房四间为民房式普通楼。火神庙1937年毁于日本鬼子的炮火。

换马岭炎帝神农氏陵庙虽为正宗,源远流长,历朝有国家级别的重大祭祀,但近代祭祀中心逐渐向县城东关下庙、火神庙转移,清代几百年晋商崛起使五谷庙庙会繁荣、特别是演变为五谷庙以后,更多体现为民间的特点,热闹、红火兼有了商业庙会的性质。因此就逐渐形成县城东关炎帝神农下庙每年官方主办春祈秋报例行祭祀为主,五谷庙以庙会为主的格局。

因庄里村炎帝神农陵庙已经演变为民间祭祀为主、庙会为主,炎帝神农氏祭祀的重心已发生转移,东关下庙已成为本县官府每年例行祭祀主庙里的主神。因此虽然庄里村炎帝神农殿安在,炎帝神农氏陵墓安在,但陵庙皇城几近泯灭,祠庙已渐至演变为五谷神庙。因此,每年四月初八庄里村庙会祭祀时,反而要遵从主神,将县东关炎帝下庙的炎帝塑像请来五谷庙,乡民还是要祭祀主神。

十四 炎帝中庙

中原地望

民国三十年《重修炎帝庙名……》碑载,"查炎帝庙吾高共有四处,羊头山顶为高庙……换马岭炎帝庙为上庙……下台以城东是为下庙",显然,此四处是高平最重要的炎帝神农庙。但是,"下台"又在何处呢?

米东明对此了如指掌。目前的中庙村,曾经名为下太村、下台村,是神农镇所属的一个村,高平县地名志记载为"下太村中古庙"。"古"是说古老,古老的庙何来个"中"字?一段独立的文字既然未能解释清楚,何以贸然载入地名志?显然源于当时政治气候,为回避"帝王将相"、倡导破除迷信之故。即便后世不多提及"文革十年",但历史记载永远回避不了这个文化发展的特殊阶段。那本高平地名志其实编写得不错,惟此留有遗憾。

1995年,下台村党支部书记袁天才根据当时团池乡党委书记米东明在专题工作会上关于"各村凡发现有关'炎帝''神农'字样的碑刻和文物古迹都要严加

炎帝中庙匾额

保护，立即亲自汇报"的指示，找了全村二、三十名60岁以上的老人回忆本村有关炎帝的线索。不少老人说，村小学占用的庙宇正殿里，1953年还有炎帝神农像。大队医生郭发弟回忆，他爷爷生前说过，此地是炎帝中庙。袁天才根据这个线索，组织村干部仔细巡视庙宇，正门处没有发现任何有关的线索。

巡视到正门偏西拐角处时，忽然发现墙面隐约有所凹陷，似乎有曾经是一个门的迹象。门额处似有一个凹陷进去的石框。因白灰覆盖字迹不能识别。立刻搬梯子提水清洗石框，字迹渐显，正是"炎帝中庙"。

高平1992年版县志的记载是："中古庙：位于县城北10公里团池乡下台村，创建年代不详，现为元代建筑。有山门、无梁殿、后大殿、两侧有配殿。主体建筑无梁殿一间见方，屋顶用藻井支撑，整个建筑用砖石砌成，仿木构建筑，建筑独特，是本县唯一的无梁建筑，保护完整，为县级重点文物保护单位。"

仰望南正门左边约10米处上方，有凹下的四个大字"炎帝中庙"，似有唐代著名书法家颜真卿之风。颜真卿所处唐代中期唐玄宗时期，于今河北省任县令，却在安禄山叛乱时期，以一介文人之躯，区区一县之人力物力财力，组织义军奋起抵抗拥有唐朝49%的步兵、70%骑兵之叛军铁骑，真大丈夫也。

安史之乱平息后，颜真卿因平叛时期的杰出事迹，任殿中侍御史、太子太师、鲁郡公等。代宗皇帝返归长安，颜真卿建议先祭先祖陵庙，再入宫廷。他的建议遭到丞相讥讽，被斥"迂腐"。颜真卿正色道："建议全在丞相取舍，僚属建议何罪之有？朝廷礼仪不可因见解相左而废"。因此得罪丞相，后"摄事太庙"，管理陵庙谒拜事务。因颜真卿组织抵抗安史叛军，气节勇气声望极高，亦书法不凡，称颜体。世人多仿效，故宣纸覆盖其上摹写称"写仿"。

与此形成对比的是南宋的秦桧，创造了楷书，但因其陷害抗金名将岳飞，世人鄙视之，所创楷书皆称"宋楷"或"宋体"，竟无称秦楷者，引以为耻。我民族之大义、气节、民风等观念可见一斑。

因此，唐代中期以后，"颜体"流行，遂有颜体"炎帝中庙"的门额题字。按一般建筑规律，匾额应该位于庙门的上方，为什么"炎帝中庙"四个字不在庙门正上方呢？

仔细观察，"炎帝

炎帝中庙全貌

中庙"下面似曾是一个拱形门,已被砌砖堵死。进入院内察看,果然是一个门洞。为什么题字却在一个偏门呢?来访者多留此疑问。

进中庙正门,迎面就是太子殿,座落于大庙南北中轴线甬道正中,游人进出或直入太子殿穿堂而过,即所谓"登堂入室",或两边绕行。说起来好像合乎情理,但现场观察却非如此简单。

太子殿一间见方,屋顶无梁,以藻井的模式支撑,整个建筑全部用砖石砌成,展示了这种独特的建筑特点,是高平唯一的无梁建筑,古建筑极少如此形制,但仔细想来,只有正方形的建筑才可能采用这种形制,却不会是特意为了采用这种形制而采用正方形建筑。

太子殿与正北方向的正殿是炎帝中庙最主要的主体建筑,按照正中的位置,应是"堂"的规制,理应宽敞明亮至少有三、五间的规模,看周边的环境却根本不可能。因太子殿东西两面都有建筑,之间仅留约三尺的狭窄过道。抬头看东房檐,已经与东边的房屋顶部相互冲突,为此,太子殿房檐到冲突处凹进去、短了一尺多,让开了东边房屋的顶部。显然是东边房屋建成在先,太子殿建成在后,不得不如此。由于空间限制面积狭窄,迫使它只能采取正方形的建筑模式,显然因是在原来格局的基础上增建太子殿,不得已而为之。

中庙大门偏西、太子殿规模狭小,这似乎都不合建筑规范,但不合规范必有不合规范的道理。如同民国时期山西督军阎锡山在五台县老家建宅院,应该取齐的院墙却有一处拐进去呈凹字形,是因规划时准备买下一家村民的院落,但人家不愿出卖祖传房产,阎锡山虽任一省之督军,却也不愿仗势欺人强买强卖,故此院墙拐进来让过那家院子,从此倒留下一段佳话。那么,太子殿的不合规范,一定有其不得已的原因。

果然,无梁殿内东墙上镶嵌着一块碑刻,是《创建神农太子祠并子孙殿志》。碑文记载了中庙看庙人王德诚,于至正乙未年即 1355 年开始建太子殿,却"出师未捷身先死"。妻子化悲痛为力量,继承丈夫遗志,一边在家垒祭台祭祀其夫;一边在外凿石料、奠地基,乡邻也纷纷相助,终于十一年后之辛丑年,即 1361 年春竣工。碑文落款是"长平乡贡进士宋士常撰并书"。落款有王德诚之妻杜氏、养子、石匠等姓名。

从碑文落款年代看,太子殿为元代末年元惠宗(顺帝)时期开始建造,8 年后元朝灭亡,太子殿落成已经是 11 年以后,到了明朝。

碑文虽然只是守庙人遗孀矢志不渝建造太子殿的故事,但其中暗含的信息却耐人寻味。看庙人王德诚夫妇十数年建造太子殿,经费何来?碑文显然看不出这家守庙人还有什么产业或商业来源,以守庙人的身份判断,却可能是乡民进香时捐助的善款。那么,这就是当时乡民进香源源不绝繁荣昌盛的一个真实缩影。其时元朝气数已尽,政局飘摇,连年战争,正处改朝换代之际,乡民对炎帝神农氏的祭祀还能依旧吗?

一般乡民捐助香资,凭想象一般不过几文几钱锱铢之数,要积累够建庙之需,似乎也非易事。

这时,正门西传达室的北墙根下,充作墙基材料的一通碑刻透露了一个重要信息。清道光十年《炎帝中庙增修碑记》记载"庙之创建,已远难稽。其屡次重修,以迄于今",表述了炎帝中庙历代均有重修,而过于久远的碑刻,青石也会风化,字迹无法辨认,故此"已远难稽"。而当时"炎帝正殿,瓦坏渗漏,左右神殿以及东西禅仓库厨俱为损坏",却"无奈村小力微,量难成事"。果然,碑阴(碑刻正面为阳、背面为阴)记载本村捐助仅"三千二百五十九千文,下太村地房价四十五两",由此可知本村财力确实有限,因此"邀请在外贸易者,各给缘簿一本,四方劝舍募化多寡不等"。

此举看来是一个极为有效的举措,以炎帝神农氏在中华民族之崇高威望,炎帝中庙在中原之巨大影响,仅以本村在外经商者募集修缮资金,各地民众、商贾便纷纷响应,踊跃捐献,以致一通高 2.18 米巨大的记事碑正反两面都难以一一记载,遂同时专门另刻一通宽高尺度相等的《募化外域布施功德碑》,即现在置于正门东传达室北墙根下充作墙基材料的一通碑刻。碑额题字为"万世同庆"。

碑文记载炎帝中庙修缮银两募集地区 24 处,捐银计有西安府繁城镇 62 两 5 钱,河南府 50 两,开封府□两、亳州 52 两,建宁镇 35 两 5 钱,龙王庙 85 两,会亭集 72 两,清河头 36 两 5 钱,云梦乡 39 两,中牟县 24 两,柳下屯 38 两,东周村 31 两 6 钱,戴家庙 25 两,胡庄集 10 两,屯留县 38 两,村县 24 两 5 钱,河南府 24 两 5 钱,百尺镇 28 两,楚王镇 20 两,东平州 11 两,均州 20 两 6 钱,河南府 20 两,柳泉集 10 两,湖河镇□两等。捐助银两的商号有永丰茂、常通裕、三义德、天聚隆、永泰和等数百个商号,个人捐献者密密麻麻达八百五十余人。合计捐银约略 2608 两及洋钱 26 元,落款太学生镇国王子玺篆。由此足见清道光时期中国商业已经极为发达,此经济背景确保了中庙募化一举成功。晋商被余秋雨先生评价为"执其牛耳者",纵横南北,汇通天下,当然应是首当其冲。

如果仅以区区高平县团池乡下太村之一座普通古庙、几位村级商人,绝无此等号召力与凝聚力。那么,能够一呼而百应者,唯名贯华夏之炎帝神农氏。也由此可以窥见,炎帝中庙在清朝时期极高的知名度,誉满中原之鼎盛的香火。

有了这样一次成功的募捐行动、2600 两以上的银两作基金,炎帝中庙便"将戏台移修于南,不独局度宽,而且观瞻肃。庙地不足,增置赵姓中地二亩五分,以成方圆。又创修西厅房五间、戏房六楹、游廊十间。前后工费浩大,外域乐输之项，并村人捐敛之资，同盘合算，不能完工，故将庙中古柏一株伐卖，方可毕事"。

柏树是长寿的树木，生长极其缓慢。因此惟古柏能够作为大材优质优价出售，足以弥补不足之修缮银两，一定是一个大数目，也因此一定是一个笔直硕大粗壮之栋梁之材。联想明代朱载堉记载羊头山上"木皆合抱"，换马岭炎帝神农氏陵庙"林木深阻久矣"，都是由于历代朝廷"禁樵采"，那么炎帝中庙内的古柏，树龄只会比其更为长久，那么这株古柏有一两千年的树龄应该没有问题。以此为证，炎帝中庙创建的历史理应推至秦汉之前似乎毋庸置疑。

这通碑刻的又一个重要的信息，是"既而又因庙之门水不合，局度不展，曾经高明堪舆指示，言将大门移修于中，而开正门，不但星宫合格，而且体统壮观。将戏台移修于南……庙地不足，增置赵姓中地二亩五分……"这段文字，明确记载了"炎帝中庙"门额题字之下的那道门是道光十年封闭，同时正中大门建成。大门位置向正中转移是因风水、格局规范等原因。特别是为何旧门开在一旁，皆因现在的正门处是旧戏台占据着位置，只能开一个旁门。道光年的这次重修才将"戏台移修于南"，旁门移至正中。

一次重大的炎帝中庙整修工程，就这样完全展示在我们面前，太子殿经费之谜，似乎应该有了答案。

那么，元朝末期王德诚夫妇建造太子殿之举，似乎也应该没有经费之忧，只是银两如何计划使用，如何料理操办的事。但为什么建造一座规模有限的太子殿，却是延续了十一年、跨越元、明两个朝代的工程呢？

王德诚本人就是守庙人，虽开工不久去世，其妻继续未完成的工程，而且是建造炎帝神农庙，众望所归之举，似乎不该有许可审批方面的问题。是独力难支吗？妇人非工匠，经费支出就能解决。难道是无法获得支持？支持常常就是给予经费，本县官府以县治东关下庙祭祀为主，而下庙的修缮尚且常常无人问津，岂有能力顾及边远乡村庙宇？以下庙作参照，或许只能是经费不继这个原因。太子殿建造完全可能是依靠逐年积累的香资，历年逐渐完成。因财力所限，空间局限，只能建造如此规模的殿堂。匠人也因此挖空心思选择了这种建筑模式，却反而成就了高平唯一的这座无梁殿，成为目前高平仅有的列入国家保护级别的两座国宝级建筑文物之一。

我们确实不能以清代一通碑刻描述的商业繁荣，以主观臆测来怀疑这位元代妇人的创业艰辛，真正是难能可贵。

太子殿西边的西陪房墙根下部，有一块明万历十二年的碑记，碑文有"下台村古有敕封神农炎帝庙"。迄今为止，高平的所有炎帝神农庙，明确有碑刻记载的仅此一处为皇帝敕封（换马岭炎帝神农氏陵庙合理推断应属敕封，有金龙绕梁，但尚未找到那座四龙在上的巨型碑刻），在儒家思想居统治地位的封建社会，这就是最高的官方认同。如果敕封后经历的年代不远，当时应该有碑刻可资查考并传承记载下来，显然当时已经不能从风化的碑刻里找出敕封的年代。那么，就当时来说，能把有关记载敕封的碑刻磨蚀的无可辨认，这岁月至少也应该在千年以上，远达秦汉时代。碑文"下台村古有敕封神农炎帝庙"中"古有"二字，即是全部有效信息。1992 年版高平县志的编纂者就因此将炎帝中庙称作"中古庙"，也是字有所据了。

中庙院内正殿坐北朝南，放眼望去，正殿气势雄伟，琉璃瓦覆顶，显示着超凡脱俗的规格。正殿内宽敞明亮，面阔五间，四根石柱鼎立，木梁结构，金龙绕梁在上。金龙都是真金镶嵌，与换马岭炎帝神农陵庙正殿属同等规格。正殿原来还悬挂不少宫灯，到特定的节日点燃，正殿灯火辉煌，完全是一派皇家的排场。

年号悬疑

正殿东墙壁镶嵌的清康熙年《重修炎帝庙并各祠殿碑记》，对创建中庙的记载同样为"奉敕建立，其来远矣！创兴之始，杳不可考，重修则于至元之年"。由此来看，元代"至元"之年重修时，已是历代反复重修，创建的历史早已"杳不可考"。

台湾学者柏杨认为，中国历史最使人困扰的就是年号问题。年号本是中国在文明史上一大贡献，现代的日本和古代的越南、朝鲜、南诏、渤海，都是效法中国使用年号的。但中国的年号除了表示纪年的主要功能外，另外还表示祈福、歌颂和改朝换代。一个新政权兴起、或一个新帝王登极、或发生一件自以为很大的喜庆以及什么理由都没有只是兴之所至，都会产生一个新的年号。当中国内乱时，列国林立，年号如雨后春笋，目不暇接，如 386 那一年，中国境内就先后出现了十六个年号。

即使在统一时期，年号所造成的气氛，也十分紧张。如唐朝第三任皇帝李治，在位仅三十六年，却改了十次年号。南周第一任皇帝武曌在位的时间更短，只有 16 年，却改了 14 次年号。

有些时候，甚至一年之中，也一改再改。如 528 年，北魏王朝就一口气改了三次。第一次改元的诏书刚出大门，就第二次改元。第二次改元的诏书又刚出大门，接着就第三次改元，使当时的国人不胜其烦。同时也显示出这种年号制度的严重缺点，就是在时间上造成严重混乱。

例如元朝至元元年，到同是元朝至元六年，相距几年？一般认为当然是相距五年。这答案是对的，但不是绝对的对，事实上它可能相距 77 年，因为元王朝有两个至元年号，一个始于 1264 年，一个始于 1335 年。

又如天授三年与如意元年,以及与长寿元年,又相距几年?答案是它们同为692年,相距只不过几月。假如考古学家在地下掘出一件古物,上面刻着"建平元年制造",恐怕世界上最权威的史学家和最权威的自然科学家都不能确定它的正确年代,因为它可能是纪元前6年,可能是纪元后330年,可能是386年,可能是398年,可能是400年,可能是415年,可能是454年,也可能是508年。

那么,元代两个"至元"年号,这个"至元"可能是哪个年号呢?

第一个"至元"是元世祖忽必烈的第二个年号,前后沿用31年。从"重修"的行为来看,元初时炎帝神农高庙自羊头山迁至换马岭,显然是一个大规模重建重修时期,完全可能修缮了中庙。由"至元九年(1273年)始祭神农"为高庙迁建时间,举国开始祭祀神农,此时重修可能性最大。

"杳不可考"的"杳"字,是"日"在"木"下,就是古时在地面树立掌握时刻的圭表,当日落于圭表以下、即地平线以下时,就什么都看不见了。引申为看不到、听不到、没有信息,即为"杳"字本意。组词常有"杳无音信""杳无人烟""杳无踪影"乃至"杳不可考"。

碑刻记载"吾泫有上、中、下三庙,在换马者为上,在县治东关者为下,而余乡则其中也"。"余乡"是其余的乡吗?在场的李涛、张保德、邢中伟、邢安根、郭换中等村干部纠正了我的疑惑,"余乡"即是本乡之意,正如此庙门额题字"炎帝中庙"。另据院内东陪房门前清宣统三年(1911年)《重修炎帝庙暨村中诸神殿碑记》载:"本邑北界羊头山上有高庙,城东关有下庙,下台村建庙未知创自何代,称为中庙"得以证明。并且与"创兴之始,杳不可考"同样是"未知创自何代"。

碑文有一句重要的记载:"羊头山故有神农氏祠,环山居民岁时奉祀"。下台村距离羊头山仅8里,山上的"神农氏祠"即为"高庙",环绕羊头山周围居住的村民每年都要上山祭祀炎帝,以祈祷五谷丰收。据村民介绍,每年到祭祀的那一天,上山祭祀者不下万人,是高平一年里最重要的活动。

无意间,又一次重修的记载被意外地发现。

殿前垫高为三层台基,沙质石条之间断续镶嵌着四块青石,上面雕刻着精美的花纹。最靠东边的一块,由于紧靠台基的一株古柏持续生长,根部隆起而被顶了起来,台基便不平整,而且树身遮挡了青石的右边部分。经村里孟广发老人指点,我们向被遮挡的青石部位窥视,发现青石右端自上而下清楚地刻写着"至正四年岁次丙申后二月廿五日"。这个年号,比第一个至元年号晚了约80年,在第二个至元年号之后9年。

那么,七百多年前,炎帝中庙就已经被久远沧桑的岁月磨砺得"杳不可考",这本身就在向我们传递着十几个甚至几十个世纪的久远信息。

令人疑惑的是其中那个"後"字。如果没有这个"後"字,"甲申二月廿五日"

就很明确,那么这个"後"字意义何在呢?

孟广发老人果然有些道行,他摸着胡子娓娓道来。阴历每年12个月,大月30天,小月29天,一年就是354天左右,比地球围绕太阳公转每年实际为365天少了11天左右,三年就少了一个多月。为此采取了增加闰月的办法,即"十九年七闰月"。这样依旧是每年12个月,只是有的年份多出一个闰月。例如八月之后可能增加一个闰八月。汉朝初年把闰月放在九月之后,叫做"後九月"。到了汉武帝太初元年,开始使用太史令司马迁主持制定的"太初历",闰月可能分插在一年里的各月。这个"至正四年岁次甲申後二月廿五日",显然就是至正四年第二个二月,即闰二月,称作"後二月"。一个"後"字,令吾辈长了见识。

正殿东边称东殿,是"蚕姑殿",村民俗称"姑姑殿"。姑姑即嫘祖,是我国最早开始养蚕之始祖。由此后人开始养蚕织丝,有了服装。由"衣食住行"我们可以领会,衣食是人们最不可缺少的生活资料。人们常表示生活贫困就说"缺衣少食",说节约就说"节衣缩食",说生活富裕就说"衣食无忧"。炎帝神农氏与嫘祖共同为我们解决了衣食之忧,岂不应该享受共同祭祀?不过民以食为天、吃饭第一,炎帝神农氏还是排在首位。

东陪房是关帝庙,祭祀的是三国名将关羽。关羽生前官居"汉寿亭侯",后来声誉日渐提高,逐渐成为武圣人,乃至被后世封为帝王即"关帝"。但神农氏之"神"仍高于关帝,因此关帝庙居炎帝神农殿以东。

按照《重修高禖祠并太尉殿碑记》记载,"炎帝高禖祠仅两楹,跪不容膝,即二人并肩相摩焉。有住持僧普修慨然曰,高禖神可以如是隘乎?爰化社首殿基隆寺,暨一乡善士捐金鸠工,西陪房朝东小房高禖祠,西殿药王殿……"落款年代为康熙五年。可知与炎帝神农正殿西面并排的是药王殿。

谁是药王

炎帝中庙的药王殿供奉的是哪位药王,没有找到碑刻记载。按《搜神记》记载"神农以赭鞭鞭百草,尽知其平毒寒温之性……太原神釜岗中,有神农尝药之鼎存",《神农本草经》至今还是中医学经典,绵延五千年中医,皆出自神农尝百草之后,岂有超脱神农氏之上者乎?

只有在此中医始祖之下,才可能另外排列中医圣者。太原市郊区的晋祠三圣祠,药王神农氏就供奉其中。神农氏塑像前,排列着中国历史十大名医木主,分别为雷公、岐阳、扁鹊、仓公、张仲景、华佗、王叔和、皇甫谧、葛洪、陶弘景,这其中多有药王之称。

例如扁鹊,春秋时期渤海莫郡人,即今河北任丘,姓秦名越人。初为江湖行医,医术高明。善用四诊,尤其是以脉诊和望诊来诊断疾病,为蔡桓公诊病时,一望便知病入膏肓,民间称神医,亦称药王。郑州城东北有药王庄,为扁鹊故里,药王庙专祀扁鹊,香火最盛。

又如孙思邈,唐代京兆华原人,道士、道教学者,医学家,不慕名位,长期居终南山为人治病,被尊为"药王",著有《千金要方》、《千金翼方》各三十卷,是集唐以前医学大成的名著。孙思邈对医药学的重大建树是他首创"复方"的概念。陕西耀县有药王庙,祭祀孙思邈。

祖籍高平本地的王叔和,生于三国时魏正元年间(约公元255年)山西高平县医学世家,自小随父亲行医采药,足迹遍及华山、泰山、太行山,精通经史子集,积累了丰富的药理经验。他善于总结,勤于记载,对前人扁鹊、张仲景、华佗等遗著进行总结研究,形成了自己一套独特的医药理论,尤其是对脉学有系统的研究。王叔和将东汉名医张仲景《伤寒杂病论》关于杂病一节整理后,分为《伤寒论》与《金匮要略》两书,使这部奇书得以流传。隔海相望的那位大长今就依据了这本医书治好了皇帝的病,因此捡得一条小命。

晋永康年间(约公元300年),王叔和被召入洛阳任太医令,专为宫廷和朝中士大夫诊脉看病。由于他精通药理,进京3年后在一次药理竞技中夺魁,被敕赐"药王"称号。

鄂豫皖三省交会处连绵千里的"大别山",新洲区东北郊与麻城市接壤处的小村药王冲有古药王庙、药王坟,即晋代名医王叔和墓地。药王坟碑记云:"药祖晋代人也,世居山西泽州府高平县,及元帝渡江,五胡乱华……乃渡河南徙避居于世焉……祖以神医寿世,朝廷敕赐"药王",今"药王坟"、"药王庙"、"药王冲"其名所由来也……"

《山东通志》卷二十一《秩祀志》中也有先医庙的记载,先医庙即祭祀历代名医,每年两祭,分别在农历的二月和十一月祭祀。各地在先医庙供奉有所不同,一般的祭祀是正殿供奉三皇,伏羲、神农、轩辕;左右四配:勾芒、风后、祝融、力牧等神像;东庑供奉的有:僦贷季天师岐伯、鬼俞区伯、高俞跗、少俞少师、桐君、太乙、雷公、马师皇、伊尹、神应王、扁鹊、仓公、淳于意、张机;西庑十四人:华佗、王叔和、皇甫谧、抱朴子、葛洪、巢元方真人、药王孙思邈、韦慈藏启元子王水、钱乙、朱肱、李杲、刘完素、张元素、朱彦修。

以上所述几个地方为何都没有李时珍呢?难道因为他是太医,居宫中服务皇亲贵戚,下层百姓敬而远之?或因历代形成传统,明朝属近代尚未列入?不得而知。却是高平人比较公允,郎公山下李家庄炎帝庙里有个名医殿,祭祀五位名医分别是李时珍、张仲景、扁鹊、华佗、王叔和。这是高平古人的认识,对高平今日名医判断完全可以做个参照。

各地尊崇的药王、神医虽略有不同，但炎帝神农氏居最高位却是不约而同、毫无疑义。因此，中国的药王当之无愧地归属神农氏。炎帝中庙即炎帝神农庙，在此中医始祖之下列出历代名医，方显中华文化五千年历史传承之源与流。

高禖之祠

坐西朝东的高禖祠，是我国历时最为悠久的祭祀之一，源起上古，流传至近世。它既是庄重肃穆的宫廷礼仪，又是万众狂欢的民间风俗。

唐代以前的高禖祭祀，多在一座笼罩着神秘色彩的宫殿型建筑内举行。平时宫门深闭，故称"閟宫"。每年春暖花开、燕子北返的时候，由天子亲率一大群妃嫔前往，献上牛羊猪三牲，《礼记·月令》记载："（仲春）是月也，玄鸟至。至之日，以大牢祠于高禖，天子亲往，后妃帅九嫔御，乃礼天子所御，授以弓矢于高禖之前"。与此同时，在相当长的一段历史时期内，民间亦各有名称不同的高禖祭场，踏歌舞蹈，谈情说爱，气氛热烈奔放。其中的某些形式，至今还保留在南方一些地区的传统性节会中。

然而，无论是庙堂或是草野的高禖之祭，似乎谈论都属禁忌，所以古代文献中从无详实记载。晋朝时，因为出现了高禖祭坛上"石主"破裂的突发性事件，由此引起争论，世人才因此得知神秘莫测的高禖之祭的对象，原来是一块经过人为加工的石头。从此，这块石头的象征意义，乃至与此相联系的高禖之祭的性质和作用判断，便成为人们猜测的话题。

一般认为高禖即媒神。相传宇宙初开，只有人面蛇身的伏羲和女娲兄妹在昆仑山，而天下未有人民。伏羲要和女娲结为夫妻，以期繁衍，女娲自觉羞耻，便给兄长出难题："你我各找一块石头向山下滚，如果两块石头合到一处，即是上天作合"。岂知这种几乎不可能出现的奇迹居然发生。女娲和伏羲便由上天做媒，结为夫妻，生儿育女。后人不忘上天好生之德，就以这块石头为膜拜对象，"以其载媒，是以后世有国，是祀为皋禖之神"（《路史》）。"皋禖"又写作"高禖"，即媒神之意。以李家庄炎帝庙高禖殿供奉伏羲、女娲，似为此意。

又有认为高禖即人祖。《通典》记载："高禖者，人之先也，故立石为主。"后人进一步阐释为"灵石"，即混沌初开时，本无生人，人是从石头里迸出来的。这种石变人的传说，中外神话里都有，所以高禖所祭的石头称为"石主"，又写作"石祖"，就是人祖即人类始祖之意。

中庙旱龙

中庙村过去名为下台村、下太村,正月十五、十九及另外某个日子,在太子殿内,要有三家音乐会聚"乐台",为炎帝神农氏奏鸣乡音,同祝丰年吉祥。

阴历三月十五是下太村赶庙会的日子,庙会自然就在炎帝中庙戏台之前二亩半的宽阔场地举行。庙里的供品三月十三就已经上供,供品是猪、羊馒头。

20世纪中后期,炎帝中庙是中庙村的小学校址,后来高平发现炎帝陵,又发现炎帝中庙是炎帝神农古迹,小学即搬迁而走。现在没有了学生每日踩踏,地下砖缝全都遍布蚯蚓的排泄物。山西是干旱高原地区,为什么中庙院内会有这么多蚯蚓呢?

观察中庙村地形位置,处于羊头山下不远处。俗话说"山有多高水有多高",凡高山上渗流的雨水常常会以泉水流出,羊头山周围就有多处泉水。炎帝中庙虽然没有泉水直接流出,地下水资源却很丰富,大量生存的蚯蚓证明了中庙村一带地下水位高,土壤肥沃,这就是炎帝神农氏能够在羊头山一带创制五谷种植的自然地理条件。

当然,如遇水分过多,于五谷种植也有不利。因此到了北方雨季的六月十九,如果当年雨水过多,就要请出三位太子塑像,约一尺高,选出三人各自置于项上,穿戴帝王服饰,一直垂下到负载人的脚,路人相见即高出常人一尺。巡视活动要先后到当时的下太村、观音堂、大碾庄三个村社。见者均要拜三拜,以配合并感谢"导水"。这似乎也有远古大禹治水遗俗的痕迹。

炎帝中庙独特的柱础

因俗传下太村炎帝庙里是旱龙,遇丰水年份要以旱龙"导水"。因此遇到旱年,下太村便无此活动。这是因为三位太子越出越旱,只有涝年以此仪式"导水"以保收成。再看目前炎帝中庙正门的两个石柱础,呈正方形,雕刻工艺极其精美。靠上部四角各有一条龙头,口中向下吐出激起水花的水流。东西南北四个面中间都刻有麒麟转头瞭望。柱础之上是石柱,一般龙不在低处雕刻。那么,这个本应高高在上处于仰望之处、现在却处于下边柱础低头俯视之处的水龙,图案的意义似乎很明显:

炎帝中庙是旱龙坐镇，此地土壤水分足，一般应该减少降水，吐水的水龙在此要受些委屈，旱龙特别受到尊崇。

与此不同的是团池村炎帝庙里的水龙，遇到旱年要请出"降雨"，以保丰年。团池炎帝庙主祀的是四太子疙瘩老爷，村民怕身上长疙瘩，炎帝四太子常用医药，如此可保平安。

据传神农所撰之《神农书·神农求雨篇》记载"春夏雨日而不雨，甲乙命为青龙，又为火龙，东方小童舞之；丙丁不雨，命为赤龙，南方壮者舞之；戊已不雨，命为黄龙，壮者舞之；庚辛不雨，命为白龙，又为火龙，西方老人舞之；壬癸不雨，命为黑龙，北方老人舞之；如此不雨，潜处阖南门，置水其外，开北门取人骨埋之。如此不雨，命巫祝而曝之。曝之不雨，神山积薪，击鼓而焚之。"这个记载，说明了高平乡村至近代还以不同的方式求雨，有其深厚的文化传统根源。

至此我们可以感觉到，炎帝神农农耕文化，在高平各村祠庙都能感受到各自不同的尊崇方式和文化信息。其它省份近年巨资打造纪念性炎帝祠庙，庙堂一新，歌功颂德，却难于在炎帝神农文化内涵方面做文章。高平与其形成鲜明对照。

据村干部介绍，1995年中央电视台报道炎帝中庙以后，就经常有来访参观的，长治市的厂矿、机关、学校多次组织来访，外省市也时常有人前来参观。全国记者团曾经到此参观采访，方圆十里八里群众都来观看，人山人海上万人，比祭祀神农老爷还热闹！

为了保护炎帝文物古迹，村里组织村民在中庙周围种植了许多松柏，子孙后代再来看时，就已经是古树名木了。目前已经安排人员专职管理炎帝文物，开始炎帝神农民俗文化研究。

2007年高平市公祭炎帝神农氏，中庙村张保德村长兴奋之余，特作诗一首《羊头山公祭》："赤县文明五千年，首阳山岳居祖先。尝草医药日中市，始创五谷食为天。今朝后裔祀业绩，同祭共拜竹叩前。欲问姜公诸神往？红烛香烟绕九天。"

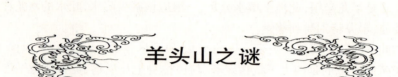

羊头山之谜

一 《黑暗传》的遥远信息

神农架的传说

一部英国 BBC 制作的介绍地球演化的电视节目，将地球的年龄压缩成 24 小时，人类只是在最后一分钟才出现。假如将人类的历史再压缩成 24 小时，那么最早记录的文学是在最后 3 分钟才出现。而文字记载的最古老的文学——神话，可能在一小时之前就形成了。我们如果确实需要追溯神话时代的一些历史事实，就只能从神话中寻找线索。神话里面有许多不大可能的事，但一定有真实的事实，那就是我们希望找到的有效信息。

湖北省西北部有一个荒凉、僻远、贫瘠的神农架密林山区，传说因上古时期神农曾在此搭架采药而得名。胡崇峻是这个山区的一位语文老师，山区从教十多年，对民间艺术有着特殊的兴趣。每到一处，他首先要找当地老年人唱山歌、讲故事，他老早就有做聊斋先生的准备，但自认没有聊斋先生的才能，不过他所熟知的神农架中华民族远古故事，聊斋先生可能并不知晓。

为此，自 1980 年开始，胡崇峻怀揣每月有限的工资，自费到神农架林区各乡镇及鄂西北房县、保康、兴山、秭归等地进行深入调查，搜集到 9 种《黑暗传》的抄本，每一种都要经过无数次探访，还包括搜集到《白暗传》《红暗传》以及与此有关的神农老祖的唱本，另外还有《太阳经》、《太阴经》、《太阳太阴经》等古歌、木刻珍本，《玄黄传》《黑暗大盘头》《黑暗纲鉴》《混元记》等极为奇特的抄本，那些抄本多是残缺本，经过系统整理，《黑暗传》已经整理出 5000 多行。

《黑暗传》向前延伸到混沌诞生，后延至三皇五帝，上下亿年，纵横八荒，囊括万物，极为生动地描述了天地混沌黑暗到世界形成、人类起源、社会发展的艰难历程，融汇了混沌、浪荡子、盘古、女娲、伏羲、炎帝神农氏、黄帝轩辕氏等众多历史神话和英雄人物事迹，比我国现存史籍记载的有关内容都更加丰富、更加古老，如同"活的化石"，构成一首中华民族远古时期的创世史诗。

《黑暗传》如同《山海经》，再现了中国人童年的梦。神话是人类童年的梦想，是人类走出混沌的第一声呐喊，是人类从自然走向文明采摘的第一批果实。神话是民族生命力的源泉，是民族文化之根，是民族精神之所在。每个民族都有自己的神话，每个民族都为自己的神话而自豪。

要了解一个民族，最好从她的神话入手。《山海经》是中国人的创造，体现了中国的民族精神，那人面的兽，九头的蛇，一脚的牛，袋子似的神帝江，这些对现实的高度抽象，带给人们无穷的艺术想象；那与日竞走、道渴而死、其杖化为邓林的夸父，那口含木石以堙东海的精卫，那没有了头而以乳作目、以脐作口，还要手持干戈，斗争不息的刑天，正是中华民族拼搏精神的写照。

《黑暗传》与藏族的《格萨尔》、蒙古族的《江格尔》和柯尔克孜族的《玛纳斯》、汉族的《山海经》，共同构成中华民族英雄史诗的"创世史诗群"。

发现神农信息

与我们的目光关系最密切的，是神农架地区世代流传的长诗《黑暗传》。它包含了200多行描写神农氏一生事迹的诗篇。如"神农皇帝本姓姜，指水为姓氏，日后为谷皇……神农尝百草，瘟疫得夷平。又往七十二名山，去把五谷来找寻，神农上了羊头山，仔细找、仔细看，找到粟子有一粒，寄到枣树上，忙去开荒田，八种才能成粟谷，后人才有小米饭。大梁山中寻稻子，稻子藏在草中间，神农寄在柳树中，忙去开水田，田里下稻种，七种才有稻谷收，后人才有白米饭。朱石山，寻小豆，一颗寄在李树中，一种成小豆，小豆出荒田。大豆出在维石山，神农寻来好艰难，一颗寄在桃树中，五种成大豆，大豆出平川。大、小麦在朱石山，寻得二粒心喜欢，寄在桃树中，耕种十二次，后人才有面食餐。武石山，寻芝麻，寄在荆树中，一种收芝麻，后来炒菜有油添。神农初种五谷生，皆因六树来相伴。神农教人兴贸易，物物相换得便宜，斩木作犁来耕地，才有农事往后继……"。

《黑暗传》脱离社会主流文化，独处深山一隅，以特殊的世代口耳相传的形式，决定了它不加修饰的可信度。其中关于神农的内容，就为我们提供了了极为丰富的有效信息。

北方的故事

以"双法字理"理论解读汉字，"独体为文，合体为字"。"谷"字非简化字，甲骨文里就有，为汉字99对基本"文"之一，是大自然"山谷"的象形字，属于独体之"文"。而"稻"字为"禾""爪""臼"三个基本字组合而成的合体之"字"，从文字发展演进过程来看，明显晚于"谷"字。因此，最先开发的"谷"称谷子，后开发的农作物也随之统称"五谷""百谷"；"稻"俗称稻子，列入百谷，也称稻谷。

最重要的,是最早开发于山谷地区的这种草本农作物"谷"。其后逐渐开发列入粮食类的农作物都统称谷类。"谷"以其最早诞生的身份成为粮食的总称和代称。以稻种植为主的南方各省,仍然把"粟谷"排列在第一位,粮食统称依旧为"谷"。因而神农氏在《黑暗传》中称作"谷皇",他没有因后世直至今日人们最主要的粮食为麦与稻而称作"五麦"或"五稻",这是极其耐人寻味的。

《黑暗传》中提到粟谷、稻、菽、麦、芝麻五种谷物,这与我国古代北方的"五谷"即黍、稷、麦、菽、麻稍有不同,增加了"稻",而将黍、稷二者合并为同一类"粟谷"。"粟谷"这个名称将黍与稷合称为"谷",谷脱了壳为"粟",即小米。黍与稷的区别是,小米黏者为黍("黏"字的左半边就是黍),不黏者为稷。这种细微的区别被淡化、被含糊,似乎透露了神农架地区在《黑暗传》长诗开始流传的时代,黍稷已经较少生产,当地人"只知其有",却少有接触,因此对那种细微差别不易分辨。但称炎帝神农氏为"谷皇"却不是稻皇,说明当时对历史信息依然牢牢存于记忆之中,即使生活在稻作为主的地区,远古的记忆依旧不能磨灭。

甲骨文里的"黍"与"粟"字几乎完全相同,只是"黍"字多了"水"的字形,这是因为黍是上古时代酿酒的主要原料,祭祀用的酒以秬黍为主酿造。除了这个水的字形,"黍"字的其余部分就是一株黍的禾苗象形字,左右错落的穗与籽粒极为形象,"粟"字也基本相同。南方不种黍稷,没有以黍酿酒的传统。但通过贸易等仍可获得小米,便大量沿用代表小米的"粟"字。但记忆中先人在北方耕种黍稷的历史不能忘怀,故五谷之中虽然增加了"稻",但仍以粟谷为首。

《黑暗传》的记载中,与中原早期五谷名称根本不同的就是增加了"稻",稻是温带多雨水地区的农作物。这已经在暗示我们,是北方黍稷产区的农耕文化流传至南方,北方谷类被淡化,南方稻类加入。

黄河流域气候特征是冬春干旱、夏秋高温多雨,这种雨热同季的气候特点,为农业生产提供了良好的条件。

由于古代经济文化中心在黄河流域的丘陵山区,排水治水是洪荒时期农耕的主要特征,至今用犁耕地仍属排涝耕作法。而最适于旱地耕作的应该是国际已经流行的免耕法。而稻的种植却需要大量水源,因此稻的主要产区在南方,北方种稻极其有限,早期的"五谷"无稻。

山西高原极少种植水稻,并非由于气温的原因,主要是由于雨水稀少,只有个别如太原晋祠、左权麻田等地有泉水或河水浇灌,才能生产水稻。黄河流域的长安至唐代还普遍生产稻,稻却未列入北方的五谷,可见开发五谷时还没有开发稻。显示了农耕文化是由山区走向平原、由北方走向南方的发展脉络与顺序。

山西70%的面积是山地,只适合以旱作农业为主,黍稷就适合在这样的地区生长。因此,上古神农时代在山西主要有黍、稷、麦、菽、麻这类旱地作物。反之,我国最初的"五谷"为黍、稷、麦、菽、麻这些旱地作物,也就说明神农是在北方干旱地区开创了农耕。现在的河北河南地区,在上古时代是黄河频繁改道的泛滥区,不宜农耕定居;蒙古是高寒游牧区,不宜农业耕作;西部地区是沙漠戈壁地区;只有目前的太行山以西一带,具备适合稳定发展旱地农耕的条件。"神农上了羊头山"则是湖北神农架地区世代流传的《黑暗传》记述的、曾在山西发生的上古往事。

诞生于黄河流域的二十四节气,每一个节气15天,分为三候,五日为一候,"气候"一词由此得名。"立春"节气第一候的物候特征就是"东风解冻","东风"就是春季的东南暖风。"东风"开始吹来使气候转暖,利于谷物生长,称作"谷风"而非"稻风",突出体现了黄河流域旱作农耕文化的特征。

从历史上看我国的粮食结构,五谷中的黍稷等作物,由于具有耐旱、耐瘠薄,生长期短等特性,因而在北方旱地原始栽培情况下占有特别重要的地位。"菽"是豆类,《诗经》特别记载"中原有菽,庶民采之"。至春秋、战国时期,"菽"具有"保岁易为"的特征被发现,菽也与粟一道成了当时人们不可缺少的粮食。与此同时,人们发现宿麦(冬麦)能利用晚秋和早春的时节进行种植,由于收获时间不同,能起到互补供给的作用。加上发明了石圆磨,麦子的食用从粒食发展到面食,适口性大大提高,麦子受到人们的普遍重视,从而发展成为主要粮食作物之一,并与粟相提并论。儒家经典《春秋》一书中,"它谷不书,至于禾麦不成则书之",可见后世学者在五谷之中最重视麦。西汉时期的农学家赵过和氾胜之等都曾致力于在关中地区推广小麦种植。汉朝关中人口的增加与麦作的发展有着密切的关系。直到唐宋以前,北方人口都多于南方人口。

唐宋以后情况发生了变化。由于北方游牧民族南下,北人大批南迁,中国人口的增长主要集中于东南地区,这正是秦汉以来被称为"地广人稀"的楚越之地。由于宋人南迁,南方人口已经超过北方,此后至今一直是南方人口密度远大于北方,有人估计是6/4。南方人口的增加是与水稻生产分不开的。水稻适合雨量充沛的南方地区种植,最初并不起眼,甚至被排除在五谷之外,却后来居上。唐宋以后,水稻在全国粮食供应中的地位日益提高,据明代宋应星估计,当时的粮食供应,水稻占十分之七,居绝对优势。大、小麦、黍、稷等粮食作物合在一起,只占十分之三的比重,已退居次要地位。大豆和麻已退出粮食作物的范畴,只作为蔬菜来利用。但在一些作物退出粮食作物的行列时,另一些作物又加入到粮食作物行列,明代末期,玉米、甘薯、马铃薯相继传入中国,并成为近代中国粮食作物的重要组成部分。

可见,黍的价值更多体现在农耕初创时期,与神农时代有着难以割舍的联系。稻更多体现在农耕发展时期,是后起之秀。

《黑暗传》里传说的五种谷物，都各自与五种树木紧密联系，分别是枣树、柳树、李树、桃树和荆树五种，其中的枣树别有意味。

枣树是中国特有的树种，全世界 90% 的枣树产于中国，目前国外的 10% 也都是由中国陆续引种过去，21 世纪以来，国家已经立法禁止出口此类稀缺的树种。而在中国，枣树又主要分布在北方黄河流域的四大产区。那么江汉流域湖北神农架传说的《黑暗传》里，既首先说到在北方的山上找到了北方的农作物粟子，又将其寄存在北方特有的枣树上。这些传说里的北方农耕信息一再向我们暗示，这个口传历史的最初传说发源地，都在记述上古历史主要发生地的我国北方。查湖北神农架地区的人口迁徙变动资料，当地人口多由山西、陕西迁徙而去，因此，神农架流传的神农文化，既有最原始的农耕文化因素，又有流传至汉水流域后新加入的文化内容，新旧内容顺序明确，由此透露的正是中原农耕文化由北向南迁移的历史。

如出一辙的炎帝文书

最重要的信息，是神农"上了羊头山"，这是非山西莫属的地理描述。

"神农上了羊头山，仔细找、仔细看，找到粟子有一粒，寄到枣树上，忙去开荒田，八种才能成粟谷，后人才有小米饭"，是非常细微的详尽描述，特别有就地开荒种地的信息。

极为巧合的是，高平有地方世代相传的炎帝文书，每年四月初八庄里村五谷庙会上都要由德高望重的长者诵读。炎帝神农氏后妃的娘家长畛村申思恭还保存其文本，其中几无区别的段落是："炎帝上了羊头山，井子坪地开荒田。籽种刮到石窝里，翻石倒土找不见。神蚁衔出籽一粒，才使籽种重见天。七种八种种成谷，除去毒液才能餐，娘娘将谷脱去皮，人才吃上小米饭"。与《黑暗传》长诗几乎如出一辙。

《黑暗传》其余的内容"大梁山中寻稻子""朱石山，寻小豆""大、小麦在朱石山，寻得二粒……""武石山，寻芝麻"等等，都是曾"去""寻找"的简要记述。

而"大豆出在维石山，神农寻来好艰难"，则是"前往寻找"，最后"寻来"，即寻找到豆种以后"带回来"的记述方式。

三种不同的描述方式，暗示了一个潜台词，即神农氏居住在首先描写且最详尽、又是所有农作物中最早开发的那个"粟谷"之所在、并且开荒种地的——羊头山。近日查到清人从古籍中辑出、传说是神农所撰之《神农书》，记有"禾生于枣，出于上党羊头之山右谷中"，恰是羊头山五谷畦位置。那么，"神农上了羊头山"，就为我们在山西境内考察炎帝神农提供了最重要的寻找线索。

二 《山海经》里的发鸠山

现代地图多突出行政区划,对山的具体描述远不如《山海经》,对水的具体描述又远不如《水经注》。因此在普通地图上寻找大的山脉比较容易,而寻找具体名称的山峦或山峰,则较为困难。

羊头山所在的位置,是山西省中部南北纵向的太岳山脉与东部南北纵向的太行山脉的横向连接处,属太岳山脉中段向东的支脉,恰好因此将两个大山脉横向连接起来。这个横向的小山脉也因此将上党盆地拦腰分开,如同扼守在中间,形成今日的北面长治市、南面晋城市两个小盆地。

《汉书·王莽传》记载:"羊头之扼,北当燕赵。"

上党,因羊头山而得名,羊头山也因居上党关隘要地而奇峰突起,一览众山。

这个横向小山脉最出名的是发鸠山,是因为它名气太大,每个中国人几乎都耳熟能详《愚公移山》和《精卫填海》的故事,这两个故事都发生在太行山与王屋山结合部一带。而《精卫填海》讲述的正是炎帝少女的故事,故事发生地正是发鸠山一带。即使当代地图减少了对许多具体山峦的标注,却从来不会忽略发鸠山。

发鸠山位于长子县城西 25 公里、高平市西北 22 公里处,以山为分水岭,分开了高平与长子两地,又名鹿谷山、发苞山、方山。它的顶峰也叫老方山,与长治市老顶山遥遥对峙。过去老百姓称老顶山为东珏山;老方山为西珏山。主峰海拔高度 1646.8 米,比老顶山高出 268.8 米,山势矗立,南北蜿蜒,气势雄伟。东山脚下有清泉一道,为浊漳河之源。发鸠山自古即以炎帝少女女娃"精卫填海"的故事著称于世,代代相传。发鸠山脚下浊漳源头处,自古建有"泉神庙",即为纪念炎帝之女女娃所建,宋代敕名"灵湫庙",宋朝至民国古碑尚存的 11 通碑刻,是对炎帝神农氏在上党始创农耕,以精卫填海精神对历代国人不懈激励的见证。

"灵湫庙"周围建有摩天塔、上天梯、通天桥、南天门、八角琉璃井、四星池等建筑,庙宇规模宏大,建制完备,纪念女娃(精卫)的原址依旧存在。灵湫庙附近,河水直泻,一片碧绿,是潞州八景之一"漳源泻碧"。

浊漳河所出发鸠山,是明确的地理标志,《山海经》与《水经注》都有清晰的记载。炎帝少女女娃与发鸠山有着割舍不断的联系,正是《山海经》记录所在。

据《山海经·北次三经》记载,"发鸠之山,其上多柘木,有鸟焉,其状如乌,文首,白喙,赤足,名曰精卫,其名自詨,是炎帝之少女,名曰女娃。女娃游于东海,溺而不返,故为精卫,常衔西山之木石,以堙于东海。漳水出焉,东流注于河"。

发鸠山是因炎帝小女女娃而著名的山,"詨"字是"讠"字旁,右边"交",即鸟喙上下相交发声,人的口唇上下交会也是"詨",即"叫"。按照"双法字理"理论,"同音往往同意,音近往往意连","詨"即"叫"。精卫鸟的叫声即"精卫"。这是由于汉字汉语最初的发音规律是"有则仿之,无则嚷之"。这种鸟的叫声为"精卫",人们模仿其叫声也称呼其为"精卫",逐渐以此得名。如同人们对虎、豹、布谷、杜鹃、牛、羊、鹅、鸭、蚊、蝇、等几乎所有动物类的称呼基本都是对其叫声或发声的模仿。

到《山海经》写作时,人们已经遗忘了这个由猿变人之际的最初语音规律,反而奇怪这种鸟的叫声恰似自呼其名,故有文中多处"其名自詨"句。其实并非"其名自詨",而应该是"因其詨而得名",即人们常常以禽类、动物、昆虫的叫声作为它的名称。查《山海经》描写其它多种鸟类,几乎都如此表述,可见这个观点道出了真谛。

明朝音律学家、皇亲朱载堉在《羊头山新记》中描写:发鸠山"山下有泉,泉上有庙。宋政和年间,祷雨辄应,赐额曰'灵湫'……庙中塑如神女者三人,旁有女侍,手擎白鸠,俗称三圣公主,乃羊头山神之女,为漳水之神。漳水欲涨,则白鸠先见,使民觉而防之,不致暴溺。羊头山神,指神农也"。

发鸠山脚下的这座灵湫庙,神主就是羊头山山神炎帝神农氏的两个女儿与她们的母亲。这个古迹与"精卫填海"的故事一脉相承。

灵湫庙因屡屡祷告求雨应验,北宋末期宋徽宗政和元年赐名"灵湫"。其后又历经宋宣和、元皇庆、明永乐、成化、嘉靖、万历等多次重建,增建、扩建、修葺,增加了亭榭、玄坞、荷池、四星池等建筑保存至今。

发鸠山现存炎帝少女坟的遗址共有两处。一处在主峰附近,名为女娃坟;另一处在主峰西北方向较远的山坡上,俗称黄(皇)姑坟。

主峰附近的女娃坟,为残砖瓦砾沙石泥土聚成的大堆,坟前三间小殿为女娃祠,已倾颓。殿内塑像无存,砖砌供台尚在,上有烧制砖文"海水"或"海波"字样,证明此地确是精卫填海故事的发生地。

主峰西北的黄姑坟,依山坡趋向座东南朝西北,与换马镇炎帝陵墓的方向一致。掩映在绿草丛中。1976年墓被盗,墓顶锹开,墓室及墓道等全部暴露在外。墓室全部为石条砌筑,与换马镇炎帝陵墓的材料形制相近,呈长方形单室结构,左右壁及后壁各设一小龛式耳室,前门石额题刻"视死如归",后壁上镶石质扇型匾额,题刻行书双钩"藏真"。旁有两竖石,阴刻草书联为"难随河山留世上,别有天地非人间",字体无论行、草,都极似王羲之书风。坟前平地散置断柱残枋,为早年的石筑牌坊。

关于黄姑坟,当地世代流传这样的传说:原来的发鸠山周围,是一片大海,女娃随母亲洗衣时,不幸被水淹死,女娃发誓要填海报仇,遂变成精卫鸟,衔石填海。今日发鸠山上都是碎石,很难找到大石头,与传说一致无误。因女娃未嫁人,所以称女娃的坟为黄姑坟,意为黄花姑娘之坟。又有人说因女娃是炎帝的女儿、皇家的姑娘。这些传说基本接近史书的记载。

透过“精卫填海”的故事,我们可以看出传说中的真实要素,即炎帝神农氏女儿中年少的一位,在高平市与长子县之间作为分界线的发鸠山羊头山一带生活期间,早年溺水去世。“精卫填海”的故事,反映了炎帝神农氏之少女性格的一面,那种锲而不舍的奋斗精神,或许就是我国历史文献一再将其书写的原因。

南北朝时期的著名诗人陶渊明做诗道:“精卫衔微木,将以填沧海。”

唐代诗人岑参在题为《精卫》的诗中抒怀:“负剑出北门,乘桴出东溟。一鸟海上飞,云是帝女灵。玉颜溺水死,精卫空为名。怨积徒有志,力微竟不成。西山木石尽,巨壑何时平。”

清代诗人郭维镛把“鸠山暮雨”作为高平八景之一。并赋《鸠山暮雨》诗二首:

(一)鸠山薄暮雨凄凄,野水流云出小溪。欲识山中民乐事,东皋南亩足耕犁。

(二)填海无能怨未休,每因风雨泪交流。晚云拥树归飞急,化作鸠山一段愁。

这些诗词对精卫填海抒发的情怀,既令人赞叹,亦哀婉动人。

据当代图腾学家考证,炎帝族的图腾之一“阳鸟”,其图案为太阳下一黑色的孪鸟,又名“俊鸟”。鸟象征太阳的黑子,是炎帝神农时代人们长期观察太阳所作。西北和晋南的一些考古发掘的新石器人类遗址中,即出土这种绘有“阳鸟”图纹或变形鸟图纹的彩陶,是炎

发鸠山女娃祠内供台砖雕文字

女娃坟残存石刻采自清版《泽州府志》

帝神农氏族的重要标记。由于炎帝神农氏解决了人民的食物来源,历史文献记载古人称其为"太阳也",那么他的女儿为太阳鸟,并绘为图腾,就是人民崇敬心情的一种表达。

现代科学证明,植物果实有效成分的96%来自阳光、空气与水的光合作用,即植物能量主要来自太阳,其余极小部分来自土壤矿物质。中华先民将开创草本食物之父的炎帝神农氏誉为"太阳",炎帝神农氏之女誉为"太阳鸟",当不为过。

我国著名学者郑振铎先生认为,"我以为古书故不可尽信以为真实,但也不可单凭知觉的理智,去抹杀古代的事实。古人或不至于像我们所相信的那样的惯于作伪,惯于凭空捏造出多少的故事来。他们假使有什么附会,也必有一个可以使他生出这样一个附会来的根据。愈是今人以为大不近人情,大不合理,却愈有其至深且厚,至真且确的根据存在着。自从人类学、人种志和民俗学的研究开始以来,我们对于古代的神话和传说,已不仅视为原始人的'假语村言'了。自从萧莱曼在特洛伊城废墟进行挖掘以来,我们对于古代的神话和传说,也已不复仅仅把它当作诗人们想象的创作了。我们为什么还要常把许多古史上的重要事实,当作后人的附会和假造呢"?

发鸠山出名的原因,与精卫填海的主人公等内容,主体都是炎帝之女,灵湫庙供奉的主神也是羊头山山神炎帝神农氏的女儿,那么,炎帝神农氏所在的羊头山应该距此不远。

但是,笔者一时没有在《山海经》里找到关于羊头山的直接记载。多年来,这个悬念一直萦绕心头,渐渐产生一个判断:《山海经》记载精卫衔西山木石以埋东海,为何称作"西山"呢?《山海经》的作者一定是立足于发鸠山"以东"不远处作此描述。而其以东30里处,唯有羊头山正对着发鸠山主峰,其高度(1297.2米)比发鸠山(1216米)还高出81.2米。

"西山"的描述已经否定了立足点为其他山的可能性。因从地图上看,是有几座山,海拔似乎也不低,但因高平整体海拔很高,从羊头山向西看去,偏南的朗公山,偏北的丹朱岭,俱属发鸠山支系,均在其下,虽然海拔高,从地面开始测量的"标高"却不高,目视犹如小山丘。如果只看地图数据不亲自上山观察,则难以想象这种相互关系。再假如是发鸠山向东的延长线上,比羊头山更远一些的位置,则羊头山就成为西山,没有称发鸠山为西山的可能。

毫无疑问,只能是羊头山为《山海经》作者观察发鸠山时的立足之地,《山海经》正是记述了炎帝神农氏与其氏族西望发鸠山时的方位表述——"西山"。这就是笔者在CCTV大型文化专题《寻找炎帝遗迹》"片花"中写下四句经典总结之"神农尝百草之地,山海经记录所在,律度量衡之本,黄钟大吕之源"的由来。

这个看法理性判断的成分居多,我一直希望为此找到更确凿的证明,使之不仅仅是一个猜想。

　　经查嘉庆重修之《一统志·泽州府》，其中记载"羊头山：在高平县北三十五里。《寰宇记》、《山海经》云，神农尝五谷之所，形似羊头"，明确记载此两种文献都有记录。但查《山海经》却没有找到这个记录。

　　《山海经》相传由大禹之子伯益所著，后人不断增加内容，最终由汉代刘向、刘歆父子整理而成。全书列举了我国 500 多座山系，是我国历史上最早的地理志著作。其内容之丰富，记录范围之广博，亘古罕见。

　　据汉朝刘歆《上山海经表》所述："……所校《山海经》凡三十二，今定为一十八篇，已定。《山海经》者，出於唐虞之际……"由此可知，《山海经》经过汉朝刘向、刘歆父子整理，将"出於唐虞之际"的 32 篇整理为 18 篇。既为整理，或有充实，也就必有删削。如同孔子删削《诗经》，造成了许多古代文化信息的重大损失。那么，古本《山海经》会不会对炎帝神农氏或羊头山有所记载，而被刘向、刘歆整理删去了呢？

　　古本《山海经》一时难以寻找，但这个猜想却意外地在《太平寰宇记》里找到了线索，并被明确无误地记载下来。《太平寰宇记》是北宋地理总志，全书二百卷，一百三十余万字，是继唐代《元和郡县志》以后出现的又一部历史地理名著。作者乐史，是北宋著名历史地理学家和文学家。《太平寰宇记》卷四十四准确记载着："羊头山，在县北三十五里。《山海经》云，神农尝五谷之所，山形象羊头"。果然在此留下了被引用的记录，证明确实曾被汉朝刘向、刘歆父子从整理后的《山海经》里删去了。

　　这个记载，恰如笔者在摄制《寻找炎帝遗迹》外景时，白双法先生站在一旁放眼望去，看出了羊头山山形似羊头，笔者立刻拍摄下来，后配以甲骨文的"羊"字图形字幕作对比，节目播出后被一些专家据此引作论据。不料几千年前的古本《山海经》里对此早有描述。

　　更令人震惊的，是近期为中国黄河电视台策划新栏目制作样片《羊头山之谜》时，真实地找到了拍摄羊头山山形的最佳镜头角度及光线条件。按此看去两角极为对称，羊头更为逼真，两眼位置准确，若潜伏山中，目视前方。毫无疑问，只有这个角度这个构图，才可能是唯一的属于《山海经》记载的"山形象羊头"，中国古代的大师真正是"人言为信"。

　　这个重要记载完全证实了我萦绕心头多年、发表于央视播出节目的猜想，羊头山正是《山海经》记录之所在，因此也正是湖北神农架地区流传之《黑暗传》记载神农上了的羊头山。它已经正面解答了一些专家认为高平炎帝陵只有近代文献记载的质疑。

　　仅有孤证或许难以成立，如此全方位给以证明，已经说明问题了。

三 《山海经》里的羊头山

与太行比肩

羊头山，在高平市北 35 里，太行山南端以北一百五十里。居众山最高处，俯视太行犹在其下。这个比喻不可小觑。太行山古称"大行山"、"大形山"，因在河北看太行山需仰视，如在半天之间，由北向南横空而去。据说有人在邯郸、邢台一带从太行山向下跳伞的，可知山势之险峻壮阔、群峰壁立。

太行山由"大形"而为"太形"，由"太形"而"太行"，演变为今日的太行山。羊头山能够与太行山相比拟，可知绝非寻常丘陵。

羊头山为晋城高平市、长治长子县、长治县三县分界之峻岭。古称岭限二郡，麓跨三邑，山高千余丈，磅礴数十里。危峰秀拔，势凌霄汉。日夕诸山俱瞑，而此峰返照犹光，故俗传此山比天下名山高三尺。秦并天下置郡县，以此地极高，与天为党，故名上党郡。《释名》记载"上党：党、所也。在山上，其所最高，故曰上党"。潞安府及泽州府所属，皆古上党郡。至隋代，仍置上党县，属潞州。晋东南地区古称上党，即由此而来。

2002 年 8 月，跑马岭正西面，古称西马场的羊头山林场职工修缮墙基时，挖出一块断为三截的青石残碑，将三截残碑拼接，碑额半圆形，刻有五座浮雕佛像。因碑文字迹风化严重，一时难以完全辨认。后经专家鉴定，证明是北齐时代的碑刻，特别是其中一段尚可识别的碑文"……神农圣灵所托，远瞩太行……"，仅此十个字，已足见撰文者文学功力之深厚。其间蕴涵了炎帝神农神圣、英灵、亲切、嘱托、深远、放眼太行等多层意蕴，又有特指此地比肩太行、旷达天下之意，意境高远，气势磅礴。按其落款"大齐天保二年"，为公元 551 年，至今已历经1460 年的碑刻还能够识别字迹，已是极为罕见。

在此之前，上党地区记载炎帝神农氏最早的碑刻，是隋开皇五年，即公元585 年黎城县创立宝泰寺碑。碑文"县之东南……傍冲黎国，斜之潞城……炎帝获嘉禾之地"，当时堪称记述炎帝神农氏碑刻年代久远国内之最。现在发现之羊头山北齐碑刻，比黎城县宝泰寺隋碑的年代还早一个朝代、早 34 年，确认无疑是我国目前发现年代最为久远的炎帝神农文化碑刻。

出土唐碑

无独有偶,2001 年 8 月 28 日,随着铁锹和巨石的一声碰撞,羊头山上一座唐代清化寺碑轰然出土。虽然碑文风化极为严重,正面碑文漫漶不清几无一字可以辨别,但碑石背面却有一些清晰的小字。根据这几个小字,我们在《泽州府志》里查到了明代朱载堉的散文《羊头山新记》,其中就记载了这座碑的碑文。再以《泽州府志》记载的碑文内容对照碑刻逐字识别,即隐约可辨。碑文曰:

> 此山炎帝之所居也。昔者摄提纪岁之后,燧人化火之前,穴处巢居,茹毛饮血,爰逮炎皇御宇,道济含灵,念搏杀之亏仁,嗟屠戮之残德,寻求旨味,以替膻腥。遍陟群山,备尝庶草,届斯一所,获五谷焉。记此灵奇,显其神异,石类羊首,遂立为名。于是创制耒耜,始兴稼穑。调药石之温毒,除瘵延龄;取黍稷之甘馨,充虚济众。人钦盛德,号曰神农。历代崇恩,峰亭享庙。其山也,左连修岭,横巨嶂而峙沧波;右接迤峰,列长关而过绛阙。烈山风穴,泛祥气而氤氲;石鼓玉泉,泄云雷而隐轸。芬敷花药,春夏抽丹;蓊郁松萝,秋冬耸翠;人天交集,仙圣游居。譬鹫岭之灵宫,犹鹿苑之佳地。播生嘉谷,柱出此山矣。

这是一篇记载炎帝神农氏在羊头山的由来与功绩的宏文。如此系统地论述评价炎帝神农氏的文章极为罕见。其中的信息要点为:

一、炎帝神农氏居住羊头山(此山炎帝之所居也)。

二、炎帝神农氏踏遍群山尝尽百草,到此地获得五谷嘉禾(遍陟群山,备尝庶草,届斯一所,获五谷焉)。

三、如此神奇之地,以石似羊头取名羊头山(记此灵奇,显其神异,石类羊首,遂立为名)。

四、炎帝神农氏始创农业与农具(创制耒耜,始兴稼穑)。

五、炎帝神农氏始创中医与中药(调药石之温毒,除瘵延龄)。

六、炎帝神农氏开发了黍稷类食物,人们感恩尊其为神农氏,历代在羊头山享有庙宇祭祀(取黍稷之甘馨,充虚济众。人钦盛德,号曰神农,历代崇恩,峰亭享庙)。

七、羊头山即"烈山",协助炎帝神农氏管理农业的儿子、农官柱生于此羊头山(烈山风穴……播生嘉谷,柱出此山)。

八、羊头山东面横着太行山与大水泽,西面有山峰与关隘,地理方位风光风水为佳地（左连修岭，横巨嶂而峙沧波，右接遐峰，列长关而过绛阙，譬鹫岭之灵宫，犹鹿苑之佳地）。

"左连修岭，横巨嶂而峙沧波"，这是一句非常重要的地理描述，"嶂"字意为直立像屏障而高峻的山。面向南而立足羊头山，唯有"左连"之太行山能够称作"横巨嶂"。而"峙沧波"则形容"东海"，放眼可见者有至今尚存改造而成的故关水库，广义则指至今已大部分消逝了的上党盆地诸湖泊。上党盆地湖泊虽大部分消逝，却留下潞州（今潞城）、泽州这些带"氵"的地名，和至今尚存的漳泽等远古湖泊遗存。

精卫所填之海

更使人惊讶万分的，是在整个羊头山之羊鼻子的位置有一座六名寺，寺中泉水汇入莲花池。其上游，正殿西边西耳殿前一口泉井，即当地百姓求雨取水之处，泉源石刻，上书"东海源头"四字。后石刻断裂，前两字断为数小块，收拾到东耳殿院内，庙宇修缮时作为废弃物倾倒填埋于左近，幸而笔者1994年留下珍贵绝版录像镜头。

此"东海源头"之珍贵石刻，准确定位了六名寺泉水所至，为羊头山东面的小东仓河，河水流至故关村北一片湖泽。朱载堉在《羊头山新记》中明确记载："寺东五、六里有水焉，俗呼为长河。《高平志》云：长河在县东北，南流入丹水。河渠渺远，环带萦纡。夏秋之交，众溪合流，水势若江海，渡者艰危，至冬始涸。愚按《水经注》云：长平水出长平县西北小山，今此水在县东北，非古所谓长平水也。"

此"长河"虽然没有记入《水经注》，却被朱载堉详细记录。因其由羊头山一脉多处汇流而下，而羊头山植被在上古时代只会更加繁茂，水势比之明代"众溪合流，水势若江海，渡者艰危"只会更加汹涌澎湃。

现在早已不是洪荒时代，几乎可以称作"干旱时代"，但此季节性河流及这片水泽依旧存在。而上古时，这片水泽的面积显然应该十分可观，因为顺着东北方向汇入水泽的一股河流寻找，就有一个大桥的地名。那是换马岭北面的永惠桥，唐代修建时名"大桥"，说明那里当时的河水流量已经很大。那么汇流而至的"东海"水量和面积一定极为可观。

为了保持这片湖泽的水量，当代对水流进行了控制，形成现在的故关水库。根据1992年版《高平县志》所附地图，故关水库恰在发鸠山至羊头山的延长线上，连1度的偏差都没有。羊头山向东距离故关水库仅8里，向西距离发鸠山为30里。

古人称"海"并非如今日之太平洋、大西洋等，大的水泽即为海。如苏武牧羊的北海,即今日的贝加尔湖。今日北京的北海、中南海、什刹海,太原的海子边、西海子等,今日都只能算作小湖泊。那么至今还是一大片水泽的故关水库,上古洪荒时代一定被称作"海",是毫无疑义的。特别是有故关水库之水的源头之一、六名寺镌刻"东海源头"四字的石刻为证。可见此说与为石刻刻字的古代学者所见略同。

炎帝神农氏应该主要居住于羊头山神农城或炎帝行宫,行宫地址恰在故关村,当地世代相传"女娃随母亲去海边洗衣,不幸被水淹而亡"。炎帝少女在故关村边的水泽岸边活动失事,与炎帝神农氏家族成员起居行止范围完全相符,符合真实的生活逻辑,可信度极高。

今日站在羊头山上向东望去,是上古时代炎帝之女女娃溺死之"东海";西望则是女娃为填东海、衔木石之"西山"。至此,《山海经》记载精卫填海的上古故事发生地,基本辨证清楚。又是一件令吾辈此生快意之事。

如果认为《山海经》记载的"东海"为山东省以东之大海,则羊头山泉水必须首先汇入黄河。这是因为几千年前,黄河故道绕过太行山南端之后折向北,直至保定、徐水一带再折向东入渤海。而《山海经》记载精卫填海一段结尾处,为"漳水出焉,东流注于河",六名寺泉水在漳水与黄河之间,无论怎样流淌,也是不入漳河即入黄河,再无其他出路,绝不可能立体地越过黄河故道或漳河单独流入大海。因此女娃所填"东海",无论如何不可能是山东省以东之渤海或黄海。

那么,女娃衔西山之木石,以埋之"东海",是不是洪荒时代古上党盆地之"海"呢?

上古时的冀州,是大禹定名的全国九州之中州,主要指今山西南部。《禹贡》记载"夏禹治水从冀州始","即修太原,至于岳阳"。《周礼·职方》"冀州,其山镇曰霍山"。安泽居霍太山之阳,史称岳阳县。《尚书·尧典》却有"肇,十有二州"之说。张觉为《荀子》作注:"禹治水后,分中国为九州,即:冀州、兖州、青州、徐州、荆州、扬州、豫州、梁州、雍州。舜又从冀州分出幽州、并州,从青州分出营州,共十二州。"

《汉书·地理志》记载:"河内曰冀州,其山曰霍,薮为扬纡,川曰漳,浸曰汾、潞,其利松柏,民五男三女,畜宜牛羊,谷宜黍稷。"

洪荒时期,山西上党盆地凡是低洼的地方都是大水,羊头山必然地被选择为人类聚居之地。《羊头山新记》记载,"潞为冀州巨浸,岂小水耶"。"浸"字即为大的水泽。如《周礼》"扬州……其浸五湖"。顾炎武《答人书》曰"丁酉之秋,启涂淮北,正值阴雨,沂沭下流,并为巨浸",即此意。

根据朱载堉《羊头山新记》记载,"愚按《山海经》云,发鸠之山,漳水出焉。《周礼》曰:冀州其川,漳其浸潞。《说文解字》曰:潞,冀州浸也。"《山海经》记载的大意是,发鸠山是漳河水发源地。《周礼》有记载,冀州的上党地区之所以到处是河流水道,是漳河水浸淹的结果,便定名为潞州。"潞为冀州巨浸,岂小水耶……潞水迳羊头山西北去山五十里",这是作者纠正明代《山西通志》上所说的潞水"在潞城县东十五里微子城发源"的错误说法,指出:文中的山即指发鸠山。由于古上党盆地低洼处被水浸淹,古时整个山西一度更名为潞州。明、清两朝将上党盆地划分为泽州府和潞州府两大行政建制,其原因与此地的地理和文化传统有关。上党盆地原为大片水泽无疑。

"潞"字偏旁是"氵",羊头山以北的长治市郊区至今还有大型漳泽水库,位于长治市北郊浊漳河南源干流上。漳泽水库流域包括上游壶关县境内的庄头水库、西堡水库、长治县淘清河水库、长子县申村水库、鲍家河水库、屯留县屯绛水库等六座中型水库,区间流域面积 1625 平方公里,应对天然年径流 2.25 亿立方米。受益区为长治市郊区、屯留、潞城、平顺等四个县(市、区)。

羊头山以南晋城市所属的"泽州"亦如此,隋开皇初改高平郡为泽州,大业初改为长平郡。唐武德元年于濩泽县(今阳城县)治泽州,八年移治端氏(今沁水县),始终是与水泽相关。

沁水是个有名的地方,《史记·赵世家》记载:成侯"十六年,与韩魏分晋,分晋君以端氏","肃侯元年,夺晋君端氏";《太平寰宇记》记载:"赵成侯十六年,与韩、魏分晋,封晋君以端氏。肃侯元年,复夺晋君端氏,徙处屯留";均为此地,这就是近年晋东南地区划分为长治、晋城两市之"晋城"的由来,战国初晋君所在之地也。

《墨子》记载"舜渔于濩泽",可知古舜帝时是一个可以打鱼的地方,而那个时代绝非钓鱼消遣,却是如同围猎获取食物来源的大规模行为。我国"五湖"之中,以"泽"命名的仅洪泽湖而已。

但是,漳泽、濩泽均处于上党盆地中央羊头山的北与南两个方向,站在羊头山说这两地是"东海",基本不能成立。

我国著名的史学家徐旭生先生认为:我国的洪水传说,发生在我国初进农业的阶段。炎帝神农时代正是此"初进农业"的时代。

关于神农时代洪水为害的历史,《山西省考古学术论文集》引据经典指出:全新世之冰河消融,但昔"上古龙门未开,吕梁未通,河水盈门,大溢逆流,无有丘陵、沃衍,平原、高皋,尽皆灭之,名曰鸿水"。洪水泛滥的前期时代即神农时代,一直延续至后来《尚书·尧典》记载的"汤汤洪水方割,荡荡怀山襄陵,浩浩滔天,下民其咨"时期。

孟子曰"当尧之时,水逆行,泛滥于中国,蛇龙居之,民无定所,下者为巢,上者为营窟"。意思是大洪水来临,人民在低洼处者上树搭建"巢"居住,在高处者居住洞穴。

"洪水横流,泛滥于天下,草木畅茂,禽兽繁殖,五谷不登,禽兽逼人",人类"就陵阜而居,穴而处下,润湿伤民"。人民依附山麓高地的地穴,半地穴类简陋住所,大多数缘水而居。洪水时期人民的居住情况与羊头山居高而临水基本一致。

唐代诗人岑参在题为《精卫》的诗中抒怀:

负剑出北门,乘桴出东溟。
一鸟海上飞,云是帝女灵。
玉颜溺水死,精卫空为名。
怨积徒有志,力微竟不成。
西山木石尽,巨壑何时平?

唐代诗人岑参的这首诗以抒情写意为主,但以"负剑出北门,乘桴出东溟"作开头。背着宝剑而未带行李,说明不是远行;由高平地形图可见出了北城门而不是东城门,说明不是向南顺丹水而下;乘船往"东溟"即东海,说明也不是溯丹河而上向西北。只能是沿小东仓河向羊头山以东方向而去。此行最远也只能到达羊头山以东永惠桥一带,那里是水流的源头;最重要的是"乘桴"而去,就是乘木筏,或为乘船的代称。那么水的流量已经跃然纸上。这为我们提供了足够的方向、距离、位置、水量等比较全面的信息。

羊头山是横向连接太行与太岳的小山脉,以北有向北流的漳河至"潞水"的水系,以南有向南流的丹河至"濩泽"的水系。羊头山南坡的六名寺泉水只能汇入小东仓河再流入丹河,而且还只能局限在小东仓河上游处,站在羊头山才能称作"东"的方向,"东海源头"之水所流入的水泽才能称作"东海"。至此,所有其它可能性都被排除,故关水库的水泽,正是炎帝之少女女娃"化作精卫"所堰之"东海",连产生第二个候选答案的可能性都没有。

至此,《山海经》记录"精卫填海"传说故事中地理、人物等写实要素均与实地考察相符,《山海经》记录确有历史真实的生活基础,从而写意的成分就愈发浪漫,体现的人文精神就愈发感人肺腑,感动中华民族几千年至今长存不息,几无相与比肩者。

四 《愚公移山》之王屋山

与"精卫填海"同样著名的是"愚公移山"的上古故事,这个故事同样与炎帝神农氏有着直接联系。

《列子·汤问篇》这样记载:"太行、王屋二山,方七百里,高万仞,本在冀州之南,河阳之北。北山愚公者,年且九十,面山而居。惩山北之塞,出入之迂也,聚室而谋曰:吾与汝毕力平险,指通豫南,达于汉阴,可乎?杂(皆)然相许。其妻献疑曰:以君之力,曾不能损魁父(小山名)之丘,如太行、王屋何?且焉置土石?杂曰:投诸渤海之尾,隐土之北。遂率子孙,荷担者三夫,叩石垦壤,箕畚运于渤海之尾。邻人京城氏之孀妻,有遗男,始龀(儿童七岁),跳往助之。寒暑易节,始一反焉。河曲智叟笑而止之,曰:甚矣,汝之不惠!以残年余力,曾不能毁山之一毛,其如土石何?北山愚公长息曰:汝心之固,固不可彻,曾不若孀妻弱子。虽我之死,有子存焉,子又生孙,孙又生子,子又生子,子又有孙,子子孙孙,无穷匮也,而山不加增,何苦而不平?河曲智叟亡以应。操蛇之神闻之,惧其不已也,告之于帝。帝感其诚,命夸娥氏二子负二山,一厝(安置)朔东,一厝雍南,自此,冀之南,汉之阴,无垄断(高地)焉。

现今太行山南部连接的王屋山,整体坐落在山西省阳城境内。按照《列子·汤问》记载分析,愚公居住地在"冀州之南,河阳之北",即黄河故道之西、南、东三面包围的晋南地区为主的范围内(晋南古称河内、中国),黄河北岸以北(河阳之北),王屋山北面(山北之塞),因此愚公说"吾与汝毕力平险,指通豫南,达于汉阴,可乎"?愚公的目的是排除山的阻隔,沟通"豫南"即河南,"达于汉阴"即汉水南岸。

我国北方民居总是正房面南向阳,便于采光。那么愚公"面山而居"即说明愚公居住地在王屋山北面无疑。

现在王屋山一座山梁的西面有个愚公村,东面是小有河,村民每天要到河里取水,大山梁成为拦路阻隔。相传愚公要带领子孙挖掉这座山梁。今天,山梁中间,断口俨然,远远看去,确如人工开挖。可见数千年过去,具体居所位置可能小有变动,地质也可能变化(命夸娥氏二子负二山),但"冀州之南,河阳之北"的区域地理位置记载应该是没有错的。

愚公移山所以能够感天动地,在于太行山人憨厚朴实之中,蕴藏着坚毅如山、自强不息、不屈命运的伟大抗争精神,这与"精卫填海"体现的精神实质完全相同,符合《周易》所体现中华古代哲人从大自然中领悟之大道:天的刚健运动决定着人类社会必须刚健行进。因此便有"乾"卦之"九五,飞龙在天……君子以自强不息"。

因此,现今我国最高等学府清华大学正门石刻便是其校训"自强不息,厚德载物"。前半句出自《易经》乾卦:象曰,天行健,君子以自强不息。后半句出自坤卦:象曰,地势坤,君子以厚德载物。清华校训即来源于此。

天坛是王屋山的主峰,高峰耸峙,深谷纵横,一峰突起,万峰臣伏,唯我独尊,从南向北看,中间高两边略低,好似屋顶,像王者之屋,故称王屋山。

黄帝领兵战蚩尤,从陕西风陵渡过黄河,经垣曲入王屋山,一路与蚩尤作战。由于蚩尤使用金属兵器,善使妖术(充分利用本地气象特点),时值深秋,云厚雾大,黄帝久战不胜,听从老师华盖的建议,到王屋山天坛峰上祭天,求得上帝支持。当时炎黄联盟的区域内天坛山峰最高,海拔1715米,古人认为:上帝在天宫,山高离上帝近,便于请教。所以黄帝带兵来到王屋,登上天坛峰,设坛祭天。据唐广成、杜光庭撰《天坛山圣迹叙》记载:"黄帝于元年正月甲子,列席王屋山,清斋三日,登山至顶,于琼林台祷上帝破蚩尤,帝遂教王母降于天坛,母即降,黄帝来供侍焉,王母乃召东海青童尹、召九天玄女,授破蚩尤之策,黄帝依命杀蚩尤于冀,天下乃无不克,少内安然。"黄帝祭天时间即是黄帝纪元之始。

《黄帝内传》云:"为之琼林台,昔黄帝上坛,于此告天,遂感九天玄女西王母降,授九鼎神丹经阴符策,遂乃克伏蚩尤之党,处契约天坛之始也。"《九经》《禹贡》记载:"山水泽地所在,王屋山在河东垣曲县东北也,昔黄帝受丹决于是山也。"书中介绍了黄帝打败蚩尤后于当年7月又来祭天,感谢上帝帮助之恩。三年后8月第三次祭天,报答上帝使国家强盛,风调雨顺,国泰民安。至今山顶上黄帝祭天遗址,轩辕祠,十方院,华盖峰尚存,轩辕御爱松在明代毁于雷击。当地老百姓广泛流传黄帝祭天的故事。1999年,在山顶下挖2.6米时,发现2处烧火痕迹和一个羊头骨架,据专家研究分析,可能是黄帝祭天遗物。

天坛峰原名叫琼林台,因轩辕黄帝在山顶设坛祭天,后人为了纪念改为天坛。为了纪念轩辕黄帝的老师华盖对轩辕黄帝的指点,把天坛峰前的山叫华盖峰。由此王屋山天坛成为天下名山,《禹贡》《山海经》《国语》都有王屋山的记载,《吕氏春秋》把王屋山列为九大名山之一,同时居道教十大洞天之首。汉武帝、汉献帝、唐玄宗、宋徽宗等27个帝王来王屋视察,登顶祭天。明成祖朱棣在北京建天坛,以示从王屋山迁去,天坛峰就成了北京天坛的前身。愚公移山的故事因《列子》的记载和毛泽东在《愚公移山》中的引用而家喻户晓。

《愚公移山》的故事发生地是王屋山,王屋山的某些山峰于轩辕黄帝时更改名称。因此,王屋山的成名显然是在轩辕黄帝之前,那么,之前只能是"神农氏七

以神农炎帝的王者之屋而得名的王屋山

十世有天下"的炎帝神农时代,因此,王屋山与之相似的"王者之屋",就只能是炎帝神农氏的王者之屋。由天坛的造型可以推想的屋顶形制与角度,是由最高顶尖一点首先向两边展开,角度平缓,随之垂直而下。这种形制显然是原始时代的高规格样式。

回首上古时代,有巢氏为了躲避洪水与猛兽,也临时遮风挡雨,只能创造"非固定资产"的"巢"。只有到了炎帝神农时代,农业诞生使人民不再追逐野兽而奔波,由耕作的土地维系而定居,才开始构建真正意义上的居室之"屋"。由此才可能以炎帝神农氏之最高规格的"屋",即"王者之屋"去命名这个最具人文色彩的"王屋山"。反之,炎帝神农氏的王者之屋为何种样式? 由古人这个比喻,我们就可以反观王屋山,以此窥见炎帝神农氏的宫室形制。

1994年,山西省考古研究所对6000年前的夏县西阴遗址进行了发掘和研究,了解了当时人们居住的特点,主要是一种半地穴式的房子。建造时先在地面挖出深约1米的方形或圆形坑,坑内一般用2至4根立柱承托屋架,再用木柱搭成房顶和墙体的龙骨,然后在上面敷以草拌泥。进门有斜坡门道,靠近门道有火塘。房子面积一般十几平方米,大的三十多平方米。这对我们了解古代居室,是一个重要参考。

万千载沧桑,"东海"已成水利,精卫之志已遂。太行王屋也不再能挡住晋人出路,愚公之志亦遂,搏击自然之晋人之志永垂青史。

历史丛五 《羊头山新记》之羊头石

如果从王屋山追寻炎帝神农氏踪迹,就可以从"王者之屋"的线索,从炎帝神农氏少女所在的发鸠山附近,从《山海经》"神农尝五谷之所,山形象羊头"的记载,必然地寻踪溯源至羊头山,因为羊头山为炎帝神农尝五谷之所,必有屋、室。

《说文解字注》对"屋"的注解为"尸象屋,上象覆,旁象壁","屋"字的下边是"至","至,所止也。屋室皆从至"。"同音往往同意","止"是脚趾,即走路、到达、行止;"至"也是到达;"屋"是居住之所,至房屋即止,到此为止——到家了。炎帝神农氏之屋,正在羊头山。《山海经》云:神农尝五谷之所,山形象羊头。

如果历史文献记载一座具体的山,今天去寻找或许需要考证,难免识别出错,但寻找羊头山绝无此虑。因羊头山有明代皇亲、音律学家朱载堉的《羊头山新记》详细记载,羊头山"其巅有石,状若羊头,觑向东南,高阔皆六尺,长八尺余,山以此石得名焉",这是羊头山的另一个显著标志。

现在看上去,羊头巨石发生了断裂,断裂的部分就在旁边,路人如无指点常常难以识别。经神农镇党委副书记李皓等详加考证得以确认。巨石仍明显可见羊头形象的部位,长形的面额、典型的鼻子、凹陷的双眼……羊头巨石总长 2.66 米,符合朱载堉记载八尺余的标准,宽度虽被裂痕分为两截,但尺寸相加为 2 米即六尺,与朱载堉的记载完全相符。

在羊头山顶中间一处,"状若羊头"的巨石千古依旧。它是浑然天成?还是原始先民的杰作?有完整的形象,有居羊头山最高处的位置,两个特点同时具备,就基本排除了偶然相似的可能性。相似的石头不可能碰巧在最高处,人工雕凿无疑。它是先民的图腾标志,必然来自羊崇拜的上古时代。

羊头山到底发生过什么? 与此可能有关并且有历史印记的事件如下:

羊头巨石如果是先民的杰作,它的历史至少在 5000 年以上。

炎帝神农氏在羊头山居住,不免会有部族之间的战争。

将羊头山记载在内的《山海经》至少记录了 3000 年以上的历史演变。

《盘古唐虞传》记载"蚩尤率兵,来攻榆罔",这是炎帝神农八世榆罔的时代。

《路史·蚩尤传》记载,蚩尤姜姓,是炎帝后裔,九黎族首领。"蚩尤产乱,出羊水",注释为"羊水即羊头山之水"。后有"登九淖、伐空桑"。

秦赵长平之战时,秦军在羊头山筑垒遮绝赵军粮道。

记载于《羊头山新记》的羊头石，局部破坏源于一个民俗故事

《释名疏正》记载："汉时有羊头山，在今长子县东南，是西羌居住地。"

《后汉书·西羌传》记载"复以任尚为侍御史，击众羌于上党羊头山，破之"。

《元和郡县志》潞州长子县载"羊头山在县东五十里，后汉安帝时羌寇河东，以任尚为侍御史，击破于羊头山，谓此也"。

沁水县与长子县界有一座雕黄岭一名刁黄山。《元史·郑鼎传》记载："平阳地狭人众，尝乏食，鼎乃开潞河雕黄岭道，以来上党之粟。"可见直至元代，赤狄后裔仍大量居住上党，而且"上党之粟"的背景必然是上党盛产黍稷。

羌族使用羊足骨制作吹奏乐器羌笛，兼作牧鞭和哨子，屡被历代文人墨客所咏，"羌笛何须怨杨柳"即此羌族骨笛。

朱载堉的记载是羊头巨石"觑向东南"，即面朝东南高平方向，背朝西北长子县方向。按当地方言，羊的叫声是"咩"，因此高平人称"我"发音就是"咩"，似乎高平方言随羊的叫声而自称，带有羊图腾崇拜的痕迹。但羊头石的后背是北坡属长子县，长子方言称"我"的发音是"屙"。因此上党地区传统认为，羊头山上的羊头巨石是"咩高平、屙长子"，即吃了高平的，屙到长子去。结果会吃穷高平，肥了长子，高平肥水外流。这种观念或许最终导致羊头石被凿开，避免高平受穷。

如上所述历史事件，都可能对羊头巨石造成破坏。无论如何，羊头巨石断裂确凿无疑，所有破绽，都为其自身增加了更为丰富的文化蕴涵。

六 羊图腾

羊头山又名首阳山。为什么同一座山,会有这几种不同的名称?它们之间的内在联系是什么呢?

要寻找这种文化线索,可以从汉字结构里去探索,因为汉字这种"活化石"包含了大量造字时代的古老文化信息。按照"双法字理","阳"字的繁体为"陽",左"阝"为"阜"字的简写,山坡之意;右为"昜",上为"日",下是月的变形,"昜"是日月变易之意,具有经典阴阳学说的内涵。一般说来,"阳"特指山坡上最能够充分体验的那种太阳和光明。山坡有四面八方的朝向,却是以南、北方向来说"山南为阳",即普照阳光时间最长,照射强度最高的南面为阳,北面阴影方向为阴。如果以东、西方向来说,则是东为阳、西为阴。因此,综合起来东与南为阳,西与北为阴。

《易经》云"奎壁角轸,天地之门户也"。即二十八星宿之奎、壁二宿在西北,角、轸二宿在东南,"伏羲六十四卦之图,以乾居西北,坤居东南,正合天门地户之义"。羊头山"其巅有石,状若羊头,觑向东南",因此背天门而面地户。按我国古代"地倾东南"的地理认识,正是面向"阳"。这里不仅"山形像羊头"朝向东南,山顶的羊头石也是"觑向东南",符合"首阳山"之意。"觑"字是窥探、窥视之意,那么只有人或动物方可向东南窥视,正合此山"羊头"朝东南窥视。可见"羊头山"与"首阳山"意思相通。同时羊头石觑向东南,正与炎帝陵墓相对峙,或许并非巧合。

羊头山"山形像羊头",又有山顶"状若羊头"的巨石。根据"双法字理"之"同音往往同意"的规律,"羊"与"阳"便应该有相通的意义,果然《释名疏正》记载"古'羊''阳'字通"。"阳"有炎热之意,羊肉有燥热之性,冬季食之暖胃,对人的生活体验来说,二者相通。"羊头山"与"首阳山"两个名称,与两方面都相关。

《释名疏正》:"古羊、阳字通。"史载"羊自山出,山为羊之居处,故羊为山神"。《陇州图经记》记载"陇州汧原县有土羊神庙"。

古人认为,羊肉味道甘热,食后可增加人的热量,至今蒙、回等族的手扒羊肉,涮羊肉,逢"冬至"吃羊肉饺子,都是为了抵抗风寒。但羊属炎畜,如常年食用,尤其是夏季食用,于健康不利,因而食羊肉时要搭配黍稷等味苦温的粮食,以达人体阴阳平衡。因此,古籍中就有"羊,炎畜也。黍,高燥所生,与火处相宜","凡会膳之宜,羊宜黍"(《周礼》),"羊为甘热,黍为苦温,甘苦相成"(《正义》)等生态保健的记载。

羊皮能御寒,保持身体温暖,因此,人们用羊皮制作了羊皮袄、羊皮裤、羊皮大衣、羊皮坎肩、羊皮帽子、羊皮手套、羊皮皮包手袋用品饰品等,几乎高寒地区人民必备的御寒物品、皮具饰品都有以羊皮为材料。总之,在人看来,羊一身都是宝,这并非是羊愿意牺牲自己造福人类,而是人类"万物为我所用"、"无所不用其极",这只有万物之灵的人能够做到。假设我们突然发现某狼偷偷喂养一群羊,逢生日或节假日吃掉几只,羊皮还要披在身上取暖炫耀,我人类真要惊吓得全体晕死过去。这可不是危言耸听,人们至今不能忘怀《东郭先生和狼》的故事就是证明。所幸,并无"披着羊皮的狼",到目前为止也仅有"披着羊皮的人"。

羊头山上有羊头石,因此高平志书又有羊头山"羊自山出,山为羊之居处,故羊为山神。山神为羊,土神也为羊"的记载。但是,羊在任何一座山均可放牧生存,为何特以"羊"命名此山呢?

这必须同时具备"羊"对命名者的重要性、"此山"对命名者的重要性、"命名"本身对命名者的重要性三个要素。

第一,"羊"对命名者的重要性,在于羊是人类最稳定可靠的重要食物来源。特别是在农耕技术产生之前的渔猎时代,以羊群为主的"鲜活而不腐败的易保留食物",与同样"鲜活不腐败易保留"之"鱼"类,共同构成"鲜活"的样品。因为狼虫虎豹不能饲养,甚至不斩杀断气就难以猎取回来,一时吃不完就变味腐败,很难保证总是新鲜。而温顺的羊捕捉回来,如果其它食物足够食用可以先饲养,待需要时宰杀,肉当然新鲜。"鱼"也同样,多余的可以放入水罐、水池养着。甚至猎获物较多时,鱼总是作为"多余"的留下,因此"鱼"就是"余",何时烧烤都新鲜。这就是"鲜"字由"鱼"和"羊"组成,"鱼"代表"吉庆有余"的根本原因。至今晋中寿阳县乡间还有名吃"鱼羊包",常被游客读成"鲜包",主要原料正是鱼肉和羊肉,显然有久远的历史传统。

特别要说到"羊",它的肉类总量、易于饲养、吃草而产出肉与奶、可随人类转移等特性,终于成为保障渔猎时代氏族生存的首选可保留食物,这是任何黄金白银珍珠翡翠白玉都不可替代的救命食物。因此《齐民要术》记载"夫珠、玉、金、银,饥不可食,寒不可衣。刘陶曰:民可百年无货,不可一朝有饥,故食为至急。陈思王曰:饥者不愿千金而美一食。诚哉言乎"。而"羊"是渔猎时代能够解决猎获不足时的"储备"食物。这或许就是上古时代形成羊图腾崇拜的根源。

第二,"此山"对命名者的重要性,在于炎帝神农氏于此山获得嘉禾,开创了人类新的、草本类的、根本性的食物来源、拯救了日益短缺食物的人类,实现了氏族生产方式由渔猎到农耕的至关重要的转折,这个里程碑式的转折发生于"此山",发生于居住"此山"崇拜羊的姜姓神农氏族。这就是"此山"的重要性。

第三，"命名"本身对命名者的重要性，在于命名本身就是一个"宣言"，"此山炎帝之所居也"，神农氏族在此发生生产方式的革命，食物构成的革命，"此山"从此成为类似今日"农耕技术研究所"、"农耕技术推广中心"，其他氏族部落都须来此"市场交换"才能获得农耕产品、农耕技术即生存法宝。

　　据《越绝书》记载，古越族在勾践以前，一直活动于江南会稽山区，从狩猎发展为迁徙农业，即所谓"鸟田"。至于越王勾践迁徙会稽（今浙江绍兴），始接近平原，但其农业仍主要局限于山区，有稷山、麻山、葛山、鸡山、豕山、白鹿山等。江南属亚热带，以此来印证炎帝神农耕种于羊头山，其理相同。羊头山因此成为"圣地"，发现食物之源的伟大，如同太阳的光辉照耀大地。

　　那么，以"羊"或"阳"命名此山不是历史的必然吗？

　　因羊头山的山名至少流传数千年，《山海经》《黑暗传》均有极为古老的记载，羊头石刻只可能在记载之前成形。经反复查看羊头巨石，"羊头"的特征极为鲜明，羊角、眼窝等左右严格对称，质地平滑，并非人们附会的某种"仿佛相似"，完全具备美术意义上的艺术逼真，只能属人工雕琢。因此，就一定是先以"羊"命名此山，并以人工凿刻羊头巨石为图腾标志。是人崇拜"羊"的文化概念在先，人工凿刻羊头标志在后，且凿刻年代极为久远。绝非有石似羊头而附会得名。

　　那么，这种人为的标志只能是以牧羊为主要生存模式的姜、羌氏族所为。羊头石刻就是上古时代姜、羌氏族在此居住生息的实证。有唐碑北齐碑记载、《山海经》《黑暗传》记载、本地及南方的古老传说、当地炎帝神农氏传说、民俗遗存、地理遗迹佐证等，因此都是"有源之水"。五千年前炎帝神农氏即在此居住活动，"此山炎帝之所居也"绝非虚言。这五十个世纪的久远历史，至此逐渐明晰。

　　面对这个结论，长期关注炎帝神农文化的米东明、白双法与笔者等均感兴奋，反复自我质疑以便确认没有漏洞。

　　质疑之一：羊头巨石如果为后世凿刻，此论还能成立吗？曰"可以"。若羊头石后刻，也已先有羊头山名称记载于《山海经》，名称之概念必然是从羊崇拜之氏族内产生。羊头山之名称又必早于《黑暗传》内容随神农氏族后裔迁徙至神农架之前，这个过程的顺序应该是"了解羊头山历史的姜羌氏族迁徙至南方，为定居地起名神农架"，即羊头山之名早于神农架之名。居住羊头山在先，迁徙至神农架在后，前后时间因果关系明确。

　　质疑之二：可能是神农架先民迁徙至羊头山并取名吗？曰"不可能"。如果那样，羊头山一带应该有神农架的传说。"米"姓为高平六大姓氏之首，米东明家族世居高平，从未在当地听说"湖北神农架"之地名，反而是《黑暗传》证明了北方信息向南流传？原始先民迁徙必是某种压迫无奈之举。上古迁徙不仅是走路，迁徙首先是不断的后有压迫，前有抵抗。迁徙沿途不断地遭遇侵入其它氏族领地不可避免的抵抗作战、攻略领地、披荆斩棘、生离死别、有去无回、杳无音信等等。也不可能原始先民向北迁徙，信息却反而向南流传。人口与信息只能同向流动，不会逆向传播，与今日通讯交通发达时代完全不同。

质疑之三：会是姜羌氏族从别处迁徙来羊头山吗？曰"最初可能"，但一定是在神农氏"尝百草"之前。否则"获嘉禾"就不会发生在上党，而是在别处了。

史学家认为，炎帝族在久远的早年发源于甘肃河湟地区古老的羌族，是以牧羊为主，崇拜羊图腾的部族，最早成为牧羊为主的原始群体。

随着原始先民狩猎技术的发展，各种动物因人类的狩猎逐渐减少，靠狩猎难以获取足够食物的危机日益加剧。人们不得不将幼小的、容易驯化的动物饲养起来，以应付动物食源短缺。动物的繁衍发展导致产生了畜牧业，羊的温顺善良、易于驯服和饲养的个性，"羔……执之不鸣，杀之不啼，当死义者"（汉董仲舒语），即羊被擒不鸣叫，被宰杀时不嚎叫，从容慷慨赴死，与牛未登祭台就恐惧发抖、猪未见刀血就挣扎嚎叫，形成鲜明的对照。因此"义"的繁体为"義"，上半部是"羊"，下半部是"我"，"我"字为"手"与"戈"，手持戈面对羊，羊别无选择地只能为人类做出牺牲奉献，这就是人类舍生取义引喻的由来，为儒家所称道。

汉字由此引伸出与羊有关的字："犧"、牺的繁体，牛字旁表示牛与羊才能作为牺牲品，分别用作"太牢"与"少牢"仪式。"仪"的繁体"儀"、庄重祭祀的仪式以杀羊为特征。"饈"，羊肉食品。"羞"的古义为有滋味者。"羞"字为上"羊"下"丑"，表示羊如果养得丑即感到羞耻，丑羊最先列入牺牲，故食物常是丑羊即"珍饈"，但烹调后很有滋味。"羊"开"口"吃"艹"为"善"。加肉月旁的"膳"则表示羊作为主食，为进食的雅称，羊肉才称得上美味佳肴。"羡"字在甲骨文里是流口水的字形。

羊还用来表示吉祥之意。金文中的"大吉羊"现在应读作大吉祥，"礻"字旁为后来分类添加，是祭祀的供桌象形字。《说文解字》注："从示，羊声。祥，福也。"《尔雅·释诂》载"祥，善也。汉：大吉羊。有祥兆、祥瑞、祥符、福禄、祯祥"。

《易经》里正月为泰卦，以"三阳"（泰卦六爻之下三爻为阳爻）表示冬去春来，阴消阳长的吉象。因"羊"通"阳"，故人们常用"三羊开泰"作为岁首颂辞。

"羊"与"大"合为"美"，即群羊之中最强壮硕大者为领头羊，由此形成上古时代的审美价值取向；"养"表示以羊为食，养活了人类；"糕"，表示黍米做的粘食像羊羔肉一样美味；"挂羊头，卖狗肉"则直接说明羊肉的食用价值大于狗肉，以至有人以狗肉冒充就能多占便宜。另外"亡羊补牢"、"替罪羊"、"羊毛出在羊身上"等民间俗语，都用羊来比喻一些人世的生活哲理。

氏族图腾被认为具有护佑氏族生存、促进氏族繁衍发展的作用。为了强化图腾的意义，人们通常将其做成陶器模型、雕刻或绘画，以与其它部族相区别。

姓氏(图腾)还起着分种族、别婚姻的作用。一块领地有了氏族的标志,就意味着别的氏族部落难以再涉足,否则就是流血与战争。而在上古时代,人们已经知道不同氏族之间通婚能够避免近亲遗传疾病。以图腾作为氏族标志,就能区别不同氏族从而实现生育优化。

羊头山山形像羊头,明代皇亲朱载堉则指出:"羊头山神指神农也。"因此,羊头山的羊头巨石就直接代表着炎帝神农,故有难以估量的文化意义。

《说文解字》对姜的解释为"姜,神农居姜水以为姓,从女羊声"。即炎帝之所以为姜姓,是因神农氏与"羊"这种家畜有着最密切的依存关系。"姜"就是牧羊女,"姓"即"女"与"生"。炎帝那个时代,中华民族普遍还是以母系氏族社会为主、正向父系氏族社会过渡阶段的、以牧羊为基本生存模式的放牧群体时代。

"羌"是羊与人(下部"儿"是"人"的变形),也与"羊"有密切的关系,即"牧羊人"之意。直到今天,聚居在四川西北的羌族仍然以羊作为图腾。因此"姜"、"羌"本属同宗同源的部族。因羌族自中原退出,与汉民族有着数千年交往、交流、斗争、融合的割舍不断的历史,所以笔者在中央电视台的一次节目拍摄间隙交谈时,成都的一位羌族学者叶星光调侃地说,我们羌族在宋朝时打得你们汉族只剩七个寡妇(指镇守山西代州杨家将杨业的七个儿媳妇,随穆桂英挂帅征西)。这使人们至今难以忘怀那个英雄的民族。

《史记》记载"禹兴于西羌",孟子称禹生石纽,西夷人也。《左传》记载:禹生自西羌是也。而夏王朝是大禹创立,因此"禹就是羌"。炎帝神农氏是羌族的祖先,大禹是羌族的后代,炎帝与大禹同宗同源。那么,禹建都在晋南,即现在的山西运城市安邑,炎帝神农氏活动于晋东南,即现在的山西晋城市高平羊头山,地理位置如此接近,均属《禹贡》所记载的冀州之域。那么炎帝神农氏族在黄河流域之山西一带居住生息,是无可置疑的。

《释名疏正》记载"汉时有羊头山,在今长子县东南,是西羌居住地"。西汉的《后汉书.西羌传》则记载,"复以任尚为侍御史,击众羌于上党羊头山,破之",均记载确凿。

一个以羊为图腾的上古氏族,直至西汉仍世居上党羊头山,那么山上仍有历史遗留的羊图腾就不足为奇,是题中应有之意了。东羊头山的一座北魏石刻,基座为一个经典的羊头造型,便是羊头山羊图腾的传统传承直至北魏的实物遗存。

为了摄制《寻找炎帝遗迹》,笔者曾去长治市博物馆寻找有关文物,拍摄了一件青铜"卧羊镇",即一个卧羊形的"镇物"。另有上世纪80年代考古挖掘的羊首铜钜,都能说明羊图腾在上党地区是极为普遍的风俗遗存。

上党地区各种关于羊的祭祀活动都很有特色,逢节必须蒸面羊,而且形态各异,有公羊、母羊、群羊、独羊、站羊、卧羊等。公羊身上披满谷穗,和面掺黍米面,用豆做眼,麦粒作唇。一头面羊麻、黍、稷、麦、菽五谷俱全。显然这与炎帝神农氏发明五谷的传说是相关联的。孩子过满月时,姥姥、舅舅家要送五只大小不同的面羊,据说是取"伍"的谐音,表示与羊为伍。大羊的头下戴一把锁,用红线把三枚古铜钱套在羊脖子上。另捏拴羊石一块,意思是把羊拴住。羊在这里已经完全变成了孩子的替代物,把羊拴住就等于把孩子拴住了,这样就不至于被恶魔拉走。孩子十五岁时要开锁。开锁时姥姥家也必须蒸十五只面羊,以象征孩子十五岁。但与以往不同,面羊头下取消了锁,也没有了拴羊石。开锁仪式完毕后,孩子拿着一只面羊跑走,表示成人了,可以自由了。孩子用面羊找邻居家换一把盐,表示从此可以闯荡江湖,体味人生咸酸苦辣。这一习俗波及到周边的寿阳、霍州等地,只是演变为以羊为主的各种动物,但仍然叫做"面羊羊"或"羊羔馍"。如霍州,孩子过十二岁生日时要开锁,要在一个锅盖似的大馍上雕十二只面羊,现在则变成了以羊为主的十二只动物。这种习俗显然与原始时代的羊图腾崇拜有关。在原始时代,人们把图腾看成与自己是一体的东西。文献记载炎帝是人身牛首。如《孝经援神契》说:"神农长八尺有七寸,人身而牛首,龙颜而大唇。"《帝系谱》、《帝王世纪》等亦皆记载神农是"牛首"。在陕西民间剪纸中,炎帝像亦作牛首人身。有人认为牛是炎帝族的图腾。在原始时代图腾是比较繁杂的,有个人图腾,还有氏族图腾、部落图腾、性别图腾等。看来"牛首"只是炎帝族所崇拜的形象,是首领的个人图腾,而羊才是这个氏族的图腾。

炎帝神农氏族后来逐渐退出中原,羊图腾随南迁的炎帝神农氏族后裔传播到岭南。广州又名羊城,"羊城"的称谓大有来历。五仙观位于惠福西路,明洪武十年(1377年)建成,是一座祭祀五仙的谷神庙。为广州市重点文物保护单位。相传周夷王时,有五位仙人骑着口含谷穗的五头羊飞临广州,把谷穗赠给广州人,祝愿广州永无饥荒,言毕仙人腾空而去,羊化为石,故广州又叫羊城、穗城。人们为了纪念五位仙人,建造了五仙观,塑五仙骑羊像,奉祀观内。五仙观坐北朝南,依地势而建,原有照壁、牌坊、山门、中殿、后殿,两侧还有东西斋房、三元殿、廊庑等,现仅存头门、后殿和东西斋房部分旧建筑。头门上石匾有清同治十年(1871年)文渊阁大学士、两广总督瑞麟书写的"五仙古观"4个大字。后殿是绿琉璃瓦重檐歇山顶,琉璃鳌鱼宝珠瓦脊,立面造型比例适度,保留有早期建筑的遗风,是广州市保存较好的明代木构架建筑。五仙观还保留有宋代至清代的碑刻14块,石麒麟一对。原有五仙塑像,年幼的在中间,手里拿着稻穗,年长的四位在左右,手里分别拿着黍、稷等谷穗。五仙像下面的五头羊,大小相交,毛色斑驳。"五仙霞洞"列入"羊城八景"。

五羊传说至少已流行了1500年。最早的文献记载见于晋代。到了唐宋,五

五仙人领五色羊衔六穗秬至五羊城

羊传说更为流行。唐代著名诗人高适诗句、《太平广记》都提及羊城，即广州。至北宋乐史《太平寰宇记》引《续南越志》云："旧说有五仙人，骑五色羊，执六穗秬而至，至今呼五羊城是也。"

其中最重要的文化信息是"执六穗秬"。秬黍为高平羊头山特有。六穗秬黍则为上古至今中华文化赞不绝口的"嘉禾"，即多穗的黍。这里的文化意义不言自明。

清代屈大均在《广州新语》中针对五仙观说道："今山坡有五仙观，祀五仙人，少者居中，持梗稻；老者居左右，持黍稷，皆古衣冠。像下有石羊五，有蹲者立此，有角形傲弯，势若抵触者，大小相交，毛皮斑驳，观者一一摩挲，手迹莹然。"

这一组古代雕塑造型，有着深刻的文化象征意义。五石羊，象征这个氏族是以牧羊为基本生存模式，故以羊为图腾。左右老者手持黍稷，是典型的北方旱地作物，象征这些古老的氏族居民从北方迁徙而去。少者居中手持梗稻，象征他们的后代和比黍稷种植历史为短的种稻历史。这组雕像蕴涵了炎帝神农氏族由北向南发展的历史轨迹。

这组资料，其中极为重要的时间信息，是"相传周夷王时"，有另传说为周夷王八年。这个北人南迁的时间数据。按此推算距今 2898 年。还有传说南方曾有五支姜姓部族，却以羊为本氏族图腾，黄、红、黑、白、紫五种颜色相区别等等。

1959 年，广州越秀公园立了一座五羊雕塑，一只老仙羊口衔谷穗，其余四只羊环绕，成为广州市（羊城）的城徽。这是炎帝神农氏族的羊图腾文化延伸至我国南大门的文化再现，也是至今广州人民追念古老历史情怀之集中体现。

2010 年广州亚运会徽标，其基本造型就源于广州市的五羊雕塑。

七 神农上了羊头山

神农怎样"上了羊头山"

如果按照《黑暗传》记载,"神农上了羊头山",那么神农氏族原来必然不在羊头山。神农氏族从哪里来呢?

我国杰出的科学家、教育家竺可桢先生在《中国近五千年来气候变迁的初步研究》说到,到新石器时代中期,"从仰韶文化到安阳殷墟,大部分时间的年平均温度高于现在 2℃左右,一月份的温度大约比现在高出 3～5℃"。温暖湿润的气候,茂密的植被,为山西境内发展刀耕火种的农业创造了较为有利的条件。

竺可桢根据我国物候资料整理的气温变化曲线,与西方现代北极冰芯历史气温测量技术数据高度吻合。从一万年以来的气温变化曲线可以看出,距今一万年前,华北平均气温处于第四纪冰川的低温点。

到距今 7000 至 5000 年期间,气温升高到比二十世纪初高 2℃。

不要小看这 2℃,黄河流域与长江流域相比,平均气温也不过相差 2℃,但黄河流域的苹果树在长江流域,就因为气温高已经不能栽培了。建国 60 年来至今,气温上升不过 0.7℃,开国大典时人们还穿棉袄,现在国庆人们就只穿便装与毛衣了。

根据 11000 年以来的气温变化曲线分析,10000 年前是一个极低气温时期,即第四纪冰川时期,人类在西北地区很难生存下去,西北先民必然逐渐向较为温暖的中原迁徙。距今 7000—5000 年前这个时期,平均气温上升了 5℃左右。华北气候温暖潮湿,正是"神农氏七十世有天下"的时代,农耕诞生了。应该说,农耕只能历史地诞生于那个温暖湿润的时代。

万年以来的气温变化图

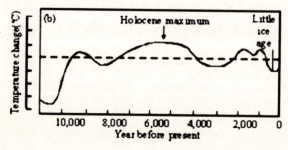

对气候变化更直接的证据,来自殷商许多求雨的甲骨文上。在殷墟发现的 15 万件甲骨文,有数千件与求雨或求雪有关,从其中能确定日期的甲骨文推断,当时安阳农耕下种比 20 世纪 70 年代要早一

个月。武丁时期的一件甲骨文记载"打猎时获得一象",表明在殷墟发现的亚洲象化石必定是土产的。而河南省原来称为"豫州",这个"豫"字就是人喂大象的字形。

周朝初期,我国气候依然温和,这从竹子当时能在黄河流域广泛生长、在人民日常生活中曾起到显著作用就能看出来。中国当时形成的许多汉字,都以"竹"字头来表示,如簸、箕、箭、箱、箩、簪、笾、竿、篮、管、筒、筐、筏、筛、箍、篷、签、筋、箸、笔、算、筹、篇、简、笙、笛等,表明这些东西最初都是用竹子制作。而目前的黄河流域,竹子已经不是一个普遍存在的经济作物了。

根据对古代文献的研究,更为古老的姜、羌族历史,要溯源至远古时代我国西部的古老羌族。随着地理气候的历史变迁,羌族中分化出其中一支姜姓氏族部落,向东迁徙经过渭水流域,并在居住地留下地名姜寨、姜氏城等地名。

那么炎帝是否曾在陕西定居呢?《国语》里虽然有"炎帝以姜水成"的记载,《帝王世纪》载:炎帝神农氏姜姓,母女登,游华阳,感神而生炎帝,长于姜水,是其地也"。《帝王世纪》载"有神龙首感女登于常羊生炎帝"的记载。

但是,先秦文献却没有姜水的记载,宝鸡常羊山也不见于史书,《陕西通志》及民国所修《宝鸡县志》也不曾记载,起于何时也不可知。如果真与炎帝出生地相关,方志中定会特书一笔,不应弃而不顾。由此看来,"宝鸡说"是有问题的。当然同湖南炎陵一样,宝鸡也有可能是炎帝氏族在迁徙过程中居住过的地方。

再后来,姜姓部族的一支顺黄河流域继续向东迁徙,到达黄河中下游的豫西、山西一带,终于上了羊头山。

神农为什么上羊头山

以今天的考古成果与科学技术,我们能否探索历史,发现一些历史真相呢?中华大地自古传说"天倾西北、地陷东南"。就在传说"地陷东南"的浙江省,考古发现了环太湖的良渚文化,当时文明已经发展到很高的水准,却在公元前2200年突然中断,没有留下任何文字记载,连传说都没有。

经过长期的考古研究,浙江河姆渡、吴兴钱山漾、杭州水田畈、江苏吴江梅埝等陆续发现厚达0.3~0.9米的淤泥层,其中没有任何文化遗存。同时,周边宽达数十米的壕沟被发现,如此宽阔的壕沟只能防范与引导洪水。被洪水毁灭的迹象逐渐显露出来。考古逐渐证实,良渚文化后期向苏北方向大汶口文化区域迁徙。

而考古又逐渐发现,黄河下游大汶口文化由沿海向西北内陆迁移,这也隐含着大水淹没家园的迹象,他们由低处向高处移动,如果是遭遇水灾,幸存者不可能有其他选择。

黄河两岸的邯郸、洛阳、武功等大量远古洪水吃水线的保留，真实记录了无数次黄河泛滥直接淹没古城的印记。河南辉县龙山城墙高4米，洪水过后的淤泥掩埋却已达城墙上沿仅半米处。

黄河上游的青海民和喇家遗址表明，黄河泛滥淹没村庄时伴随着大地震，没有一个人幸免。

大批文明的火种或迟或早，都在浩荡的洪水里结束，成为今天不断带给我们惊喜和发现的遗址。

或许这只是偶然的几次水灾，还不足以证明长期的洪水泛滥。怎样能够证明发生过连续泛滥几十年的洪水呢？

《史记》等文献追述："尧时洪患为烈"，"尧69年治水"，"鲧九年治水不成"，"禹治水13年"，仅此而论，大洪水至少历时数十年。这些记载，与中国的"神话传说"相互补充：

共工怒触不周山，天柱折，地维绝，天倾西北、地陷东南，一派汪洋。

女娲炼五色石补天，堆积芦灰止住大水。

精卫填海，炎帝之少女儿化作精卫鸟，以微薄之力抵抗水患。

大禹治水，"当尧之时，水逆行，泛滥于中国，蛇龙居之，民无所定"（《孟子》），"汤汤洪水方割，荡荡怀山襄陵，浩浩滔天"，（《书经》尧典）。《淮南子·本经训》曰："舜之时，共工振滔洪水，以薄空桑。"

这些神话传说中隐含的信息，直接描绘了一个毁灭性的洪水时代。

特大洪水只能有两个来源，一是降雨量大幅度增加，二是江河上游冰川融化，二者都源于气候大幅度变暖。

竺可桢的研究，与西方科学探测数据吻合的气温变化曲线表明，距今8000至4000年前，东亚气温由第四纪冰川的低温点突然升高5℃，比二十世纪初高出2℃。

2009年哥本哈根气候会议上形成的"2℃共识"表明，如果现在地球温度再升高2℃，则关乎全球人类的生死存亡。

而距今8000—4000年期间，正是超出目前平均气温2℃的时代。高温必然导致超量降雨，高原冰川融化必然倾泻而下。这与传说中的滔天洪水直接对应。

公元前2600年，洪水排山倒海，冲决了黄河故道，迫使黄河改道苏北平原入海，黄河水裹挟着巨量的泥沙，我国从此有了黄海的名称。这次洪水，显然是一次超量级的规模。

公元前2000年，又一次滔天洪水滚滚而下，再次冲决黄河故道，黄河再次改道山东入海。这显然是又一次超量级规模的洪水。

中国是最早记录自然灾害的国家。自周惠王开始,公元前400年至今共泛滥1900次,局部改道26次。黄河的浩荡风貌举世无双。

洪水就这样,在亿万年冲积而成的华北平原上一次次肆虐,不断留下一个又一个古文化遗址。

更为惊心动魄的还不止于此。

21世纪的发展趋势能够证明,4000年前的高温气候融化了高原冰川和南北两极冰盖,海平面大幅度提高。高原冰川导致融化的冰雪与大增的降雨合流,使江河流量大增,导致大范围大规模泛滥。

目前已经在华北平原发现的四条贝壳沙堤,标志着海水侵入内陆以后形成新的海岸线,其时代为距今5235年、3330年、1080年和近代,佐证了海水曾侵入陆地纵深达100公里,到达玉田、安次、霸县、大城、南皮一线,达到甚至越过了大运河,天津、杨柳青、沧州等地都被海水淹没。由此佐证了我们的祖先目睹沧海桑田的真实记忆。

杭州历史博物馆展示的曲线显示,全新世以来最强的被称为皇天畈海侵出现在距今6300年,海平面比现今高出约8米,这一结果与全球和全国最强海侵基本一致。河姆渡文化因这次最强海侵的影响而消失。

杭州历史博物馆上述曲线还显示,第四个千年尺度暖湿气候期距今(3800—3200年),出现了全新世以来的第二个最高的海平面,当时海平面比现今高6米左右,被称为钟家埭海侵。专家认为就是这次较强的海侵,导致良渚文化的消失。在大量良渚文化遗址的文化层上,普遍存在一层厚约0.5米以上的黑色水相沉积物,这是长期处于浅海底和湖沼底部的证据。

鉴于我们经历的半个世纪以来全球气候变暖,如果气温上升幅度超过1.5摄氏度,全球20%到30%的动植物物种面临灭绝,海平面上升将淹没包括纽约、孟买和上海在内的一些沿海城市。2007年11月17日,联合国秘书长潘基文发出警告:“世界正处于重大灾难的边缘。”

近代发现古代人类绘制的,南北两极冰盖下的陆地地图,这个世界不解之谜,由于两极冰盖曾经融化,陆地得以裸露,从而有了答案。反之,南北两极冰盖下的陆地地图,能够证明两极冰盖确曾消融。

大洋洲玻利尼西亚群岛土著人,至今还保留着海洋突然上升的记忆。那么中国沿海海平面也一定是同步上升,因为全球的海水是同一个水平面。

中华大地高温气候导致暴雨、洪水和海侵,这显然是个较长时期的气候变化,与尧舜禹三代几十年、甚至更长时期的洪水,基本能够吻合。

中国古人或许没有意识到海平面上升,人们惊恐地将海水漫上陆地看做发生了“大地下陷”,因此世代传说“地陷东南”。

电脑的中文字库里,汉字存量仅占中国汉字总量的五分之一,标注"氵"的洪涝汹涌、湍流淹没、汛泽汪洋、激荡泥沙等等汉字就已经达到 1073 个,这是隐藏在汉字里的"洪水记忆"。

我们今天应该庆幸,我们没有出生在那个年代。我们都恰好是最最幸运地躲过洪水的那些人——他们的嫡系子孙。

如果洪水确实源于极端的异常气候,那么,全世界都应该遭遇相同的气候。

再看世界各国如海力布的故事、诺亚方舟等历史传说,无一例外都有遭遇洪水淹没家园的故事:

诺亚方舟的故事,是圣经记载欧洲的一次大洪水,只有诺亚方舟上的人得以幸免,现代考古据说已经发现方舟的船体与停靠地点。

现代伊拉克沙漠地区出土许多苏美尔人的楔形文字泥板,分别记载着同一次震撼天地的大洪水,又同时被墓穴之下 2 米多厚干净的黏土沉积层佐证。

希腊神话故事,传说普罗米修斯的儿子坐船逃过几个月大洪水的经历。

印度传说一个名叫摩奴的苦行僧,在恒河沐浴时救了一条小鱼,洪水泛滥时,小鱼拖着摩奴的大船到达安全的地方。摩奴的子孙繁衍成为印度人的始祖,《摩奴法典》也因此传了下来。

玛雅圣书记载:"这是毁灭性的大破坏,一场大洪灾,人们都淹死在从天而降的黏糊糊的大雨中。"

巴比伦人的神话传说,贝尔神发洪水毁灭人类。伊阿神事前吩咐一位在河口的老人选好一只船,备下所有的东西,大雨下了七天,只有高山露出水面。

古代墨西哥文书记载:"天接近了地,一天之内,所有的人都灭绝了,山也隐没在洪水之中。"

在北美洲、中美洲、南美洲的一百三十多个印第安种族中,没有一个种族没有以大洪水为主题的神话。

全世界都如此统一协调的洪水回忆不可能随意编造,洪水传说一定是全世界早期人类的"群体记忆"。

那么,当大海从东边漫上陆地,暴雨连绵不绝,洪水从西边滚滚而下,黄河流域我们的祖先命运如何?他们将何处求生?

黄河下游华北平原平均海拔仅 100 米,东面是大海,南面是淮河长江洪水流域,北面是内蒙古高寒干旱地区。除了西面平均海拔 1000 米的山西高原,逃难者别无选择。

太行山古称大形山,从河北省仰望太行,黑压压在半天之中,山势险峻、群峰壁立,跨越太行山的通道仅八陉、九关。周惠王时期以此地极高,与天为党,得名上党。

逃难者不会嫌弃山高路远,上党地区近期发现已达饱和密度的500多处上古先民聚落遗址,对洪水时代平原灾民上山避难,构成一个答案。

这或许不仅仅是猜想。至今,上党地区还保留许多1937年花园口黄河决口逃荒而来定居的河南难民村,成为远古逃避洪水灾难的现代版本。

中华各民族都认同自己是炎黄子孙,却难以从缺乏文字记载的传说中理清历史的头绪。但是,尚未进入考古学视野的上党地区最新考古成果,500多座古聚落遗址的发现,却为我们展现了一个崭新的天地。

与3000平方公里的临汾盆地、5000平方公里的伊洛盆地相比,上党盆地面积仅1000平方公里,500多座古聚落遗址就显得高度密集,社会复杂程度极为独特。

从上党古遗址可以发现,当时的社会结构存在先后传承、聚落分级关联,世代更替、移民聚落区等许多特征,与二里头文化、陶寺文化的距离仅在"十舍"之内。

由于迁徙而人口增加,部族之间开始近距离接触。上党地区500多处上古先民聚落遗址,相距大多为"一舍"。一舍为30里,是一天农业耕作往返的最远距离,也是当时部族之间能够互不侵犯的极限距离。

太行山由于特殊的位置和高度,洪水时代幸运地具备了文明发展的"地理机会"。

《禹贡正义》记载"西河之东,东河之西,南河之北,为冀州之境也"。显然,黄河中游各区段的西河、南河、东河的独特称呼,其内涵是治水者必然立足在山西南部。

洪水对古代人类文明巨大的冲击,可能会产生怎样的后果呢?

洪水凸显了上党地区地理位置的特殊性,上党因此可能融汇中原各部族的精英,他们近距离接触,交流增加,生产力优化,文化交汇。与此直接对应的是神农尝百草、共工怒触不周山,女娲补天,精卫填海,大禹治水,愚公移山、后羿射日等一系列中华神话传说,大多发生在太行山和周边地区。这也不像是巧合。

融合也意味着碰撞,因此传说山西运城盐池一带炎黄阪泉大战、黄帝与蚩尤九次涿鹿大战、轩辕黄帝上王屋山祭天等等。这些故事大多与历史地名直接对应。

与此直接关联的是,传说与历史文献中的大多数上古部族领袖,许多与山西上党有关。

太行山的特殊地理环境,罕见的生物多样性,决定了神农尝百草的基本条件。例如"人参,昔以辽东、新罗所产皆不及上党"(《植物名实图考》)。夏商周断代工程首席专家李学勤先生指出:晋东南高平一带"是与炎帝神农氏有关遗迹的集中点"。

白寿彝先生指出,蚩尤部族一直活跃在今鲁西南、豫西、晋东南一线狭长地带。文献记载和传说,都展示了轩辕黄帝大战蚩尤发生在运城盐池。历史学家范文澜先生特别指出,蚩尤部族与炎黄大战失败之后,有一支退到太行山中,后来建立黎国。

《史记》记载,尧帝是轩辕黄帝五世孙,尧的母亲庆都,是炎帝部族的后裔,尧帝就是炎黄部族联姻的后代。民国版《山西通志》记载"尧初生伊,成长于耆,即今黎城也"。这与古文献记载炎帝神农氏"自伊徙耆"基本一致。

几位古代领袖,都在历史传说中居首要位置,都与山西上党有关联。上党地区的特殊位置,成为研究中华文明不可能被忽视的重要地区。

太行山西侧是陶寺文化遗址,东侧是二里头文化遗址,都是被考古学、历史学认为是文明发展阶段代表性的文化遗址,被认为是中华文明发展最重要的里程碑。

那么,在这个历史阶段,神农上了羊头山,不是必然的、必须的吗?

"遍陟群山"在太行

虽然姜、羌氏族有迁徙的历史,但是,这种迁徙绝非三年五载能够完成。由于地理变迁、气候变化等原因迁徙,那常常是数代数十代人以世纪为纪年单位的长期行为。《路史》记载"神农七十世有天下",就说明当时社会结构的长期稳定。

政治是经济的集中表现,战争是政治的最高形式。渔猎社会生产力极其低下,社会管理原始落后,仅以氏族的形态松散地存在。政治经济状况还不足以形成大规模战争。迁徙只可能是地理自然气候等客观原因,促使氏族主动向有利的地区迁徙发展。一个生产力先进的氏族的迁徙,只可能由自然灾害发生地区向安全地区、贫瘠地区向富庶地区迁徙。

农业逐渐产生和发展以后,原始的农业区域之间、部族部落之间,开始出现利益冲突和利益联盟。"黄帝时有万国",后来曾有1700多个国家。我国少数民族与中原汉族、草原民族与农耕民族之间几千年的边界争端,不就是一部战争史吗?战胜者占据中原,战败者退出中原远居边陲。古往今来,波澜壮阔。

必须历史地看问题,不能以今日之现代人类生存条件想象古人之行为。在这一点上充满想象的表述者不少,多称炎帝生在哪里长在哪里葬在哪里等等。如果说上古时代某人一生,即使带着一支卫队走南闯北,那也是很奇怪的,去干什么?任何人都不会做没有根据和目的的事情。而且那时连干粮都没有发明,想想那时的生存条件去得了吗？上古时代绝非和平民主时代,战争或称"冲突",常为争夺猎物、资源或女人。《山海经》中虽没有直接记载战争,在灾难的征兆方面也偶有提及或在祭祀中亦有体现。

"鹿台山,有鸟焉,见则有兵"(西山经)。

"小次山,有兽焉,名曰朱厌,见则大兵"(西山经)。

"钟山。钦䲹化为大鹗,见则有大兵"(西山经)。

"槐江山。有天神焉,见则其邑有兵"(西山经)。

"鸟鼠同穴山,其中多鰠鱼,动则其邑有大兵"(西山经)。

"蛇山,有兽焉,名㹢狼,见则国内有兵"(中山经)。

"熊山。有空焉,夏启而冬闭,是穴也,冬启乃必有兵"(中山经)。

南山经、东山经、北山经中没有这样的例子,只有"可以御兵"的动物。西山经、中山经的这些记载,体现了那个时代必然存在"战争"。

成吉思汗军团横扫欧亚,那是整体族群迁移,父兄战死子孙后继,牛羊随军不断繁殖随时军需供应。如果不是这样,成吉思汗本人即使带领卫队,也难以走出百里,任何一个城邦都难以跨越。

在描述神农氏"遍陟群山,备尝庶草"时,其"遍陟群山"的"陟"字是"阝"与"步"合体组成。"阝"即"阜"字省写,意为山坡;"步"为上下两个"止"(下边为倒置的"止"),"止"即脚趾;"步"就是两脚分别迈一次为"步"。那么"陟"就是在山坡上走。因此"遍陟群山"一词是走遍群山,绝无越过大河之意。而要从"中国"(山西南部因被黄河故道包围古称中国、河内)到达岭南,必须跨越黄河、淮河乃至长江,就会使用"涉"字,如跋山涉水,显然神农氏没有跨越黄河,仅在"中国"即山西境内"遍陟群山,备尝庶草"。

炎帝神农氏在上党的建国遗址——耆,位于今长治县的黎侯岭,俗称羊头岭,以"羊"图腾命名,相连接于羊头山北面。它的特点与羊头山一致,以太行与太岳之间横向连接的山脉,构成北临长治盆地,南接宜耕作之"高平"区域,首先是战略地位,其次是农耕的理想位置。

羊头山西边至运城地区有一座横贯东西稍偏西南的中条山,中条山延伸至永济市的部分靠近黄河边也有座一首阳山,显然也是炎帝神农氏族曾经到达的地方。

神农氏著名的乐曲"扶来","来"即"莱",就是麦。据悉,大麦,又称燕麦、青稞,适合西北高寒地区生长。后来由西北地区传至中原,至今青海省还有麦的野生品种,在那里发现有最多的一粒野生麦种发育到400多个分蘖的。到了炎帝时代,位于中原的炎帝神农六世厘与来,在大麦基础上栽培成功小麦。麦的成熟特点一般是由南到北变黄成熟,成熟的麦黄区域看着看着就随风飘过来了,故称"来"，亦含有从远方而来之意。现在中条山下的运城地区，历史上一直是山西主要小麦产区，这也在一定程度上能够暗示炎帝神农氏族从西北地区引种小麦迁徙而来的走向。

至于神农氏族领袖开始有意识地在上党群山寻找可食用植物，如何历经坎坷到羊头山获嘉禾？"八种才能成粟谷"——种植试验尚且需要八年岁月，氏族内部示范推广又需多少年？更远范围的农耕技术传播又是多少年？这种农耕文化可能以多少代人的综合努力形成传播扩散，才可能形成优良品种、种植技术、天文气候知识的农耕文化系统，才可能逐渐形成农耕始祖崇拜，形成神农氏"七十世有天下"。这需要"神农氏族"几十代人农业知识的由量变到质变的不断积累。丹雀从天而落一穗嘉禾，那是一个偶发事件促进了农耕质变的飞跃，并不是随便谁捡到一穗嘉禾，农业就能宣告诞生这么简单。这如同牛顿看到苹果落地诞生万有引力定律，其余多少亿人看到苹果落地吃完抹嘴走人，似乎什么也没发生是一个道理。这需要以文化的高度、深度和广度来思考，即全方位思考。

唐碑记载羊头山"此山炎帝之所居也"，"柱出此山"；《国语》记载"昔烈山氏之有天下也，其子曰柱，能植百谷百蔬"；《潜夫论》记载"初，烈山氏之有天下也，其子曰柱，能植百谷，故立为稷，自夏以上祀之。周之兴也，以弃代之，至今祀之"；《帝王世纪》记载"神农之后，烈山氏都于蒲阪"；《蒲州府志》记录《路史》之"柱所都蒲阪"。这些记载，粗略描绘了炎帝神农在羊头山获嘉禾、农官柱出生羊头山，后来扩展农耕到河东即晋南地区，建立氏族领地的发展轨迹。

中条山与王屋山交界处最高峰是著名的历山，舜帝耕作过历山的舜王坪。这些古代遗址都是山西地区特有的农耕历史遗迹。

国外专家、学者认为，黄土有自行肥效的作用，有限的雨水，使易流失的碳酸盐得以保存，为植物生长提供了充足的养分。《中国科学技术史》记载了李约瑟教授的评价，"黄土是非常肥沃的未经淋滤的土壤，栽培作物可以多年不施肥。它的保墒能力能够使它在雨水很少的条件下获得丰收。因此可以想见，为什么黄土区是古代农业最古老的中心区"。

我国农业专家研究发现，黄土高原自然环境最大的特点是广泛覆盖黄土，土层深厚，主要是风成的原生黄土（华北平原是冲积、洪积、坡积而成的冲积平原），质地疏松多孔，颗粒甚细，风化程度微弱，土壤颗粒中的矿物质，包括较易流失的碳酸盐还基本保留着，因此有自肥效应。天然肥沃和疏松的黄土，即使利用原始的木制工具也能垦耕，是农耕文化发源的理想天地。

黄河流域的气候特点，整体而言属长期干旱类型。目前黄土高原全年降雨400~600毫米，集中降雨为6~8月，适于耐旱且生长期短的粟黍类旱作物生长和成熟。森林稀疏的大片黄土，半干旱草原的存在，使这一地区较早进入了锄耕农业的阶段,为使用以耒耜为代表的木石工具的原始人类开发大规模的田野农业,及中原地区文明的较早到来奠定了基础。同时,由于气候干旱和雨量的分布不匀,导致了黄河流域走上旱作农业道路的同时,也创造了令人瞩目的农艺。

最重要的是,当时上党地区先民大量种植黍稷类作物。

神农氏七十世与后八代

根据考古发掘新石器中后期氏族聚落的猪骨,以碳 14 技术测定,山西上党范围之中,猪骨的谷糠成份含量比河南猪骨谷糠成份含量高 70%,即为 1.7 倍。可见这种由谷类种植技术传播源流不同,形成的农耕技术水准阶梯式差异非常明显,这个差距长期没有被缩短,说明获得嘉禾、农耕技术领先并普及的羊头山为中心的山西比之河南等地区,农耕技术以及与之直接相关的天文气候等对自然的认识水平长期处于领先地位。

同时期漳河下游、自高平翻过太行山的河南安阳地区,人的食物结构中粟黍类植物含量接近 50%。同时兽类骨骼中家畜类骨骼占到 69%,其中猪、牛、狗占 90%,说明农业以及家畜饲养已经成为主流,农耕文明已经成形。

嘉禾的获得,种植技术的试验成功及扩散,炎帝神农氏拯救民族的、划时代的光辉事迹得以万众传颂。台湾学者姜竹先生多年研究认为,炎帝神农氏农耕始祖魁傀以下分别是帝临魁、帝承、帝明、帝宜、帝厘、帝哀、帝榆罔(参卢)共八代。这八代领袖都处于变革的盛世,促使农耕技术得以发生飞越式进步,社会生产方式才能发生由渔猎向农耕的转变,氏族食物危机才得以根本解决。

那么,还需要讨论"神农氏七十世"之中哪一代是神农氏农耕始祖吗?连"神农氏族"的名称,也只能是在农耕技术取得质变之跨越之后才能够获得,之前只可能是姜姓氏族或姜羌氏族。

炎帝神农氏之前,是只知其母,不知其父的母系氏族社会。部落中居主导和统领地位的人是母亲、女人。我们祖先的这一族群因早先以驯化、养羊为最主要生产活动,所以为姜姓。"姜"为"羊"、"女"合一的图形,"姓"为"女"、"生"合一的图形,那么姜姓就代表了"女"所"生"的整个群体。驯养管理羊群的工作也主要由女性承担。"女"字的甲骨文字形是人手持长物,说明女性主导畜牧业。那么"姜"与"羌"的区别,甲骨文字形趋向复杂,"姜"是"羌"的后续和发展。

自发明农业以后,出现了炎帝神农。即为善用火、掌握四面八方、四时八节圭表系统的耕作的人。男性杰出人物的产生,出现了氏。"氏"的甲骨文字形有性的意思,意为人之来源,可知特指男性。"氏"的象形字下边再加一横线,就是站在地平线上,就是汉字笔划规范以后的"氏"字;加"广"字旁为"底",都有根底之意。在原始社会,只有最有贡献的人,才能形成被社会公认的"氏",如燧人氏、有巢氏、伏羲氏、神农氏。神农氏因烈山垦荒又称"烈山氏",不同的发音形成别称"连山氏""历山氏""厉山氏"等等。

因此可知,"姓"为母系,"氏"为父系。家庭出现之后,逐渐合为"姓氏"。那么,神农氏族首领就是"姜姓""神农氏"。

农业的兴起,因将土地划块为田,田中有弯腰劳作的人,"田""人"合一为"男"。"男"字的甲骨文字形,是"田"与一件农具,意为田中使用农具者。而耕作的个体劳动需要强健的体魄和力量,男性逐渐居于社会生活的主导地位。母系氏族社会因农业生产的出现,以及男性首领的产生,开始逐渐向父系社会过渡。最有智慧、最有知识、最有力量、最有威望的男性则成为部落首领,按我们对历史的了解分析,"神农氏"农耕"始祖"是"获得嘉禾"并"八种才能成粟谷"的这一代姜姓氏族领袖。自他获得嘉禾开始,到末代榆罔整八代,标志着中华民族农耕文明诞生。

但这个氏族之前的 62 代应该怎样称呼呢?

因其先进生产力变革的代表炎帝神农氏魁傀(烈山氏)尝百草获嘉禾,使中华民族的农耕革命产生质的飞跃,只有他可以称作农耕始祖神农氏。自神农氏始祖开始,这个氏族有了神农的称号。其后共八代领袖都处于生产力变革的大发展时期,是中华民族农耕诞生后的代表,英名均得以流传。而"神农氏七十世有天下"之炎帝神农氏农耕始祖之前的 62 代姜姓氏族领袖,都还属于渔猎为主导、采集与初始种植为辅助的落后生产力时代,他们的事迹只能被新时代农耕革命的光芒所掩盖,难以传诵下来。但终究属于同一个氏族,后世通称"神农氏族"。这应该就是神农氏"七十世说"与"八代说"之间的关系。

这如同笔者家族,同样有三代与三十二代两说,定居太原是三代,自宋朝二程之程颐算起就是三十二代。

八　烈山高庙

烈山农耕

　　农耕的诞生,神农氏农耕始祖的英名被传颂。因其种植技术属原始形态,土地下种前需要放火烧荒,神农氏便又有"炎帝"与"烈山氏"的名号。"炎"是上下两个火,一般认为是山下山上都放火烧去藤蔓荆棘等,是"烧荒地"之焚山垦植的行为,上党地区方言称烧火即为"炎火",因此"炎帝"就是"炎地"。按字理分析,"炎"字下部的火为地面燃放之火,上部的火为天上之火,即与农耕技术直接相关密不可分的天文星宿"大火星"之"火"(此说另详述)。"炎帝"或"烈山氏"的名号也因此而得名,与"神农氏"并称,直至合二为一称作"炎帝神农氏"。

　　羊头山的"烈山"名称并非附会,高平市北诗村清嘉庆元年《重修炎帝庙碑记》载:"吾乡旧有烈山之宫焉"。1995年于团池乡(后改神农镇)团池村出土的"五代后晋天府二年唐故浩府君墓志铭并序"碑,碑文有"前望玉黍高原,后倚烈山大岭"的记载,且落款为"泽郡高平乡神农团池村"。另两块北宋乡民墓志铭,落款均为"泽州高平县神农乡团池村"。都铭记一千年前,羊头山南坡下即为神农乡。特别是一块"唐故毕府君夫人赵氏墓志铭并序碑",墓址为"神农乡神农里团池店",不仅是神农乡,还具体为"神农里"。这不仅说明神农乡并非一种泛泛而论,不是"泛指"这一带,而是准确地指示了更具体的地点"团池",即四面被高地团团围住、如同池水一般的那个团池村一带。

　　这就如同"京"字有"高"之意。北京现在范围很大,按字理说最早的"京"却有更具体的地方。这一处一定是最高且为观象授时的最佳处,那么即为"京"字上加一个"日"字,即为"景",即现在的景山最高处。又如"车"字,今天人们常常泛指车的整体,但木匠都知道有具体所指,"车"就是车轴中心那个点。从这一点拴一条绳子牵引向前,车子的整体行进如果不偏离方向,拴绳子的那个点才叫"车"。如果牵引时方向发生偏离,说明拴绳子的点非"车"。

　　可见,一千年前"神农乡神农里"的古地名,说明它传承着更为古老的历史信息和文化内涵,绝非今日一些地方为了开拓旅游经济宁肯违背文化宗旨,随便就敢指认、随口就敢说是什么什么故里。没有文化内涵的支撑,即使到处插上"张飞吃豆芽处"、"刘备卖草鞋处"的招牌,你的豆芽和草鞋也未必能卖得出去,现在神农镇路口巨大的"神农故里"广告牌,那是有着历史渊源,出之有据的。

这种地名传承的文化意义与民间传说形成互补。犹如2001年本乡由团池乡改为神农镇，均为名之有据。墓志铭碑文"神农团池村……后倚烈山大岭"，与历史文献记载炎帝神农氏为"烈山氏"也是完全吻合。古籍文献不能尽其记载，却可能长久存在于当地的历史遗存之中，故羊头山出土唐碑记载"烈山风穴"。

炎帝神农氏的农官"柱"和其后历代神农氏族领袖继续试验、领导、推广种植技术，英名得以世代流传。根据台湾学者姜竹先生的多年研究成果，炎帝神农氏农耕始祖魁傀以下分别是帝临魁、帝承、帝明、帝宜、帝厘、帝哀、帝榆罔（参卢）共八代。榆罔之后"有天下"者为另一个氏族的领袖轩辕黄帝取代。

炎帝神农氏在上古时代代表了先进的生产力，代表了先进的农耕文化，代表了广大人民群众的根本利益。这无疑成为中华民族后世之楷模、成为人们历代敬仰的根本原因。

风水独具羊头山

既然古本《山海经》能够记载羊头山，记载为"神农尝五谷之所，山形像羊头"，那么，此山必然地形地势独到。

学者王大有先生认为，中国的城市，是由聚族而居的丘堌、墟、村庄、市井、邑堡、壁城灵台王宫、王城发展来的。

上古时期，我民族先民离开河谷，选择高出平川的丘垅高耸之地，以高而上平的丘、坝、堌、塬为聚居点，主要为的是防水患，防敌害。这种居邑要有几个条件：

1.四面环山的盆地中，耸立丘、堌、塬、坝，丘堌高出地面数十米，或总的地势较高，洪水不易淹没。

2.丘两面或四面可以泄洪，并于丘堌之下汇流成河，顺势流走，不积蓄于丘堌之下。

3.丘堌之下有平川沃土，易于稼穑。

4.周边有山林湖泊，有渔猎之利。

5.山高于丘，呈"个"字围护丘，背靠高山，两厢护持，其状如太师椅，水口在南或东，水曲路环。丘位于"个"字"丨"的前端，即"穴心"上，其状皆如龟头或龙头。

6.只有这种依山傍水的生态地理环境，才能受纳充足的阳光并保暖。在东方或南方有河流水口，形成小盆地高原上的回环流动的气流，有生气。充足的水离子和地下水，有良好的植被，清新的空气。

具备这几个条件，就可以在这里定居，繁衍生息。以此为中心，周围族群村舍连成群邑则成邑落。邑者,村落集群,是以宗族为核心的庞大族群生息地,在发达地区便是国族。

按上述标准,羊头山神农城,应当是中国上古时代极为理想的王城。

王大有先生未考察过高平羊头山,但他对原始部落理想聚居地的详细描述,与羊头山的地理面貌对照,几无二致。山上两山顶之间有一个中心点,即"山形像羊头"的两只羊角汇合点,就是现在的祭天坛。向西不远处就是古文《羊头山新记》喻为"前檐滴高平,后檐滴长子"的炎帝高庙。

祭天坛两边两座主峰,山势向下延伸,渐呈向南部山脚下中间位置环抱之势。极为特别的,是东边延伸环抱而去的山形似龟形,龟甲龟头都极为传神。西边延伸环抱而去的山形似一字蛇形。这是否与天象二十八星宿之"北玄武"为龟蛇暗合呢?

比主峰略低而居环抱中心的一片二级台地,便是在唐清化寺遗址上重建的清化寺。上古时期,这片背风向阳的平坦地形、山林水泉,居高临下,当是居住绝佳之地,"佳"即可为"家",同音同义。

即使上古洪荒时期,以羊头山之高便无洪水之虑,而可用之水又极丰富,神农城下二十步是灌溉五谷畦的两股神农泉,古称"一清二白",再下有神农井。庙之西北、东北、东南,各有黑龙池、白龙池、金龙池等。下流向南便汇流入小东仓河与西仓河。炎帝之女溺死之东海,位于发鸠山和羊头山以东,是一大片水泽。山下故关村,按"炎帝行宫"的碑文记载,在西周以前是"高岸",可安全居住,又有渔猎之利。"岸"又应该是相对于"东海"而言。

山下现在的郝庄村、换马村、北营(不应)村、庄里村、长畛村、卧龙湾、跑马岭、故(谷)关村、下台(下太)村等,是一整片炎帝神农文化密集区,其遗迹和几乎没有任何神化的故事传说,都证明这里山上山下,都是炎帝神农氏族聚居之地。

远古先民最小的定居区为村,繁体字为"邨"。该字为"屯"与"阝",根据右"阝"为邑的汉字简写之义,"邨"即"村"字的本意,是屯集储存粮食的地方。至今羊头山南部两条河流一条为"小东仓河",一条为"西仓河",都带有古代粮仓的历史印记。可见,村庄的产生,与农耕文明的发展密不可分。

有专家研究考证,位于羊头山北坡,山西长治市南部的黎岭一带,曾是远古炎帝神农氏始祖所建立的最早的古国——耆国国都遗址,后被末代炎帝榆罔时代的蚩尤九黎族占领,改为黎国的都城。这个都城曾有过数百年车水马龙的繁荣盛世,遗址正在被当地政府开发建设成为"黎都公园",目前并不景气,因为缺一个"魂",这个"魂"就是黎都之文化内涵。黎民,最初即指黎国之民,后来引申泛指天下百姓。这其中内涵无比深厚。

羊头山祭坛

炎帝神农氏获嘉禾、尝五谷之际的"王者之屋"何在呢？

这必须对羊头山进行更为深入的考察分析。

北宋地理总志《太平寰宇记》记载"炎帝庙，在县北三十五里羊头山上"，这是对羊头山炎帝庙的最明确记载。

明朝《羊头山新记》记载：石之西南一百七十步有庙一所，正殿五间，殿中塑神农及后妃、太子像，皆冠冕若王者之服。按：神农时尚未有衣冠之制，不若设木主为宜耳。此殿以南，属泽州高平县丰溢乡团池北里；殿之西北，属潞安府长子县丰溢乡栅村里；殿之东北，属潞安府长治县八建乡施庄里。故俗说云：前檐滴高平，后檐滴长子，谓此也。殿西稍北二十步，有小坪，周八十步。西北接连大坪，周四百六十步。上有古城遗址，谓之"神农城"。城内旧有庙，今废。

《羊头山新记》是最好的向导，羊头巨石，是判定炎帝神农遗迹的基本坐标。"石向西一百七十步"果然是一片大庙遗址，建筑的基础至今完整保留，恰是正殿五间……由此即可成为继续西行寻找神农城的坐标。

"庙"，是祭祖即朝向祖先祭拜，不忘所出根由之所，故繁体字是"廟"。古代"国之大事，惟祀与戎"，祀为祭祀，戎即打仗。祀与戎都是上古氏族的大事。

按中庙村《重修炎帝庙暨村中诸神殿碑记》记载"本邑北界羊头山有高庙"，此碑为清宣统三年刻石，远在元初神农城迁徙至换马村为"上庙"之后几百年，显然就是指目前所见这座庙，同时，元至正二十一年《创建神农太子祠并子孙殿志》"羊头山故有神农氏祠"，可知此庙即为"神农氏祠"之"高庙"。

此庙居羊头山山形之西犄角最高峰，称高庙并不虚传。因居分水岭顶端，高庙即"前檐滴高平，后檐滴长子"，此句不仅读之情趣盎然，且属观察细微、理解透彻因而表述独到之名句。

为何神农城及城内炎帝神农庙元代初期迁徙以后，此山仍留有炎帝神农庙呢？

为考察这个问题的寻访期间，出乎意料地发现了贾村清道光二十年（1840年）的《补修炎帝庙碑记》，碑文"帝生于高平东羊头山，相传种五谷、尝百草处也。西羊头山俗呼为神头岭，建有帝庙……残碑犹可考也"。

碑文"帝生于高平东羊头山"，不同的断句方式会形成两种读法、两种解释。到底应该怎么断句呢？如果按照"帝生于高平东——羊头山"，那么，羊头山并不在高平市（原为县）东，而几乎是在整个高平市的正北。1992年版《高平县志》对羊头山地理位置的传统描述：羊头山在县东北18公里。但据我们实际测量，以县城为基准，羊头山的实际方位为正北偏东15°，与"东北"之描述相比较，应该更接近"正北"。二者的直线距离为15公里，如果按照东北18公里设置炮兵射击诸元，高平广场发一炮就打到了长治县南宋乡——地理描述误差显然过大，此说似乎不成立。

羊头山祭坛

那么只能按照"帝生于高平——东羊头山"来断句，这样就能够与碑文"西羊头山"对仗呼应。请注意，这里所说"东羊头山"是整个这座羊头山，而"西羊头山"则是另外一座大山。

在此，我们不得不先按下"西羊头山"的线索，把"帝"所生之此羊头山理清头绪。

按照"山形像羊头"的两只犄角形状，以两只犄角中间稍低处分界。那里是一座祭坛。在这座祭坛修复以前，是一座较小规模、由三层石条石块垒成，上部是一米见方的祭天坛。

羊头山祭坛仅存地基和残垣，关于它的本来风貌已不得而知。诞生在一些新石器出土的玉器纹饰上还有端倪可寻。如浙江余杭安溪山出土的玉璧上即有一个祭坛式图案；北京首都博物馆和巴黎吉美博物馆收藏的玉琮、台北博物院收藏的玉璧、玉琮、美国弗利美美术馆收藏的玉璧上均有祭坛图案。这些图案有一定共性，基本由三部分构成：下部为一个有三层台阶的高台，如祭坛状；坛顶树一立柱，上部如杵状，下部呈圆圈连成柱，柱顶立一鸟；在祭坛侧面也有鸟形，似飞翔状。背有阳光，有人称其为"阳鸟负日"，"太阳神徽"。

新石器晚期，仰韶和龙山文化时期，发现了不少固定、大型的祭坛遗址，如内蒙红山文化祭坛、山西襄汾陶寺文化具有祭祀功能的观象台等，说明祭坛的出现，同农耕文明有着密切关系。

祭坛最初用来祭天，《说文解字》记载："柴：烧柴焚燎以祭天。"古祭天必烧柴，以烟气上升表达对上帝的精诚，故祭天又称柴，"烧柴焚燎以祭天神"。烧柴是后来庙宇烧香的起源。岁终腊月，部族成员以收获物求祭田神，称为蜡祭。

古本《山海经》描述"山形像羊头"，只有具备羊图腾的文化背景与思想意识，才能够发现"山形像羊头"。以祭坛为分界，两边就各有一只"犄角"。而且以此分界，正好以一个凹陷处，将两边分为两个相对独立的部分，降雨径流亦各成体系,上山路径也是由中间上去,左右分开两条路。假设这个凹陷很深就成为"山谷",两边就成为两座山。但这个凹陷很浅,充其量只是山形的一个小起伏,两边的山形紧密相连,共同构成一个"状若羊头"的整体,不可分割。照片可见,羊头山最传神之处即在此,这就是羊头山"魂"之所在。

由于羊头山上古迹分布较多,根据一般游客游历羊头山的规律,到了羊头两角分界处,就会分开东西两路走向。为了叙述准确,在此姑且将羊头山分为东、西两部分。

近两千年以来的寺庙、石塔、碑刻、石窟、石刻大多在羊头山东面。那么,羊头朝西的犄角顶尖是一个小峰,上面就是羊头石。羊头石以西就是高庙与神农城。

贾村《补修炎帝庙碑记》碑文明确记载"帝"生于东羊头山,而唐碑记载"柱出此山"、因此,炎帝神农氏在羊头山是长期定居。

既然有"神农上了羊头山",则"帝生于东羊头山"就不是炎帝神农氏本人,而应该是继承帝位者。那么"柱"就是在文献里记载的农官,理或如此。

这就说明炎帝神农不仅长期以羊头山为基地尝百草、种五谷、创农耕,并逐渐培养产生了氏族内部新的部族领袖,培养了农耕技术传承者"柱"。

按庄里村炎帝神农陵庙塑像排位及传说,炎帝神农氏至少应该有四位太子,只是因参与尝百草损害了健康,寿命未长,均未继承氏族首领位置。又据《山海经》记载炎帝神农氏有女儿,羊头山西北山下长子县"灵湫庙"内供奉着三圣公主,其中一位是炎帝妃,另两位是炎帝神农氏之女,山上有女娃墓,三圣公主或是炎帝神农氏的三位女儿。

因此,不仅自炎帝神农氏始祖开始历代碑载庙祀,其第二代子女也因参与尝百草,均有所记载,庙有供奉,祀有群像。再据《盘古唐虞传》记载"蚩尤率兵,来攻榆罔",这是炎帝神农八世榆罔的时代。随后《路史》记载:蚩尤姜姓,是炎帝后裔,九黎族首领,"蚩尤产乱,出羊水",注释"羊水即羊头山之水"。《释名疏正》:"汉时有羊头山,在今长子县东南,是西羌居住地。"《后汉书·西羌传》记载,"复以任尚为侍御史,击众羌于上党羊头山,破之",羌、姜氏族才最终退出羊头山。可见,炎帝神农氏直至氏族第八代榆罔其间五百余年,炎帝神农姜姓氏族始终在羊头山一带居住生息,这里应该就是初期氏族的王城、最高权力所在地,宛若近代之北京。

五千年历史长河不能泯灭,百代薪火传承难以忘怀。人民念之如故,恍如昨日故事。这种人文历史之久远,文化内涵之深厚,绝非刻意人为能够造就,绝非新刻几块碑铭能够打造,这就是文化的厚度与重量。

那么,这座都城、王者之屋在哪里呢?

九　高庙遗址之谜

羊头山高庙

炎帝神农氏高庙是羊头山最高处、最高峰,是羊头山的标志点。即使元初神农城及城中炎帝庙迁徙至换马岭炎帝神农"真灵"陵墓处,羊头山高庙原址也依旧作为"祖庙"之地,标志着炎帝神农氏发祥地、始创农耕之地,即唐碑首句"此山炎帝之所居也"之依据,而唐碑所引述还有更早的《山海经》为据。据《路史》记载,"《寰宇》引《山海经》,神农尝五谷之所,上有炎帝庙,盖郡国志也。山今在上党,有神农城,下有神农泉,南带太行,右有散盖。今长子西南五十里有神农井,出羊头小谷中"。

八根神秘的石柱,整齐的石垒,风化的浮雕,磨损的台阶,残存的经幢,虽年代久远,却消磨不去它曾经恢弘的气势和远年的辉煌。

高庙现遗留废墟,废墟就进入一种境界。废墟摄人心魄的遗迹遗存,废墟还原历史的想象空间,废墟若罔若闻的远古记忆,废墟永远挥之不去的远古图景,是任何新型设计、任何新造建筑都无法替代的文化宝藏。所幸,羊头山没有擅动废墟一砖一石。它那凝聚的历史空间,如同一部教科书,静静地向我们传递着久远的信息。

细细看去,高庙建筑的基础完整。庙址门前的石砌平台下,有青石莲花台经幢两座,据当地乡民介绍,原先共有四座,南北两侧各两座。高庙遗址东南角矗立着一高一低,一组沙石井架,井内五十年代还可提水,为防止儿童游玩落入井内,特意填埋。初来者常误以为是神农井,仔细对照《羊头山新记》对神农井

羊头山高庙遗址

的详细位置描述,可知非也。此井应该是供高庙住持者生活日用水而开凿,并未录入任何典籍。由此可知"相传"也确有所指,不是能随便指认的。

根据残留的水井、井架、石阶、台基、门槛、门臼、经幢、殿宇基础、石刻花纹、门槛石狮等整体布局来看,恰是"正殿五间"的格局。它巍然屹立于羊头山极顶,与天同为一党。峙沧波于大形山右,水天浩荡于冀州之域。北当幽燕,南瞰中原,居秦晋之高山大岭,望河汉之水泽山川,茫茫九派,磅礴海内,奉天承运,福祚悠远。这是真正的高庙,炎帝神农氏,德配此天地之间。

虽斯人远去,但八根依旧矗立手工凿刻毫无齐整可言的石柱,道出了它似乎并非后世凿刻的原始造作。即使尧舜陶唐,夏禹商汤,其石刻也不致这般朴拙。祠庙殿宇可以历代修葺,但这石柱却很可能来自久远的古代。

整齐的石垒,风化的雕刻,磨损的台阶,残存的经幢,尽管年代久远,都消磨不去它曾经恢弘的气势和远年的辉煌。

但是,高庙为什么倾颓至此却没有修缮传承呢?

《高平县志》记载了元代的一首佚名诗"神农遗迹在羊山,祠宇重修在此间",记载了重修高庙的时间为元代,正是高庙迁徙至换马之际。

经深入了解,高庙历代由高平、长治、长子三县集资兴建修缮。后因天灾倒塌,三县便各自取回一份砖、石、木料等庙产。高平县因炎帝神农氏所居,取走历代传承记载之碑刻;长治县因系炎帝神农氏第一位后妃娘家,因此为原村乡炎帝庙请去塑像;长子县色头村取走牌位,并因此重建了炎帝庙,但因当时没有请回炎帝神农氏塑像,至今还是虚留神位。庙里的碑刻记载,最后一次建庙时间为"大清同治五年"。由此可大体推论,高庙损毁应即这个时间。

如此高瞻远瞩、世代传承的炎帝神农氏祖庙,为何至今仅剩遗迹,什么原因导致炎帝神农氏高庙祭祀难以为继,直至三县分道各自回乡祭祀呢?

羊头山之劫

彷徨之际,行至不远处一座俗称"游履洞"的巨石佛龛前,佛龛为一整块巨石凿成,内可容四人席地而坐,内外刻满精美的佛像,重量不下几十吨。却呈45°度角整体倾覆。问及原因,几无知晓。有说或为抗战时期日机轰炸所致。但笔者炮兵出身,知作战亦有成本,并无无故发炮之理,此地并无对日军作战记录。于左右前后观察,也未见丝毫爆破痕迹,因此这种猜测被排除。

没有外力推动,它绝不会自己倾覆。而几十吨巨石也绝非三、五、七、八个人能够轻易撼动,何况在中国几无敢于对佛教神龛动手者。

天无外力降临,天地间无由推动,答案只能到地下寻找了。

羊头山游履洞

当我们说中国大地的江河水曾经向西流淌的时候，大概很少有人会相信。但是，这却是千真万确的事实。

地球演化到新生代（我们目前仍处于这个时代），从南极洲分裂出来的印度次大陆与亚洲大陆撞击，处于海底的喜马拉雅地区被印度板块挤得露出海面，并一天天升起。我国西南地区被火焰和融岩袭击，生命大都荡然无存。远离撞击地点的人惊恐地发现，本来由东向西流淌的江河渐渐积存、泛滥，逐渐转而向东流淌。这就是《淮南子·览冥训》描写的"女娲补天"时代"四极废、九州裂、天不兼覆，地不周载，火烂炎而不灭，水浩洋而不息"。随着"共工怒触不周山""天柱折，地维绝""天倾西北""地不满东南"的造化，华夏民族的先民在大水与高山之间寻找生存的空间。人类的祖先不知经过几多磨难，才最终选择在高山之巅生息、繁衍，并始终在与洪水作殊死的搏斗。江河最终向东而去。

青藏高原不断崛起，东亚大陆发生了天翻地覆的变化，"天柱折，地维绝"正是大地东倾，天压西隅的形象描绘。西周士大夫不满政治黑暗时，所描绘的天地灾变便是"烨烨震电，不宁不令。百川沸腾，山冢崒崩。高岸为谷，深谷为陵"，那种描写的根源还在于耿耿铭刻于先民心头莫名其妙的板块撞击带来的震动。

《山海经·南山经》记载了一座招摇山，紧挨着"西海"，有一条河流叫丽麜，向西流入西海。翻开地图册，现在中国向西流的河流只有一条，那就是流向青海湖的倒淌河。检索西山经，"西流"却出现了十余次，中山经的"西流"出现了五次，即有数十条河流是向西流的！北山经中的王屋山，㴠水向西北流入泰泽。而《山海经》记载向西北流的河流也同样很多。

河流西向的年代太遥远了，5000万年前的长江正是向西流入地中海的，《山海经》这部奇书居然有与现代科学研究完全相同的不可思议的记载。

在中国西部的青海民和县发现的齐家文化遗址，出土姿势异常的人骨、布满裂缝和褶皱的房址，都证明是地震和洪水肆虐后的痕迹。它揭示了距今4000年前后在黄河上游出现的灾变事件，并为古史洪水传说找到了实证。专家指出，"这项发现为多学科交叉研究及深层次的环境考古研究提出了崭新的课题"。

再看湖北神农架地区千古流传的《黑暗传》，对远古时代世界的描述："天翻地覆未生成,犹如鸡蛋一个形,昏昏暗暗不得明……洪水滔天船被翻,淹死神仙无计算……一日玩耍到昆仑,又见洪水扑山顶……洪水过后神仙少,许多神仙化沙尘……为何天塌与地陷?为何洪水三番成……"这与我们所知盘古开天辟地时"天地玄黄,宇宙洪荒",混沌初开如鸡卵,而后轻者上浮为天,浊者下沉为地等等,不是一模一样吗?这或许并不能简单地认为我们的先人因没有现代科学进化而只有唯心世界观,他们不能忘怀并代代相传的,是来自远古时代刻骨铭心的记忆之天地灾变的永久信息。

我们今日仍然处于这种印度板块挤压变化之中,挤压变化的每一个阶段,要么柔性地质区域阻尼能量,要么刚性地质区域积聚张力,直至突然爆发地震。这不仅是理论,也是被无数实践观察证实了的事实。或许人们难以相信这些地质变化会被人们耳闻目睹,但我们采访到的一组资料,一定会使人们对地质变化的认识有重大帮助。

长治市武乡县故城乡石勒兵寨暗道所在的故城乡北原山,古称鞞山,亦称鼙山。"鼙"字上边是"鼓",下边是"卑"即小的意思,意为军中的小鼓,与"鞞"左"革"右"卑"即小的皮革器具字意相通。此两个山名取字,说明此山一定时有声响。《晋书》记载石勒皇帝少年时在北原山东面山下故里"每闻鼓铎之音,归以告其母,母曰:作劳耳鸣,非不详也"。果然有文献证明,不过是否为一种附会呢?会不会是为帝王虚饰呢?

查光绪版武乡县志记载:"同治五年夏,鞞山鸣。前《志》载,鞞山之名始于石勒,以其尝闻鞞铎声故也……有声甚嚣,搅人沈睡……年余后不复作。"清同治五年"鼙山鸣",再现了1690年前的历史记载。此特殊地理现象,正是地球板块运动摩擦的真实反映。这或许就是1976年唐山大地震、2008年汶川大地震、2011年日本九级地震为代表的亚洲地质变化在不同时期不同地点之表现。

2002年2月的一天,羊头山南麓李家庄,55岁的王振荣老人很不解地给我们讲述了他的观察。五十年代上小学时,站在村边地头仰望羊头山东面,羊头石塔历历在目。后来中学毕业时,还站在同一个地点观看,羊头石塔下部就已经被山石遮蔽。现在,站在同一个地方,羊头石塔已经完全看不到了。因此他认为,羊头山还很"年轻",还在继续长高,而且山南坡长得速度更快一些,以至现在羊头山上的双塔已经开始偏北了。他这个长期观察极为生动、极为精确地描绘了羊头山地质仍在明显变化的轨迹。

游履洞佛龛的倾覆,应该只能是这种地质变化逐渐导致的结果。

中华民族几千年尊崇的炎帝神农氏祖庙,按照我国的传统,即使由于能力有限修葺不及时,也不会有任何理由弃之不顾而三县联合主动拆毁,一定是有着不可抗拒的自然原因,不得已而为之。应该是由于地质变化,使每一次修缮,都被不断出现、日渐严重的地质改变所破坏。几千年的经验积累终于说明，高庙不可能在此稳定地存在，只能另迁新址。而高庙为三县合建，迁离三县之中心点，迁至哪一方都会遭到另外两方反对，只能各县自行建庙祭祀。合资的资产公议分割各自取回，高庙遂成遗址至今。

为了考察这个结论，笔者曾先后三次专门在高庙遗址观察，正殿后墙内侧地基有一条平行的大裂缝，裂缝宽约一尺，显然因此直接导致了后墙向外（北）倾斜，整体建筑自然随之损毁。有宽一尺的地基缝隙存在，作为卯榫结构的木构建筑，显然难以鼎立。最重要的证据是，紧靠正殿地基后墙就是向下的斜坡，按常识判断，建筑地基不可能紧靠斜坡选址，否则地基谈何稳固？北面两个经幢如何安置？

结合李家庄王振荣老人对羊头山的地质观察，那就应该是地质的明显改变，南坡升高，导致北坡部分位置点逐渐松动塌落，以至高庙北面的塌落点逐渐逼近高庙地基处，终致今日正殿后墙地基也已处于塌落点。北面的两个经幢早已没有了放置的位置，今日何以能够找到？那么清道光年人们或有感于这个危险局面及趋势，不得已三县拆分庙产，高庙遂废。

这可不是凭空想象推理。笔者从军在紧靠福州机场的高盖山高炮部队驻防时，正值中央军委主席林彪一号命令下达，全军准备打仗。指挥排爆破挖掘地下指挥室，每日出土沿宿舍门前平台斜坡倾倒下去。平台按理应该面积日增。不料至1975年退伍时仅五年时间，平台面积不仅比原来还小，且有继续日渐缩小的趋势。皆因倾倒出土时，无意造成原来平台边缘至后来扩大面积之边缘之间，地平面向下倾斜，雨水向边缘径流，日久那些微微最低处径流下切，形成流水水道日深。至退伍离开时，几条水道已经下切延伸至原来平台范围内，并将日益加剧。而我指挥排储水池边每日漱洗冲凉处，每日成吨水泼洒沿坡流下，因有遍布苔藓保护，没有丝毫损耗，形成鲜明对比。

如果后来无治理措施，以四十年来福州市年降雨900—2100毫米之雨水侵蚀，想那平台应该已经不复存在。这应该就是山西黄土高原水土流失的一个异地模拟。那么羊头山高庙北墙处地基破坏，由地质变化、水土流失致地基损毁的结果，完全可能因地质变动导致第一团土块塌落而最终形成。

偶然查到《嘉禾堂记》记载，"万历十年春二月，高平换马镇北山鸣三日，裂数丈□余尺，山裂时震动数十里"，是一个极为重要的参照。

根据长子县色头村碑刻与武乡县志记载，高庙拆分时间应是清同治五年地质明显变动时期。

十　千古神农城

神农城遗址

高庙的确认，将直接把我们引向"王者之屋"——神农城。

《羊头山新记》记载"殿西稍北二十步，有小坪，周八十步。西北接连大坪，周四百六十步。上有古城遗址；谓之神农城。城内旧有庙，今废"，可见明代还有庙宇基石，今已不见。神农城又名炎帝城，乾隆版《高平县志》引《魏志》记载称之为"羊头城"。

《中国神话词典》记载"神农城：唐李吉甫《元和郡县志》卷十五引《后魏风土记》：神农城在羊头山上，山下有神农泉即神农得嘉谷之所"，《九域志》"谷城：神农尝五谷于此，名谷城"。

《太平寰宇记》记载："神农尝五谷之所，上有神农城，下有神农泉。山东南相传为炎帝陵，石甃尚存。"

既然唐碑记载"此山炎帝之所居也"，《释名疏正》记载"汉时有羊头山，在今长子县东南，是西羌居住地"，西汉《后汉书·西羌传》记载，"复以任尚为侍御史，击众羌于上党羊头山，破之"，那么此山为姜羌氏族乃至炎帝神农所居是没什么问题了。纵观整个羊头山，这里是居高临下少有的一块平地，称"大坪"。

按照《越绝书》记载"轩辕、神农、赫胥之时，以石为兵，断树木为宫室"。炎帝神农处于新石器时代晚期，固定居住的房屋已经产生，建筑材料以树木为主，因此不可能留存到今天，但所在的位置与环境条件可以成为我们探索的依据。

首先，炎帝所居是否会在神农城呢？

神农城现在是大片遗址。按明代朱载堉描述的规模，周长"四百六十步"即766米。若以遗址为圆形计算，即为46700多平方米，约70亩。"坪"的字意为平坦土

神农城西望发鸠山

地。在方圆 70 亩范围的羊头山西边大坪上的这处遗址,既是神农城遗址,就应该是上古时代的原始人类聚落遗址,也就应该是炎帝神农王城遗址。如果可能属原始祭祀类型遗址,意义将更为重大。

我国一些学者指出,封建城邦制在中国延续近千年,但这种政权秩序,并非由征服者创造,而是在原始的农业社区间弱肉强食的兼并过程,以及为保护田地,免受周边地区氏族劫掠,若干部落组成部落联盟的过程中,逐渐构建形成。曾经有一段时间,中华大地上竟有 1700 多个国家。这些诸侯国多是一个中心城镇,与郊外的耕田组成,中心城镇的高墙和散布在郊外建有低矮墙壁的居民点,构成了侯国的防御体系,经过激烈的兼并战争,这些侯国逐渐合并成 55 个小国,所占疆域包括今陕西、山西、山东等地的临近部分。

城邑或城堡,是社会生产力发展到一定阶段,私有制产生后发展起来的。也是最初的古国。这个古国,还不是完整意义上的国家,史学家称其为帝国前的古国,其规模只相当于古代城市。恩格斯指出:用石块、城楼、雉堞围绕着石造或砖造房屋的城市,已经成为部落和部落联盟的中心。

由此向南千米范围内的李家庄村北台地上,1986 年文物普查时发现一处旧石器晚期文化遗址,面积 3000 平方米,发现表层有大量石核、石片、圆头刮削器等文物,成为这一带重要的原始人类聚落的佐证。距离羊头山 17 公里范围内的东庙村、店上村等处新石器文化遗址中,二十世纪九十年代还出土了石锛、石斧、石铲、石镰等原始先民农具,为人类在此从事农耕活动提供了确凿的佐证,充分证明,至少在 8000—4000 年范围的炎帝神农时代,高平是人类聚落、生产、生息的地方,证明了炎帝神农历史的可能性。

《古代沧海的变迁》书中写道:考古发现的多处旧石器遗址表明,山西是我国开发历史最早的地区之一,中原地区迄今所知最古老的居民,就生活在山西。山西省芮城县"西侯渡遗址为世界上已知最早的文化遗址之一"。《黄河流域的史前粟作农业》书中指出,我国是农业起源最早的国家之一。据考古学家的出土文物证实,在距今 8000—5000 年前,我国的农业就有了相当的规模。从已公布的考古资料来看,黄河中游地区的粟作农业年代最早,而且不可能是由其它地区传入,而是本土起源的。地处太行山东麓的磁山文化分布区及邻近地区,都有可能是粟作农业的发源地周边范围。炎帝神农氏,则是这一历史时期这一地区农耕文化的杰出代表。

羊头山,处于东西南北文化交汇的位置。东面是河北武安磁山文化区;南面有河南新郑裴李岗文化区;西面有晋南历山枣园文化区。以上三处均属前仰绍农牧文化,距今都在 7000 年以上。磁山和裴李岗文化区均出土了卧陶羊,电视专题《寻找炎帝遗迹》出示长治出土的卧羊镇,均属同一氏族之物,都是远古羌戎、姜姓氏族部落图腾物,均属炎帝神农文化。

羊头山之所以能够成为上党乃至北方农业的发源地,绝非偶然。而这些文物又常常是农民耕作时的无意发现,神农城至今还没有开展专业考古工作。待系统的考古工作展开之时,中华文明史将有可能书写崭新的篇章。传说时代的炎帝神农氏可能由此摆脱"传说"的背影,真正还原成为完全真实的历史人物。那么,炎帝城、五谷畦、神农井、炎帝陵、炎帝神农庙等大片遗迹群展示的历史遗存与传承,就会成为中华五千年文明的真实见证。

据考古证明的史前历史,我国原始先民聚落,最初在高山区,后来逐渐向丘陵、平川和平原地带转移。著名学者黄其煦认为,农业肯定起源于较为贫瘠的山涧地带,而不是肥沃的原野。根据中国农业发展史的观点,在上古史传说的炎黄、共工、尧、舜、禹等氏族时代,人类主要居住在高山上或山坡的台地上,因而也往往把耕地选择在山地或较高的地段,以后逐渐向江河两岸的平野发展,到了原始社会晚期,又开始从事较大规模的对薮泽低地的开发(《农业科学技术史稿》)。

这是因为黄土地区土壤疏松,植被较少,易于侵蚀,夏秋之间常有暴雨,河流容易泛滥。在人类对自然界的影响力还相当薄弱的太古时代,在相对低洼的地区,会自然形成众多的沼泽沮洳。原由浅海淤积而成的黄河下游地区尤其是这样。而丘陵、盆地、平川和广阔的平原地带,草木茂盛,禽兽繁殖,沼泽洪水成灾,对原始先民来说,那是极其恐怖的地方,不适合人类生存和发展农业。高平古称"泫",与泽、潞两个字都是"氵"旁,说明都曾洪水为害。上党地区南面的豫北一带,也是黄泛区,因此,炎帝神农氏族假设曾至河南等低地,也会最终向更高的太行山、羊头山迁徙,这是必然的选择。

上党地区地处黄土高原和太行山南麓,能够成为华夏农耕文明的发祥地绝非偶然,与天然优越的自然环境密不可分。

根据《山海经》所记载的羊头山一带地貌,当时是洪水泛滥时期,羊头山偏南偏北都是上党盆地大片水泽,难以适合人类居住及农耕,选择地势较高的羊头山居住则成为必然。将氏族居住地设在低于山巅的坪地神农城,首先避免了洪涝灾害,不仅方便居高临下,观察狩猎及领地防范,也是祭祀天地、观测星象、土圭测影、颁布时令(农事必知天地时宜)、就近农耕、水泉便利等一处氏族聚落的良好位置。

最初发现炎帝陵的1994年,牧羊人曾告之,羊头山原有一口千斤古钟,上刻有"炎帝城"三个大字,大钟敲响,声震附近五县。1946年古钟鼎立依旧,后来再没有看到。

关于这口古钟,当地流传着这样的故事:很久以前,羊头山修筑六名寺的工匠中,有一位郝师傅,是炎帝的后裔。施工期间,他分管后勤,几十个人的饭菜,不到半个时辰,便做得妥妥当当,味道可口。一年除夕,他到扬州观灯,见那里有一大一小两口铁钟,实在壮观。心想,我羊头山上若有这样两口铁钟,钟声一响,威震八方,该有多好!于是他便将两口铁钟藏在袖袍内,带回羊头山。不料扬州失盗,官府四处查访,一直跟踪来到羊头山。郝师傅发现有人追来,便匆忙将两口钟置到半山腰上。后来,官差将郝师傅抓走处死,本想将两口钟搬回,后因那口大钟太大太重,只将小钟搬回。后来,工匠们为了纪念郝师傅,准备将大钟悬挂于羊头山清化寺,无奈钟过于沉重,始终未能挂起。

根据"扬州"的地名,似乎与"走扬州、下汉口,不如五谷庙里当社首"的民谣有某种联系,即晋商已经开始走出大山的时期。那么,这个传说的历史仿佛并不久远。再考虑郝师傅参与建造的六名寺,志书记载为元代创建,郝师傅所在元代无疑。关键是,根据故事情节推断,创建六名寺时,大钟已经露天放置,后来一直没有收入哪个寺庙。尽管有钟在清化寺之说,但一直没有挂起,显然非清化寺之物。否则一项工程项目,能够打造完成,在计划预算内就一定有足够资金保证放置到位。只有拣来的东西,才没有经费解决上架安装。

另说,钟上刻有炎帝城三字,可见传说常有失实,郝师傅有那般神力,还能被人间处死?

大钟非清化寺财产,又是炎帝神农之物,清化寺也未必消受得起,岂敢擅自使用非寺产且属大器、国器之物?

如无佐证,传说终归是传说。那口古钟是否真实存在亦成疑问。

2001年,终于打听到一位知情人,为此专程走访羊头山脚下李家庄曾担任党支部书记的王振荣。据他细说来龙去脉,大钟是被炸毁的,这话听来让人发怵。

那是1948年(非1946年),李家庄民兵听说长治县师庄要来人搬走大钟,于是合计说,大钟是我们高平羊头山的镇山之宝,绝不能落入外人之手;可要与外人争执起来,拦得住今天,挡不了明天,日后还是难免不测,终将被人抢走或偷走,于是决定把钟破坏(这主意真够拽,若是换了我辈,打死也想不出这等主意)。他们堆积木柴,燃起大火,把钟烧到通红,再猛然浇上冷水,大钟终于在水火交加、冷热相激之下爆裂,就这样被毁掉了。这段历史情况,有王振荣的一个叔伯哥亲自参与此事。王振荣的亲属参与,属于亲历、亲见、亲闻的"三亲"材料,真实可靠。

这个事件与一部五十年代电影《红旗谱》里抢钟与保钟的内容相似,几千斤上万斤金属器物放在荒郊野地,没有归入某个寺庙,就没有责任管理,属于无主器物,就一定会有人惦记。最重要的,是依据郝师傅的故事,郝师傅所在的元代,钟已经存在,而且已经是没有确切归属的存在状态。而最初钟的打造安置,却一定是按照钟的铭文在炎帝城内,这个早期的过程与环节已经被岁月磨蚀的不留痕迹,这个岁月的历程会有多长呢……?

钟的故事说来可惜,却真实地证明了炎帝城大钟的存在与历程的久远至遥不可及。而钟作为铁证,同样证明炎帝城的确切存在与"久远至遥不可及"的上古历史。

《羊头山新记》记载,此地明代还有明显的神农城遗迹,城内还有已废的庙址。因此现在成为羊头山最具魅力的地方。谁能知道这里还隐藏着多少文化遗产、多少历史遗物与信息呢?

关于考古,高平至今持慎重态度,没有轻言发掘。遗址本身那种特有的文化形态、那种沧桑的信息传递、那种远古的文化气息,其价值就难以估量。遗址发掘是一把双刃剑,文物收获的同时,也必然带来遗址面貌的破坏,现有形态本身常常就是丰厚的文化信息遗存,没有严密的文化论证和发掘计划,特别是远古遗址,发掘同时也意味着众多文化价值的永远失去。

自1994年发现炎帝遗迹以来,已知有不少专家去寻找收集文物。长此以往,对遗址就是一种无序的考察性破坏。所幸近些年全球大气变暖,山上本来仅有低矮草植被的地域,已经被明显长高遍布的灌木所遮蔽,更为遗址增添了一分神秘与悬念,因此遗址更具文化魅力。

在探索炎帝陵时,我们已经知道,元代初年,神农城已经由羊头山迁至换马岭炎帝神农氏陵墓。按其羊头山唯一高而平的大面积地形地貌,周边有神农井,环山又有古文记载的"庙之西北一里许有黑龙池;东北三里许有白龙池,东南二里许有金龙池,山之正东稍前一里余有泉,甚清",因此羊头山神农城只能是唯一适宜上古时期较多人群居住的选址,神农氏族聚落在此应该无疑,"王者之屋"曾在此亦应无疑,只是要找到和描绘五千年前的房屋,必须具有超凡的想象力。但若反向思考,去看看王屋山,五千年前"王者之屋"的基本形态就由于先人的比喻而永久地凝聚在王屋山上,这就是中华民族的智慧,这就是张光鉴"相似论"的又一个经典案例。

神农泉与神农井

《羊头山新记》记载:神农城下六十步有二泉,相去十余步。左泉白,右泉清。泉侧有井,所谓神农井也。二泉南流二十步相合而南。《寰宇志》云:"神农尝五谷之所。上有神农城,下有神农泉。"后魏《风土记》云:"神农城在羊头山,其下有神农泉,皆指此也,地名井子坪,有田可种。相传神农得嘉谷于此,始教播种,谓之

羊头山神农泉一

羊头山神农泉二

神农井

五谷畦焉。"《泽州府志》记载:"五谷畦:神农泉下地名井子坪,有田可耕,相传神农得嘉谷于此,始教播种,谓之五谷畦焉。羊头山秬黍出此,明郑藩朱载堉上秬黍说辩云:臣谨按秬黍律家特重羊头山者,神农播百谷以是为名区。"晋程玑《上党记》记载:"神农庙西五十步,有石泉二所,一清一白,味甘美,呼为神农井。"

　　按其记载就能找到两股神农泉,都已修建了井壁井台,俨然似两口井。百姓传说用此泉水洗眼睛治眼病很灵验。据1994年米东明取水在石家庄专业机构化验,水里的锶元素含量为华北之最,治眼病或许与此有关。

　　为何"神农泉"演变为"井"?自然是因植被破坏、泉水减少。对此,明朝时朱载堉见到当时还矗立的唐武则天天授二年碑,对碑阴(碑的背面)记载的清化寺所属范围,抒发了一番议论。其中提到:"有司尊炎帝,故禁民樵采。数十年前,木皆合抱,弥满山谷。近来禁弛,盗伐几尽。"可知明代以前,树木都还是合抱的古木,至明代中期已经"盗伐几尽"。按其大山之巅,杨柳适宜下湿地因此山地不可种植,果木难行禁令,"合抱古木"惟松柏莫属。而松柏至于合抱,至少合围六尺以上,这样的松柏种植时间至少应该在先秦以前,可谓炎帝神农传统在此之悠久历史。而汉朝以前羌族世代居住,其文化传承便可直接前推至炎帝神农时代。明代满山合抱的古树,不仅展示了"有司尊炎,故禁民樵采"的历代官方意志导向,民间亦令行禁止历代沿袭,满山的古木因此成为一种外在的文化标志,成为高平炎帝神农遗迹群的重要历史佐证。因此这种具有文化载体的文化传承,便毫无疑义地因有物证而构成信史的要素。

明朝中期植被破坏以后,泉水流量减少,水位下降,乡民将神农泉开辟为井,至今水位距地表仍仅一米左右。井旁正北方位有乡民设置的碑刻祭台,香火不断,石凿香炉上镌刻"李家庄"三字。游人常误以为神农井。

其实神农井在其下不远处,同样砌有砖壁。83岁的老人赵小有则1989年口述(许钦顺记录):"神农井水有色香味三绝,特别清甜。相传炎帝神农氏尝五谷常居羊头山中,常饮井中之水。井深两丈余,近些年人们怕出危险,井已近填平。"目前还能看到井壁砖砌遗迹。

羊头山这几处泉水被世代传承以"神农"为名,很难说仅是一种附会,而任何附会也一定有其附会的根据。没有至深且厚的社会文化传统基础,你想随意附会一个什么不存在的说法请试试看,不理你是客气的,不被骂为"有病"才怪。本人曾电视采访交城县一位村民闫东娃,他说了几句不大确切的话,窗外村民闻之摇头曰:"东娃瞎乎谝了。""谝""骗"同音,亦大致同意,众哗然。

始创农耕

黄河流域的原始农耕极为发达,是一个从新石器早期开始,就已广泛种植黍稷类作物为主的旱地农业区。

炎帝神农氏对羊头山的选择,一定在选择始创农耕的条件:

(1)土地肥沃湿润。以炎帝神农氏对植物生长的了解,一定是原来野生植物生长良好,土地肥沃有潮气,羊头山巅稍低的五谷畦具备这一条件。

(2)近水安全。五谷畦近旁就是神农泉,因此土地肥沃、疏松、水位高,原始的生产工具耕作方便,能保障获得好收成。羊头山下有羊头山泉水直至流入的小东仓河。当时人们抵御水灾能力的薄弱,在第二、三级阶地上,居高可防洪水侵袭。

(3)渔猎采集条件较好。新石器时代末期,山西森林覆盖面积63%,草原面积6%,太行山到处覆盖茂密的森林和茂畅的草原。小东仓河流经今日的故关水库,形成大片水泽,捕鱼围猎都是良好的区域。

农耕诞生之初,耕地常常首先选择在山地或较高的台地,后来逐渐向河流两岸的平野发展,直至对薮泽低地的开发。《论衡》记载"神农氏揉木为耒,教民耕耨,民始食谷,谷始播种。耕土以为田,凿地以为井。井出水救渴,田出谷以拯饥。天地鬼神所欲为也",记载通俗,大意为自炎帝神农氏开始,制作农具,教育农民耕作,开始种谷子。凿井有了水,种地有了粮,这是天地鬼神也想做的事啊。

自炎、黄、共工至尧舜禹时代,洪水泛滥,历时久,淹地广,危害严重,因此有后来的大禹治水。"炎帝神农因天之时,分地之利、制耒耜、易燥湿,肥墝高下,尝百草之时,察酸苦之味。水泉之甘苦,尽知其平、清、寒、温之性,臭味所主,以播百谷,五谷兴助、百果藏实"。从高原台地的黍稷,丘陵、平原地带的小麦,豆类等,则是炎帝神农时代开始,历代发展的农耕成就。

上述"臭"字,上半边"自"为鼻子,下半边"犬"为鼻子最灵敏的狗;"臭"即为狗鼻子发挥作用,后归类加"口"字旁为嗅。而"臭"字则用作与"香"相反的意思,上述"臭味所主"为古文献之原意。

《逸周书》记载:"神农时,天雨粟,神农遂耕而种之"。可见,粟的种植,与炎帝神农氏创始农业有着密切的关系。

所谓粟,即是稷、禾。神农氏以始创农耕并发现黍的优良品种著称,因而古代常将禾黍、或黍稷并称。《说文解字》:"黍稷本一名,因其有粘有份,遂别之分为二名"。粟、黍均属谷类作物,二者仅有微小差别。这里的粟,应是泛指包括黍在内的谷类作物。

西方学者在探讨黍粟类作物起源时一致认为,黍粟类作物原产于中国,起源于黄河流域或高海拔地区,它是从古代狗尾草经过人工长期驯化、栽培出来的。从我国北方出土的粟的碳化粒来分析,至少有 5000 年以上的历史。

黍稷的种类很多。《广志》云:"黍有牛尾黍,稻尾黍,秀成赤黍,有马草大黑黍,有秬黍,有温屯黄黍,有白黍,有区芒,燕鸽之名。稷,有赤、白、黑、青黄、燕鸽,凡五种"。《泽州府志·物产》记载"谷之属:粟、黍,高平有红、白、青、黑数种。黑秬黍可准钟率"。

就黍、稷作物而言,高平羊头山一带为中心的黍粟作物的种植或许并非最早,但因其品质优良,成为导致人类从渔猎到农耕,从游牧到定居转型期代表性作物。以羊头山获嘉禾为标志,中华先民的渔猎采集时代向农耕时代转型。前期采集是量的积累,"嘉禾获得"是质的飞跃。

这就如同人类长期探索飞向天空,但只是在装备了动力的飞行器离开地面那一刻,飞机才算正式诞生。

黍稷类作物的特点是耐旱抗逆,为新垦农田的先锋作物,是黄土高原上最常见、最利于生长和管理的农作物品种,因此也必然成为炎帝神农氏最早栽培成功的农作物。其栽培成功,与人类耕作技术的不断改进和提高分不开。

最初的刀耕火种,解决了大规模台地的垦荒问题,然而,这时他们还只是粗放式耕作,还不懂得精耕细作的施肥,因而每隔两三年后,人们要暂时抛荒这块农田,转至其它地方,重新开垦新的土地,过些年后再返回重新耕种。这种土地轮休的生产方式和生活方式,随着先民发明了沤肥施肥等提高地力的技术后,频繁的迁移才会逐渐停止,人们才能完全定居下来。

耒耜

最早谷物的播种方式是漫掷，起初人们只是在适宜季节把种子随手漫掷在荒郊野坡之中，继而人们便会发现，漫掷的种子只有埋入土壤，才会有更多的禾苗出土。于是便产生了用尖头竹木棒掘土埋种的办法。如襄汾丁村旧石器中期遗址中有丁村尖状器（石器），它长期使用，为尖头木棒的产生提供了可借鉴的器物。木器易于腐烂，在遗址中很难发现它的痕迹，近代少数民族中还可看到竹木尖头棒农具的形象：长三、四尺，一头削为尖状，或用火烧尖，以便打眼。耕作时，一人打眼，一人点种。西盟佤族的懒火地在砍倒烧光后的土地上，用矛点播。矛为铁质，是尖头木棒的代用品。

把木棒延长到可以身体直立把持的程度，又在近尖端处，添加一根可供脚登的横木，就可以使只靠手向下用力打洞的尖头木棒，变成了靠手向前、向后用力，靠脚向下用力翻土的耒。耒的发明，不但意味着人类第一次用自己制作的生产工具直接作用于土壤历史的开端，而且也反映着人类开始利用杠杆原理，进行省力式的有效劳动。

耒最初是直尖的，后来是斜尖的，单尖发展为双尖。耒的上端有曲柄，便于手扶。《说文解字》："耒，曲木也。"商周时仍在使用。50年代考古学家在河南陕县庙底沟发现掘土时留下的双齿形工具痕迹，齿径约4厘米，齿长约20厘米，两齿间相距4—6厘米。《说文解字》把耜写作"枱"，可见曾经为木制的。后来才有石制、骨制。耒耜损坏后，只换耜头或木柄即可。木锄前身是天然树杈，木锄绑上石片或骨片作锄身，即是石锄、骨锄，用以耕翻土地，改良土壤，清除杂草。

《周易·系辞下》记载："神农氏斫木为耜，揉木为耒，耒耨之利，以教天下。"《增补资治纲鉴》记载："炎帝神农氏创制耒耜，教民农作。"炎帝"创制耒耜，始兴稼穑"。耒耜为农具，只能由始创农耕并推广的炎帝神农氏首创，是炎帝神农氏时代的显著标志。

神农（后稷）教稼　采自山东武氏祠汉砖拓图

由于当时的农具耒耜为木质制作，木质的强度真能制作挖掘黄土的工具吗？这或许不是我们手持杨柳木棒能够想象出来的问题。

2000年，山西日报登载了一篇文章，报道晋城山区大批农民进山砍伐一种树木烧木炭。这种木炭奇硬，称之为钢炭，一般木头烧制成木炭后见风就碎，这种木炭出窑后依然根根硬直。农民拿出一些烧制的木炭让记者看，果然极有特点，既黑又亮，断裂处呈放射状条纹，用拇指使劲搓摸，仍不见一丝黑色，使劲往砖上摔，会发出金属般的响声。什么树种具有如此独特的特性呢？经访问当地百姓，终于得知这个树种为"羌木"。

至此共获得三个信息，第一、一种与"姜羌"氏族名称相同的树种。第二、其木坚硬无比。第三、炎帝神农氏"揉木为耒"，氏族后裔流传下来有火焙、手揉之法，可以使木质加工至更坚硬的工艺。其工艺为"赤制"，其后裔称"赤氏"。三个信息综合成一个结论，耒耜完全可由这种特殊的"羌木"加工成为掘土工具。

羊头山上佛龛洞旁石刻的神农牛首人身，手持耒耜的浮雕，晋南和豫西的庙底沟文化遗址中发现的双齿耒耜工具痕迹，以及晋南龙山、陶寺文化遗址中发现的单齿和双齿木耒，都印证了炎黄时代的耒耜在上党和周边地区得到广泛应用。

有关专家研究表明，耒耜是一种以翻土为主的多功能农具，但除了翻土之外，还有五大用途：

一、播种

《诗·周颂·良耜》记载："畟畟（取右）良耜，俶载南亩，播厥百谷，实函斯活。"

《诗·周颂·载芟》记载："有略其耜，俶载南亩，播厥百谷，实函斯活。"

《诗·小雅·大田》记载："即亩乃粒，以我覃耜，俶载南亩，播厥百谷。"

二、除草

《说文·耒部》记载："耒，从木推丰。丰，草蔡也。"

《说文·草部》记载：还有"莱"字，释为："耕多草，从草来，来亦声。"

《国语·周语》记载：民无悬耜，野无奥草。

《周礼》记载："薙氏掌杂草，冬日至而耜之。郑玄注：以耜测冻土划之。"

古人"耜"常与"耨"并提，而"耨"是指除草或除草工具。云贵的拉祜族认为，他们的木戳铲（耨）比锄还好。说明最初的耒耜确有应用方面的优势。

三、修水利

《考工记》记载："匠人为沟洫，耜广五寸，二齿为耜，是以耜修沟洫之证。"传说夏禹曾持耒耜治水。

《韩非子》记载："禹之王天下也，身执耒锸，以民为先。"

从武梁祠汉书石刻夏禹图可见，大禹所执者正为一柄双齿耒。耒耜可起土，为修治沟渠，填堵缺口之不可少的工具。

四、非农业工作

古代挖洞穴、房基、挖矿，甚至挖墓穴，均用耒耜起土，别无另外工具。新石器时代诸遗址及殷墟之耒痕，都是当时用两种耒挖掘储粮窖穴和房基而留下的。

五、作战武器

上古时期，氏族部落之间的战争经常发生。平时用来作农具的耒耜，常常在战时被用为作战武器。矛、枪、剑、戟，就是耒耜的延续和发展，后来改进发展成铜制和铁制。

耒耜的发明和改进，是炎帝神农氏对农耕技术的一大贡献，提高了农业劳动的生产率，强化了人类在大自然面前的主观能动性，以至可以说，农具耒耜的发明和使用，才是原始农业起源的根本标志。

炎帝时代的耒耜到了黄帝、颛顼时代，则进一步改进和发展为犁具。《山海经》记载"稷之孙曰叔均，始作牛耕"，即说此事。因为牛耕必用犁具，"犁"字的下边就是"牛"，牛耕才利索，才有效益，才有利益。

黄河流域很多新石器遗址出土的人骨，以 C14 测定食谱，结果表明是以粟黍类为主要食物。西方人士争论黍的产地时指出："谷子和黍肯定是中国发明的，它的野生品种是莠草，俗称狗尾草，耐旱怕涝，因而适合沟洫耕作，是丘陵、平原适合的品种，特别适合黄土高原种植。"《齐民要术》中把黍作为新开荒地的先锋作物。

现在世界各地所栽培的粟类品种，都与中国的粟有亲缘关系。俄罗斯把粟叫粟籽(与《黑暗传》记载的发音完全相同)，朝鲜叫粟克，印度叫棍谷。从语言学来考察，仍保留着中国粟和谷的原音。证明早在新石器时代，中国粟就已由东向西传播，经阿拉伯、小亚细亚、俄国、奥地利、传遍整个欧洲。中国粟还向东传到朝鲜、日本以及广布世界各大洲。

中华民族早期的科技发明是从农耕开始的。据统计，全世界 666 种栽培作物，其中粟、黍、稻、菽等 136 种作物是由中华民族首先栽培成功的。这是炎帝神农氏为代表的中华民族对世界农业发展所作难以估量的巨大贡献。

十一 五谷畦嘉禾

神农获嘉禾之地

　　神农泉下没几步远，就是"五谷畦"。"埒（田埂）中曰畦"，畦就是积土为埂成长方形的地块。圭是畦的最初文字，可见五谷畦的名称与最初的氏族领地标志"土圭"直接相关。

　　《羊头山新记》记载："地名井子坪，有田可种。"相传神农得嘉谷于此，始教播种，谓之"五谷畦"焉"。五谷畦面积约在五亩以内，按周边地形，井子坪范围包括神农井在内，也大不过几十亩。再向下十几米远就是古地名"西马场"。

　　相传炎帝神农氏在"五谷畦"获嘉谷、亦称嘉禾。

　　《路史》记载："《醴泉书》断云：上党羊头山嘉禾八穗，炎帝乃作《穗书》，用颁时令……《风土记》：神农城在羊头山上，下有神农泉，为神农得嘉禾处。《地形志》亦云：得嘉禾之所。"

　　《四州文献》记载："神农之兴，百谷滋阜，羊头黍为律，上党禾为书。是以丹梁，似盖香露成池，因有豢龙之圃，时丹雀衔九穗禾坠其地者，帝拾之以植於田，食者老而不死。赤松子其著也。稻粱麦菽粒我蒸民，遂为先代饮食之人。"

　　乾隆《高平县志》记载："《封禅文》云：寻一茎六穗于苞，注者张铣以六穗谓嘉禾……盖嘉禾，谷也。"

　　《嘉禾堂记》记载："嘉禾堂：在高平县治厅事后。金皇统三年，县境产嘉禾，县尹任致远取以名堂。"

　　《泽州府志》记载："代宗大历五年十一月，泽州嘉禾生。是岁，大有年。"

　　"皇统三年八月，高平嘉禾生。"

　　"明洪武二十年，陵川嘉禾一茎三穗；二十五年，泽州嘉禾异亩同颖。"

《玉海》记载"神农因上党嘉禾八穗乃作《穗书》"。

河南嘉禾极罕见，获嘉县即以曾获得一次嘉禾而得县名。

《拾遗记》记载"时有丹雀衔九穗禾，其坠地者，帝乃拾之，以植于田，食者老而不死"，这段文献记载给我们传递了两个重要信息：

首先是丹雀。《隋志》和《山西通志》里都记载高平有丹雀，当地称作赤雀，这是高平特有的一种象征"祥瑞"的鸟类。古文献常有"赤雀降祉，玄龟效灵""赤雀降祥，五德相生""赤雀绿龟，嘉瑞相寻""赤雀苍乌，野蚕天豆，嘉禾合穗，珍木连理。神瑞休征，洪恩景福，降赐无疆"等。为此，历代帝王常专程或派官员去高平捕赤雀，捕捉数量都详细记载于宫廷档案。如：

《隋书》记载："隋高祖开皇元年二月甲子即位，是月京师庆贺。见三月辛巳，高平获赤雀，太原获苍乌，长安获白雀，各一"。

"隋文帝开皇元年二月辛巳，高平获赤雀"。

《魏书》记载："周武帝建德六年，高平获赤雀"。

可见，丹雀为高平独有。

其次是九穗禾。一般农作物都是单穗，如小麦、谷子、高粱等，虽个别有两穗者，第二穗就很小且不饱满。唯一有一种作物是多穗，就是"黍"。黍一般多至4—5穗。偶然出现6穗就很罕见，称"嘉禾"，必须上奏朝廷，作为天降"祥瑞"，是特别吉祥的征兆，改朝换代、封禅大典、举兵灭寇等常以此为依据。神农氏获得九穗禾，更是极为罕见的嘉禾。"禾"字比"木"字上边多一笔，甲骨文可见是一株苗，比"木"字多出了穗下垂的象形字，由此标志农耕时代到来。

因此，丹雀与九穗禾都是高平及羊头山独有，炎帝神农氏获嘉禾处非高平莫属。《泽州府志》因此记载，"炎帝尝百草至羊头山得秬黍"。

"帝乃拾之，以植于田"的既然是"九穗禾"之"黍"，"黍"又有许多品种，而神农氏在此获得的是"嘉禾"，那么何种"黍"为"嘉禾"呢？

何谓嘉禾

据《广志》记载，黍的种类有牛黍、稻尾黍、秀成赤黍、大黑黍，秬黍、温屯黄黍、白黍、鸳鸯黍、白蛮黍、半夏黍、岷芒、黄燕鸽等，嘉禾必在其中。

但是，各种古文献记载互有不同，尽管有《汉·律历志》记载"以上党羊头山黍度为尺，以定黄钟"，《潞安府志》之"秬黍出羊头山，定黄钟之律，以生度量权衡"的具体记载，羊头山唐碑称炎帝神农氏在羊头山"取黍稷之甘馨，充虚济众"，在此山似乎没有疑问。但"秬"字或是秦汉加偏旁部首归类后产生的字，之前应该为"巨黍"。那么到底哪种黍能够称为"巨黍"呢？

《秬黍说》记载:"古名上党郡,谓其地极高,与天为党,说苑谓高田,宜黍是也。"即使只考察羊头山之黍,按《隋·律历志》记载:"上党之黍有异它乡,其色至乌,其形圆重,用之为量,定不徒然。志云:有黍两畔,其南阳地黍白,其北阴地黍红,因之以定黄钟"。按此说来,也有三种黍在范围之内需要区别。到底是其中哪一种,必须筛选。

据《诗经·大雅》记载,"诞降嘉种,维秬维秠,维穈维芑"。沈括《梦溪笔谈·药议》记载"秬、秠、穈、芑皆黍属,以色为别,丹黍谓之穈"。显然神农氏获得"诞降嘉种"、即天降之"嘉禾",在"秬、秠、穈、芑"四种之中。既然说了四种"诞降嘉种",记载神农氏"帝乃拾之"的到底是具体的哪一种,还必须一一区分清楚。

"秬(ju),黑黍、嘉谷",是羊头山特有的一种"黍"。"秬"字去禾木旁就是"巨",显然是一种籽粒较大的黍种类,黑色。

"秠(pi)",也是黑黍的一种,即"秠亦黑黍",特点是一稃二米。"稃"是谷粒外皮,例如小麦脱去的皮就是麸子,"稃""麸"同音同意。因此"秠"就是黑黍中一个壳里有两颗谷粒的一种。

"穈(men)",嘉谷的一种,"丹黍谓之穈"。禾未秀为苗,扬花为秀,秀而为禾。禾茎有赤白之分。"穈"即禾茎为红色的黍。

"芑(qi)",嘉谷的一种,白黍谓之芑。

那么,这四种嘉谷之中,会是其中哪一种呢?《泽州府志》记载"谷之属:粟、黍,高平有红白青黑数种,黑秬黍可准钟律"。因此,红、白两种可排除。

既然以"黍"度量定尺度,"秠"一稃二米大小不等,虽属黑黍,也应排除。

筛选下来,即为黑色秬黍。

据《管子》描述:"其种大秬细秬",即秬黍的特点一是"大",二是"长",并非圆形。因此累黍为尺时有横累与纵累之分。"上党秬黍,佳者纵累八十一枚,横累百枚",即为一尺。不合此标准者"慎勿误用"。

《隋书·律历志》:"上党之黍,有异他乡……用之为量,定不徒然"。晋朝未用羊头山之黍定律历,致"今尺长于古尺几半寸,乐府用之,律历不合;史官用之,厉象失占;医署用之,孔穴乖错"(《晋书》)。北宋朝廷改制大乐,初时取京郊黍定律铸钟,至钟音不准。后不得不改用羊头山黑黍(《宋史·律历志》)。至明代,朝廷制律历,仍"以羊头山黍中者,……以定律尺之度"(《律尺说》)。明代皇亲贵胄、律历学家朱载堉为了研究十二平均律的基本理论,亲自跋山涉水,来高平羊头山考察,他的《乐律全书·羊头山新记》记载,"律家考黍,率曰羊头山",即指此。

北魏《风土记》记载:神农城在羊头山,其下有神农泉,上有古城遗址。神农井:古城下六十步有二泉,左泉白,右泉清。泉侧有井,所谓神农井是也。五谷畦:神农泉下地名井子坪,有田可耕,相传神农得嘉谷于此,始教播种,谓之五谷畦。

羊头山秬黍出此。

至此，根据多种古文献不同角度的记载，终于准确定位羊头山黑色秬黍，为炎帝神农氏自丹雀坠地得之"嘉禾"。

上品秬黍

《齐民要术》曰："黍可以为酒"，这种酒名为"秬鬯(chang)"，是古代用郁金草酿黑黍而成的香酒，用于祭祀，鬯草就是郁金草。"鬯"字上部似容器中有酿造原料，下部是"匕"，即为"勺"的象形字。"鬯"字的字理即为容器中的原料酿造流出被承接的液体为酒，"鬯"即酒，鬯草就是酿酒用的草。《左传》曾记载"秬鬯一卣"，"卣(you)"字形是椭圆口、有盖和提梁盛酒的器具象形字，字形正是有盖与提手、容器中有物。"卣"与"有"同音同意，如同"有"字。甲骨文"有"字上为"手"字形，下"肉月"即"肉"，即手拿肉为"有"。"秬鬯一卣"之意如同"黍酒一壶"。

又如河南安阳殷墟有一片甲骨卜辞为"丁酉卜，贞：王宾文武丁，伐十人，卯六牢，□六卣，亡尤"。这是记载的丁酉日的卜辞，占卜者问："王宾祭文武丁，杀十人，宰六头牛，香酒六壶，没有祸尤吗"？这说明国家级祭祀，确实使用秬黍酿造的香酒。

因此，祭祀用的酒以秬黍、黑黍为主酿造，而秬黍本身就是黑色，二者是秬黍的不同称呼。虽然多种粮食都可以酿酒，最早的酿酒原料却是"嘉禾"之属的秬黍，这种酒以后专门用来祭祀，显然有着炎帝神农氏"获嘉禾"的文化内涵，嘉禾也有了吉祥、祥瑞的文化意义。

周朝初期，周成王封其弟叔虞到唐国、即随后改称晋国的山西地区做诸侯。因田中出现"异亩同颖"，即两块田中同时出现相同的嘉谷，立即专人送往山东的平叛作战前线，以此"祥瑞"激励前线三军奋勇作战，终于取得胜利。可见古代"嘉禾"作为祥瑞征兆的巨大群体心理作用。

禾类作物未秀为苗，扬花为"秀"，秀而为禾。历史记载，东汉开国皇帝刘秀诞生时，正值禾类作物扬花。其父特为他取名刘秀。又因其掌纹一手为"文"，一手为"刂"，认为将来定是文武双全非一般人，造了个字"刘"以之与"劉"区别。后来刘秀果然灭了篡政的王莽，登基称帝。

"黍"到底是一种什么样的作物种类，能够得到我国古人如此崇高的评价呢？古文献多有记载。

"北方因地处高寒，不生五谷，黍早熟，故独生之"——孟子。

"黍，禾属而黏者也。以大暑而种，故谓之黍"——《尔雅·翼》

"黍生于榆，六十日秀，秀后四十日成，黍生于巳，壮于酉，长于戌，老于亥，死于丑,恶于丙午,忌于丑寅卯"——《杂阴阳书》。

综上所述,"黍"耐旱、早熟、成熟期一百天、大暑时种植,故"黍""暑"同音。

黍在"大暑"前后下种,随后发芽、抽穗、灌浆等生长阶段恰逢秋季,黄土高原干旱山区一年中有限的雨水恰好集中在这个阶段,有效地促进了黍的生长。待生长到一百天霜冻之前,黍已经成熟收获。有此特性,黍就可以在麦收以后补种一季黍,多收一季粮食,或作为春庄稼受灾后的补种品种,成为粮食增产与保障的最优良品种。

根据现代科学分析,"黍"对水分的利用率极高。《中国农业发展史》记载:"粟、粱、麦、玉米、大豆,粟的水分利用率最高,粱次,玉米又次,麦比粟需水多一倍,豆需水为粟三倍"。在最干旱少雨的气候条件下,即使其它农作物枯死绝收或减产,减产最少因此收获最有保障的也一定是黍。农谚"只有青山干死竹,未见地里旱死粟"。

甲骨文里"黍"字出现极多,共发现79个。其象形为一株带有明显特征的黍禾苗与水流。可见为造字阶段使用最久者,是表明与水的特性有关的一种植物,或与能够酿酒有关。"粟"显然出现较晚,仅发现16个甲骨文字形,明显属于禾谷类苗,与"黍"字相似,或没有用以酿酒故无水的字形。

古文献常"粟""黍"通用,《诗经》常"禾黍"并称,且黍的使用概率多于粟(谷子),汉代改称"粟麦"。粟常泛指包括黍的谷类作物,黍是其中的大黄米。

黍对水分有最高的利用率。因此在干旱少雨的黄土高原,种植黍稷类作物,最易于"保证收获"。这在原始农耕初创时期,具有最重要的意义。因为在"人民众多,禽兽不足"的神农时代,仅靠渔猎已经难以维持氏族生存,"保证粮食收获"几乎等同于氏族的生死存亡。炎帝神农氏"始教天下耕种五谷而食之,以省杀生",即加重植物食品的比重,减少肉食"杀生"的比重,正是渔猎游牧文化转型期的重要特征。

那么最能保障收获的黍,就成为最重要的农作物。山西省的降雨量规律,是由晋东南向晋西北递减。上党地区为山西降雨最多的地区,这是农耕文明必然地诞生于晋东南的自然依据。祭祀的贡品之中,黍为先,桃尚且未能列入。

文献记载:"孔子先食黍,以黍为五谷之先,桃为五果之下,故舍不用耳。"可见,孔子在饮食上,把黍看得比桃重。高平至今仍产一种雪桃。这种桃生长期为9个月,于下雪时成熟采摘,故名"雪桃","其雪桃亦用黍,以黍粘去桃毛也"。因雪桃耐高寒,糖分积累多,脆甜无比。古籍记载黍与雪桃,且将二者并提绝非偶然,都与产地高平有着割舍不断的联系。

《汉书·地理志》记载:"羊头山世靡谷"。在五谷畦试验田里,炎帝神农氏或许试种过多种农作物,但其他作物对农时节令要求较高,对水分的利用率低,收获的可靠性难以与黍相比。实践证明，秬黍早熟，能耐旱抗逆，对杂草有顽强的竞争力，是农业初创时期适应性最强，最有收获保障的作物，也是炎帝神农氏最早培育划时代的农产品。

黍在古代有粘鞋的用途：《尔雅》记载："古人作履，黏以黍米，谓之黎"。《说文解字注》记载"黎，履粘也……作履粘以黍米也"。《辞海》对黎字的注释是"古时用黍米做成胶质，用以粘鞋"。"黎"字是"黍"字加一个变形的"人"字，黎即黍人，种黍谷吃黍米的人，穿黍米黏鞋的人。上古时期以"黎"字为族名的，是蚩尤九黎族。《尚书》记载："黎民，当即九黎之民"。九黎族，即擅长种黍吃黍的部族群体，首领是蚩尤。炎帝姜姓神农氏碟谱，蚩尤为炎帝支系柱公的七世后裔。这样，"黎"字与"黍"紧紧连在一起，发现"黍"的炎帝神农氏族，与"黎""黎国""黎明即起""黎民百姓""三苗九黎"等就内在联系、割舍不断了。

黍的另一个优良特性是适应生土，古代农书《齐民要术》记载"凡黍、稷田，新开荒为上，大豆为次，谷为下"，即黍稷最适宜作新开荒田的先锋作物，而且黍稷为首，豆次之，其它谷又次之，因此黍稷豆三种谷物都列入最早的五谷"黍稷豆麦麻"之中。稷为小米，是黄土高原干旱地区的主要农作物，抗日战争时期八路军的主食军粮，因此有"小米加步枪"之说。

豆就是菽，文献中五谷常记载为"黍稷菽麦麻"，因为有根瘤菌充实养分，豆的营养价值很高，军队作为营养品配发，毛泽东主席很看重菽，作词就有"喜看稻菽千重浪"。现代社会尚且如此，农耕初创时期，山西高原干旱土壤及农业环境恶劣，黍稷豆的作用与价值就更无可比拟。

黍的种植时节是，"三月上旬种者为上时，四月上旬为中时，五月上旬为下时。夏种黍、稷，与稙谷同时；非夏者，大率以椹赤为候。谚曰：椹离离，种黍时"，"椹离离"就是果实下垂。其时节一般应以桑椹由青转红累累下垂、丰美多果实之际较为合适。尽管如此，这里所说种植的上、中、下三个"时候"都是可以的，只是相比较三月最好，四月次之，五月再次之。这里所说的月份应该是沿用到后来的夏历，即夏禹时期统一使用的历法。

累黍为尺既定，农耕的一整套规范便随之而定。

农耕规范

《农业科学技术史稿》记载："农田沟洫系统，匠人为沟洫，耜广五寸，二耜为耦，一耦之伐，广尺深尺谓之"圳"（即畎圳），田首倍之，广二尺、深二尺，谓之"遂"。九夫为井，井间广四尺，深四尺谓之"沟"，方十里为"成"。成间广八尺，深八尺谓之"洫"；方百里为"同"。民间广寻，深二仞，谓之"浍"。专达于川，各载其每其名"。

"《司马法》:六尺为步,步百为亩",即宽6尺,长600尺,为一标准亩。《风俗通》曰:"古者二十亩为一井,应为市交易,故称市井。皆为八家共一井也。《孟子》曰:"方里而井,井九百亩",其"中"为公田,此古井田之制。井田制在不同的时代井田的尺度、内容是不同的。

《黑暗传》中所提到的羊头山,是唯一具有炎帝神农氏族特征得名,并有大量炎帝神农氏遗迹和文化的地方。

如果说华夏文明起源于采摘第一粒谷物种子的手,那么这只有意识寻找并获得嘉禾之手就是炎帝神农氏始祖之手,获得之地就是羊头山,谷种名称即为嘉禾(嘉谷)黍种,实验种植地就是五谷畦。那么这里就应该是华夏农耕文明的源头,中华民族的始祖炎帝神农氏最先在这里发现优良黍种,创制了原始农具耒耜,耕耘、播种、收获,使农作物种植成为一项投入时间、劳力,即可有粮食收获并可用于产品交换的产业,逐渐成为"支柱产业",由此形成人民定居,因此又带动了畜牧业的发展。原始社会的发展终于由量变到质变,渔猎经济开始里程碑式地转向农耕经济,彻底解决了人类的食品危机。

过去,人类需要漫山遍野渔猎采集,难以从根本上解决温饱,中华民族长期面临着生存危机,这个危机以第一粒嘉禾的获得为标志得以基本解决。以黄土地上第一块五谷畦为标志,上党盆地农业率先进入了一个黄金时代。这个时代,标志着中华先民的生产方式由渔猎到农耕,生活方式由游牧到定居的伟大转折,迎来了人类历史上第二个文明时代,即农耕文明时代。

《山海经》里共有18处记载不同地域居民"黍食""食黍""膏黍"等,便是历史的真实记录。如《山海经》记载:"有司幽之国……食黍,食兽","有白民之国……黍食","有黑齿之国……姜姓,黍食"。而记载"食稻""膏稻""稻米"的仅三处,从比例上看,显然当时普遍以居山区种植黍为主。直至周朝按《周礼》的记载,还是"谷宜黍稷"。

从《山海经》、《诗经》中可以看出,"黍"字的使用概率远远大于"粟"。黍又因其黏性大,食用后消化时间长,能持续提供能量维持体能,是一种极好并可不断再生的食源。随着植物食品来源的开发成功,中华先民由捕鱼打猎为主、采集种植为辅的渔猎生存形态,逐渐过渡到种植业为主,捕鱼和舍饲家畜为辅的农耕文明生存形态。为粮食作物配套餐具的制陶业也随之应运而生。

我国古代称粽子为角黍。最早的文字记载是晋人周处的《风土记》:"仲夏端午,烹鹜角黍",《本草纲目》"俗作粽。古人以菰芦叶裹米煮成,尖角,如棕榈叶心之形,古曰粽,曰角黍。"可见粽子的历史由来已久,而最初做粽子的主要原料就是黍米。"粽"字为各种谷米类综合之意,粽子可以包多种谷物,但最初以黍为主、为宗。粽子是自黍出现以后，早于粥、饭出现的古老食品，在炊具还没有被发明之前，用大的树叶包裹着黍米和水用火煨熟而食，这就是最早的粽子。

黍和粟（谷子）都是最早起源于我国黄河流域黄土高原的作物，但黍的起源比粟的起源年代还久远，据考古发掘的碳化籽粒同位素测定，黍的起源和驯化至今已有10300年，而粟为8700年，可知采集的历史比农耕的历史更为久远。

考古学上的仰绍文化早期，是与炎帝八世的传说相一致的。这种文化已经不是狭小的区域文化，而是通过和平交流或部落战争，迅速扩大散播，成为覆盖中国北方地区，几乎居于垄断地位的文化形态。

《竹书纪年》记载："神农驰于中国，于是南至交趾（今湖北长江流域），北至幽都（今北京一带），东至旸谷（《淮南子》中称为日出之所，今山东泰山一带），西至三危（山名，今陕西省），莫不从其化。"可见解决食物来源的农耕种植一旦发生，就会迅速扩散至可能扩散到的所有地方。能够改变整个社会生产方式的，就是一场革命，一场农耕革命。

北魏贾思勰的农学名著《齐民要术》，就以大量的篇幅，对晋东南农业科学和技术进行了总结。从中可以看出，封建社会前期的晋东南农业发展，就为民间食俗奠定了丰富的物质基础。《潞安府志》记载："上古神农尝百草至羊头山得黍，有凤凰巢于天冢冈遂名凤凰山（今潞城境内）又得嘉禾"，这说明至少在五千年前，就有人类在晋东南从事渔猎、种植、养殖等生产活动。历经五千年直至明末清初，晋东南的粮食种类发展的比较齐全，《潞安府志》记载，上党农作物有黍、稷、富麦、春麦、草麦、高粱、大豆、小豆、豇豆、绿豆、扁豆、荞麦、莜麦，苦荞麦、麻子、土豆、薯类等。清末民初又引进玉米、水稻等品种。

春，秋季节，民间还摘取杨树、柳树嫩叶，开水沥后腌酸菜做早晚餐的配菜；摘取槐树花、榆树花（榆钱）洗净，同粗玉米面混合搅拌，制成干粮做主食；摘取香椿树嫩梗和叶洗净，开水泼一下切成碎末，用葱油、精盐调拌做小菜佐面条与和子饭，以及用于烹饪原料；地头岸边，草丛山坡的苜蓿苗、扫帚苗、灰灰菜、蚰蚰菜、甜根菜等野菜、都可以用开水沥去邪味，冷水浸透，挤去水分，切碎，放葱油，精盐调拌入味做配菜；雨后在草丛山坡拣回的地木耳（农家叫地圪拏），可与粉条，豆腐，鸡蛋配制成素馅蒸饺子；小蒜、野韭菜可腌制韭花佐馔而食。

《大戴礼记》记载"食肉者勇敢而悍，食谷者智慧而巧"，尽管食五谷使中原人种的爆发力、持久力低于北方、西北边陲的食肉民族，华夏民族常常受到游牧民族剽悍魁伟之躯的侵掠，但农耕文明却使人类拥有更多的智慧和创造力抵御外来的挑战。世界历史上无数显赫一时的帝国由于异族的侵略而灭亡，却没有哪一个民族最终征服中华民族。反而是诸多游牧民族不断被华夏民族融合、同化，农耕文明正是中华民族的巨大生命力所在。

十二 "气"与"候"

我们常说"时候不早了",或"是时候了",这里的"时候"常指较短的时间,与"时候"的本意概念不同。"时"与"候"的概念,本意并非我们常常泛指的时间。我们可以回顾《三国演义》诸葛亮对鲁肃解释何以能够借来东风的一段话:"五日为候,三候为气,六气为时,四时为岁。冬至一阳生,夏至一阴生……"因为农耕必须重视具体的"五日为候,三候为气(节或气)"的短期气候变化,"气候"的概念由此而生。"时"为季节,是较长的一个阶段,因此"时候"是较长的时间概念。江南没有与二十四节气严格对应的气候,因此鲁肃被黄河流域的北方人诸葛亮上了一课,这位江南才俊连连叹服。

二十四节气

神农氏始创的四时八节,即《晋书·律历志》记载的"逮乎炎帝,分八节以始农功"。即二分(春分秋分)二至(冬至夏至)四立(立春立夏立秋立冬)为神农时代直至春秋战国以前沿用的八个节气,后来由齐国的管仲发展细分为二十四节气。到汉朝的《淮南子》写作时已经完善到每节气三候,精确到每候的候应以什么物候变化为标志的程度。另外还总结出与生活体验联系更紧密的"三九""三伏"等杂节气作为补充。

北斗星不仅是辨别方向的参照,也是季节划分的重要依据,此奥秘早已为古人熟知。一年中的二十四节气亦是以北斗聚会与否来决定。如每个月日月相会一次为"节",日月相会时北斗又来相聚为"气",如本月北斗不来与日月相会,则节、气均不能成立,则成闰月。

十五天为一个"节气"(节或气),分为"三候",五日为一"候"。每"候"都有其代表性的典型特征。如立春节气分三候:一候"东风解冻",冻土开始消解;二候"蛰虫始振",蛰伏的冬眠昆虫开始活动;三候"鱼陟负冰",水下的鱼类开始上游到冰面之下,好像背负着冰。"候应"是气候的一种反应,乡村易于观察,掌握并用于指导农耕很实用。

由于农耕的需要,黄河流域的人们在生产中探索并掌握气候规律,使农业耕作适应气候,由此逐渐形成系统的反映气候规律的二十四节气,是为"天时"。一周年内之"天时"变化如下:

（正月）

立春：初候，东风解冻。阳和至而坚凝散也；二候，蛰虫始振。振，动也；三候，鱼陟负冰。陟，言积，升也，高也。阳气已动，鱼渐上游而近于冰也。

雨水：初候，獭祭鱼。此时鱼肥而出，故獭先祭而后食；二候，候雁北。自南而北也；三候，草木萌动，是为可耕之候。

（二月）

惊蛰：初候，桃始华。阳和发生，自此渐盛；二候，仓庚鸣。黄鹂也；三候，鹰化为鸠。鹰鸷鸟也。此时鹰化为鸠，至秋则鸠复化为鹰。

春分：初候，玄鸟至。燕来也；二候，雷乃发声。雷者阳之声，阳在阴内不得出，故奋激而为雷；三候，始电。电者阳之光，阳气微则光不见，阳盛欲达而抑于阴。其光乃发，故云始电。

（三月）

清明：初候，桐始华；二候，田鼠化为鴽，牡丹华。鴽音如，鹌鹑属，鼠阴类。阳气盛则鼠化为鴽，阴气盛则鴽复化为鼠；三候，虹始见。虹，音洪，阴阳交会之气，纯阴纯阳则无，若云薄漏日，日穿雨影，则虹见。

谷雨：初候，萍始生；二候，鸣鸠拂其羽，飞而两翼相排，农急时也；三候、戴胜降于桑，织网之鸟，一名戴鵀，降于桑以示蚕妇也，故曰女功兴而戴鵀鸣。

（四月）

立夏：初候，蝼蝈鸣。蝼蛄也，诸言蚓者非；二候，蚯蚓出。蚯蚓阴物，感阳气而出；三候，王瓜生。王瓜色赤，阳之盛也。

小满：初候，苦菜秀。火炎上而味苦，故苦菜秀；二候，靡草死。葶苈之属；三候，麦秋至。秋者，百谷成熟之期。此时麦熟，故曰麦秋。

（五月）

芒种：初候，螳螂生。俗名刀螂，说文名拒斧；二候，鵙始鸣。鵙，屠畜切，伯劳也；三候，反舌无声。百舌鸟也。

夏至：初候，鹿角解。阳兽也，得阴气而解；二候，蜩始鸣。蜩，音蜩，蝉也；三候，半夏生，药名也，阳极阴生。

（六月）

小暑：初候，温风至；二候，蟋蟀居壁。亦名促织，此时羽翼未成，故居壁；三候，鹰始挚。挚，言至。鹰感阴气，乃生杀心，学习击搏之事。

大暑：初候，腐草为萤。离明之极，故幽类化为明类；二候，土润溽暑。溽，音辱，湿也；三候，大雨时行。

（七月）

立秋：初候，凉风至；二候，白露降；三候，寒蝉鸣。蝉小而青赤色者。

处暑:初候,鹰乃祭鸟。鹰,杀鸟。不敢先尝,示报本也;二候,天地始肃。清肃也,寨也;三候,禾乃登。稷为五谷之长,首熟此时。

(八月)

白露:初候,鸿雁来。自北而南也。一曰:大曰鸿,小曰雁;二候,玄鸟归;燕去也。三候,群鸟养羞。羞,粮食也。养羞以备冬月。

秋分:初候,雷始收声。雷于二月阳中发生,八月阴中收声;二候,蛰虫坏户;坏户,培益其穴中之户窍而将蛰也;三候,水始涸。国语曰:辰角见而雨毕,天根见而水涸,雨毕而除道,水涸而成梁。辰角者,角宿也。天根者,氐房之间也。见者,旦见于东方也。辰角见九月本,天根见九月末,本末相去二十一余。

(九月)

寒露:初候,鸿雁来宾。宾,客也。先至者为主,后至者为宾,盖将尽之谓;二候,雀入大水为蛤。飞者化潜,阳变阴也;三候,菊有黄花。诸花皆不言,而此独言之,以其华于阴而独盛于秋也。

霜降:初候,豺乃祭兽。孟秋鹰祭鸟,飞者形小而杀气方萌,季秋豺祭兽,走者形大而杀气乃盛也;二候,草木黄落;阳气去也;三候,蛰虫咸俯。俯,蛰伏也

(十月)

立冬:初候,水始冻;二候,地始冻;三候,雉入大水为蜃。蜃,蚌属。

小雪:初候,虹藏不见,季春阳胜阴,故虹见;孟冬阴胜阳,故藏而不见;二候,天气上升,地气下将;三候,闭塞而成冬。阳气下藏地中,阴气闭固而成冬。

(十一月)

大雪:初候,鹖鴠不鸣,鹖鴠,音曷旦,夜鸣求旦之鸟,亦名寒号虫,乃阴类而求阳者,兹得一阳之生,故不鸣矣;二候,虎始交。虎本阴类。感一阳而交也;三候,荔挺出。荔,一名马蔺叶似蒲而小,根可为刷。

冬至:初候,蚯蚓结。阳气未动,屈首下向,阳气已动,回首上向,故屈曲而结;二候,麋角解。阴兽也。得阳气而解;三候,水泉动。天一之阳生也。

(十二月)

小寒:初候,雁北乡。一岁之气,雁凡四候。如十二月雁北乡者,乃大雁,雁之父母也。正月候雁北者,乃小雁,雁之子也。盖先行者其大,随后者其小也;二候,鹊始巢;鹊知气至,故为来岁之巢;三候,雉雊;雊,句姤二音,雉鸣也。雉火畜,感于阳而后有声。

大寒:初候,鸡乳,鸡,水畜也,得阳气而卵育,故云乳;二候,征鸟厉疾;征鸟,鹰隼之属,杀气盛极,故猛厉迅疾而善于击也;三候,水泽腹坚。阳气未达,东风未至,故水泽正结而坚。

诸葛孔明所讲:"五日为候,三候为气,六气为时,四时为岁……",即六个节

气为一"时(季度)","四时"即四季为一岁。一岁就是一年,只是因为各朝代对"年"的称呼不同而异。唐虞之际称"载",即每年"运载"一次粮食;夏朝称"岁",因岁星循环一周;商朝称"祀",因每年一次祭祀;周朝称"年"即周年,因每年粮食收获一次。

虽然上述每两个节气候应之前都注明夏历月份,实际上节气与夏历月份并不准确对应,而与现在的阳历倒是基本对应。因为土圭测影直接反映了地球围绕太阳公转的时间信息,因此二十四节气本质上属于"阳历"而非"阴历"。尽管每个节气的"候应"还是以体验作为物候标志。我国历史上都是节气与夏历一并使用,属于"阴阳历"。直至民国初年(1912年)才正式开始使用公元纪年即阳历。

英国采用节气并用于天文台,是在1930年,而且仅有冬至、夏至、春分、秋分四个节气,只是概念的采用。而概念的产生,五千年前的炎帝神农氏就已经完成,并颁布四时八节指导农耕,代代传承发展至将风云变幻的气候精确描述到如此境界。"神农"的称号并非册封而来,那是世代人民对其伟大贡献的崇高评价,非仰望不能说明我们对其境界的理解。

农艺大智慧

黍的播种期在三、四、五月的三个月范围内之各个"时候"都可以,适应性是很强的。其实还不止于此,黍种植最保险的时节是《齐民要术》记载的"常记十月、十一月、十二月冻树日种之,万不失一。冻树者,凝霜封冻木条也。假令月三日冻树,还以月三日种黍;它皆仿此。十月冻树宜早黍,十一月冻树宜中黍,十二月冻树宜晚黍。若从十月至正月皆冻树者,早晚黍悉宜也"。如此特性优良的谷物"黍",如何不被奉为五谷上品?

难道冬季种黍为最好吗?这只有了解我国的农耕文化,才能理解其意。

冬季气候寒冷,现代人一般不容易认为能种庄稼。但上古时代流传下来的这种"冬月种谷法"却恰恰选择冬月种谷,它依据的是植物对大自然环境的适应性。农作物本来就是大自然之中的一种植物,种子落下,在土壤之中经霜冻日晒、雨雪滋润,考验和强化了它的生命力,春暖时就易于萌发,苗壮成长。这是不以人的意志为转移的客观规律,绝非我们凭空想象天冷会被冻死,否则一个物种仅一个冬季就已死绝,不会流传到今日。

《齐民要术》具体介绍了"冬月种谷法"。用此法种谷,不论降雨雪量多少,均有收获,还能克服冬旱等恶劣气候。后来曾受清朝官方大力推崇,并在黄河中下游地区大量印发"冬月种谷方",进行推广实施。

炎帝神农氏时代烈山烧荒,解决了大山台地的垦荒问题。但这只是粗放式耕作,初期没有精耕细作与施肥,因而每隔两三年后,就要暂时抛荒这块农田,转换地方重新烈山烧荒开垦新的土地,过几年后再返回故土重新烈山烧荒耕种。这种轮休的生产方式和生活方式,随着农业保障人口增多却有诸多不便。只有为农作物提供生长所需的肥料,才能根本解决不断烈山烧荒的问题。

《论衡》记载:"神农、后稷藏种之方,煮马屎以汁渍种者,令禾不虫。"《齐民要术》等农书则详细记载了另一种早期的肥料育种法——神农溲种法:以矿碎的牛、马、羊、猪、麋鹿等动物骨共一斗,加雪水三斗,煮沸三次后沥去骨渣,再用此清汁浸渍附子,每斗汁浸附子五枚。五天后取出附子,再把等量的麋鹿、羊粪捣烂后,放入清汁里搅拌均匀,在晴天温暖时进行浸种,然后捞出晒干。如无动物骨,也可用煮蚕茧缫丝的水调粪浸种,附子另加。用这种溲种法处理后的种子,蝗虫不吃,耐旱高产。

1956至1958年,我国一些科研单位对"神农溲种法"作过实验验证,均认为有较好的效果。有的专家还肯定此法具有早苗、全苗、壮苗、抗旱和增产五大优点。溲种法的重要意义在于给种子包上肥料、药物的外衣。这种方法,首开古代包衣种子之先河。

"神农溲种法"又衍生出另外一项技术:"无马骨,亦可用雪汁。雪汁者,五谷之精也,使稼耐旱。常以冬藏雪汁,器盛,埋于地中。治种如此,则收常倍。"《齐民要术》记载的这种方法,是直至今日仍提倡使用的"雪藏种子"技术。

当先民开始为农作物提供肥料以后,频繁的迁移活动才能逐渐停止,先民才能完全定居下来,中华民族先民因农耕而定居,因农耕而产生对气候的精确描述与把握,对粮食作物生长条件的深入了解,最终形成初始农业时期的生产技术。羊头山、神农城因此最终固定成为炎帝神农氏族的定居地,"王者之屋"才能最终形成。这就是文献记载神农之时开始的"宫室之制"。

耕地是排水耕作法

此外,在平川盆地易积水为涝的农田,从神农时就形成了便于排涝的农田沟洫系统,田亩有垅有畎(沟),便于排涝栽培作物。沟洫的形成就是使用犁铧。"铧"字的同音就是"划",即使用"犁"在土地"划"出沟垅即沟洫,使"垅"像一条条"土龙",与"垄"字的字意相通。当代出土的战国时期犁铧,其外形、曲线、角度等与现在使用的犁铧完全相同,足见当时耕作技术已经十分发达完善。

"沟洫耕作法"使土壤表面积增加,土块松散利于加速水份蒸发,垄沟便于雨水排走,本质上属于排涝耕作法,不利于干旱时保墒。沟洫出现是为解决排涝。《沟洫疆理小记》记载沟洫耕作法"贵泄也,非蓄也。备潦,非备旱也"。足见

"沟洫耕作法"应该起源于古代洪水时期,大禹治水就是一个证明。

目前,国外许多国家已将犁铧送入博物馆,代之以免耕法,以适应当代世界性干旱。那么我们今日继续使用的耕作制度,也迫切需要变革为旱作耕作法,这是目前许多农村耕作还没有认识到的。

透过"大禹治水"我们首先应该解读的,是以前没有那样大的水患,后来水患增加、大水来了,庄稼难以再生产,生活条件巨变,必须治水。

《吕氏春秋》有记载:"昔上古龙门未开,吕梁未发,河出孟门,大溢逆流,无有丘陵沃衍、平原高阜,尽皆灭之,名曰鸿水。"可见洪水来临,黄河河道龙门处尚未开通,吕梁也没有开发,因此黄河水自孟门段溢出,逆潮流而涌流,导致丘陵高阜平原都不见了,一片大水。

再看《淮南子·本经训》记载舜之时"龙门未开,吕梁未发,江淮通流,四海溟涬,民皆上邱陵、赴树木",丘陵高地或树上都成了人民躲避洪水的地方。

河南省北部、太行山南麓的辉县孟庄龙山城遗址,洪水导致城内的低凹地有较厚的淤积层,城墙高度 4 米左右,但东墙内侧保存至今的高度仅 1 米,西墙内侧仅 0.5 米高,且有夯土修补的痕迹,足见为后来筑城之前受洪水冲刷的遗迹。

至今湖南省从洞庭西山到石湖湖底,大都分布着良渚文化遗址。浙江吴兴钱山漾和杭州水田畈遗址,都保留有一层 0.3 米厚的淤泥或泥炭,其中没有文化遗存。

《圣经·创世纪》第 7 章也有这样的记述:"过了那七天,洪水泛滥在地上。当挪亚六百岁,二月十七日那一天,大渊的泉源都裂开了,天上的窗户也敞开了。四十昼夜降大雨在大地上。"挪亚和他的妻子乘坐方舟,在大洪水中漂流 40 天以后,搁浅在高山上。为探知大洪水是否退去,挪亚连续放了三次鸽子,等第三次鸽子衔回橄榄枝后,说明洪水已经退去。这都说明挪亚时的大洪水也是同样凶猛(《新旧约全书》)。亚当的伊甸园、挪亚方舟停靠的地点朱蒂山等当代考证都证明了欧洲大洪水的真实历史。

可见,欧亚大陆都同样遭遇过一段特大洪水期。尧、舜、鲧、禹都在与洪水作殊死斗争,区别只是采用不同的治水方法。因此古时人们多居住高山丘陵,而不像今天居住平川,那么上古先民居住羊头山这样的高山,由农耕而定居,产生宫室之制就容易理解了。

《淮南子》记载"修(循)道理之数,因天地之自然,则六合不足均也,是故禹之决渎也,因水以为师,神农之播谷也,因苗以为教"。这是说,神农与大禹,面对不同的自然条件,认识自然,道法自然,各自都取得了不同的成就。

农耕与中华文明

　　《礼纬含文嘉》记载"神农,神者,信也;农者,浓也。始作耒耜,教民耕种,美其衣食,德浓厚若神,故为神农也。神农修德作耒耨,地应以醴泉,天应以嘉禾"。说明是天降嘉禾,地有水泉,人创耒耜。为神农因天地人合一而始创农耕,德恩浓厚如神,被人民奉为神农。这里的"德"右半边是上"直"下"心"。因造字上下结构过长,将"直"中间的"目"横写。其意为心直为德。后加"双立人"为"行"字的省写。"德"字组合的意思为心想与行动都正"直"无偏邪,德浓厚若神,故奉为神农。

　　《淮南子》又记载"昔者神农之治天下也……甘雨时降,五谷蕃植,春生夏长,秋收冬藏……以时尝谷,祀于明堂。明堂之制,有盖而无四方,风雨不能侵,寒暑不能伤。迁延而入之,养民以公。其地南至交趾,北至幽都,东至旸谷,西至三危,莫不听从"。这里特别说到农耕发展,庄稼"春生夏长,秋收冬藏",随之有了"明堂之制"即房屋,特点是"有盖"即房屋有顶,"明堂"室内因有四面墙因此看不到"四方","风雨不能侵,寒暑不能伤",能够遮蔽风雨寒暑,已经是本质意义上的房屋即"宫室之制"了。有了固定的食物来源和定居住房,人民居食无忧,各种手工制造业自然都发展起来,神农氏族因此空前强大,炎帝神农威望达及海内,其它氏族莫不归附,统治领域"南至交趾,北至幽都,东至旸谷,西至三危",影响所至"莫不听从"。

　　商鞅的《商子》记载"神农之世,男耕而食,妇织而衣,刑政不用而治,甲兵不起而王。神农既没,以强胜弱,以众暴寡,故黄帝作为君臣上下之义,父子兄弟之礼,夫妇妃配之合,内行刀锯,外用甲兵,故时也。由此观之,神农非高于黄帝也,然其名尊者,以适于时也"。《白虎通德论》记载"谓之神农何?古之人民皆食禽兽肉,至于神农,人民众多,禽兽不足,于是神农因天之时,分地之利,制耒耜,教民农作,神而化之,使民宜之,故谓之神农也"。

十三 礼乐源头

如果听说过"黍定黄钟",就知道音乐与黍根本不能分离。中国的礼乐制度就源于黍。

黄钟是一个音乐名词,是音乐十二律的第一律。其十二律是:黄钟、大吕、太簇、夹钟、姑洗、仲吕、蕤宾、林钟、夷则、南吕、无射、应钟。"黄钟大吕"常作为音乐的代名词来使用。如《周礼》"乃奏黄钟,歌大吕,舞云门,以祀天神"。可见,古代的音乐首先用来敬神,古建筑的戏台舞楼多建造于祠庙正殿之前并面向正殿,作为神灵接受人间乐舞的场所。

音律即指音乐上的律吕、宫调等。古人把宫商角徵羽称为五声或五音。从宫到羽,按照音的高低排列形成一个五声音阶,宫商角徵羽就是五声音阶上的五个音级,大致相当于现代音乐简谱上的 1(do)2(re)3(mi)5(sol)6(la)。后来再加上变宫、变徵,称为七音。

宫、商、角、变徵、徵、羽、变宫

对应简谱为 1、2、3、#4、5、6、7

作为音级,宫商角徵羽等音阶只有相对音高,没有绝对音高。这就是说相邻两音的距离固定不变,它们的音高是随着调子转移的。2009 年春晚"小沈阳"唱歌时说"起高了",就是说音高没有定准。

怎样来确定调子即音高呢?这就要用律吕来给它定调,律吕就是定调用的律管和吕管。《淮南子·原道训》记载"故音者,宫立而五音形矣"。宫的音高确定了,五声音阶各级的音高就都确定了。

七声音阶的情况也是这样。古书上常常把五声或五音和六律并举。《吕氏春秋·察传》说:"夔(舜的掌管音乐的官)于是正六律,和五声。"《孟子·离娄上》说:"师旷之聪,不以六律,不能正五音。"

律本来指用来定音的竹管。古人用十二个长度不同的律管,吹出十二个高度不同的标准音,以确定乐音的高低,因此这十二个标准音也就叫做十二律。十二律各有固定的音高和特定的名称,和现代西乐对照,大致相当于 C#CD#DEF#FG#GA#AB 等十二个固定的音。

可见律和音是两个不同的概念。

十二律分为阴阳两类:奇数六律为阳律,叫做六律;偶数六律为阴律,叫做六吕,合称为律吕。古书上所说的"六律",通常是包含阴阳各六的十二律说的。

黄钟、太簇、姑洗、蕤宾、夷则、无射为六阳律，大吕、夹钟、中吕、林钟、南吕、应钟为六阴律。阳律为律，阴律为吕。黄钟为元声，余声则依十二律的次序循环计算，每隔八位，照黄钟管之长或加或减三分之一以得之。如自黄钟算到第八位为林钟，黄钟管长九寸，三分损一，得六寸，即为林钟管之长；自林钟算到第八位为太簇，林钟管长六寸，三分益一得八寸，即为太簇管之长；自太簇算到第八位为南吕，太簇管长八寸，三分损一得五寸三分点三强，即为南吕管之长，如此类推。这就叫隔八相生法。

律管的长度是固定的。长管发音低，短管发音高。十二个律管的长度有一定的比例，这意味着十二个标准音的音高有一定的比例。

古人通常以宫作为音阶的第一级音。其实商角徵羽也都可以作为第一级音。《管子·地员》篇有一段描写五声的文字，其中所列的五声顺序是徵羽宫商角，这就是以徵为第一级音的五声音阶：

徵、羽、宫、商、角。

5、6、1、2、3。

音阶的第一级音不同，意味着调式的不同：以宫为音阶起点的是宫调式，意思是以宫作为乐曲旋律中的主音；以徵为音阶起点的是徵调式，意思是以徵作为主音；其余由此类推。这样，五声音阶就可以有五种主音不同的调式。

《管子·地员》里的那段话是：

凡听徵，如负豕，觉而骇；凡听羽，如马鸣在野；凡听宫，如牛鸣中；凡听商，如离群羊；凡听角，如雉登木以鸣。

根据同样的道理，七声音阶可以有七种主音不同的调式。《孟子》记载："为我作君臣相说之乐。"《史记》记载："高渐离击筑，荆轲和而歌，为变徵之声，士皆垂泪涕泣。又前而为歌曰'风萧萧兮易水寒，壮士一去兮不复还'。复为羽声慷慨，士皆瞋目，发尽上指冠。"这些记载表明，不同的调式有不同的色彩，产生不同的音乐效果。

古书上又常常提到八音。《尚书·舜典》说："八音克谐。"《周礼·春官·大司乐》说："文之以五声，播之以八音。"所谓八音，是指上古的八类乐器，即金石土革丝木匏竹。依《周礼·春官·大师》郑玄注，金指钟(bó)，石指磬，土指埙(xūn)，革指鼓鼗(táo)，丝指琴瑟，木指柷敔(zhù yǔ)，匏指笙，竹指管箫。由此可见八音和五声、七音是不同性质的。

这些五声、十二律、八音……都有其象征意义。《礼记·乐记》记载：宫乱则荒，其君骄；商乱则陂，其官坏；角乱则忧，其民怨；徵乱则哀，其事勤；羽乱则危，其财匮。五者皆乱，迭相陵，谓之慢，如此，则国之灭亡无日矣。从一个地区的音乐可以看出那里的社会风尚。

《乐髓新经》更发展说:宫声沉厚粗大而下,为君声。调则国安,乱则荒而危。合口通音谓之宫,其声雄洪,属平声。商声劲凝明达,上而下归于中,为臣声。调则刑罚不作威令行,乱则其官坏。开口吐声谓之商,音将将然,仓仓然。角声长而通彻,中平而正,为民声。调则四民安,乱则人怨。声出齿间谓之角,喔喔确确然。征声抑扬流利,从下而上归于中,为事声。调则百事理,乱则事隳。齿合而唇启谓之徵,倚倚然。羽声而远彻,细小而高,为物声。调则仓廪实、庶物备,乱则匮竭。齿开唇聚谓之羽,诩诩然,酗酗然。

古人把宫商角徵羽五声和四季、五方、五行相配。如果以四季为纲排起表来,它们之间的配合关系是:

五季春夏季夏秋冬。

五声角徵宫商羽。

五方东南中西北。

五行木火土金水。

这种配合关系,可举两条旧注来说明。《礼记·月令》郑玄注:"春气和,则角声调",所以角配春。《吕氏春秋·孟春纪》高诱注:"角,木也;位在东方",所以角配木,配东。其余由此类推。古人对于五声和四季、五方、五行的具体配合既然有了一种传统的了解,那么古典作家的作品在写到某个季节时连带写到和这个季节相配的音名和方位,就完全可以理解了。欧阳修《秋声赋》之所以说"商声主西方之音",就是因为古人以秋季、商音和西方相配的缘故。

欧阳修《秋声赋》接着还说:"夷则为七月之律。"夷则和七月的联系要从十二律和十二月的配合来说明。在古代,人们把乐律和历法联系起来,依照《礼记·月令》,一年十二月正好和十二律相适应:

孟春之月,律中太簇;

仲春之月,律中夹钟;

季春之月,律中姑洗;

孟夏之月,律中中吕;

仲夏之月,律中蕤宾;

季夏之月,律中林钟;

孟秋之月,律中夷则;

仲秋之月,律中南吕;

季秋之月,律中无射;

孟冬之月，律中应钟；

仲冬之月，律中黄钟；

季冬之月，律中大吕。

所谓"律中"，据《礼记·月令》就是"律应"，"律应"的征验则凭"吹灰"。吹灰是古人候气（节气）的方法，黄帝时代的伶伦，用十二根竹管，其中最长的九寸，最短的四寸六分，因为九是阳的极数。然后按长短次序将竹管排列好，上面的管口一边齐，下边长短不一，像切大葱一样，留斜茬，然后插到土里面。竹管是空的，里面灌满用苇子膜烧成的灰。这种飞灰最轻，叫暇莩。把这些管埋在西北的阴山，拿布幔子遮蔽起来，外面筑室，绝对吹不到一点风，用它来候地气，因为地下的阴阳二气随时都在变化。

到了冬至的时候，一阳生。阳气一生，第一根九寸长、叫黄钟的管子里面的灰，自己就飞出来了，同时发出一种"嗡"的声音。这种声音就叫黄钟，这个时间就是子，节气就是冬至。用这个声音来定调相当于现代西方乐器的 C 调；同时可以定时间，来协调物候的变化，所以叫做"律吕调阳"。

由于古人把十二律和十二月相配，后世作家常喜欢用十二律的名称代表时令月份。某个月份到了，和它相应的律管里的葭灰就飞动起来了。例如曹丕《与吴质书》"方今蕤宾纪时，景风扇物"，即指仲夏五月。欧阳修《秋声赋》"夷则为七月之律"。陶潜《自祭文》说："岁惟丁卯，律中无射，天寒夜长，风气萧索。"是指季秋九月。杜甫《小至》"吹葭六动飞灰"。小至是冬至的前一天，仲冬之月，律中黄钟，即"冬至到了，律中黄钟，黄钟管的葭灰飞动了"。韩愈《忆昨行》"忆昨夹钟之吕初吹灰"，意思是说想起了二月的时候，因为仲春之月律中夹钟。

古人把"乐"看得极重。《礼记·乐记》"礼胜则离……乐者，天地之和也"，是说如果只有"礼"，那么各等级就会离心离德，社会共同体就会很快瓦解。而"乐"则正是与"礼"互补而具有"合同"作用的文化因素。"乐"的本质是"和"，即适度，合制。《乐记》又说："乐也者，圣人之所乐也，而可以善民心，其感人深，其移风易俗，故先王着其教焉"。

"乐合同，礼别异"（《荀子·乐论》），"礼之用，和为贵"（《论语·学而》）。经过周公的一番改造，礼乐把当时居住在中原地区的虞、夏、商、周各族逐渐地结合在一起，具有共同的文化心理和共同习俗的华夏民族就这样逐渐诞生了。同理，"三家分晋"标志战国时代开始，"礼崩乐坏"，士人便"是可忍，孰不可忍"了。

既然"乐"如此重要，而"乐"的规律取决于十二音律，十二音律又取决于作为基准的九寸"黄钟"律管，那么"尺度"就是礼乐制度的核心规范了。尺度的基准源于"黍定黄钟"。

十四　黍定黄钟

　　说到黍定黄钟，必须提到明代杰出的科学家和文学艺术家朱载堉。

　　朱载堉（1536—1611年），字伯勤，号句曲山人，明王朝宗室郑恭王朱厚烷之子，明太祖朱元璋九世孙。他首创了新法密律即十二平均律，是明代杰出科学家和文学艺术家，史称"律圣"。墓落座在河南沁阳市九峰山前台地，冢前有百余名家碑刻题记。朱载堉早年随舅父何塘习天文、算术，因其父朱厚烷上书明世宗获罪削职下狱，朱载堉出宫独居19年，钻研数学、律学、历学。明穆宗即位大赦天下，朱厚烷恢复了王爵。

　　朱厚烷去世后，按明朝规定，朱载堉应当继承王爵之位，但朱载堉三次上书穆宗皇帝，谢绝继承父亲的爵位，穆宗准奏。

　　朱载堉深入研究乐律和历学，终于写出巨著《乐律全书》47卷，由15部著作汇编而成，包括《律学新说》、《乐学新说》、《算学新说》、《律吕精义》内外篇，以及乐谱、舞谱等。其中在《律吕精义》中，通过他精密计算与科学实验，创造新法密率，是音乐史上最早用等比级数平均划分音律，系统阐明十二平均律理论的声学论者第一人，在理论上解决了历代众说纷纭的旋宫问题，成为明代一位有建树的音乐理论家。

　　十六世纪，朱载堉在他的《律吕精义》一书中最终确立了十二平均律的基本理论时，西方才刚开始有人对此项研究给予注意。直到十七世纪，西方的这项理论探索才基本完成。至于把十二平均律用于音乐创作实践，更是十八世纪以后的事了。

　　《羊头山新记》是朱载堉《乐律全书》中的一篇散文，也是一个独具特色的重要篇章。其中详细阐述了羊头山的地理位置，炎帝神农氏的古迹分布、对人类的贡献及历史沿革，是中国历史上唯一详细考证羊头山炎帝遗迹的文章。

　　一个音乐学家，为什么对与其专业似乎相去甚远的华夏农耕始祖炎帝神农氏大感兴趣，抒发幽古之情呢？

　　音乐在中华文化之中地位的重要性，可说无与伦比。表达失去国土背井离乡之凄凉者莫过一曲《我的家在松花江上》。亿万国人奋起抗日，激励民众的就是一曲《义勇军进行曲》。今日最重要的场合，一定要奏国歌，还有比这更庄重的仪式吗？

　　这种能够打动人心的神奇要素，就是音乐。它源于中国古代的礼乐制度，礼乐制度的基础就是音乐。不明此,免谈中华文化。

谈音乐必然涉及音乐的规范,就必须了解"黍"与音乐之间的关系,即"黍度为尺,以定黄钟"。

自西周开始,古老的中华民族就十分注重礼乐之制,视为国家法度的重要组成部分。然而,由于六经中《乐经》的轶失,定乐之法难以搞清,加之历代战乱和改朝换代,礼崩乐坏。坏了就要恢复,其中乐的恢复就更为困难。尤其是基准音——黄钟音律的恢复与确定最为艰难。

羊头山自古出产嘉禾——秬黍,这是由远古的炎帝神农氏发现、栽培而延续下来的优良品种。其籽粒硕大、品质优良,自古就有以羊头山所产秬黍尺定黄钟的标准。汉《律历志》记载:"以上党羊头山黍度为尺,以定黄钟"。明嘉靖年间采之定律。

《汉志》记载:"本于黄钟之长,以羊头山秬黍中者,一黍之广度之。就是黍为黄钟之长。盖一黍约一分,就是黍九寸律也。此必上古以来有所传授,故历代因之,以定律尺之度。"

《汉书·律历志》记载:"度者,分、寸、尺、丈、引也,所以度长短也,本起黄钟之长。以子谷秬黍中者,一黍之广度之,九十分黄钟之长。"西汉末年数学家、天文学家、音律学家刘歆,总结出了用黍米来校核黄钟律管长度的方法。即把九十粒中等大小秬黍横排成行,其长度与黄钟管同长,一百粒则是一尺。这是立足于古尺确定了律管长度,反之以律管长度确定古尺度的方法,妙哉。

《隋书·律历志》记载:"上党之黍,有异它乡,其色至乌,其形圆重,用之为量,定不徒然。"晋朝因未用羊头山之黍定乐,竟招致严重后果,《晋书》记载:"今尺长于古尺几于半寸,乐府用之,律吕不合;史官用之,历像失占;医署用之,孔穴乖错。此三者,度量之所由生,得失之所取征,皆丝圭阖(切合)而不得通。故宜改今而从古也。"

自隋代开始,朝廷定乐改以上党羊头山黍,并依《汉书·律历志》度之。北宋朝廷在改制大乐时,曾一度取京县种植的秬黍累尺成律,铸钟审之,其声尤高。后来,朝廷采纳了集贤校理李昭的建议,别诏潞州取羊头山秬黍送于宫中,照乃自为律管之法。

《明史·乐志》中,多处发现强调确定朝廷音律之事的迫切性,如"盖黄钟之君,至尊五百;黄钟之宫,皆十一律皆从而受制,臣民事物莫敢凌犯焉",但偏偏"古人立乐之方已失",且音律久废,太常诸官循习宫尺字谱,不复之有黄钟等调"。明代王庭相《律尺说》记载:"古代制尺以调律,累粟以定尺,随代变易迄无定准"。为此,明嘉靖十八年,皇帝终于接受了太常卿的建议,下诏派人赴"山西长子县羊头山黍,大中小三等各五斗,以备候气定律,即定黄钟之律。但这次无结果。40年后万历皇帝时,朱载堉将他的《律吕精义》和《律学新说》等敬献朝廷。

关于用羊头山秬黍来定黄钟律管之长度,朱载堉曾专门写过一篇《秬黍说》,他对西汉和西晋当时的选黍之地很不以为然,认为上党羊头山之秬黍才是标准之黍。但上党羊头山的黍粒也有大小不等的现象,何况西汉都长安、西晋都洛阳,其黍必不如羊头山明矣。为此,朱载堉力主选用羊头山的秬黍来为皇室定音律。

既然羊头山的秬黍也有大小不等的现象,那么到底该怎样选黍来定音律呢?

朱载堉认为,应选"中者"。关于秬黍"中者"的标准,选取的方法是以纵累八十一粒或横累百粒,依排尺上,若过八寸,名为大黍;不满八寸为小黍,恰好八寸为中黍。又特别说明:"古所谓中者,此之谓也"。为了给朝廷定音律筛选合格的秬黍,朱载堉曾连续三年,三上羊头山考察。从此,黄钟定音律的尺度,成为历代尤其是明代以后的标准尺度。

有了黍尺的标准尺度,先民们在丈量田地时即制定了田亩标准。《司马法》:"六尺为步,步百为亩"。古人将宽6尺,长600尺为一标准亩;比亩大的尺度为井,二十亩为一井,因为井内常要进行市场交易,故有"市井"之说。

各个朝代的尺度均有所不同,到清代为止,各种尺度标准有一千二百多种。例如《说文解字注》:段玉裁在"丈"下注:"十尺也。周制八寸为尺,人长八尺,故曰丈夫"。《独断》卷上记载:"夏十寸为尺,殷九寸为尺"。《玉海》记载:"《通鉴外纪》:夏禹十寸为尺,成汤十二寸为尺,武王八寸为尺"。1958年,湖北武昌何家垅唐墓出土了龙纹铜尺,长29.71、宽2.3、厚0.2厘米,正面等分两段,一段刻五寸,未刻分;另一段刻龙纹,一端有孔。据《唐六典》卷三记载:"凡度,以北方秬黍中者一黍之广为分,十分为寸,十寸为尺,一尺二寸为大尺,十尺为丈……凡积秬黍为度量权衡,调钟律,测晷景,合汤药及冠冕之制用之。内外官私,悉用大者"。唐尺沿用隋制,有大小尺之分,此尺长度与隋大尺接近,当是唐之大尺。

为什么历朝历代会有这样大的变化呢?这主要和当时社会的经济流通方式有关。唐代以前,国家、地主主要以征收地租和粮税为主,常常有私自扩大量器而达到多收税租目的者。结果这样做的人多了,自然约定俗成,国家不得不重新颁布新的标准量器,致使量器的容量越来越大,随之而来的是衡重和度量的相应增大。

唐朝以后,量器的扩大增长速度在一般公开情况下则显著降低。这是因为随着工商业的发展,市场交易扩大了,实物有征入也有售出。特别是售出增多了,货币的流通渐渐占据了主导地位,所以量器的增长和扩大则不再具有大的经济价值,就逐渐稳定下来。因此,宋朝至清朝,度量衡制变化就微乎其微了。

可见，虽然社会、民间逐渐演变，尺度每个朝代都有变化，但作为音乐基准，最初却必然有一个确定的标准规范，不能随社会尺度标准的变化而改变。

那么，最初的音乐标准怎样确定呢？这就必须探索最初音乐的起源与音调的标准。

《路史》记载"神农继而王天下，于是始削桐为琴，练丝为弦，以通神明之德，以合天地之和"。

《说文解字》记载"琴，禁也。神农所做。洞越练朱五弦，周加二弦"。

《世本》记载"神农氏琴长三尺六寸六分，上有五弦，曰宫商角徵羽。文王增二弦，曰少宫、少商"。

《广雅》记载"洞越练朱五弦，周加二弦"（洞越是说琴瑟底部两孔相通）。

《新论》记载"昔神农氏继宓羲而王天下，上观法于天，下取法于地。于是始削桐为琴，练丝为弦，以通神明之德，合天地之和焉。神农氏为琴七弦，足以通万物而考理乱也"。《新说》记载"神农氏为七弦琴，是以通万物而考理乱也"。

两种记载都指出乐器起源于神农，只是有五弦与七弦两种记载的区别。由于炎帝神农时代还没有成形的文字，使我们今天难以考证到底是哪一种乐器，但音乐最初始于五音，音乐必有音准的校正方法。以致至今说音调不准还常说"五音不正"。

炎帝神农氏造琴制乐的目的，是以乐匡正天下，协和人心，以正淫乱僻。《淮南子》记载"神农之初作琴以归神，及其淫也，反其天心"。《世本》记载"昔神农造琴以定神，禁淫僻，去邪欲，反正天真"。

尧舜时代已经出现了七弦琴，但五弦琴仍是重要的古乐器。舜的《韶乐》和《南风》曲，都是以五弦琴来演奏。到了周文王时代，已经出现了七弦琴演奏的《歧山》操、《文王》操等著名古琴曲，发展了炎帝神农氏以来的音乐成果。

我国由"宫商角徵羽"五音完善为七个音阶，到周朝已经达到了一个成熟的高度，形成了完整的礼乐制度。以至对此有任何违反都被斥为"礼崩乐坏"。

2008年召开的华夏文明起源与发展学术研讨会上，萧兴华教授播放了贾湖遗址出土骨笛的测音结果，和用不同阶段贾湖骨笛演奏《小白菜》等民间音乐的效果，用以说明距今9000—7500年间中国七声音阶的产生、发展过程及音乐的起源与发展历程。

日本至今还在使用五音，即按简谱为1、3、4、6、7，没有2、5。如我们常在电影里听到日本曲调"拉—西—到—西—拉—西拉—发，米—到—米—扫—米—到—西"，电影《地道战》里"鬼子进庄"的配乐则按此曲调抽掉几个音符，就剩下"拉—西拉—发—米"，一听就知道鬼子来了。

炎帝神农氏创作的著名古曲名《扶持》，又名《下谋》。也有认为是扶犁之乐，因古代扶犁、扶耒、扶来(来麦)语音相似。而天为上,地为下,下谋与土地生万物有关。所以这首扶持之乐,与当时首要的农耕生产直接相关。

应该说也必然如此。农业耕作在当时就是氏族的生存之道,其绩效在当时就意味着氏族的生死存亡,万事莫如此为大。毛泽东在《湘江评论》创刊词开篇就写道"天下什么问题最大?吃饭问题最大",那扶犁耕作的欢快节奏、亲手作务的希望田野、人与自然结合的美好生存环境,收获在望的衣食之源,舍此还有什么需要首先歌颂呢?乐器制作采用什么规范,还有什么能够与耕作的结晶相提并论呢?

音乐诞生必须有确定的音律标准,那么,神农氏制作琴与瑟,就完全应该按所居住之羊头山秬黍"累黍为尺"来"黍定黄钟",确定音律。几千年前的炎帝氏远祖一定早已掌握了黍尺定律的奥秘,甚至不可能有其他选择,否则就是别的什么地方别的什么定律方法了。中华文化累黍为尺、黍定黄钟历史地产生于发现、试验、种植黍的时代,难道还有其他可能吗?

历代甚至至今校正古乐器,都必须以羊头山秬黍为准,它始终不受历代尺度标准变化的影响。这不能不说是我们祖先的大智慧,否则古今乐器、乐曲就真的难以统一演奏了。

因此,历代音律学家特重羊头山之黍,朱载堉三上羊头山考察选择黍就事出有因了。他从千里之遥的京城一步步来到交通不便的羊头山,不辞千辛万苦,那是非亲自来此地而不可。所验证之"累黍为尺",一定是来神农氏耕种过黍的五谷畦,因为羊头山巅几乎没有第二块可以大面积种植农作物的土地。

既然我国的尺度标准以"累黍为尺"作标准,西方文化传入我国后,度量衡标准渐以"米、千克、秒"公制与国际接轨。长度标准因与我国的"尺"不同,就须另起名称,既要不同,又要有内在联系,遂定为"米"。累"黍"为市尺,累"米"就为公尺,基准都是五谷粮食类。似乎可谓"中学为体,西学为用"。

十五　律度量衡之本

什么是"律度量衡之本"呢？

"本"，根也。"本"字为"木"下加一点。"木"是一株草木的象形字，地平线下三个根叉。在根上加一点，意为强调特指此处，当然便是"根"之"本源"所在，组词便是"根本"，以及"本源""本来""本身"等等。

"律度量衡，规矩绳准也"。

那么，律度量衡之"本"是什么呢？

唐礼乐志曰："而造律者以黍。自一黍之广，积而为分寸，一黍之多，积而为龠合，一黍之重，积而为铢两，是三物者亦必有时而敝，则又总其法而着之于数，使其分寸龠合铢两皆起于黄钟，然后律度量衡相用为表里，使得律者可以制度量衡。因度量衡亦可以制律，此古君子知物之终始"。

这里所说的分寸、龠合、铢两等，是度、量、衡的计算单位，在此即指度量衡。同时指出度量衡来源于黄钟，即横累黍九十粒为黄钟之管长，则一百粒为一尺。互相之间是换算关系，即"律度量衡相用为表里"。其中：

律为音律，由此产生音调基准。律由黍定黄钟。

度为尺度，由此产生长度基准。度由累黍为尺。

量为容量，由此产生容积基准。量由积黍为斗。

衡为权衡，由此产生重量基准。衡由黍定权重。

"量"与"衡"看似意义相近，仔细分析却不同。

以羊头山（五谷畦）秬黍为准，六十粒为一圭，四圭为一撮（三指所捏之黍为"撮"，五撮为一龠，共一千二百粒黍），十撮为一合（黄钟律龠，容一千二百粒黍，二龠为合），十合为一升，十升为一斗。过去说地主大斗进小斗出剥削农民，"斗"即指此类器具。升斗类器具量出粮食的多少，与体积相关。不同种类的粮食，每一升或每一斗的重量是不同的，但升与斗的器具制作，都是以黍的体积为基准。假如现在去量一斗爆米花，并没有多少实际分量，体积却相同，所以"量"非"重量"。以斗来"量"粮食，操作简单方便，一直使用至近代共产党领导的土地改革。又因北斗星是定方向的标志指示星，而测量粮食的"斗"是基本测量标志，外形以北斗星为图案来制作，故使用同一个"斗"字。

"衡"就是权衡；"权"俗称秤砣，"衡"是平衡。以"权"即秤砣与粮食等物品取得平衡的方法测重量为"权衡"。而"权"的制作基准是：十粒黍为一累，十累为一铢,六铢为一锱,四锱为一两,十六两为一斤,三十斤为一钧,四钧为一石。"锱铢必较""缺斤短两""千钧一发"等成语都由此而来。

律度量衡的确定,对音乐的音调,物体的长度、体积、重量就有了测量的标准。有了标准,就有了科学计量,就有了规矩,市场交易就有了基准,市场交易才能谈"公平"。

"公平"之"公",上为"八"下为"厶"(私),"八"是大数的通称,意为众多。"厶"是拢起臂勾回手的象形字,意为拢臂勾手抱住的物品是私人财产。那么"八厶为公",即为众人财产总合即为公众财产。公众财产可以互通有无,互通有无的前提是称重量的秤杆要"平"。"平"字在甲骨文是一只手(爪)拿一段木在水面,因此是"水平"之意。在此是表示秤杆高低与水平面的木一般,即水平状态。秤杆水平即测量重量的标准状态,物体的重量就此秤量出来了。因此"秤"字就是"平"字加"禾",即"秤"的标准源于禾谷类,而秤量最初又主要用于农耕产品即禾谷类交易。

有此衡量基准,公平贸易就产生了,这就是源于炎帝神农时代开始市场贸易的"日中为市,交易而退,各得其所"。

历代律度量衡的基准物,全部取自山西高平羊头山秬黍,明代朱载堉为此还专门写了《秬黍说》一文,特指"羊头山一处黍"。《羊头山新记》称"律家考秬黍率曰羊头山"。律度量衡的最初应用与历史发展,无一不与农耕有关。这就是中华农耕文化的一个极为独特的标志。

因此,《宋史·律历志》引程迥说:"体有长短,所以起度也;受有多寡,所以生量也;物有轻重,所以用权也。是器也,皆准之上党羊头山之秬黍焉,以之测幽隐之情,以之达精微之理。推三光之运,则不失其度;通八音之变,则可召其和"。为什么要用羊头山的秬黍定律度呢?这个问题不简单,绝非仅仅是炎帝神农氏在此获嘉禾。没有羊头山秬黍"黍定黄钟"与天地节气和声,与十二消息卦密合若符契,就不可能成为定律之唯一标准。那么,唯一成为"律度量衡"之本的秬黍产地羊头山,难道不是中华文明的核心,不是中华农耕文明的发源地吗?

十六　神农是否真的尝百草

探讨神农是否尝百草，如同探讨何时开始产生中医和中药。

根据传说的《方书》能够写成《神农本草》乃至《神农本草经》，就说明亲尝本草者必有其人，否则对药性的鉴别知识不会从天上掉下来。

神农尝百草的一个重要证明，是考古学家在河南郑州大河村，挖掘到一个陶夹砂灰褐陶的盂形器，经研考为仰韶文化晚期的器物，是用来煎熬中草药的药罐。仰韶文化晚期，应是黄帝世系即后裔颛顼、帝喾时期。药罐证明最迟到那个时代，已经有煎熬与服用中草药的医疗技术，因此应该在更早的时代已经诞生了中医中药。即使从颛顼时代计算，前推到轩辕黄帝也不过160余年。而在炎黄交替时代，已经有了名医岐伯。

《路史·炎帝》记载："炎帝神农使岐伯尝草木，典医疗疾"。岐伯是炎黄交替时期，炎帝神农氏族的名医，人体经络理论的创始人，后被轩辕黄帝用为太医。后人根据传说，以问答的形式整理出《黄帝内经》一书，成为我国最早的人体医理经典。其对人体研究之深入，对系统分析之成熟，至今能与此对话者廖廖无几。

上古时代最初的医学系统，只能从无到有逐渐诞生发展，不可能"突变"产生，必然是一个长期的探索积累过程。那么炎黄交替时代出现了标志中医学最高成就的人体经络理论，必然意味着中医理论在炎帝神农时代，早已经过长期的探索、发展、形成阶段，这就与炎帝神农尝百草开始，经历八代共520年到达轩辕黄帝时代基本吻合。

如果说，《黄帝内经》标志着成熟的中医理论已经诞生，那么，用520年始创一个从无到有的医疗理论并成熟的实践系统，已经迅速得难以置信。神农尝百草几乎是无可置疑的。

"百草"的概念，只有在盛产草药的地方才能形成。

朱熹编《二程外书》记载："天下独高处，无如河东上党者，言上与天为党也"。现代调查证明，上党地区正是一个生态过渡带，高山耸峙大河环绕相对封闭，海拔高差由500米—2000多米，具备不同的生态群落，符合"生态过渡带是人类文明的孵化场"的基本条件，因此成为华北地区植物种类分布最多的地区。晋东南地区现有种子植物125科512属1090种。新石器时期比现在更为温暖湿润，植物种类只会更为丰富。

上古时代，炎帝神农氏因尝百草，始创了农耕与中医中药。"炎帝神农因天之时，分地之利、制耒耜、易燥湿，肥墝高下。尝百草之时，察酸苦之味，水泉之甘苦，尽知其平、清、寒、温之性，臭（嗅）味所主，以播百谷，五谷兴助，百果藏实"，《搜神记》记载："神农以赭鞭鞭百草，尽知其平毒寒温之性，臭味所主，以播百谷，故天下号神农也。"《通鉴前编》记载："民有疾病未知药石，神农始味草木之滋，察其寒温平热之性，辨其君臣佐使之义，尝一日而遇七十毒，神而化之。遂作《方书》以疗民疾，而医道立焉。"

"尝百草"最初是为了寻找可食之物，在寻找植物食品来源之余，同时发现了各种植物的药用功能并列入本草。

《神农本草经》，至今仍是研究中药和方剂的最重要的古代经典文献。所论365种药物的疗效真实可靠，至今仍是临床常用药；《神农本草经》创立了药有"四气""五味"的理论，和药分上、中、下"三品"的分类方法，"上药养命，中药养性，下药治病"。药可单用亦可组方配用，创立了药物之间"七情合和"理论和组方配伍的"君臣佐使"原则，"君臣佐使之义"就是至今采用、并将永久采用下去的草药配伍基本规则。"君"是核心主导之药；"臣"是配合之药；"佐"是辅佐之药；"使"是使之到达之药，"君臣佐使"四类草药构成一副药方。精于"君臣佐使之义"，方可能成为合格的中医师。《神农本草经》收录了365种中草药，没有配伍规则，草药就不可能进入实用阶段。

说到本草中药，我们熟知的就有直接以上党命名的党参。上党之名源于高平羊头山，秦统一天下后，以此山极高与天为党，故取名上党郡。以地名命名植物药物是不多见的。但是，为什么高平出产的108种本草没有党参呢？

细细分析，发现列入中品者有一味黄参。党参的诸多别名，分别为西党参、东党参、防党参、防党、上党参、上党、上党人参、潞党参、潞州党、潞州党参、野党参、台党参、台参、野台党、野台党参、黄参、狮头参、中灵草根、口党、廿党参、辽参、三叶菜根、叶子草根、五台党共25个别名，果然有一味黄参列其中，就是我们熟知的党参。

《本草正义》记载：党参力能补脾养胃，润肺生津，腱运中气，本与人参不甚相远。其尤可贵者，则健脾运而不燥，滋胃阴而不湿，润肺而不犯寒凉，养血而不偏滋腻，鼓舞清阳，振动中气，而无刚燥之弊。且较诸辽参之力量厚重，而少偏于阴柔，高丽参之气味雄壮，而微嫌于刚烈者，尤为得中和之正，宜乎五脏交受其养，而无往不宜也。特力量较为薄弱，不能持久，凡病后元虚，每服二、三钱，止足振动其一日之神气，则信乎和平中正之规模，亦有不耐悠久者。然补助中州而润泽四隅，故凡古今成方之所用人参，无不可以潞党参当之，即凡百证治之应用人参者，亦无不可以潞党参投之。

根据以上记载,对上党出产的党参评价很高。但是,为什么党参仅列为中品?而且其中说到"本与人参不甚相远",难道党参并非人参?

访中医得知"参"有"三参"之说:人参是五加科植物人参之根系,党参是桔梗科植物党参之根系,太子参是石竹科植物孩儿参之根系。果然人参是人参,党参是党参,是不同的植物。那么高平既有黄参即党参,是否另有人参呢?

查《神农本草经》,人参最初开始记载并列为上品;许慎《说文解字》记载"上党药草人参也",首次明确人参与产地;《名医别录》称"生上党山谷及辽东";《别录》记载"如人形者有神,生上党山谷及辽东";《本草经集注》云"上党郡在冀州东南";《植物名实图考》"人参,昔以辽东、新罗所产皆不及上党,今以辽东、吉林为贵";《五杂俎》曰"人参出辽东上党者,最佳,头面手足皆具。清河次之,高丽、新罗又次之",可见上党人参品位在高丽参、东北参之上。以上所载,均指五加科人参。

"相传欲试上党人参者,当使二人同走,一与人参含之,一不与,度走三五里许,其不含人参者必大喘,含者气息自如者,其人参乃真也"。

因有不同学术观点,质疑上党地区的人参即党参。为此查新唐书地理志第二十七,知当时潞州上党郡、泽州高平都、幽州港阳都、平州北平郡、檀州乐平郡、辽州乐于郡、营州柳城郡均向朝廷进贡人参,而且新罗也贡参于唐,即上党人参、辽参、新罗人参相比较而集中于宫廷,华北贡伪品是不可能的。

但是,具有很高医药价值的人参,何以在上党绝迹呢?

据《潞安府志》记载,三国时"昔曹魏(曹操)建邺宫,伐上党山材木,规制极盛","后历代砍伐,加以樵牧日繁,虽深山绝巘皆濯濯所呈",即使到深山里面,山上也是光秃秃。

后来辽、金、元、明、清先后建都北京,所需建筑用材及燃料全都取自于相近的太行山和燕山。特别是明朝永乐年间迁都,每年贩运到北京的木材不下一百多万株,使上党人参失去了赖以生存的森林环境。《潞安志》成书明代1612年,因当时李时珍的《本草纲目》出版,《本草纲目》把人参评价为对百病有益,人们陷入对人参的狂热崇拜,趋之若鹜,大肆采挖,人参也就在劫难逃,终于灭绝。

据《潞安府志》记载,尽管也有人参种植园,但只要有利可图,官府就不会闲着看热闹,繁重的苛捐杂税随之转嫁到上党参农头上,再加官吏巧取豪夺,参农反而得不偿失,最终不得不愤怒地亲手毁掉自己的参园。因此"有参园,今废","今废为陇亩",隐隐揭示了一段上党百姓以人参为害的历史。紫团山南庄村一带至今有一条参园沟,沟中的庙里竖石碑一通,记载了当地产参的历史。

人参就这样集体告别了上党,从这片最早的发现地消失。此后,党参的药用价值被发现,并进入人们的生活,人参逐渐被它的故乡遗忘。

后来,参商又把采购的目标转向了山海关外,发现辽东人参远比上党丰厚,1609 年寻挖野山参十多万株。随着经济发展人口增多,辽东森林变为农田,人参产区又历史性地萎缩到长白山山脉乌苏里江流域。人类就这样不停地与大自然开着玩笑,大自然也就不停地与人类开着同样的玩笑。

《神农本草经》对人参药用价值做了详细的记载。依据人参的植物生态习性,《神农本草经》记载"人参一名人衔,一名鬼盖,生山谷"。鬼盖是指背阳向阴而得名。李时珍的《本草纲目》称人参为神草。

"参"字,正写应作"薓",如《五十二病方》中的"苦参"即写作"苦浸","浸"即是"薓"的省写。《说文解字》记载"薓,人薓,药草,出上党"。但汉代药用的"薓"字多数已经简写为"参",

《说文解字》曰"参,商星也",据段玉裁说当为晋星,《周礼》记载"实沈,晋也",皆以参星为晋地的分野,汉代记载人参的产地皆为山西上党,《本草经》言"生上党山谷",《范子计然》记载"人参出上党,状类人者善"。又《春秋运斗枢》言:"摇光星散为人参,废江淮山渎之利,则摇光不明,人参不生。"由此可知汉代"人参"之得名,确与天上星宿联系,"参"暗示产地,特指晋地上党。

人参有文字记载距今有 4000 多年历史。郭沫若主编的《甲骨文合集》就记载有象形文字"参"。甲骨文产生于我国殷商时代(公元前 16 世纪),这个时期我国各族群或部落的"图腾"上相继出现了象形文字"参",那么再向前推千年左右到炎帝神农时代,开始尝百草辨别五谷与草药,时间分布与传说是紧密吻合的,神农尝百草真实可信。

中草药种类的单位是"味"。"味"的右边是"未"字上边加一点,这一点就是"指事",指出在那个点的位置,即草木发芽顶尖的位置,果实还没有长出,口感还不知道,就是"未知""未来"之意。那么左边加"口"字旁,即开口品尝这个"未知",便可知其"口味"。

这是极其意味深长的,乃至"意味深长"这个词汇本身也同样意味深长,它直接说明中药的药性是以口感来品尝。历史上还没有相传另外哪一位系统地品尝百草,因此,炎帝神农氏尝百草只能是历史上真实发生的事实。

由于上党地区具有深厚的中医药历史传统,又是国内最重要的百草产地,因此直至抗战前,羊头山北面的长子县鲍店镇,一直是全国闻名的药材贸易大会会址,每年从农历九月十三开始,至腊月二十三结束,历时一百天的"鲍店药材大会",药商云集达数万人,是国内最大的药材市场之一,因此是最能说明与神农尝百草直接联系的地区。

据赶过鲍店药会的老人回忆,药会繁荣景象使人眼花缭乱。牵骆驼的、骑毛驴的、坐花轿的、推小车的……,南来北往、人山人海、熙熙攘攘。与会者千姿百态,各显身手。本地药商高喊:"长子药材地道货,先祖神农品尝过。黄芪、党参补性大,柴胡、黄芩治病多";"丹参产自发鸠山,精卫用它治瘫痪,能顶古方'四物汤',百脉通畅气血安";"首乌生长暹翁山,乌须黑发不费难。白头老翁来赶会,热痢泻滞立时安"。销售成药者,也编顺口溜,以示其效。如绛州德义堂药行人员手拿七珍丹在摊前喊道:"若要小儿安,常服七珍丹。高烧惊厥儿,服下保平安。"

大同民心茂伙计高喊:"舒筋散,功效强,腰腿疼痛即时康;得了风寒湿痹症,管保三天能下床。"太谷广升誉药行叫卖定坤丹的口诀是:"妇女经血不正常,或迟或早或不畅,只要服下定坤丹,月经期间保无恙。"

外省各地及少数民族的药商,因言语差异,大多数将所带药物的种类、功能写在布上,贴在药棚两侧,或用竹竿高挑条幅,或在门面两侧写上对联。如东北药贩为人参编的对联为"欲求补脾壮根本,须服东北吉林参"。四川药商针对大黄写的是"四川将军来征北,通便去积天下魁"。广东药行为广木香编的对联云"理气和胃气化行,肝脾不调建奇功"。甘肃客商为甘草编的歌诀是:"群药当中有威名,调和诸药立大功;生者泻火解百毒,密灸健脾可温中……"

用医圣的画像做广告拉客商的不乏其例。高平药商在药棚上贴着王叔和的头像,上写:"王熙常用"四字。安徽药商在药棚前悬华佗半身像,墙上写着:"华佗手药"四字。湖北药商高挑李时珍全身像:下标"李氏多采"字样。河南药贩画着张仲景巨幅画像,用工整隶体字写着一首七言小诗:"古往今来第一人,弃官从医称圣人;仲师所用各味药,要数南阳产品珍……"

1939年7月,日本侵略军占领鲍店,药会被迫停办。

解放后,鲍店药会乘历史东风开始恢复,盛况不减当年。据1953至1954年两年间统计,每年药会成交的金额达数十万元。1953年药会期间,长子王村猎户打金钱豹一只,全部由汉口共和超记药行买走。1954年天津新联药材公司在鲍店药会上,仅党参一种,收购量即高达八千余斤。

神农尝百草的历史传统,五千年传承从未中断。

十七　炎帝真的长寿吗

有人提出问题,原始蛮荒时代的先民——炎帝神农氏在世140(一说120)岁可能吗?

这或许不是一个理论问题,可以参照一个故事。二十世纪六十年代,东北某林场发现一个110多岁的孤身老人,耳不聋、眼不花,走路身轻如飞,不亚于小伙子;看他那身板,再生活二三十年没什么问题。老人在林中搭一个窝棚生活,每日猎取野鸡、山兔等野味及野果猴头等为食,过着与世隔绝的生活。后来,当地政府为了照顾老人,为他在山下村里盖了房子,几经说服,老人终于迁下山来定居,还收养了一个女儿照顾他。谁知几年下来,老人觉得生活很不习惯,不久患了一场疾病就去世了。按说,老人下山生活条件改善,理应长寿才是,为何反而折寿了呢? 或许因此违背了"生命在于运动"的规律。

另一个"山顶洞人"的报道更具代表性。

重庆市老工人彭富全六十多岁,曾患多年久治不愈的哮喘病。1992年又添一种皮肤瘙痒症,各种疗法用尽,不见好反而加重。市里一名中医对他说,有一味"樵宁草"的草药或许有效,只是这种草药生长在原始森林潮湿晦暗、毒虫出没的环境。为了治病,彭某不辞辛苦,踏上了寻找这种神奇草药的路。说来奇怪,多少天过去了,他几乎走遍了美丽的樵坪山,药没找到,身上的皮肤瘙痒症却有了明显好转,哮喘病也减轻了。还发现一个岩洞。洞旁飞瀑清泉,青松翠藤,是个遮风避雨的好地方。当他回到家后,身上病情却又加重了。权衡利弊,他不顾妻子的反对,决定提早退休,为了健康,到樵坪山的岩洞去生活。老彭的妻子原以为这个"疯老头"会熬不住艰苦回来,哪知他半年都难得回一次家。后来,当妻子赶到岩洞看望时,发现彭富全变得年轻了,身上皮肤瘙痒病也好了,多年的哮喘病几乎痊愈。于是妻子不久也搬来做了老彭的"神仙眷属"。后来,政府帮他在山洞通了电灯,每日用液化气做饭,还能看电视。转眼9年过去,彭富全越活越有精神,三个女儿也隔三差五前来小住几日,亲戚也常在节日前来观看这世外桃源的生活。

以上两个故事实际上已经给出了答案。炎帝神农氏活140岁完全可能。其一,精神上没有烦恼和负担,心理健康。二是山林负氧离子丰富,对人体健康有天然治疗和增强免疫力作用。三是,炎帝神农氏生活在山区,爬山锻炼不断增强体质。四是饮食以草本作物为主,荤素搭配科学合理。唐代大诗人李白咏曰:"神农好长生,风俗久已成。"

我国科研单位对百岁以上老人调查,发现以素食为主者居多。五谷本身就是药食两用的植物。黍稷等五谷杂粮性多温苦,含有大量对人体有益的多种营养和微量元素,又不会在人体中增加太多的热量。

现代专家研究表明,人要个子小,人体的温度就低,消耗的热量较少,就越有可能长寿。台湾姜竹先生认为,百岁以上老人被称为"人瑞",我国百岁以上人瑞老人有 6000 多人,长寿的秘诀不在于饱暖终日,而在于清心寡欲。如中国的长寿之王龚来发,是贵州仡佬族人,他每日只吃两餐,米和玉米,不酒不药,早睡早起,生活规律。1993 年因患急性肝炎去世,享年 147 岁。那么炎帝神农氏在世140 岁,是完全可能的,这是中华民族膳食医药结构的经典案例。

2000 多年前,我们的祖先已有观察和判断!《大戴礼记》记载:"食肉,勇敢而悍;食谷,智能而巧。"

由于影视作品的胡写乱编,大众一直以为少林寺和尚是"酒肉穿肠过,佛祖心中留",给这个名刹添了大"污点",法师们多次出来澄清,少林寺所有正式门徒都是素食者,严格按照佛教显宗的规矩修持。佛教第一大戒就是戒杀,武器从没有刀剑,最多是根棍,不以取人性命为要。

世界最著名的中长跑之王,卡尔.刘易斯是一个严格的素食者,他回忆自己的运动生涯时说,"我发现一个人能不需要动物蛋白质而成为一名成功的运动员。事实上,我的赛道赛跑成绩最好的一年是我吃严格素食的第一年。通过继续吃严格素食,我的体重在控制之中。"

罗马语中,角斗士有一个另外的称呼,"嚼大麦者"。这些角斗士平常吃的都是粗麦面包或者是泡过的大麦。虽然他们是奴隶,但如果需要可以比主人吃的还好。生食蔬菜和一些谷物已被许多中外营养学家和医学家证实好处大于熟食,因更能完好于天然养份。这就是他们生嚼大麦的原因。

炎帝神农氏的长寿,与其长年以草本作物为食不无关系,非常重要的一点还在于辅以草药医治疾病。总之,多食温馨甘味的粮食,少食高热量肉类食品,对人类的健康长寿是非常有益的。长此以往,不仅健康,还可长寿。羊头山唐碑中"取黍稷之甘馨,充虚济众"的字句,即是谷类植物药食两用功效的写照。所以《拾遗记》记载黍稷"食者老而不死"。

21 世纪的医学主流,将是保健医学。国际卫生组织在 20 世纪末的一次会议上宣称,在未来的新世纪中,近代兴起的化学药剂将被限制使用并逐步淘汰,包括中、印等国传统的天然植物制作的医疗保健药品将占据主导地位。这样看来,炎帝神农氏始创的具有悠久历史的中医药学,将在人类的康复保健事业中被重新发掘、发扬光大。

炎帝神农氏踪迹

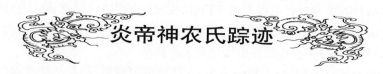

一 炎帝之火

大地之火

古籍记载:"昔者,先王未有宫室,冬则居营窟,夏则增巢;未有火化,食草木之食,鸟兽之肉,饮其血,茹其毛;未有丝床,衣其羽衣。"这是描写我们的远祖无粮吃、无衣穿、无住处、无火烤,"野兽"般绝处求生。

人们蛰伏于各种自然力的威慑之下,在熠熠生辉、熊熊燃烧的大火面前,人们只有神秘和恐惧。雷电轰鸣,山火冲天,奇异非凡的炽热燃烧之状,宛如太阳掉落人间。火在夜间燃烧,又使恐惧暗夜的人类感到莫大的安慰和欣喜。

对于远古历史,我们一向的认识是:

盘古氏在黑暗中开天辟地,使我们有了得以存在的世界。

有巢氏让人民在树上搭建鸟巢般的居室,以躲避洪水猛兽。

燧人氏破译了天上最大的秘密,从木头里钻出、从石头里撞出了那种无坚不摧的"火",人从此战胜所有的猛兽,开始吃上"烧烤"。

从此有"火"字旁的"灾灭灿烂、炊炖炸炼……",下边带"灬"即"火"字的"热烈熬煎、烹焦熏煮……"等447个常用汉字出现在电脑字库中。

伏羲氏开始用火烹饪;制作"八卦"计数文字;教导男女固定配偶;制造渔网捕鱼。挖掘陷阱捕捉活的动物,并驯养家畜。开始种桑养蚕,抽丝纺织。

共工氏和祝融氏两位英雄在不周山决斗,共工氏失败头撞不周山,天地间支柱折断,天庭裂开一条缝,大地失去平衡,向东南倾斜,江河开始向东流淌。

女娲氏采取五色石烧炼,补住天上的裂缝。又杀死一只神龟,用它的四只脚当作四只支柱,重把大地支起。因天裂而漏下来的大水,女娲氏用芦草烧灰,把它吸干,形成华北大平原,平坦而又肥沃。

神农尝百草,始创了农耕与中医中药。

这就是古人传至今日的中国远古历史。详细说来,多是充满神话的传说。正是由于我们的远祖尚处于蒙昧浑沌时代,才只能凭借他们那个时代的思维方式和记忆向我们传递这样的历史信息。如果让现代小说家来描写,包管无懈可击,但也一定毫无意义。

这恰是我们远祖的大智慧,不论多少人对远古传说,在神话与科学、虚构与真实、传说与历史之间各抒己见、争论不休,甚至称为荒诞不经,但请一定注意一个事实,盘古开天、燧人取火、伏羲画卦、神农尝草、女娲补天等等远祖故事,都是经历数百代人代代相传至今, 没有哪些故事能够具有如此顽强的生命力。历数两千年以来脍炙人口的故事,都是文学大家创作,我们能够一气说出多少个故事? 而五千年以远的故事我们即使悬赏求索,也恐未必能求得几个足以传世的故事。相比之下,我们只能对那些远古故事的独特构思创意顶礼膜拜。除此而外,当时的一切,我们今天还能知道多少呢? 我们今天如果努力分析当时的历史,不是都在那些故事之中寻找线索吗? 对这样的远古祖先,我们还有什么资格指手画脚呢? 我们应该终于明白什么是大智慧。

需要我们展示智慧的地方,或许是怎样去探索与发现,提取其中的有效信息,来展开现在的研究与探讨。

我们的远祖最初只能蛰伏于各种自然力的威慑之下。数百万年至一万年前,是地球上的第四纪冰川世代,大地冰天雪地,只有少量耐寒的动物和植物。在不具备发展农业生产的恶劣自然条件下,中华人类只能靠狩猎、采集艰难为生,这就是旧石器时代。火在人们眼里,是神秘和恐惧。雷电轰鸣,山火冲天,炽热燃烧,奇异非凡,宛若太阳掉落人间。火在夜间燃烧,使恐惧暗夜的人类感到莫大的安慰和欣喜。燧人氏开始将"火"掌握在手中,火和石器成了人们抗争自然,赖以生存的宝物。

考古学家在晋南芮城的西侯度村发现了180万年前的古人类遗址,其中有32件石制品,带有切割和刮削的鹿角和火烧过的遗骨。这是迄今为止已发现的我国人类最早的用火遗迹;证明了山西是中华早期人类的发祥地之一。较晚一些的,还有170万年前的云南元谋猿人遗迹,距今50万年前的北京人故居周口店,以及距今10万余年的晋南襄汾丁村人、距今2万余年沁水历山下川人等。这些原始人类共同的特点,是会用火和打造磨制石器。

我们的祖先曾惊奇地发现,雷电引起大火之后,被烤熟的动物肉香气逼人、美味可口。人们很快就感受到用火的种种好处,熟食缩短了消化过程,增强了体质。火使人温暖地度过严冬和寒夜,黑暗中带来光明,可以驱赶猛兽,成为最强悍的武器……。

开始用火,是人类发展史上的一个里程碑,标志着人类生活的巨大变革。恩格斯深刻地指出:"就世界性解放作用而言,摩擦生火还是超过了蒸汽机,因为摩擦生火第一次使人支配了一种自然力,从而最终把人同动物界分开","甚至可以把这种发现看作人类历史的开端"。

炎帝神农氏时期,开始用火实现自己的目标。

由于农耕的需求,火的使用已经成为主要的生产技术。到了春种时节,高山平川到处是生产者有意识有计划燃放的冲天大火,"烈烈"的响声震天动地,它的最终成果是秋天丰硕的收获和丰衣足食。最初的汉字"炎",就是对那种人类征服自然方式的最精辟的图案表达,并最终演变成至今使用的汉字。这个氏族的这种生产方式强烈地震撼着相邻的、遥远的所有氏族人民。真正发自内心的震撼从而最终征服所有氏族人民的,是这种生产方式的成果,从此摆脱饥饿的稳定食物来源。

近年来,山西考古界在垣曲县北橄乡的枣园村发现了7000年前的农耕文化遗址,那里有火烧山灰的遗存,发现这是一支由东南50里处历山一带发源,辗转迁徙而来的原始先民。而历山地区迁徙的原始先民中,有一支向东部阳城、沁水方向迁徙的遗迹。由此可以判断,这是一支发源于历山(历山氏),因烈山而得名烈山氏的炎帝神农氏部族,由阳城、沁水继续向东迁徙,最后到达高平羊头山,继续用"烈山"的方式垦荒。

炎帝部族之所以用"烈山"的方法耕作土地,简易、快捷,可迅速变荒山为良田,称"刀耕火种"。解放前,我国西南边陲少数民族还保留这种原始的耕作方法。在人类用火的历史上,以炎帝神农氏为代表的华夏先民首次将火用于大片的农业耕作,是一次划时代的革命,是人类发展史上一个伟大的里程碑。烈山、列山、历山、厉山、连山等,读音相近、古音相同、内涵相通,这就是这段农耕革命史在汉字系统中的遗迹和反映。

"烈山氏"与"炎帝",就是对神农氏擅长农耕、擅长使用火的最高敬意之称呼。神农氏族因此成为整个中原各氏族最先进的集团,神农氏本人因此就自然地成为中原最强大氏族集团的领袖,乃至整个中原所有集团公认的领袖——炎帝。"神农氏七十世有天下",就是对这个部族领袖由最初的渔猎阶段默默无闻,直至成为中原人类最先进、最强大的集团领袖的高度概括与记录。

炎帝神农氏始创农耕之后,促进和发展了制陶技术、冶炼技术,天文学科等文明要素。在西安半坡村、晋南垣曲北橄仰韶文化遗址出土的陶片上,考古专家发掘出日和鸟(俊鸟)组成的图案,被称为"太阳鸟",被看做是农耕民族——炎帝神农氏族的图腾。象形文字"旦",便是画了一个地平线上带俊鸟的太阳。

炎帝部族用"烈山"的方法耕作土地,是利用了火能够迅速横扫一切的自然力量,迅速变荒山为良田。直到20世纪初,我国南方佤族部落每逢部落迁徙,头人总要举着火把,为部落人们领路。几千年前的炎帝就是这样的身份,这火把即是原始部族的火种、生存之源。

陶器,是定居时代的产物。历史记载,炎帝神农氏"耕而作陶",是由于农耕发展后，人类烹调食品的需要而被促进的。当代学者考查，烧制陶器需要有封闭的烧窑，摄氏 1000 度左右的高温。炎帝神农氏处于考古学上的仰绍文化时期，这种文化因是在 1926 年最先在河南安阳仰绍村发现而得名。这个时期经历了漫长的 2000 年，已由最初的慢轮过渡到快轮方法制作陶器，烧窑密闭结构有了改进，不仅有了泥质红陶，还有了彩陶、褐陶和黑陶。

晋南、晋东南是我国古代制陶之乡，烈山氏、炎帝神农氏族在先民制陶业的基础上有了新发展，考古已发现的古代陶窑就有 70 多处。其中所制的白陶质量、色度，已超过了全国有名的定陶。以制陶而闻名的陶唐氏，必然地产生于这块古老文明的沃土之上。

烧制陶器，诱发和促进了人们冶炼金属。考古发现，从仰绍文化时代起，人类已经开始冶炼铜。《帝王世纪》记载"神农之时，天雨粟，神农遂耕而种之，作陶冶斤斧"。今日，神农"耕而种之""作陶冶""斤斧"都已得到考古证明。

因火在炎帝神农时代的生产和社会生活中占有重要位置，因而在炎帝神农氏时期，是以火来纪（命）官的。宋《通志》记载"春官为大火，夏官为鹑火，秋官为西火，冬官为北火，中官中火"，这五个"火"，都是以天空星宿所在的位置而定。

火与太阳的关系密不可分。《论衡·术》："日，火也。在天为日，在地为火"，"火，日气也"。先民把炎帝神农氏看作地上的太阳，能够炎地、烈山，观星辰而出火。"进行火田"，象征播种的节令到来。当先民在高山之巅燃起大火祭天时，古人认为地上之火与天上之日能够互为感应，达到了与天沟通的目的，炎帝神农氏因此成为"太阳神"。

上天之火

炎帝神农时代开始以"火"为工具开拓自然，烧荒只是火的简单应用，农业耕作需要更深入了解"上天"之火。

被称作"太阳"的那个火球东升西落，左右着万物生长。虽然每个相邻的"今天与明天"没有多少差别，但一年的几百个日子之间差别就大了。何时农耕播种、何时收获，结果会完全不同。掌握农时节令，农耕民族比游牧民族的需求更为迫切，农耕的需求决定了必须对"天"的信息精确掌握。《韩非子》曰："非天时，虽十尧不能生一穗"。恩格斯指出："研究自然科学各个部门的顺序的发展，首先是天文学。游牧民族和农业民族为了定季节，就已绝对需要天文学"。最初的"天文学科"就这样诞生了。

二　土圭测影

光明的探索

　　黎明的曙光对我们意味着什么？时光的延续？星球的转动？光谱的辐射？能量的传递？可是对于远古人类，每天清晨，一轮充满光明、温暖乃至炽热的火球，从地平线缓缓升腾而起，璀璨的群星一扫而去。广袤的苍穹任它缓缓掠过，直至从地平线上缓缓沉下，群星重新璀璨。经过恐怖的漫漫黑暗之后，它又神奇地从原来那个方向重新升起，风吹不动，云卷不去，不会迟来，不会早归。一位哲人问道：难道日出不是最先令人惊奇的事吗？难道日出不是全部思想、全部哲学的最初起点吗？难道这不是对人类最早的启示，从而成为所有思想、所有宗教的最初起点吗？

　　日出日落，对穴居野处的先民，是莫大的神秘，惊心动魄的奇观。日出的宏伟瑰丽，落日的变幻旖旎，强烈地震撼着智力尚未开发的先民，他们毫不犹豫地将太阳看作最伟大的神明，虔诚礼拜，乞求太阳降福于他们，由此形成了对太阳的崇拜。于是，先民们小心翼翼地观察太阳的变化，竭力去探寻产生这些变化的原因，有关太阳的神话传说就是他们寻求的答案。

　　由此，远古先民敬畏、惊奇、崇拜，想了解这主宰世间一切的神奇之物。长期的观察与思考之后，人们惊奇地发现，东升西落的太阳不仅主宰着每日昼夜的更替，也主宰着一年四季的变化，决定着万物的枯荣。而这种变化是有规律的，周而复始，循环无穷。对太阳每日东升西落这一最切身周期的观察，产生素朴的太阳神概念。《中古代宗教初探》认为："由于太阳的性能，对人类生活有很大的影响，所以世界各国的古代宗教，都有太阳崇拜。"《周礼》"冬夏致日"。《左传》"天子有日官，诸侯有日御，日官居卿以底日"。"底日"亦即"致日"，《尔

羊头山图腾柱

雅》"底,致也"。"致日"即迎日出而祭拜的仪式。

观测天象

"道"的观念,即来自对天象观察而得的周期性概念。而对更大的天文周期,周年季节的周期和行星周期的观察,导致了对天球轨道多元性的认识。

古人看来,深邃的天体就像覆盖在平地上的半球,而闪烁的星星则象缀在天球上的宝石。古人把相对位置不变的星星称作"恒星"。处于北半球的古人看来,自然是天球带着所有的恒星以北天极为中心不息地旋转。由于北极星永远居中不动,理所当然地被视为宇宙中的最高主宰。道家称"天帝"为"太一",星占家则把它称为人间帝王的代表。"帝"座附近的星,自然地被封为"太子"、"后妃"等,再旁边的星就封为丞、宰、辅、弼、枢、卫等,成为两道环卫"紫微帝宫"的墙垣。其余众星,按不同位置,以不同职官或机构称呼。这样,人间国家机器和社会组织,就与天上相对应。这便是恒星世界称为"天宫"的缘故。

还有一些较早发现的星座,如指示北极星的北斗七星,月亮运行所经过的二十八宿等,本来是人们观象授时的标志,自然沿用其名。为了便于天人比附,星占家还把天上众星按十二次分为十二星区,分别与地上十二个地域相配对,古称"分野",以便以日月星辰的运行,作为预测人间有关地域祸福的依据。

在恒星坐标上运行的天体是日月和五大行星。人们对日月的观察最早。为了准确的定年月,人们很早就开始用恒星背景作标志来观测日月的运行,并把日月在恒星座标上的轨道确定下来。星占家用五行理论解释天象,称日月的轨道为"黄道"、"白道"。日行一年为一周天,所以人们又把黄道分为 365 又 1/4 等分,每等分称为一度,每度代表一年中某一天太阳在恒星座标上的位置。

先民们观察到有太阳黑子,日食,日变色,日无光等天象。如日食,白昼突然变为黑夜,高悬的太阳黯然消失,群鸟飞鸣,牲畜惊窜,一片黑暗恐怖,因此,古代先民视为大祸将临,崇拜尤为隆重。这时要以修德,修政,修救,修禳以救日。

《谷梁传》称"天子救日,置五麾,陈五兵五鼓;诸侯置三麾,陈三兵三鼓;大夫击门,士击柝(打更的梆子),言充其阳也"。天子,诸侯,大夫,士各按其身份的高低,按照相应的规定,进行救日活动。

李淳风在《乙巳占》中记载禳救之法:"凡日食者,皆着赤帻(裹发的红巾),以助阳也。日将蚀,天子素服避正殿,内外严警。太史灵台(皇家观象台)伺日有变,便伐鼓;闻鼓因作,侍臣皆着赤帻,带剑以助阳,顺之也。"

类似仪式,不仅京师,各地也要举行,专人负责。《续文献通考》记载,"各府设阴阳学正术,州设典术,县设训术,……率阴阳生主申报雨泽,救护日月诸务"。申报雨泽实即提供天气预报,救护日月即在发生日食,月食时,举行禳救仪式。这种仪式在当地的神庙中举行,以伐鼓为主要特征。

日变色也是日占的内容之一。古代占星家认为,日正常颜色是黄色居中,如《易传》说:"日者,众阳之精,内明玄黄。"后代皇帝以明黄色为只准皇帝专用的颜色,"皇"与"黄"同音,渊源于此。

太阳落山,月亮升起,银光洒满大地,忽然,一个黑影把月亮逐渐遮住,以至完全遮没。过一段时间,月亮才慢慢恢复它的娇姿,这种意外的变化,远古先民难以理解,于是产生了关于月亮的种种神话。如天狗吃月,蛤蟆吃月等。

月食发生虽然没有日食哪样凶险可怕,但人们仍然认为有种种不祥之兆,《说苑》就将月食与秦的灭亡联系起来:"秦胡亥立,日月薄蚀,荧惑袭月"。而《乙巳占》中月蚀预示战争的记载比比皆是,"凡月蚀,其乡有拔邑大战之事"。

月蚀的尽与不尽也被赋予不同的意义:"月蚀尽,光耀亡,君之殃。蚀不尽,光辉散,臣之忧"。

甚至月蚀发生的时间,地点不同,也有不同的征兆:"月蚀以旦相及,太子当之;以夕,君当之。春蚀,岁恶将死,有忧;夏蚀,大旱;秋蚀,兵起;冬蚀,其国有兵丧。"月蚀起南方,男子恶之;起北方,女子恶之;起东方,少者恶之;起西方,老者恶之……诸如此类的占词,在占候著作中举不胜举。

由于古代对日月蚀的禳救都很重视,有关月蚀的禳救之举可参阅日食的禳救之法。

此外,月变色,月生角芒刺等现象,古人也都认为与大臣,后宫有关。所以从历史的角度看,占候术是曲折地反映出历史现实的一面镜子。

候影测风

古代高悬的太阳同样照射大地,地理山川依旧,但风向风力却天天变化,有时"风不鸣条",有时"拔木偃条"。有时仅"吹皱一池春水",有时却龙卷狂飙、羊角扶摇,在巨大的自然力面前,古人恐惧,崇拜并研究它。

《山海经》记载,风由山谷来,四方风由四方之神掌管,如风神"折丹"掌管东风,风神"因"掌管南风。后来的风神是雨师或风伯。经过长期观察,古人对风有三种分类。

一是从方位上分,以《广雅》为代表,"东北条风,东方明庶风,东南清明风,南方景风,西南方凉风,西方阊阖风,西北方不周风,北方广莫风"。

二是按季节分,从冬至开始,每45天有一种风,按《淮南子》记载,这些风顺序叫做条风,明庶风,清明风,景风,凉风,阊阖风,不周风,广莫风,与《广雅》上的方位风正好一一对应。或者按节气和气候来分，二十四节气，每一种节气有一种风，每个节气十五天分三候，每候五日，"从小寒至谷雨，凡四月八气二十四候，每候五日，以一花之风信应之，世所言始于梅花，终于楝花也"。（《蠡海集·花信风》），以二十四种花对八个节气的风。

三是根据性质，主要是从风的速度划分。最小是微风，稍大是飓风，再大有大风、狂风、暴风、疾风、猛风、飙风、台风、龙卷风等等，以风造的汉字就在二、三十种以上，诸葛亮借东风就是对风最精采的测量和应用。有关的农谚也是数不胜数，如"早白暮赤，飞沙走石"，"返照黄光，明日风狂"，"阴天起南风，有雨下不成"，"夜里起风夜里住，五更起风刮倒树"，"春东风，雨祖宗"，"凉生雨，热生风"，"鹊巢朝东，肯刮西风"等等。

殷商时，人们对风就已经有比较全面的观察，能以预卜的形式预测数日后是否起风，为避免暴风致祸，殷人又有"宁风"之祭，祭于神以求大风止息。

我们还能听到流传至今的哈尼族神话《风姑娘》。天神造地时在地上留下了巴掌大的窟窿，是为风洞，随后又讲人们寻找风洞的过程：天神造好天地后，人们等了九千九百九十九年，也不见刮风，热的难熬，树枯了，庄稼也不发芽。人们费了三年时间才找到风洞，原来是一位美丽的姑娘躺在洞上睡觉，把洞堵住了。人们叫醒了风姑娘，她起身后，风才刮起来（空穴来风），从此，春天刮东风，夏天刮南风，秋天刮西风，冬天刮北风。一年四季四面有风，大地充满了生机。

这个神话讲了风的起源，还把东南西北四方风与四季联系起来，描写了风与四季的关系，这无疑是农耕时代的产物。高尔基在《苏联的文学》一书中说过："一般说来，神话乃是自然现象，对自然的斗争，以及社会生活在广大的艺术概括中的反映。"中国古代神话就反映了古代劳动人民在生产过程中对风进行的可贵探索，尽管这种探索反映了人们对自然界认识的粗浅和对未知事物的想象和神往。

请记住这个信息：高平米山镇有一座"风神庙"，祭祀一尊"风神"。"风神"端坐正中，喉咙有碗口大小，连续向外吹风三天，随后改为向内吸风三天，再后无气息三天。吹风与吸风时，置毛巾则随风飘起，风力不小。能够容纳三天的风量，是多大的空间呢？是另有通风口吗？此风神之风洞与哈尼族神话《风姑娘》之风洞是否有某种关联？

天象与气象

雨水与农业关系极大，雨水少就是旱灾，多了就是水灾。以农耕文明为特征的中国古代，人们非常重视观测，预报晴雨等气候变化，积累了丰富的经验。

如根据动物对雨的反应判断是否有雨,《诗经》说:"我来自东,零雨其濛,鹳鸣于垤,妇欢于室。"鹳是一种鸟,水性好,天如果要下雨,鹳就会长鸣,以表示欢喜的心情,因此古人就以鹳和其他动物,昆虫的变化来判断是否下雨。

根据日月星辰来判断,《师旷占》中有:"日上有冠云,大者即雨,小者小雨。"《相雨书》中更为详细,"日欲入时,日上有冠云,不问大小,视四方黑者,大雨;青者,小雨。候日始出,日正中,有云覆日而四方有云黑者,大雨;青者,小雨……常以六甲之日,平旦清明东向望,日始出时,日上有云,大小贯日中,青者甲乙雨;赤者丙丁雨;白者,庚辛雨;黑者,壬癸雨;黄者,戊己雨……"

《诗经》中有"月离于毕,俾滂沱矣"的记载,可见当时以观察月亮来判断雨。离,月所宿也,毕是二十八宿中西方七宿里的一个星宿,意为如果接近毕宿就会瓢泼大雨。

《尚书·洪范休征》也说,"星有好雨","月之从星,则以风雨",即月跟星者必刮风下雨,此星是指毕星。

《师旷古》说:"入月一日二日三日,月色赤黄者,其月少雨;月色青者,其月多雨。"是根据月色与雨水的关系来判断。

《天文要集》中根据北斗来占雨:"北斗之旁有气,往往而黑状,似禽兽,大如皮席,不出三日必雨……北斗者,不欲云覆之,黑云覆之,大雨。"

至于雷电霜雪雾霾雹露虹等各种现象的观察和判断方法,更是不胜枚举。

古人在长期观察中,发现了北斗七星与四季的关系:"斗柄东指,天下皆春;斗柄南指,天下皆夏;斗柄西指,天下皆秋;斗柄北指,天下皆冬。斗柄运于上,事立于下,斗柄指一方,四塞俱成。"现在看来,北斗星的变化确实与四季直接对应,这是由地球公转的运动造成。所以古人讲北斗七星"运乎天中,而临制四方,以建四时",非常准确,为人们季节判断提供了依据。

"参"星与"商"星在天空中遥遥相对,一个升起,另一个就会落下地平线。"人生不相见,动如参与商。今夕复何夕,共此灯烛光……"(杜甫)。夏族对"参"的认识有更深的原因,每当参于黄昏后落向地平快看不见的时候,恰是大地回春之际。"参去寒冬尽,农家备耕忙"成为夏族观象授时的重要依据。参与大火都是古代妇孺皆知的星象,和"七月流火"类似,《诗经》用参入诗便有佳作,《唐风·绸缪》中:"绸缪束薪,三星在天……绸缪束刍,三星在隅……绸缪束楚,三星在户。""在天"、"在隅"、"在户"是在屋子里透过窗户看到参由东而南到西的景象,反映了这个妇女随三星位置变化而思绪万千的心理。

定与毕,《诗经》"定之方中,作于楚宫……揆之以日,作于楚室。""定"是古代一种锄头,诗中"指象锄头的四颗星,它们是室宿二星和壁宿二星",四星组成一个长方形。现在11月份晚上8、9点钟,星空中出现的那个十分显眼的飞马星座四边形就是定星。公元前 11 世纪，每当农事基本结束的时候，黄昏后在子午圈附近就能看到定星。定星中天，正是营造房屋的大好时光。人们不仅观星以掌握时机，还要用日影来决定子午线以定方向，以便坐北朝南。

《淮南子·本经训》:"尧之时，十日并出，焦禾稼，杀草木，而民无所食"。后来便有后羿射九日的传说。它的天文根据。在众多的星宿中，只有极特殊的日晕或极明亮的超新星，能在白天与太阳争辉。《宋会要》便有公元 1054 年出现超新星的记载:"初，至和元年五月，晨出东方，守天关，昼见如太白，芒角四出，色赤白，凡见二十三日。"可见在白天，他看上去还能像金星那样光辉夺目。超新星能在极短的时间内，光度增加几千万倍甚至几亿倍，不过为时不长，不久就会渐渐变暗，好似消失一般。我国记载最早的一次新星，是在公元前 14 世纪殷商时期，出土的甲骨文有"七日己巳夕——新大星并火"说明新星在大火附近。羿射九日，很可能是从公元前 24 世纪左右出现过特殊的日晕或极其明亮的超新星而萌发出来的想象。白昼可见的超新星出现于大旱之年，庄稼无收，草木干枯，深重的灾难可能使人有射日之举，光辉夺目的超新星数日后就会暗淡下去，人们不得其解，于是产生羿射九日。

圭表系统

《山海经·大荒北经》说:"夸父不量力，欲追日影，逮之于禺谷"。说明夸父族在民族大迁徙时，始终在用土圭测影的方法确定方向。我国古代将垂直与地面的立杆叫表，测日影长的尺子叫圭。圭表诞生的年代已不可考，但周代有使用圭表的规范。《周礼》说，"日至之景，尺有五寸"说明八尺之表以用于阳城观测，夏至正午影长一尺五寸，阳城即今河南省登封县，至今尚有周公测影台。夸父追日影，说明已了解日影长是随地理纬度而变化的。追日影说明夸父族迁徙的方向是由北向南。

此外对太阳黑子，彗星出没，五星运行等天象不仅有连续不断的记录，而且描述也极为准确，为当今国内外学术界认同，是研究古代天象的宝贵资料。

为了记录和掌握这些变化，部族首领常带领先民就在其居住的、阳光不受遮挡的最高处，辟出空地，树立八尺表木，来观测和记录每天的日升日落。这圭表或表木，又被称为建木或建表。闻一多先生说:"直立如建表。"《神话考古》指出:建木之称建表，应即今日的华表。

华表是极其古老有深远影响的装饰物。华表即花柱，是用于观测太阳影子的圭表，确定太阳方位的表木，又称交午木。所谓交午，指正午太阳上中天时的暑影是正南北;过此瞬间，太阳西移，暑影转向立柱的东侧，古人称"反景"("景"

即"影"），即相对太阳，影子在圭表的相反方向，说明远古先民确曾立杆测影。

自从建木测日影，象形字"木"、"日"与若干"＋"形光芒合一为"華"字，因此这个圭表又称为"華表"。《说文解字》记载"暭，日光也"，太阳的光芒称华，这是华表得名的根本原因。所谓华族，就是崇拜太阳和光明的民族。又因"夏日无影"，立华表地点就视为地中，又称"中华"。而暭之华，就是华夏民族的由来（《神话考古》）。因此，观察和测量太阳运行的圭表即华表，它源于上古时代的图腾，是我们祖先判定东西南北中五方、判定时刻、获取上天信息的灵物。现在北京天安门两侧各有一对华表，是明代遗物，用汉白玉精雕制作，柱体浮雕盘龙，又名盘龙柱。近柱头处镶云板，云朵有翻转之意，如风卷云涌，以示柱头顶到天上。柱顶上雕蹲龙一躯，名望天犼，意为对天咆号，形象化地表示了华表就是通天的神柱，象征中华民族与华夏文明。

在高山上立表木或称圭表，标志着上古氏族居住地及占领土地，以及上古政权转移，而其根本标志是祀与戎（祭祀与军事）；历法和形、音、义兼具的文字的发明与普遍使用，是上古文明的根本标志。不明此，妄言中国上古文明（王大有语）。

处于原始采集狩猎经济时代，能够产生的是动植物崇拜；处于定居农牧经济时代，能够产生的是氏族祖先崇拜；处于城邦分工经济时代，则能够产生太阳神首领崇拜。而太阳神的重要职责之一，恰是对太阳、对天象、对宇宙的观测与预测。

炎帝神农氏被推崇为太阳神，羊头山巅必然地成为炎帝神农氏族的祭祀台、天文台、表木历法台。掌握这三大权力的，只能是执钺的神农氏族首领炎帝。

钺是石制的斧，叫石钺，是远古部族社会的权力的象征，政权移交的标志。炎帝神农氏初期的石钺，是斧形状，绑缚于木柱，成为首领执掌观天颁令权力的象征，用于作战则演变为军事统帅的象征；而权力象征则由石琮所取代。到了原始社会晚期的玉石并用的时代，玉琮、玉钺，代替了石琮、石钺，还增加了财富的象征即玉璧。近年来，高平羊头山一带出土的新石器遗存中，便有石钺，能够说明羊头山是炎帝神农氏部族的权利中心，并非凭空想像。

古籍记载商周以后所崇尚的"分圭锡社"，（"锡"在此为"赐"之意，去掉分类后的偏旁就是同一个字）就是赐予玉圭分封土地，封疆大史上朝要拿圭板，都是历史的遗制。如周成王戏言"剪桐封弟"，就是用桐树的叶子剪成玉圭的形状封其弟"叔虞"，结果史侠记录在册，"君无戏言"，将叔虞封到山西的唐国做了国君，即为唐叔虞，是晋国第一任诸侯。现在太原的晋祠就是祭祀唐叔虞的祠堂，是我国现存最古老的国庙，与故宫、曲阜孔庙并列三大古典园林。

至于圭表"夏日无影"，处于北回归线以北的中原地区，夏至这天投影最短。

我们可以看河南登封县郜城镇周公测影台，所立的石表到埋石表的石质基础之边沿，这个半径为周尺一尺五寸，与"夏至"日正午影子等长，影子与基础重叠，人们在地上就看不到影子，即为日中无影。河南人因此认为本地为"地中"，说话常问"中不中"，常答"中"、或"不中"。由日影偏西到偏东，中午为正中，华夏民族故称"中国"。

为了掌握每天的时间，以决定每天做事的日程。先民们在表木上刻下每天太阳运行的高度。这就是"时刻"的最初本义。

先民用华表测日影的方法，是按太阳东升西落各时间段，在表木不同位置刻下对应太阳所处位置的刻线。第一刻为刚出地平线之日，绘出图形为"旦"，日中一点为俊鸟即太阳鸟（当代天文观测为黑子）；第二刻为"旭"（八九点钟的太阳），人见日出升至"九天"之间（如"疑是银河落九天"）；再刻为"東"，日在木中间；再刻"戾"，人仰望，日已越过最高的悬崖；正午为"杲"，日在表木顶上；太阳最明亮为"昊"（高大之人为"大"，最高者之上为"天"，天顶之日为"昊"）。下午刻线依次为"戾"，"西"（鸟归巢时），"昏"（氏即氏，日落至最低处），"杳"（日低于木，已不见日，杳无信息）。

作为标准，表木的高度取八尺。至今河南登封县周公测影台内周朝和宋朝测影设施中的圭表高度，均不超过两米。现代认为此高度应为古尺一丈，称这一高度的人为"丈夫"。"夫"为一定高度线之上的高"大"之人，故加一横为"夫"。周朝征兵不以年龄为标准，而以高度达某一标志线以上为"夫"，按律应征。

这种契刻计时于表木的方法，应该起源于炎帝神农氏之前的伏羲氏时代。这种表木上刻线表示的时间为"刻"，延续至今仍然称时间为"时刻"，如"列车时刻"、"刻不容缓"等。所刻之表木与刻度象形字为"圭"，即"圭"字的字形如表木上分别刻着上午与下午的时间刻度。

《周礼·地官》讲土圭之法，"土"字借为"度"，即"度量"晷影之长度。而"土"的古字字形为"⊥"，后加中间那一点为指事，即特指"是这里"。在甲骨文中用为"社"，还保留远古以"社柱"立圭表测影的原意。后来这种表木称"土圭"又称"圭表"、"华表"，华表又称为"髀"。"髀"字是小腿骨，古代曾用来作为尺度标准，如古典算术著作《周髀算经》。学者路思贤云："髀者，表也，即立杆柱，使用时称圭表。圭是太阳通过立杆在地面上的投影，即晷影"，说明后来又以表木投射在地上的影子划分时刻。

立圭表，只有与地面保持绝对垂直，才能准确观察日影，测定时间。古人是怎样来校正木杆的垂直度呢？古代运用设置垂直线的方法，来校正立杆的垂直度。古籍《考工纪·匠人建国》中记载："匠人建国，水地以县（悬），置以县（视）以景，为规识日出之景与日入之景，昼参诸日中之景，夜考之极星，以正朝夕。"

《夏小正》记载,立杆测影要平整地面,周围用一水槽控制水平,然后竖立杆,即"槷",也称"臬"。围绕立杆在地面上画圆周,取得日出之景在周围上的焦点,又取得日入之景在圆周上的焦点,连接两点便是正东西方向;取东西连线的中点,置立杆画垂直线,便是正南北;中午暑影最短的时间,在正南北的线上,夜间观察北极星,连线的投影也是在此正南北线上。这种控制垂直测影的方法称"巧倕"。为控制测影的准确,必须掌握立杆的垂直,方法是在立杆上悬挂垂线。

关于悬挂垂线。《疏》记载:"槷,亦为柱也。云以县(悬)者,欲取柱之景,先须柱正。欲须柱正,当以绳线而垂之于柱之四角四中,以八绳县(悬)之,其绳皆附柱,则其柱正矣。《通卦验补》记载:"立神,彼云八神,此县(悬)一也;以于四角四中,故须八神。""神"即引也,向下而县(悬)之,故云神也。这里"神"、"绳"通用。八绳即八索,即八神,神灵以八计数者,以此为据。这是八卦产生以八计数的神灵一例。其他以八计数的神灵与神话,以此类推,如八元即八音,八冈即八恺等。因"卦"从"挂"而来。在"圭"(后用龟)上推测契刻,象形字为"卜"。立杆加上所垂绳索,其象形为"木"字,称为"建木",现在美洲仍有古殷商移民刻在石壁上的有关图案遗迹。现代建筑上常用的垂线,就是这种古法的演变。

伏羲,即俯地观察日影,仰天观察晨曦而得名。史载伏羲氏以木纪,即开始运用表木测影。

《易经》的起源,最早始于结绳记事,古者伏牺氏之王天下也,始画八卦,造书契,以代结绳之数。《庄子》记载"伏羲者、神农氏,当是时也,民结绳而用之",《说文解字》记载"神农氏结绳而治,而统其事"。

"结绳记事"是世界许多古代民族使用的一种记事方式,《周易集解》记载:"古者无文字,其有约誓之事,事大,大其绳;事小,小其绳。结之多少。随物众寡,各执以相考,亦足以相治也。"这种帮助记忆的方式,直到近代秘鲁的印加族、我国西藏的珞巴族,云南的傈僳族和景颇族等原始部族仍在使用。

文字的产生逐渐取代了结绳记事,《尚书序》记载"古者伏羲氏之王天下也,始画八卦、造书契,以代结绳之政,由是文籍生焉"。仰韶等文化器物上的刻划符号,应是反映八卦之像的原始形态,也是一种特殊的记事文字。

八卦之说,谓之八索,求其义也。前说代替了结绳记事、结绳记数、后者则直接称八卦为八索,即八条绳索。因绳打结一般只能记录两种信息,即打结与不打结代表有与没有,成功与失败,是与不是等等。发展到后来使用契刻的方法,刻画出八卦阴爻(- -)阳爻(-)符号,依然是阴阳、是否、有无等两极的信息,是语言文字不发达时期的产物,不记过程只记结果的仅有的方法,其记录单位(每一爻)的信息含量与结绳记事相等,因此最早的八卦符号是否由打结或不打结的绳来排列,亦有可能,这属于记载方式范畴。在表木上契刻的象形字为"卜",

"圭"与"卜"合为"卦"的象形字,对未知事件的推测、测算、占卜称为"卦"。

古人通过表木测影法,对四面八方发生的狩猎、战争等事件,用悬挂结绳来记事的办法做记录,因此八卦就是"八挂",每个方位放几条绳,有事件、收获等便用绳打结,根据打结或不打结,绘成"—"或"--"图形。远古时期,能够记载的大事件一般超不过三件(事不过三),人们在每个方向只需放三条绳索,记录图形也只画三条即足够。当时人们外出狩猎等活动,去了某个方向,就不可能再去其他方向,因此,结绳记事或所画线条,在各个方向一般不会相同和重复。八个方向的结绳和所绘线条的不同形式只能有八种,形成最初的八卦。相传是伏羲氏发明了易经。

因结绳记事只能记录信息的两种形态,如猎获的有无、战争的胜负、天空的阴阳、生子的男女、生死存亡等。人们在记录之前,必须把事件高度抽象成对立的两种形态,按事物属哪种形态而记录,这便是人类最初的对立统一观念,最初的意识形态。伏羲氏将这种记录系统称作"易"。"易"在象形文字里是上日下月组成,代表了日和月的互相对立、变易、交易,共同构成天体、时空、事物变化的记录系统。

远古时期,未创制成形文字之前,记录事物都用图形符号表示。与结绳记事相似的就是八卦字形符号的阳爻"-"与阴爻"--",这种与结绳记事相似的图画符号,就是最初的抽象刻划文字雏形。后来逐渐演变出与物体各自相似的不同图形符号,就是象形的汉字。因此汉字的发展过程应归结为"抽象符号——象形'文'——相互组合之'字'"的演变过程。

古籍记载,姜姓炎帝神农氏族是伏羲氏族分化出的少典氏和有蟜氏通婚的后裔,后来"代伏羲氏而王天下",这是神农氏始创农耕的结果。炎帝神农氏继承了伏羲氏族的土圭测影,掌握天时的文化传统,用以指导农耕生产。

圭表系统,后世发展为专门测定时间的日晷,现在北京故宫中仍可见其遗存。直到现在,记时的装置仍被称为表,如钟表、手表、电子表等;而"钟"字意为"中",日中之意。时间,还被称作"时刻"。土圭测影,在测量日影的同时,所垂绳索还能观察到风向和风力大小的信息,这种观测也被称为捕风捉影。

表木也可以测定四季的节令。神农氏始创农耕之后,逐渐意识到一年春种、夏管、秋收、冬藏的周期规律,只有将这四时(四季)划分得更准确,才能精确指导下种与收获的时间。而一年的各个时节,恰好能从立杆测影中反映出来。如冬天的正午,日向南偏移,指向北面的日影变长,到某一天的影子最长,称作"影长至"、"日短至",神农氏便认为这一天是冬天到了,便为冬至;夏天正午日在头顶,影子变短,某一天的影子最短,"影短至"、"日长至",即夏天到了,便为夏至。

那么,把一年中正午的影子各个点连成线,便在地上划出一道南北方向的直线。当时人们已观察到，夏天昼长夜短，冬天昼短夜长，而一年之中春天与秋天各有一天，昼夜时间一样长，这两天的杆影位置恰好都在地上这条线的中间，于是便把春天这一天的杆影位置在线东面划一条向东的线条，秋天这一天划一条向西的线条，形成"十"字形线。而这两个日子，一方面昼夜时间相等，昼夜平分；另一方面对南北方向的线条也是中分线，这两天便为春分与秋分。

汉字"王"，上一横为天，下一横为地。中"十"字为圭表的"十"字形线，"十"字形沟通了天地信息，所以又被称为天梯，掌天梯的人，为王（大巫）。《说文解字》对"王"的解释为"天地人，参通者为王"。

当人们观察得更细，就会发现春天明显开始温暖，夏天明显开始炎热，秋天明显开始落叶，冬天明显开始寒冷的日子，便分别定为立春、立夏、立秋、立冬。表示在"十"字形线上，形成"圭"、"米"形图案，形成四时八节测定时（季）节系统。这与最初的卜刻圭表的刻线表示法意思相同，只是演变到了地面，这就开始演变为后来的土圭测定节气。而刻划于地面的"米"字形日影图形，与甲骨文之"帝"字的字形与内涵都是相同的，掌握此参通天地之玄机的特殊人物只有"帝"，即"地"之主人，同音同意，如"炎帝"、"黄帝"等等。

任何发明创造，都是适应当时的需求而产生。神农时代诞生的农业，如果没有天文气候农时节令文化系统的支撑，就不可能成为一项逐步替代渔猎的农耕产业。因此，这个天文系统必然历史地诞生于神农时的农耕时代。而神农氏始创的四时八节计时系统，也只能发端于农耕发源与实验地、观天测候的羊头山，非此地而莫属。

十二消息卦

神农时代，完备的二十四节气尚未完全形成，但土圭测影记下若干刻度，即各时间段的冷热变化这项工作，却应该开始了。每年一个周期，天气都有一个很明显的变化。如从冬至开始，井中即有雾气蒸腾，地气为阳气（天一生水）。因气温逐月转暖变热，属于与太阳那样一种温暖的感觉。人们认为，是阳气多了，并且是每月多一分阳气，从感觉上阳气是从地下而来。如春天霜冻，是山梁上有霜，山洼处无霜，因阳气自下而上，即"春霜圪梁秋霜洼"。便用结绳记事的方法或图绘方法记载。但天变热的过程是半年，即六个月，过去八卦的三个结绳记录符号或三个卦爻已经不够用，炎帝神农时代便逐渐演变为用六个卦爻来记载。例如，冬至是冷热转折，阳气开始出现，卦爻记载为上面五个阴爻下一个阳爻（冬至一阳生）；第二个月又暖一分，卦爻为上面四个阴爻下面二个阳爻，第三个月卦爻为三个阴爻下面三个阳爻，是为"三阳开泰"。因"阳""羊"相通，现在人们常说"三羊开泰"。

依此类推,直到最热时的六个阳爻。但到夏至,气候达到最热,便开始由渐热向渐冷转折。秋霜的影响则是"秋霜洼",山梁无霜低洼处有霜,冷气也是开始从地下上升(阴气自下而上),所以夏至卦爻为五个阳爻下一个阴爻,依此逐月类推,直至大雪时为六个阴爻。这种六个卦爻的记录方式,形象、准确反映了气候变化规律,这就是"十二消息卦",意为十二个月阴阳此消彼息的气候记录。这就是《史记》记载"神农以前尚矣……起消息,正闰余",是科学的、唯物的。

过去的八卦是每卦三个卦爻,按代数全排列有八种卦形,形成八卦。炎帝神农氏时代用它来反映十二个月气候变化,已显不足,卦爻因此演变为六个即六爻,其阴阳变化就能反映十二个月的气候变化。六个卦爻的数学全排列为六十四,即六十四种卦形,这便是神农氏演八卦为六十四卦的农耕气候依据,是炎帝神农氏对中华民族的一项巨大贡献。《书断》记载"上党羊头山嘉禾八穗,炎帝乃作《穗书》,用颁时令",应该包含这种记录方式。

炎帝神农氏的"炎"字为上下两个"火","火"的象形字与"山"相近,如同两个山;又因炎帝神农氏尝百草、垦荒焚山,越过一山又一山,故炎帝除称烈山氏外,又称连山氏,其创立的易经为《连山易》。成为与黄帝的《归藏易》、文王的《周易》并称的三部易经之一。以后的时代文化学习《易经》是必修课。繁体"學"字下边是"子",学生称子,如学子。先生亦尊称"子",如孔子、孟子等;"學"字整体的下半部是"字"的省写;上半部表示"字"的内容,就是"學"字上部中间的"爻"即卦爻。"學"字上部两边是两个手的字形,一正一反,表示学习和操作时要左右手并用。

"韦编三绝"的故事记载了孔子反复学习《易经》,以至串竹简的皮绳被磨断了三次。

上古居统治地位的氏族将土圭测影之柱立于聚落之地,土圭测影、颁布时令,其所在即视为天下之"中",后来引申为凡是古代帝王所在地均为"中"或"中土"。因晋地不仅是炎帝神农氏始创农耕之地,也是后来尧、舜、禹等帝王所在之地,因而又名"中冀"、"中国"。

炎帝神农氏在农业上的伟大贡献,大大增强了氏族经济实力,使他在各氏族部落中愈来愈享有威望和盛誉,被誉为"神农""农皇"、"谷皇",氏族也日渐强大。神农氏族的农耕成果扩展传播到其他部族,必然受到普遍的敬仰与推崇,炎帝神农始祖逐渐成为部落联盟的领袖。

三 炎帝与星象

几千年前的农耕初期社会,人类刚刚摆脱蛮荒时代,没有钟表,更无成熟文字记载的历法。炎帝神农时代怎样掌握农时节令呢?

远古先民掌握农时季节的方法主要有两种:一是观测地上日影,二是观察天宇星象的变化,掌握其中的规律,用以指导农耕。

观天象以知天下

中国的早期天文学,在观天象、定季节,探索天体与地球、与人类生活之关系的同时,还伴有鲜明的占星术特点。这种天文术称星历,最早从伏羲时代就已开始,炎帝神农时代有了进一步发展。

《易经》记载:"天垂象,见凶吉。"

《史记》记载:"自初生民以来,世主曷尝不历日月星辰"?"神农以前尚矣。盖黄帝考定星历,建立五行,起消息,正闰余。"

《物理论》记载:"畴昔神农正节气,审寒暑,以为早晚之期,故立历日。"

《幼学琼林》记载"历日为神农所创"。历日,又称太阳历,相传为炎帝神农氏所创,是我国最早的原始天文历法。虽则古老,却与今日的阳历基本对应,属于阳历范畴。我国从夏朝开始使用的夏历不仅提供阴历,也提供二十四节气为特征的阳历,统称阴阳合历。

《五经要义》记载:天子有三台,灵台以观天文,时台以观四时,囿台以观鸟兽。灵台即天文台的选址,通常要选择在山之最高处。

根据对《山海经》的统计,中原地区有 26 座名山都有原始天文星象观测的记载。那么,有着深厚文化内涵、有着对农耕诞生极其迫切的天文观测需求的羊头山,天文观测与天地信息探索应该是必然的。

说羊头山是观星纪历之选址并非主观臆想,炎帝神农氏族始创农耕文化以后,必然越来越发现农时节令对农作物收成的决定性作用。按农时种植,收成就有保证;反之,农时耽误几天就有可能造成大幅度减产,影响收成。为了氏族的生存,必须认识和了解大自然,与"天"沟通并了解"天"的运行规律,这就产生了在上党最高处,能最早看到太阳的羊头山顶,建立最初的天文观测和原始历法。

羊头山居黄河中游地区,太行、太岳两山脉之间,高"与天为党",广"岭限二郡,麓跨三邑",种植游牧、攻伐守备、君临天下、统御四方者,非此地莫属。而大山纪历时代观测星象风云,祭告天地山岳,号令五湖四海也非此地莫属。

《拾遗记》记载:"炎帝始教民耒耜,躬勤畎亩之事,百谷滋阜,圣德所感,无不在焉……筑圆丘以祀朝日,饰瑶阶以揖夜光",对观测日月的场地和用途描写详尽,此即祭坛。

今日去天台位置的祭天坛,我们几乎不可能找到即使是最简陋的天文观测遗物,但已具备了最基本的观测条件。首先要建立一个可辨别东西南北方位的平台。因为没有基准的平台,就无法观察和判断天空苍穹的方位。炎帝神农氏时代为建立这样一个平台,首先需要辟出一块水平台地,在平台即灵台中央竖立一根八尺表木(华表),由这一点来观测每天的太阳的投影变化,定出方向,即每天中午日影最短时所指的方向为正北,相反延伸线为正南。每日朝夕所指方向为西与东。"四正"即东南西北,是基准方向。以表为中点,在地上划出四正之"十"字线。其次"四隅"即东北、东南、西南、西北为辅助方向,成"米"字形。一个四面八方的方位坐标系统由此形成。

"米"与"帝"的古文字形,都是四正四隅、四面八方的会意字。那么掌握此天地信息观测系统者,即本地土地所有者,即为"帝"、"炎帝"。

圭表的八尺高度,是当时一人的高度。因"丈"字甲骨文为"十"和"手"的字形组成,一人的高度恰是本人手长度的十倍。由此又产生了以丈为单位的"仞",八尺为一仞;因为以人为度,所以"人"、"仞"同音,一人高即为一仞高,山高"万仞"源于此。

观天者与天沟通,非最高首领、最精于农耕气候需求与要领的炎帝神农氏莫属。他需要通过观察北斗星、南北两极、二十八宿,日月、五星等星的运行,以探索与季节时令变化的对应规律。

高平市神农镇长畛村诸神庙有二十八星宿雕塑(已毁),晋城市郊的玉皇庙及元代二十八星宿彩雕,驰名中外,始建于宋神宗熙宁九年(公元1076年),是罕见的以星宿为神灵的庙观。

魁傀与四象二十八宿

始创农耕者,身号炎帝,世号神农,名魁傀(隗)。值得注意的是,魁傀只是到了尝百草的炎帝神农氏才开始有的名号。在此之前的上古神农氏族初期,氏族首领、巫、及和许多人都从事天文星象观测,"民神杂糅",即人神不分,神鬼不分,所颁布的日月星历难免因人而异。炎帝神农创立农耕后,立圭表制度以沟通天地定历法节气,就决定着食物来源及氏族的生死存亡。氏族首领必然承担观天测候、颁布时令的重大责任。那么天神之下，万人之上，在先民众人心中，他就是王、是皇、是神、是鬼，故名魁傀。

"鬼"、"斗"二字合为"魁"，即测北斗之鬼神者；"人"与"鬼"合为"傀"，即人中之鬼者。"阝"即阜，意为山坡。与"鬼"合为"隗"，即居山之鬼神者；"魁傀（隗）"之名便是居山测北斗之鬼神之人。《正义》记载："天神曰神，人神曰鬼。""鬼"的概念非我们今日认为的"妖魔鬼怪"，而是"人神"。

"斗"字的甲骨文字形是北斗七星形成的勺形，与标志四个方向的四个边构成，表示以斗定方位。所以指向北极星的北斗星，是定方位的标志星，名"斗魁"，与观测北斗星的魁傀氏用同一个"魁"字。测量粮食多少的器具也属测量的标准物，故也称作"斗"，是北斗星引伸而来为"基准器具"之意。

北极星有龟蛇的形象；龟甲又是占卜吉凶的灵物，故正北天象以龟蛇为代表。

借此与天沟通的还有天鼋氏。天鼋与轩辕同音，所居之地即根据北斗七星与北极星之形建造祭坛，名轩辕丘（台），这就是《山海经》记载的轩辕台、轩辕国，部族也名为轩辕氏。轩辕氏以天象围绕北极星日夜旋转，受此启发发明车轮，北斗星为车形，因此发明最初的"车"。并引申发明指南车，成为华夏民族的车之祖。因此《史记》称"斗为帝车"。

高平市神农镇有一座十几米高的奎星楼，坐落在一座山丘之上。古"奎"字由"大"与"圭"组合，因此"奎"通"魁"。奎星楼又名魁星楼，就是展示并希望当地多出"魁星"、"魁首"。

炎帝神农氏在羊头山始创农耕，观星制度定历法。《路史》记载："三朝具于摄提，七曜起于天关"，这与所谓太初历也相合。七曜是指日月金木水火土，可见历法源于天文观测。后来，汉朝司马迁主持制定了一个太初历。为此，男苹注《路史》时特别指出："神农之历自曰太初，非汉之太初也。太史公曰，神农以前尚矣。"应劭云："太初，上元甲子夜半朔朝冬至，日月五星俱起牵牛，虽非汉太初，然其法亦不大相远。"可见在神农时代，天文观测历法制定均已具相当水准，与后世观测误差很小。

近年，我国社会科学家蒋南华已经根据古籍中的干支天像记载精确地推算出，神农氏族的始祖于公元前5037年创制，实行上元太初即天元甲子历，进一步得出生年应早于该纪年43年的辛巳，即公元前5080年，逝世年为公元前4960年辛巳。将传统的五千年中华文明史推早至七千年以上！

这应该是指"神农氏七十世有天下"的神农氏族始祖。现代科学的计算结果令人振奋，足以说明炎帝神农氏历史的真实性。

"列宿"是指环绕在北极天顶周围的星群，古人把它分为二十八个区划，称二十八宿,分见四方,以四种动物命名,即东苍龙、西白虎、南朱雀、北玄武。月亮运行每天停留在一个星座,如同留住一宿,二十八宿之意即此。

炎帝神农氏是必然的星相专家,每晚观二十八星宿,以水土金木火五星在空中不同的位置来确定时间和节气,一个轮回为 28 天,一年有 12 个轮回有余。

长畛村风水先生申胡根告诉我们:"本村山上原有观音庙和诸神庙,里面供有 28 个神仙,这诸神庙即是祭祀远古时期的 28 星宿。"可见高平地区的星象观测传统。

现代古文化学者一般认为,二十八星宿天文学说始于中国,后传播于印度、中东和西方。

天空二十八宿划分,犹如人们将中国大地田野划分为九州,故称分野。观星象者将天象分野,所以造"鬼"字,中间田为田野,上一"丿"意为指向上天之野,下为一个单腿跪地测天之人的象形字,"厶"为手臂弯曲使用圆规等器具;"规"为画天象的仪器,鬼为跪地测天象之人。古人还认为测天者是神授予天机的天之子,鬼死后会像云一样归去天上,即古人云"魂上天魄入地",是贵人,所以规、鬼、跪、贵、归同音;贵人跪天是大礼,草民跪贵人也是大礼。人死后烧香是为魂如香烟缭绕升天;所以,古人最初视"鬼"为神圣。炎帝神农氏名魁傀(隗),其中皆有鬼字,字义如神。

先民最初是神鬼不分的。神即鬼,鬼即神。

神的观念来自雷电。《说文解字》记载"申,神也"。"申"即闪电中直上直下的"立闪",而"电"即闪电回曲闪烁之形,"申"与"电"字意相通。相传轩辕黄帝取代炎帝神农后,将中华民族传统文化继承和发展。到了殷周时期,等级地位开始森严,出现了祭祀雷电的"神"字,"鬼"才开始与"神"区别。

关于"鬼"字的最初字意,古籍文献《论语》记载:"人神曰鬼。"说明人之中最出类拔萃者才能被称为"鬼"。《玉篇》记载:"天曰神,地曰祇,人曰鬼。'鬼'之言'归'也,又慧也。"说明"鬼"字用于人,而且有聪慧的意思。《方言》解释"鬼"字:"自关东而赵、魏之间谓之黮,或谓之鬼",说明"鬼"字是敏慧,狡黠之意。赵国后来由晋阳(太原)迁都河北邯郸,魏国在山西芮城,赵魏之间正是上党地区,高平正在其中。抗日战争时期,驻山西上党地区的八路军战士,常亲切地称呼机灵的儿童为"小鬼",即为上党地区的这个传统。

炎帝神农时代,以蚩尤为代表的三苗九黎集团,亦有此风俗。文献记载:"苗人鬼神不分,凡是在他们神圣领域之中,认为有超自然能力,无论是鬼、祖灵或神祇都称之为鬼"。

王充《论衡》引古本《山海经》记载:"北方有鬼国……少昊之子,食黍"。而上古时期"鬼方为少典、有蟜、少昊、共工、炎帝、神农,羌戎人。"《说文解字》记载:

"鬼……多用为'鬼方'之'鬼'"。到商周时,山西地区还为鬼方国所居,于现今山西南部和河南、河北交界一带,涵盖上党地区。

商末时期,商王朝的三公为西伯昌、鄂侯、九侯,对九侯的注释是:集解徐广曰"一作鬼侯,邺县有九侯城"。正义括地志云"相州滏阳县西南五十里有九侯城,亦名鬼侯城,盖殷时九侯城也"。《路史》记载之"耆:侯爵自伊徙耆,爰曰伊耆。一曰阺黎也。"

有学者称,屈原的《九歌》为祭神歌,是祭祀楚国始祖祝融的。祝融是炎帝族的后裔,商周时期自上党地区迁徙到岭南。沅湘民族的鬼,古读音为九,《九歌》即为鬼歌。可知屈原时代当地无"神"的概念。江华县岩口埔乡,三百年前曾有人在岩洞内奉过道教和佛教的神仙塑像,当地人却称"鬼崽"。沅湘封闭地区的少数民族至今还没有神的观念,"鬼"却有所指。从姜竹的《炎帝神农分支分氏世系表》中来看,从炎帝神农氏始祖到祝融支系,正好是九世,或许与"九歌"的文化有某种内在的联系。

从语言学分析,贵州布依族将"鬼"念作"王"音。"龙"在后世信仰中视为品位很高的神,然而在金文时代,字形却像鬼。汉族将"天神"视为至高无上的神,而有些少数民族却称"天鬼"。贵州、湖南的少数民族要么没有"神"的语言与读音,要么神的读音同汉语"神"音相似或相通。

炎帝神农氏又称"轨公",同音同义,可知即为"鬼公",魁傀的俗称是也。后世纪念炎帝神农氏,"鬼公"的字意逐渐有了已故之意。佛教传入中国以后,产生了一个过去没有的"魔"字,"鬼"字上面加了一个"麻",似乎妖魔鬼怪不大吉祥。为尊者讳,"鬼公"逐渐演变为"轨公",同音同义。"轨"字右边的"九"字,在沅湘少数民族地区就念"鬼"的发音,"车"字旁自轩辕黄帝发明车之后才可能有这个字。从字的演变可知,"轨公"之称似乎为后世形成的称呼。

今天的人们很难想象,远古先人真会去孜孜不倦的观测天体,具有如此丰厚的天文知识。然而,在我国各地实际出土,形制几乎一致,边缘有定位齿的天文观测器材圆形璇玑已不下十几件(处),便足以证明。最早出土当属渤海湾广鹿岛吴家村贝丘遗址的一枚璇玑,C14测定为公元前3375年,距今便是五千多年。

璇玑的名称来自北斗星。北斗星的斗魁是由天枢,天璇,天玑,天权四星组成。斗柄三星为玉衡,开阳,摇光,因此观天仪取名为"璇玑玉衡"。今已知将北斗口外两颗最明亮的星连成直线,再延长五倍,就能准确地找到北极星,以辨别方向,"识得北斗,路才好走"。现代天文学称北斗星为大熊座,是因为航海家根据北斗星就能找到北极,北极是北极熊生活的世界。因此,天枢直指的北极星,是太极中心,又称为斗魁星。炎帝神农氏称魁傀(隗)氏,是当时人们对这位古帝王的尊称。当今时代,国人常把划时代有贡献者称为泰斗,即泰山之斗魁。如文坛泰斗巴金,科坛泰斗钱学森、华罗庚等等。

北斗星不仅是辨别方向的参照,也是季节划分的重要依据。黄昏时根据北斗斗柄所指可定季节。斗柄指东,天下皆春;斗柄指南,天下皆夏;斗柄指西,天下皆秋;斗柄指北,天下皆冬。日月与北斗聚会与否决定一年中的二十四节气的"节"或"气"或闰月。

唐朝房玄龄主编李淳风著《晋书·律历志》记载:"然则观象设卦,扐闰成爻,历数之原,存乎此也。逮乎炎帝,分八节以始农功。"唐伟续《墨薮》记载:"炎帝神农氏因上党羊头山始生嘉禾八穗,作《八穗书》,用颁行时令。"《路史》记载"作《穗书》以同文颁令"。特指炎帝神农氏使用源于羊头山天文观测的历法节令,以《八穗书》的文字来记载与指导农耕生产。那么,羊头山作为炎帝神农氏最初天文观测、观天测候的选址,是言之有据的。

炎帝神农氏之裔蚩尤也同样精于此道。《管子·五行》载:"昔者,黄帝得蚩尤而明于天道。蚩尤明乎天道,故使为当时"。这里的蚩尤,应该不是被擒杀的那个蚩尤首领,而应该是涿鹿之战后,以炎帝、黄帝、蚩尤、少昊为主体的华夏族中,被启用蚩尤族的天文观测人才。

十月太阳历

炎帝最初创造的农业历法为太阳历,又名十月历;后来十月历被黄帝所继承。学者何新在《诸神的起源》中认为:太阳神黄帝——伏羲为中心,配偶司月女神,即雷电雨之神,嫘祖(雷母)、女娲为副神,诞生以太阳神为大辰的十月太阳历法,涉及大规模地理区域的观象授时制度。可见中国上古即古代全部基本哲学和宗教观念,均与天文观念密切相关,例如所谓"道"的观念,即来自对天象观察获得的周期性变化规律。

对上古炎帝神农氏所创的观测天象的科技成就,后人根据传说,整理著名的天文著作《幼官》。据郭沫若考证,《幼官》即《玄宫》,因古字形相近而误传。齐国将明堂称玄宫,是因为齐是颛顼之后,姜姓。玄宫是有图的,按《幼官图》行令,十二天为一个节气,春秋两季各八个节气九十六天,冬夏两季各七个节气八十四天,全年三十个节气三百六十天。

《管子》记载,黄帝得蚩尤而明于天道,用金木水火土五行御天,每颗星各领两个月六节气七十二天,合计一年十个月三十个节气三百六十天。这就是《路史》记载"受火之瑞,王承荧惑(火星),故以火纪时焉"。《宋书》亦记载"致大火之瑞,嘉禾生,醴泉出"。

这个系统源于三苗九黎之君蚩尤氏，现在彝族的十月太阳历应该是其孑遗。这个节气系统，由炎帝神农氏54代孙太公姜尚传下来，在齐、鲁等国很流行，后来由齐国的管仲完善为二十四节气，均有其渊源。

由炎帝神农氏时代始创的祭天神、观天象的遗俗一直延续到明清时期，历代朝廷均设有专门的天文官，将天体星相的变化情况记录下来，因而我国的古籍文献中，关于天文天象内容的记载之丰富，在全世界首屈一指。

因火在炎帝神农氏时代生产和社会生活中的重要位置，因而在炎帝神农氏族管理体制中，是以火来纪（命）官的。即"春官为大火，夏官为鹑火，秋官为西火，冬官为北火，中官中火"（宋《通志》）。这五"火"，均以天上星宿所在的位置而定。

火与太阳的关系密不可分。《论衡·术》："日，火也。在天为日，在地为火"，"火，日气也"。先民把炎帝看成是地上的太阳，能够观星辰而出火，炎地、烈山而"进行火田"。当先民在高山之巅燃起大火时，即播种的节令到来了。古人认为地上之火与天上之日互为感应，达到了与天沟通。因而神农氏成为天、地之火沟通之"炎"帝。

炎帝神农时代为什么需要精密观测天文？仅仅是需要一个准确的年历或日历吗？如果不从始创农耕时代的生产方式上找原因，大概永远找不出答案。

四　炎帝与大火星

　　根据《天文考古学》创始人冯时教授的学说，几乎所有近代出土的古星象图都在显示，古人对于天象的认识，是非常清晰的。

　　"天文"一词，较早见于《易·象·贲》："观乎天文，以察时变"。其意本指"天象"，为古代中国"天文"一词的传统含义之一。那么，究竟何为所察之"时变"呢？

　　"时"为"日"与"寸"，"日"是太阳，"寸"是手腕处加一点，是距离手一寸之处的"寸脉"，意为把握。土圭所测地下的日影刻线，一寸距离就是一个时辰。因此，"时"就代表时间，可以用于"时辰"及半个时辰之"小时"，也可用于一季度，如"四时为岁"。因此"观乎天文，以察时变"，就说明观察天文是为了考察季度节气的变化，以利对农耕时机的把握。

　　河南濮阳星图说明，早在6500年前，古人对星空已经有了明确的划分。与指示方向的北极星直接联系的，是北斗七星。它始终展现在星空，一年四季都能看到。同时北斗星的变化既明显又有规律，四季节令的变化都与之有关。所以，古人把北斗七星作为季节和时间的指示星。

　　濮阳星图将星空分为四个方向，东方是龙的星象，西方是虎的星象。南、北两个方向的星象也很明确，只是还没有十分明确表示什么动物。

　　战国曾侯乙墓漆箱星图则更为精确完善。它中间环绕书写的二十八星宿名称，来源于对月亮的观测。古人发现月亮在星空，每天都会移动一小段距离，从某一个星移动到另一个星，好像每天都在一个星住宿一宿，28天又回到了原来的位置，正好围绕北斗星循环了一周，人们为了容易记住这些星的位置，就把沿途经过的星各取一个名称，总称28星宿。因此，东、南、西、北每个方向，正好各对应7个星宿，包含在各自的星象之中。

羊头山西侧制高点

　　这样的划分很容易记忆，而且确实是为了记忆。因为按照这种划分，人们就能根据每天月亮出现的所在星宿，确定这一天是什么日子，夜晚的星空就好像是一个大自然的日历牌，这大概就是最初的天

文历法了。而古代天文学的诞生,正是为了通过了解星象运行规律,来得到季节、节气和时间的对应关系,并逐渐产生了日益精确的历法。文献记载,神农时代就已经有了一个"太初"的历法,比汉初的"太初历"早了几千年。

龙是什么

"星象"这个名称,就是星宿像什么。例如西方七星就像一只虎;南方七星在后来的星图里,显示像朱雀;北方七星显示像龟和蛇;那么东方七星像什么呢?今天说来应该像龙。但是,龙是并不存在的动物,最初不可能有一个"龙"的动物形象来对照,那么怎样判断这一组星象是否像那个并不存在的"龙"呢?

既然我们看不到像"苍龙星象"的那个"龙",我们何不反过来观察像"龙"的那个"苍龙星象"呢?把那个星象的图形画出来,不就有了"龙"的形象了吗?果然,苍龙星象的 7 个星宿之中,有六个直接来自龙体:角宿,来自龙角;亢宿,表示龙的咽喉;氐宿,表示龙头;房宿,表示龙的肩膀;心宿,表示龙心;尾宿,表示龙尾;再加上箕宿,就连成了苍龙星象图。一眼望去,似乎有了龙的基本形象。

但是,古人是否认为这就是龙的形象呢?这可以对照《周易》里有关龙的六句爻辞:

"潜龙勿用",地平线上还看不到龙星象。

"见龙在田",刚看到龙星象头顶的角宿与天田星,正值春分,即"二月二龙抬头""神龙见首不见尾"阶段。

"或跃在渊",龙体刚从深渊、即地平线上跃然而出。

"飞龙在天",龙行运行到南中天。

"亢龙有悔",龙体开始向西向下倾斜。

"见群龙无首",龙头已经沉入地平线,还能看到龙身。

《说文解字》对龙的解释为:"春分而登天,秋分而潜渊。"

综合分析说明,《周易》中的六句爻辞,描绘的是苍龙星象从东方地平线升起,运行到西方地平线落下的全过程。龙在天空运行的时间跨度,是春分到秋分的整整半年,这不是特指天空星象的运行规律吗?古人心中的"龙",难道不是龙的"星象"本身吗?

造字之际,造字者仓颉不可能看到什么"龙"在大气层中飞腾。假设那个"龙"的动物确实存在,假设古人看到了那个"龙"的实体,他就会直接素描那个称作"龙"的动物。而星象就只能是"相似"。汉字是象形字,其象形素描的"模板"不应该选取"相似版",只应该选取"原版"。但仓颉却选择了"相似版"。因此,这个谜只有一个答案,那就是:"原版"根本不存在。

古人或许坚信自己的直觉,因为他们看到和感受到的是:

1.龙的身形以闪电的方式体现,每次闪电形象都不相同。由此认定"一定是动物在飞腾运动"。

2.龙的出现总是伴随隆隆的吼声,对它的称呼就"有则仿之,无则嚷之",读音就模仿其发声"隆、隆、隆、……"而为"龙"。

3.龙抬头后半年内,每次出行都伴随有降雨。

中华民族是最善于思考的民族,根据"龙"随电闪雷鸣而出行的现象——有形象、有发声、有与降雨直接关联的功能、有住宿地的踪迹。根据"苍龙"的整体运行规律,仓颉先生找到了二者的内在联系,即其中的规律,并据此锁定了"龙"的居处——星空东方苍龙七宿。

"龙"字应该按照固定形象来素描,那就按照它的固定之所在,苍龙星象的排列形象,将七宿诸星依次连缀,就形成一幅图——即最初的"文"。中华古人造字的本质就是素描画图——高度抽象的图,成为最初的"文",我们今日称其为象形文字。这就是我们从殷周文物找到的刻在龟甲或牛骨上的图,我们称其为"甲骨文"。

而"文"就是"纹","纹路"也就是画出的图。这就是象形文之"龙"字。至于"字"的概念,"独体为文,合体为字"。"龙"为文,"笼""珑""垄"等则为"字",是组合起来的"字"。

龙 j25318　龙 j25303　龙 j25333　龙 j25321

查甲骨文和青铜器金属铭文,"龙"字与苍龙星象相对照,出现了惊人的结果——完全一致。相互比照之下,结果会令所有的人都大吃一惊,星空中的苍龙星象那独特的排列样式,已经完整地体现为甲骨文、金文的"龙"字。所有龙字的上部,都展示了龙星的角、亢、氐三宿组成龙头的苍首之象。中间则展示了龙的躯体身形。最传神莫过最后一笔龙尾,那向上微微的翘起,如果不是准确的星象

苍龙星象

彝族文献中的龙图与宇宙图

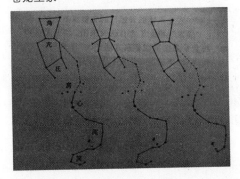

图临摹,无论如何是无法想象出来的。商代出土的龙形玉器,也都极为明显地强调了那个微微翘起的龙尾。

从四个选出来的甲骨文"龙"字,我们几乎可以看到古人由简单描绘到想象出来"龙"这种动物的整个思维过程。

那么,甲骨文"龙"字的形象,不正是"苍龙星象"本身吗?古代"龙"的字形,透视出来的正是古人造字之际的联想过程。

中国的"龙",就这样产生了。不必怀疑古人是否这样考虑,彝族古文献里能够找到的九幅龙图,都是逐渐演变为回互盘曲的蛇形,而演变至襄汾陶寺出土的上古首领墓中的龙盘图,就已经是完整的近似我们能够见到的龙形图案了。而且龙绘在黑底上,"天地玄黄",地是黄色无疑,而天正是玄色即黑色。彝族古文献注明是"宇宙",另一幅与今天的龙图毫无二致的龙图形,注明却是"太极"——大之极。

可见古人头脑中的"龙"是从宇宙中来。"天地四方曰宇,古往今来曰宙",天地之间、无所不在、龙行降雨、电闪雷鸣,这就是农耕需求降雨必须依托的"龙"。永远不要忘记,我们的远祖就是这样认识世界的(太极图由此发端而形成)。

决定农耕的大火星

我国华北是雨热同季,夏秋的雨水足够让庄稼生长了。但关键是,春天能否在播种季节有"及时雨"?幸而每年"龙抬头"总是定时地、及时地发生,那么,剩下的就是我们及时把握时机,及时播种,收获就不会遥远了,这只需要盯住天象就能做到。夜观天象、观天测候就成为农耕民族最重要的大事,"游牧民族和农业民族为了定季节,就已绝对需要天文学"(恩格斯),天文学就这样先于其它学科,在全世界古代各民族首先诞生了。

因此,最重要的是准确把握谷物播种的那几天之准确时间!而天象之"龙"以半年的时间缓缓起落,如何把握"龙抬头"的准确定位时刻呢?

长期的农耕实践与天象观测,只有第一流的天象观测者、拥有对氏族农耕的收成负有最高责任者、氏族首领神农氏对此能有准确的把握。他会发现,谷物播种的最佳时间是苍龙星象其中的心宿刚出现的时间。这颗星非常明亮,呈现红色光芒。

农耕氏族每当获得这颗星刚刚出现的信息就及时播种谷物。这个时间非常恰当,播种早了,还未到春雨时节,直接影响出苗从而影响产量;播种晚了,谷物到霜降还没有完成灌浆,同样影响产量。丰收取决于播种时刻的把握,希望就寄托在这颗星出现时的及时观测并获得信息。这在今日早已不是问题,但在始创农耕时代,一切都在探索。那么乡民求雨来神农氏,就理所当然了。

这颗星的出现,带来的是极其壮观的播种场面,到处燃起大火,烧去杂草与灌木,待耕作的土地上形成一层草木灰肥料,如果没有其他因素影响,几乎已经丰收在望了。人们把丰收归功于指导大火烧荒的那颗星,对那颗红色星的称呼,就必然地只能是——"大火"。

根据现代天文仪器观测,形成心宿的有三颗星,大火星两边各有一颗较暗的星,共同构成心宿,"大火"星命名为"心宿二",成为东方苍龙七宿的主星,也叫辰星、商星。那么,表现观测星象、指导农耕、掌握天上"大火"星与地下烧荒之"大火"者,就是上下两个"火"——"炎"字。而决定农耕氏族兴衰和发展的首领神农氏,是大"地"的主人,即为"帝(地)"、"炎帝"。"帝出乎震(辰)",即"帝"来自"辰(大火)"星。炎帝就是观象授时、颁布节令的氏族最高首领,故为"炎帝神农氏"。

自农耕兴起之后,我们的远祖就注意观测这颗"大火"星,后来专门设立"火正"这一官职。以甲骨文资料考查,殷商时贞人(卜人)观测自然的记载颇为详尽,有风、云、雷、雨、虹、雹等天气变化,有心宿,变星,南方七宿,太岁,日食,月食,新大星并火等天文星象,有人体的各种病变和蝗灾发生等。《诗经》里的"七月流火","三星在户","月离于毕"等,亦是有力佐证。周朝执掌占候职事的是巫史,代表人物有巫咸,史佚,苌弘,伯阳父等人。他们的文化活动是多方面的,遍及卜筮,祭祀,书史,教育,医药,星历诸多领域,他们观天文,测地理,查物候,疗人体,积累了丰富的自然科学知识,代表了中国古代各门类科技的最高成就。

《左传·昭公十七年》"炎帝氏以火纪,故为火师而火名",可见炎帝本身就是火正,人神一体,掌管天地万物和人民。后来的祝融成为"掌祭火星"的特别祭司"火正";《左传·襄公九年》记载:"陶唐氏之火正阏伯居商丘,祀大火,而火纪时焉"。《左传·昭公元年》"昔高辛氏有二子,伯曰阏伯,季曰实沈……迁阏伯于商丘,主辰。商人是因,故辰为商星",阏伯是殷商人的祖先,他制定了商历。

通过观察"大火"的位置可以确定节气。傍晚看到"大火"在东方出现,正值"春分";"大火"在南方天空正中,就是一年中白天最长的"夏至";"大火"在西方隐没,就是"秋分"。"大火"始终与我黄河流域的农耕作物同步出没。

因此,苍龙星象的主星"大火",在这个星象之中已经成为最耀眼的"明星",它在人们心中的位置已经不在苍龙星象之下,几乎是并驾齐驱。在"大火"的引导之下取得丰收之后,当人们舞动巨龙热烈庆贺的时候,也一定要同时抬出这个"大火"星宿相映成趣,由此形成了"龙戏珠",民间社火"二龙戏珠"一直流传至今长盛不衰。

天文是最早诞生的自然学科,与农耕直接相关,因此古人的天文知识非常普及。明末清初学者顾炎武指出:"(尧舜禹)三代以上,人人皆知天文。'七月流火',农夫之辞也;'三星在户',妇人之语也;'月离于毕',戍卒之作也;'龙尾伏辰',儿童之谣也。"

因此,上古时代民间观天象和各种祭祀很混乱,星空的一些变化常常会导致社会不安定。到了颛顼时代,就采取了"绝地天通"的措施,断绝天地之间的信息沟通。将祭祀上天群神和管理土地人民这两种职责分开。颛顼委派他的孙子"重"为南正之官,负责祭祀天神与祖先;重的弟弟"黎"为火正之官,负责管理土地和民事。后来重和黎的子孙就世袭了官职。商朝时封"重黎"的孙子于"程"(今河南洛阳市东),建立程国,称程伯,其子孙以国名"程"为姓,后裔有周朝的程伯休甫。司马迁在《史记》中记载"昔在颛顼,命南正重以司天,北正黎以司地。唐虞之际,绍重黎之后,使复典之。至于夏商,故重黎氏世序天地。其在周,程伯休甫其后也"。司马迁的先辈即程伯休甫,直至司马迁依旧继承太史令的官职,总理国家天文台。司马家族另一支的著名人物是宋朝宰相司马光,常以程老先生自居。程颐程颢并称二程,亦为程伯休甫之后也(笔者为程颐之后 32 代孙)。

以后中国历代都设置司天监以司天文,但名称不同。周有太史,秦汉以后有太史令,隋设太史监,唐设太史局,后又改司天台,隶属秘书省。宋、元两朝有司天监;元又设太史院,下设三个局:推算局、测验局、漏刻局等等。《西游记》里的孙悟空曾经就任的正式职务就是司天监弼马温,专职管理行空的天马,孙悟空心高气盛不满意,故大闹天宫。

"太平兴国二年(公元 977 年),宋太宗赵光义下令"召天下伎术有能明天文者试隶司天台,若有隐匿不报者,罪论死",前后共有几百人到达京师接受天文学知识的考核,凡是真正掌握天文知识的,即能通过观测数据,能够'测验步算'日蚀、月蚀、八节、二十四气者得以留下,其余刺配琼州"。因为"天"的信息只能"天子"掌握,岂能为百姓知晓?"只可使由之,不可使知之",不为所用,即为刑徒。否则天机泄露,百姓就不那么好管了。黄巢起义时就喊出"苍天已死,黄天当立",水泊梁山喊的是"替天行道",这个天不仅是大自然的"天",而且还是当时认为能够同时主宰国家和百姓命运的"天"。

公元十世纪的一幅中国古星图,现陈列于英国不列颠博物馆,它是世界上现存最早的星图之一。一座显示天球的各种坐标、天体的视运动和亮星位置的铜制天文仪器天体仪,其上镶有 1449 颗星,现陈列于南京紫金山天文台。这都说明,我国有着源远流长的天象观测与天文学科水准。

陶寺古观象台

位于襄汾陶寺尧舜禹时代古城遗址东南部的一处建筑基址,就是考古发掘中最引人注目的发现,考古队长何努先生称之为观象祭祀台,即天文观测台。

这是一个平面呈半圆形的平台,在它的圆心观测点,考古队员发现一个里外三圈的圆形夯土构件。圆心观测点以东约 25 米,是一道深埋地下约 3 米的弧形夯土地基,地基之上已无遗存,但夯土地基上有多处特意留下的豁口,每道豁口宽 20 厘米左右。这些豁口是什么作用的呢?夯土地基之上,原本可能建有夯土柱或石柱,豁口是柱子间留下的观测缝隙。

在多名天文史学家协助下,考古队历经数年模拟观测发现,站在圆心观测点往东遥望塔儿山,在冬至、夏至、春分、秋分等重要节气,正好可以看到太阳分别从夯土地基上几道对应的观测缝中升起。据此分析,当时人们就是通过观测日出位置的变化来确定节气和农时的, 这个遗迹很有可能就是一个观象台,同时兼具祭祀功能。

在天文学界,何努先生的发现和推断获得较广泛的认同。已故著名天文学家席泽宗院士把陶寺观象台的发现,称为"中国天文考古真正的开端"。在中国科学技术馆,陶寺观象台得以模拟复原,被当做华夏先民的一项重要科技成果。

据称,这是目前世界上已知最早的观象台,这一发现无疑可使华夏文明在天文学领域超越其他三大文明古国。英国的巨石阵是否也是由中华古人、后人称之为印第安人,曾经到达那里建造的天文观测设施呢?

在"与天为党"的羊头山,在炎帝神农氏获嘉禾耕作五谷畦之地"观天测候,颁布时令",难道不是必需的吗?《山海经》记载中原地区尚且 26 座名山都有原始星象天文观测,那么,在神农尝百草之地、在有着深厚文化内涵、有着对农耕诞生极其迫切的天文知识需求的羊头山, 曾经进行天文观测还会有什么疑问吗?

五 上党羊头山

与天为党

经多年研究探索,羊头山"炎帝城"(神农城)在上古时代的都城地位基本成立。羊头山作为《山海经》记录所在,神农尝百草获嘉禾之地,炎帝定居观测宇宙、气候、风云变幻之所,律、度、量、衡之本,黄钟大吕之源,无疑成为我中华民族由渔猎社会发生农耕革命之质变走向农耕社会,开辟五千年灿烂农耕文明的转折点。以至后来黄帝蚩尤大战,秦汉灭羌,千古祭祀,佛教兴盛,都以羊头山为重点地区。

《盘古唐虞传》记载:"蚩尤率兵,来攻榆罔",蚩尤进攻榆罔在何处呢?文献虽然没有具体记载,但根据"此山炎帝之所居",炎帝之子"柱出兹山","参卢之后政衰,其国浸削,至春秋时,为晋之附庸焉",几千年后直至汉朝"击众羌于上党羊头山,破之",都说明羊头山几千年以远,都是姜姓氏族的中央根据地,蚩尤进攻必然以此为首要目标。

随后蚩尤驱逐末代炎帝榆罔,即"蚩尤产乱,出羊水(羊头山之水)",因"炎帝参卢,是曰榆罔,居空桑",因此蚩尤随之"登九淖、伐空桑",致使榆罔退至榆州,即"昔烈山帝榆罔之后,其国为榆州"。而后蚩尤以"炎帝"自居,据运城盐池战轩辕黄帝,兵败被"解"。可见蚩尤进攻榆罔的总体路线脉络是清楚的。

我中华民族肇始农耕、波澜壮阔的上古历史,始终与羊头山有着难以割舍的联系。那么羊头山到底是怎样一座山呢?

这要先说到太行山。宋代理学家朱熹形容太行山:"河北诸州,皆旋其趾。潞州上党,在天脊最高处,过河便见太行在半天,如黑云然。"在河北、河南观望太行山必须抬头仰望,这就不是寻常山岭可以比肩。而羊头山"在太行之北一百五十里,众山最高处,俯视太行,犹在下矣。《高平志》云:"羊头山在县北四十里,危峰秀拔,势凌霄汉。日夕诸山俱瞑,而此峰返照犹光,故俗传此山比天下名山高三尺。然非山高,地势高耳。秦并天下,置郡县,以此地极高,与天为党,故名上党郡。"

《尔雅·释战》记载:"党,所也。在于山上,其所最高,与天为党,故曰上党。"

凡高山大峡,巨川深谷,必聚天地之灵气,凝结万物之精华。

太行山又名大行山、大形山、五行山、王母山、女娲山等。太行山作为中华文明的摇篮,自远古以来,就是中华民族早期远祖聚落生息的地方。它将灿烂的中华文明代代延续,包括炎帝神农时代。太行山是一个大山脉,绵延千里以上。而羊头山则是具体地点,可以直接找到的地址。"太行来脉中天近,炎帝神功万世尊",这就是古代诗人对太行山脉炎帝神农氏遗迹的不朽评价。堪与太行山相提并论者,唯羊头山。

羊头山与佛教

"天下名山僧占尽",羊头山极为优越的自然地理和人文背景,当然首先被佛家选中,因此有了满山遍野的佛教石窟和多座寺庙。

羊头山沿山而上,佛龛神像、石窟宝塔随处可见,可分为九区,较大窟龛二十二座,小型佛龛八十多座,窟洞平面多为方形。还有千佛碑一通,皆魏至唐时期文物。山巅山腰雕石塔六座,唐制,高 4—6 米不等,平面方圆两种,高者七层,密檐式,低者两层,楼阁式,形制古朴,手法简洁,为它处所少见。

史志记载,羊头山佛龛石像建造年代起始于北魏孝文帝时期,至今约 1500 余年。1958 年秋,李玉振曾在羊头山最大的石窟东北角一个凹陷处,找到模糊不清的北魏××年落款,应该就是石窟建造的日期。2002 年 9 月,又有山西省内外炎帝文化考察团在另一座佛龛背面一个石洞中,发现了"天保七年"的落款。史载,北魏后来分裂成东魏和西魏,天保是东魏北齐的年号。天保七年距北魏孝文帝元年有 85 年。羊头山上的北魏石窟群,从北魏孝文帝时期始建,陆续凿建85 年以上,前后三代工匠群体创作。其工程浩大、凿刻艰辛、延续时间长,由此可见一斑。

西南山巅(亦称右峰)"八十八佛"窟,距羊头石龛二百余米,列为第二区。窟龛三个,分上下两层。前窟南向平面方形,门外二金刚侍立,窟内正面一佛二菩萨,佛结跏而坐,菩萨侍立主佛四周,四周雕有龛八十七个,内各置一佛,皆坐式,连同主佛共八十八尊,窟名由此而来。窟南一龛,内雕一佛二菩萨,面型略秀,身材修长。后窟较高,亦称上窟,窟上石塔已毁坏。塔下一窟,方形,窗门南

羊头山佛教石窟

向，三面雕像，正面和西侧主佛已不存，尚存东侧一佛二菩萨和西隅左尊胁侍，面型清秀，神态自若，刻工纯熟而洗练。视其造像风格，与前窟同为齐隋间遗物。

羊头山佛教石窟

第三区为千佛洞，位于半山腰部，窟内方形，四面小佛龛满壁，近千尊，故称千佛洞，洞中可容纳游客多人，当地人称"游履洞"，与"清化寺碑记"记载"神农氏游履于羊山，尝谷于此"相对应。这里的雕像都是唐代风格。第四区为方塔窟区，第五区为圆塔窟区，第六区为多宝龛窟区，第七区为大石窟龛区，第八区为佛山区，第九区为唐代龛区。这些石窟龛内，雕像大都肌肉健美，衣饰贴体，艺术价值很高。

千佛碑，在清化寺址西，四面满雕佛像，正面碑身中心雕火焰形大龛一区，内置坐佛一尊；侧面中雕佛像两龛，为一佛二菩萨。造像风格，发髻光滑，面相方圆，宽衣博带，肩膀较平，尚存北魏风格。曾有盗贼试图将其凿断运走，因当地村民奋力保护，才未得逞，碑上残留一排凿痕，记录着一次未遂的劫难。

羊头山石塔，是山上石雕作品中的一个组成部分，原为六座，两座损毁，现存四座，分布于山巅和山腰。山巅两塔，唐代建造，南北对峙，十里外皆可望见。塔都是圆形，自上而下全部为大型石块构筑，一座为四层密檐式，

1994 年首次拍摄的羊头山

一座为七层密檐式,层层叠涩出檐,轮廓极为优美。山腰两座,一方一圆。此处石塔虽然不大,但造型特殊,在我国已知的古塔中,尚属奇构。

另有一座石塔是平面呈正方形,作二层单檐式。塔身正面刻造像佛龛两个,龛内内置一佛二菩萨,佛像结跏而坐,面型衣饰皆属北魏风格。塔身之上为瓦陇式屋顶,整体造型粗犷豪放。特别是佛龛底座雕刻为一个炎帝神农氏族的图腾羊头,羊头各部分线条虽风化严重,仍清晰可见、极为传神。《山西旅游名胜大辞典》记载:"(羊头)山巅有石雕方形塔,塔座似伏羊,头尾清晰,山因此得名"。此结论与《羊头山新记》的记载以及与羊头山本身的文化内涵有区别,是旅游者易混淆之处。

这个塔座不像一般碑座那样,雕成所谓"赑屃负碑"的形态,而是雕成一只硕大的羊,这在国内极为独特。按说羊不属大型动物,不具备背负重物的能力,那么这种设计构思就一定具有某种独特的文化意义。它展示了佛教进入羊头山后,立即与原有的炎帝神农文化融为一体,在羊图腾的基础上建立了新的宗教意识形态,没有另起炉灶,而是一种融汇、传承、共处的关系,体现了佛教因地制宜、期望获得当地人民认同的全新姿态。

三座石塔的风格,在国内均属罕见,构成羊头山石刻的独特风格。

羊头山自北魏时期,就渗入了印度佛教文化的因素。早在东汉时期,印度佛教即传至中国。到了北魏太武帝时期,佛教已经很流行,但太武帝不信奉佛教,只信奉道教,因此在法律上禁佛兴道。

孝文帝是太武帝之孙,他信奉佛教,自继位迁都洛阳后,常把一位昙曜和尚请进宫谈论佛法,并采纳了他的建议,征集数万民工,耗费巨额银两兴建佛寺,先后在故都平城(今山西大同武周山)建造了云冈石窟,在洛阳建造了金碧辉煌的大佛寺和龙门石窟,在甘肃建造了炳灵寺石窟和麦积山石窟。孝文帝由大同迁都洛阳,石窟开凿之风便吹向洛阳,并横扫途经的高平羊头山。羊头山石窟和双塔,不过是当时佞佛之风的一批作品。孝文帝这种佞佛之风,对于推行他的汉化改革,缓和民族矛盾有一定积极作用,但把佛教融入炎帝神农氏遗址,淡化了人在自然界

清化寺遗址

的主观能动性。且佞佛之风兴盛,既耗费财力,百姓又纷纷削发为僧尼,田地无人耕种,这与当初炎帝神农氏始创农耕的重农走向相左。

《释名疏正》:"古'羊'、'阳'字通。"因此羊头山又名首阳山。有关古籍记载:"羊自山出,山为羊之居处,故羊为山神。山神为羊,土神也为羊。"朱载堉在《羊头山新记》中指出:"羊头山神指神农也。"由此明晰,羊头山是以图腾物"羊"为山神,炎帝神农氏是崇拜羊的氏族最高首领,是坐镇此山之神。故"清化寺碑记"记载佛之"得摄羊山同成佛果",慨然引为同道,对羊头山虚怀接纳作出了回报。

清化寺(上寺)

武则天与羊头山

与炎帝神农氏直接相关的,是处于羊头山之"羊头"的"额头位置"之清化寺,是高平最著名的佛教寺庙。明代万历年间"清化寺碑记"描述为"佛圣者住居云鹭,修养幽岩。睹巍峨而碧峭连天,观端景而青松附地。是以上观殿宇与兜率无□,视基址与祇园何异……东倚秦高之岭,西连羊头之巅,北靠天台,南枕清化,皆我佛无凡之地。万神永护,诸佛扶持。得摄羊山同成佛果。考之历代神僧居之者:神农氏游履于羊山,尝谷于此;夷齐饿卒于首阳显迹……"碑记对羊头山自然地理的描述,恰若天地之自然造化;对历史的记载,不仅特别说明神农氏尝百草获嘉谷在此,还特别记载了商周时伯夷叔齐在此首阳山采薇而食,宁死不食周粟的故事。

1994 年的六名寺原貌

六名寺九华池

《羊头山新记》记载，清化寺始建于北魏孝文帝时期，初为定国寺，北齐时改名洪福寺，隋末寺废。唐武则天天授二年重建，改为清化寺。

笔者首次亲往所见却都是几乎长成树木的灌木丛，穿行其间，如西双版纳密林，分不清方向和道路，穿行中忽见佛像仍在灌木丛中正襟危坐，面对世道沧桑静思佛理。倾斜在地的八角莲花座，一半掩埋在土中的石碑，仍平整如故的殿内青砖地面，磨损的石阶，寺产遗物的堆积，静静地展示着各自的故事。

最动人的是两个依旧矗立的方体抹棱石柱，制作工艺精湛，依旧展示着它繁荣时期的存在状态。牧羊人告之，此地原有刻"炎帝城"三个大字的千斤古钟，1946年还曾见过。

与清化寺有某种联系的，是羊头山之"羊鼻子"位置的六名寺，唐贞观六年首建莲花池，因池中莲花盛开得名，泽、潞两州志均有记载。庭院宏伟，分上下两院。上院正殿建筑宏伟，四根石柱的柱础非同一般，是四个大青石狮，高于常人所见，雕刻极其精美。院中舍利塔巍然耸立，塔前就是莲花池，四壁石砌，北墙以大理石雕刻龙头，龙口之水常年流量均匀。莲花池清澈见底，来人常取龙口之水医治百病，历史传说不胜列举，典故丰富多彩。

自高平炎帝陵被电视报道之后，曾有人出400万元购买这4座石狮，被米东明断然拒绝。随后即有人夜半潜入盗窃，将守庙人反锁于所居东厢房内，守庙人闻之欲出而不得，随即越窗跳出，迫使盗贼逃走，守庙人缴获斧凿等工具。米东明与守庙人王宝珍是老相识，1994年8月发现炎帝陵之际，就听说六名寺守庙人有一个手抄本古书，米东明亲自登门，第一个亲眼看到了手抄本《羊头山新记》，据此找到了羊头山的许多炎帝神农遗迹。

《羊头山新记》记载的高庙"东南二里许，有金龙池"，从地理位置来看，应该就是莲花池，池中的大理石龙头即应出此典故。

莲花池历代称清化中寺，至民国十二年重修后，改为六名寺。有碑为证，1989年尚存。

与清化寺还有联系的，是羊头山下团池乡、即羊头山行政属地，前乡政府所在地旧址——清化下寺。寺内残碑记载，清化寺下寺创建于唐代，整个寺院因地势而建筑于村中高地上,坐北朝南,四进院落,规模宏大,殿阁高低有序,别致可观。

上寺、中寺、下寺直接呼应、相互保持连成一体的关系,与神农城、神农乡上下为一体相同,充分体现了唐武则天建清化寺之际,佛教面对炎帝神农文化的强烈融入意识,似在表明清化寺佛家与炎帝神农氏一样深入人心,即达天上,又在山中,亦在人间。

武则天称帝伊始、百废待兴,却为何特别关注上党地区一座已废的寺庙,重建清化寺呢?

《旧唐书》记载:季冬寅日,蜡祭……神农氏、伊耆氏,各用少牢一。《新唐书》记载(天授)二年甲戌,改置社稷,旗帜尚赤。同时与之直接呼应的,就是上党羊头山重建清化寺,这是一个重大事件。

"天授",为唐代女皇武则天称帝时的年号。武则天称帝第二年,一改祭祀农神后稷的传统,改祭炎帝神农氏和伊耆氏,并在蜡祭时各用少牢规格祭祀。由此可以看出,武则天改变祭祀传统,改额清化寺,不仅表示尊崇农耕始祖炎帝神农氏,与其以武后身份登基大统的心理也直接相关。

武则天称帝15年,前后更换年号13次,几乎平均每年更换一次,其中有4次是一年两次更换。不寻常做法就一定有不寻常做法的原因。或许因为是中国封建历史上首次女皇称帝,与祖制相违,未知能否长久,世人疑惑观望,因此需不断昭告世人确实如此没有听错,就一再发布此类特级改元诏令,不断给人以警示。如同今日欲想广而告之,"重复是广告的金科玉律"。这与清康乾盛世之康熙皇帝在位61年仅用一个年号形成鲜明对照。

武则天钦定的帝位年号先后为:天授、如意、长寿、延载、证圣、天册万岁、万岁登封、万岁通天、神功、圣历、久视、大足、长安共13个。从字面意义来看,此君权为"天授",是"天册万岁"、"万岁登封"、"万岁通天"。反复这般强调,足见心理上志得意满却又底气不足。

武则天14岁被唐太宗看中入宫,封为五品才人,赐号"武媚"。唐太宗驾崩后,"武媚"依唐惯例入感业寺削发为尼,两年的尼姑生活注定了她日后信佛重教。武则天亲政后,以一代女强人的雄才韬略推行其治国理念和政治抱负。为巩固武氏天下和自己的政治地位,她更加信奉佛教。但"清化"二字颇具道家意味,其中似有缘由。

"洪福寺"改为"清化寺","清"字为"氵"字旁,水属阴;"青"字为下边"月",上边"生"字的变形;月属阴,"青"色为"月生"亦为阴属之意,与大山"羊头""首阳"之称对比,强加一种阴阳均势,隐隐体现了女皇的某种心理背景。

武则天登基后,一改周朝以后历代祭祀周人"农神后稷"的传统,恢复夏朝以前祭祀的"炎帝神农氏"。这比祭祀周人的农神后稷更"远祖"、更符合华夏民族的神农氏"正宗"。武后处处做到极致、处处与众不同，与众不同的做法必有与众不同的想法。在炎帝神农氏始祖始创农耕之地重建"定国"、"洪福"寺，改匾额为"清化"，就体现了这种与众不同的思想背景。

既然武则天改祀"炎帝神农氏"，对"炎帝神农氏"就要有一个基本的评价定位说明。当时在"周都"洛阳做过什么文章，一时尚待考证，但据《泽州府志》记载，在高平神农乡所属、炎帝神农氏始创农耕的羊头山建造清化寺之际，曾刻碑一通。

音律学家朱载堉似乎并不信佛，羊头山遍布北魏以来的佛教石刻石窟，他在《羊头山新记》中基本未提，却唯独提到这通清化寺碑。

1994年米东明发现炎帝陵、随即国内国际电视台报道之际，尚未发现此碑。直至2001年8月，梁晋高任团池乡党委书记组织探寻炎帝神农氏遗址时，随着铁锹与巨石的一声碰撞，这通1300多年前的唐碑才轰然出土。碑额是四条飞龙在天，正中莲花座上是观世音菩萨；碑文的上沿横书"高平县羊头山清化寺"，碑文关键词："此山炎帝之所居也……遍陟群山，备尝庶草，届斯一所，获五谷焉……于是创立耒耜，始兴稼穑……人钦圣德，号曰"神农"……播生嘉谷，柱出兹山矣。"

这是唐乡贡明经牛元敬撰写的碑文，气势恢宏，文笔优美，昭昭可见对炎帝神农氏丰功伟绩的颂扬，对其高尚品德的赞美，对羊头山气势高远、风光壮美之令人神往的经典描绘。

发现炎帝陵时清化中寺面貌

以碑文恢宏的气势，村野乡儒难以有此文笔。碑阴即碑的背面所刻文字："所有当寺，方圆八里，东至秦关古道下面，东西石楞并虎谷南，高僧岭所管。南至团池古羔分水。西至秦关栅村道下面，东西石楞并古尼寺下平取。正北至双浮图下古道。以上所管，永记于铭后"，共七十五字，规定了清化寺的寺产土地范围。这种规定绝非寺庙能够作出，刻写在普通碑碣上亦无意义，因此此碑在当时的分量亦可想见，绝非民间私刻。

按朱载堉在《羊头山新记》中记载，碑文"乃唐乡贡明经牛元敬撰并书"。我国科举在隋朝已经开始，到唐朝已经形成正式

的科举制度。牛元敬为唐时
的贡生，已属国家级别选拔
的特殊人才。

　　朱载堉上羊头山时，清
化寺唐碑字体还清晰可辨。
因此，朱载堉在《羊头山新
记》中写道："字乃行书，遒劲
可观，颇类圣教序。"《圣教
序》是李世民赠给玄奘三藏
法师的一篇序文。后来沙门

唐碑碑额

怀仁集字王羲之书法而成《圣教序》，成为当时最高水准的书法样本。由于唐太
宗李世民以"萧翼赚兰亭"获得《兰亭集序》，每日临摹，后来的《圣教序》王羲之
集字多是李世民反复临摹之作。《明赵崡石墨镌华》记载："唐得天下后，太宗祀
晋侯而为之铭。高祖起兵时，曾祷于晋侯之祠而以是报享之。太宗制文并书，全
法圣教、兰亭而纵横自如。"

　　李世民雅爱王羲之《兰亭集序》，除自己每日临摹，并令书法家虞世南、褚遂
良、欧阳询等诸大臣临摹，以广流传，蔚成一代书风。

　　朱载堉为朱元璋九世孙，书法鉴赏亦非常人，能够评清化寺唐碑书法"颇类
圣教序"，书法必然冠绝一时。那么，牛元敬为书法名流，应是当朝俊杰。可见清
化寺碑应出自宫廷。

　　再看清化寺碑首，承袭了唐代华丽之装饰，螭首雄奇，左右前后共四龙。龙
头下垂，互相盘结。中间留出圭形之额。除圭形之内是莲花座观世音菩萨左右侍
者、圭形之上无莲花宝珠之外，整体与唐太宗《晋祠之铭并序碑》碑首风格略同。
毫无疑义，这是皇家独有的形制。

　　再看《羊头山新记》记载："其而□等文，非篆非隶，盖武氏所制字也。"毫无
疑义，清化寺碑正是按武则天旨意之作无疑。

　　在"与天为党"的羊头山风水最佳的位置建造寺庙，既有君临天下的气势，
亦有人天交集的意境。要领悟这种意境，就要领会人与自然，人与社会的关系。
对此，武则天本人一定是独有其衷的。

　　因汉武帝曾封禅于嵩山，并令嵩山脚下的 300 户人家成立一个崇高县，辖
区百姓免交赋税不务他业，专门负责祭祀嵩山神灵。古时"崇""嵩"两字通假，
"嵩高"就是"崇高"之意。

　　公元 684 年，武则天独掌大权后，立即赴中岳嵩山封禅。称帝后，又多次来
嵩山封禅。唐朝天册万岁元年（695 年），武则天在嵩山的峻极峰修筑一座登封坛

进行祭祀。第二年,武则天又来登封,在嵩山登封坛上,奉嵩山为天下五岳之首,并在嵩山封禅、封岳神。随后,武则天下了一道诏书,改年号为"万岁登封"。并改县名为登封县,阳城县改为部城,以示"登嵩封岳大功告成"。对于8次登中岳极顶一览众山、君临天下之感受,武则天一定是情有独钟。因此对与天为党的高平羊头山、对山神炎帝神农氏立碑颂扬,这位女皇自有一番心曲。

登大山极顶纵览天下,人人都会产生超越凡尘的感受。

祭祀天地

上古人类面对广袤自然,日月星辰、山河草木,太阳为何东升西落?为何白昼衔接暗夜?明月星汉为何夜晚出现?草木为何枯荣?为何会有风雨雷电?……先民感到神秘莫测,认为有神灵在主宰。万物有灵就是原始先民的世界观。

于是先民崇拜天地,崇拜日月、崇拜水火,崇拜一切自在之物。如《礼记》所述:"日月星辰,山林川谷丘隆,民所取材用也……"《说文解字》记载"烧柴焚寮以祭天",《礼记》记载"天神在上,非燔不足以达之","以天之高,方燔柴于坛"。焚柴祭祀成为后来焚香祭祀的起源。

《礼记》记载"褅之义,自伊耆之代而有其礼。古之君子,使之必报之,是报田之祭也。其神神农,初为田事,故以报之"。《路史·炎帝》记载"农事终而始,蜡祭也","蜡"通"腊",为年终农闲腊月时祭祀田祖和先穑,有固定的祈祷宣颂词。《路史·炎帝》记载"蜡之义,自伊耆之代有之,而祝之曰:'土反(返)其宅,水归其壑,昆虫亡作,草木归其泽',传以是神农蜡词矣"。

上党地区的蜡祭民俗,每年岁终腊月,农民在蜡祭活动时,聚合家族全体成员用各种物品供奉田神,还要伴以击鼓之乐和舞蹈。所击打的土鼓,是民间乐器。《周礼》郑玄注:"土鼓以瓦匡,以革为两面。"桴,即鼓槌,是用陶泥土烧制的陶槌。《路史·炎帝》孔颖达注:始诸饮食敬鬼神,祭祀吉礼起于神农。我国考古学家在仰韶文化遗址中发掘出绘有手拉手女性跳舞图纹的彩盆,可见远古先民的腊祭一定是手拉手跳起欢快的舞蹈。祭祀舞蹈传至南方,被史学家称为傩舞。

上古氏族对首要崇拜之物,要塑模造型、陶器绘画、摩崖刻划等,这就形成氏族图腾。如女娲氏族崇拜蛙,伏羲氏族崇拜龙蛇,炎帝神农氏族崇拜羊、鱼,少昊族崇拜鸟等等。

古人认为,万物本乎天,人本乎祖。所以在祭祀的时候,要把自己的始祖配天地而祭,叫做报本返始。后裔对祖先的永恒纪念,莫过于把祖先的形象和族徽代代相传,认为只有这样,部族才能有强大的凝聚力和生命力。图腾对于敌对力量,就成为震慑之神。羊头山上的羊头石刻即标志"此山炎帝之所居也",同时成为威震四方的炎帝神农古国祭祀中心。

羊头山顶的地形建筑格局,是典型的祭坛布局,符合王城的级别要求。在那里能够仰视天穹,俯视天下、天威浩荡、替天行道。在《山海经》里记载的451座山区,其中26座都有不同形式的祭祀活动。那么"炎帝所居"之炎帝城并有羊头石图腾的羊头山,必然成为炎帝神农氏族的祭祀中心,非此莫属。

秦统一天下后,封禅即在泰山举行。祭天在泰山顶,祭地在比泰山稍低的梁父山,以示皇天厚土。这个传统一直延续至明清时代。北京的天坛、地坛建筑,就是明清帝王为避免远行不便,就近而建祭祀天地的场所。

进入新石器即磨制石器工具的时代,出现了原始的农业和畜牧业,大自然对人类的影响更加明显。然而,先民在生产实践中,逐渐认识和掌握了大自然的一些规律,产生了一些对氏族生存有重大贡献的首领,如开始土圭测影的伏羲氏,善于构木筑巢的有巢氏、善于用火制陶、善于播种农耕的炎帝神农氏,善于造车的轩辕氏,善于制造金石兵器的蚩尤九黎氏……。原始先民由自然崇拜转向祖先人鬼崇拜,认为人的肉体虽然死去,但灵魂依然存在,并时时关注着世间社会。特别是本部族的始祖、首领以及对本氏族生存和发展有功人物的灵魂,都是本氏族的保护神。

最高的祭坛

祭坛,是早于庙堂的远古先民祭祀天地、祖先、移交部族权力的圣地。通常要在高处建筑三层以上。羊头山形的两只"羊角"之间衔接处,目前的祭坛整修前,就有历史遗留的三层祭坛。当代考古学家曾在辽宁辽河一带发现规模宏大的女神庙遗址,是一处大型的封禅祭祀地,黄帝族的遗存,距今约5000年。证明在原始社会晚期,我国已经有了原始的祭祀场地、祭祀建筑和祭祀活动。

公元前21世纪,随着夏王朝建立,我国的祭祀由自在的形态进入了自为的形态。在天神、地祇和人鬼的祭祀之中,人们特别重视祭人鬼——祖先的祭祀。历代帝王专门祭祀祖先的场所——宗庙建筑已经出现。河南堰师二里头,考古学家就发现了夏王朝时期王室祭祖的宗庙建筑遗址,至今保存完好。

远古时期的祭坛具体形制已难知晓。然而一些新石器时期出土的玉器纹饰上还有端倪可寻。如浙江余杭安溪山出土的玉璧上即有一个祭坛图案,此外,在北京首都博物馆和巴黎吉美博物馆收藏的玉琮、台北博物院收藏的玉璧、玉琮、美国弗利美美术馆收藏的玉璧上均有祭坛图案。这些图案有一定共性,基本由三部分构成:下部为一个有三层台阶的高台,如祭坛状;坛顶竖一立柱,上部如杵状,下部呈圆圈连成柱,柱顶立一鸟;在祭坛侧面也有鸟形,似飞翔状。背有阳光,有人称其为阳鸟负日,太阳神徽。

夏代以前祭祀炎帝神农氏的传说,古籍中多有记载:

稷,田正也。有烈山氏之子曰柱,为稷,自夏以上祀之。(《左传》)

是故厉山氏之有天下也,其子曰农,能殖百谷。夏之衰也,周弃继之,故祀为稷。(《礼记·祭法》)

昔烈山氏之有天下也,其子曰柱,能殖百谷百蔬,夏之兴也;周弃继之,故祀为稷。(《国语·鲁语上》)

初烈山氏之有天下也,其子曰柱,能植百谷,故立为稷,自夏以上祀之。周之兴也,以弃代之,至今祀之。(《潜夫论》)

"神农氏(子)柱,名农,作官,因名农是也"。(《国语》)

厉山氏、烈山氏,均是炎帝神农氏的别称;神农氏子柱(农),是植百蔬百谷者;弃,即周弃,为周人祖先。

"主"的古文字形是一个点燃的油灯,黑夜点燃的油灯即为"主",其余物体人等都围绕它,均为"副"或"辅"。引伸则多用于长形"柱"状物。"柱"是农耕初创时期的点种木柱,是为"主"的工具。聚居地即为"住",军队有马匹即为"驻",偏旁不同,都采用一个"主"字。图腾柱竖在地头上,称田正,是土地神,其形象便是一根柱子。商代之后,表木之柱又代表了国家支柱。后来与社神相配。《说文解字》:"社,地主也。从示、土。"

根据历史记载,炎帝神农氏之子"柱"成为农耕社会对农业发展有重大贡献的代表人物。夏代以前,祭祀的就是炎帝神农氏之子稷神柱公,他使夏代以前的农耕文明社会得以勃兴。夏人之所以要祭祀炎帝神农氏(烈山氏),是因夏代始祖夏启的父亲为夏禹,父辈为黄帝后裔(帝喾之子),但其母家为炎帝伊耆氏(即烈山氏),与炎帝神农氏族有这样的历史渊源。黄帝族后裔夏族世代传承的是炎帝神农氏始创的农耕技术并将其发展光大,因而夏王朝祭祀稷神——柱。

到了周武王姬发开创的周朝,对其有功者四处封地,扩大疆域,为巩固其统治,不再沿袭被统治时夏人崇拜的祖先神农世系"柱"作为祭祀对象,而是改换了本族的祖先作为祭祀对象,封周人的祖先弃(又名后稷)为稷神,从此延续祭祀,以凝聚周人统治阶级之人心。

从殷商和西周时期,王室祭祖活动更加制度化和规范化。随着等级制度的森严,祭天、祭地成为"天子"的特权,祭祀传说中的祖先,也成为王室的一项重要政治活动。宗庙不但是王室成员祭祖的重要场所,也是国家举行大典,发布重大决策、册命大臣和召见诸侯的场所。从政治上看,王室祖庙与国家朝廷处于同等重要位置,从礼制上说,祖庙地位高于朝廷。

羊头山一带的炎帝神农氏祭祀性的建筑祭坛,应该自炎帝神农氏族时代世代沿袭。周朝以后，朝廷不再祭祀炎帝神农氏。到北魏孝文帝时期，又开始祭祀炎帝神农氏。

孝文帝在北魏统治者占领和平定中原后，采取了与汉民的融合和亲政策，包括迁都洛阳，穿汉服、学汉话，与汉民通婚等措施。有感于羊头山为汉族中华民族的祖先炎帝聚落之地，于是在倡导兴修佛教石窟之际，修建了羊头石塔佛龛和定国寺，即今清化寺之前身，以示对炎帝神农氏的敬重，以推动和发展中原的农业生产。从此，周朝以来被冷落了一千余年的中华民族的祖先炎帝神农氏重新得到官方的高度尊崇，上党地区自商周以来作为朝廷征讨对象的炎帝神农氏族裔民从此得到尊重，民间祭祀炎帝神农氏的活动也逐渐兴起。随着北魏鲜卑政权的灭亡，社稷祭祀对象依旧沿袭黄帝与后稷。

唐朝武则天登基改国号为周，继承的是商周之际轩辕黄帝氏族的姬姓国号，却在天授二年改置社稷对象，祭祀农耕始祖姜姓炎帝神农氏，展示了民族融合团结的全新姿态，与自己首次以女性登大宝并大刀阔斧改革的全新姿态。

此事对于炎帝神农氏故地的意义，在于"在此"置社稷对象，并立碑记事。说明当时集盛唐学者群体之共识，羊头山为举世公认的炎帝神农氏始创农耕之故地。她没有去湖南，也没有去宝鸡抑或其他什么地方，也无需托什么梦来强其所为。这就是羊头山炎帝神农氏故地的历史意义所在、社会价值所在、文化内涵所在，这是无需任何刻意考证的必然之举，是我国历史上最强盛一代举国学者的众望所归。

因改祀炎帝神农氏，武则天需要对自己改置社稷加以记载，因此需要对炎帝神农氏歌功颂德的赞美之作，唐碑这篇宏文大作就应运而生了。其中"人天交集，仙圣游居"或许正是武则天追求的境界。因其历史价值与文化价值，目前唐碑已经成为国内有关炎帝神农氏最重要最完整的大型碑刻，在国内堪称"之最"，是羊头山的镇山之宝。我们今日能够如此这般评论唐碑，足见则天武后完全达到了自己的目的，清化寺上、中、下寺与唐碑的意义和价值，即在于此。

羊头山在此展示的，是永远不会随自然社会物质演变而消亡的巨大文化张力，它的力度绝非仅仅悠然南山的从容不迫。

以羊头山、神农乡以及高平大面积炎帝神农氏遗迹群展示的五千年炎帝神农文化传统，一定不可能孤立存在，一定会充分延伸于更大范围。

六 炎帝伊耆氏

沁源羊头山

茫茫九州,虽五千载沧桑,遗迹总会遗留依稀的久远信息。

在炎帝神农氏的研究中,羊头山的名称极为关键,始终与炎帝神农氏有着割舍不断的内在联系。《水经注》记载:"沁水出上党涅县谒戾山,沁水即涅水也。或言出谷远县羊头山靡谷"。《水经注》另一处记载"原公水出兹氏县西羊头山",说明了羊头山在山西地区的存在和影响。

《汉书·地理志》记载,上党郡谷远县有羊头山,是沁水的发源地。汉代的谷远,就是今天的沁源。地以"谷"名,暗示了它与神农的瓜葛,说明这一带也是炎帝族活动的范围。而此羊头山,《山海经》中有记载,为"谒戾山",这就要引起我们的格外关注了。

《山海经·北次二经》记载:"谒戾之山……沁水出焉,南流注于河。"《水经·沁水》曰:"沁水出上党涅县谒戾山。"《元和郡县志》沁州绵上县记载:"羊头山一名谒戾山,在县东北五十里沁水所出。"《淮南子·地形训》曰"清漳出褐戾,浊漳出发包",高诱注:"褐戾山在上党沾县。"雍正《山西通志》乐平县下有云:"少山,在县西南二十五里,一名褐戾山,一名何逢山,又名沾山。"《元和志》记载"谒戾山一名羊头山",此与相传炎帝建国的长治羊头岭、炎帝陵所在的高平羊头山,皆属古上党地。其间关系,亦可想见。

同时古"谒戾之山"的山麓地区武乡县,发现有原始的石磨盘、石磨棒,属磁山文化时期。地理位置在漳河上游,与下游的磁山文化区分布连成一片。

对此,《羊头山新记》记载:"又按诸志,凡羊头山以形命名随处有之。在冀州之域者有三,其一即此山。其一在汾州西北十五里,见《一统志》。其一在古谷远县沁水所出,见《汉书》及《水经注》,今沁源县绵山是也",记载内容一致无二。

冀州陶唐

郦道元所以书写《水经注》,是因为水所经之处,都是中华农耕文明最重要的区域。那么,此羊头山之水、即沁水流经的太岳流域,也正是中华农耕文明最不能忽视的九州之中的冀州。

《淮南子》高诱注："冀，尧都冀州"；《禹贡》记载"夏禹治水从冀州始……既修太原，至于岳阳"；创修石渠书院碑记"睠怀明德，禹迹茫茫。既修太原，至于岳阳"；重修儒学碑"惟唐尧都平阳，则岳阳邦畿也"。《周礼》记载"冀州，其山镇曰霍山"。安泽居霍山之阳，曾名为岳阳县，是沁水流经的区域，唐宋设县至今。

《尚书·尧典》有"肇，十有二州"之说；《荀子》张觉注"禹治水后，分中国为九州，即：冀州、兖州、青州、徐州、荆州、扬州、豫州、梁州、雍。舜又从冀州分出幽州、并州，从青州分出营州，共十二州"，冀州始终是经济文化中心。因此古唐国即后来的晋国，其在中华民族的位置、在中华文明的地位可见一斑。《史记·晋世家》记载"唐在河汾之东，方百里"。

一代文豪，《桃花扇》作者孔尚任撰写的《平阳府志》和清康熙年间编修的《安泽县志》记载"尧筑唐城"，称安泽为"帝尧陶唐氏畿内之域，大禹治水首功之地"。"畿"字，左下"田"字为土地，中间"戈"字为以戈保卫之意，上边"丝"字为线，即界线。三字合体为"畿"，意为古代王都周围的一定范围的地方，后世引申为王都周围千里以内的地方。组词常为"京畿重地"等。

"陶唐"与"尧"等几个字的笔划内，亦包含丰富的历史信息。

"陶"字的右半边，上边是"勹（bao）"字头，表示有顶的山洞形状。下面是一个"缶"字、中间"午"是"杵"字的省写，下边是"臼"字的省写。这个字表示用杵在臼里舂泥。杵和臼是一套工具，那么，"陶"字是用杵和臼操作，为什么不是舂米呢？这还要看陶字的左边还有一个"阝"旁，是"阜"字的省写，代表山坡，意在山坡上舂泥然后做陶器（杵米则在居住的平地）。读音"陶"是杵臼舂泥的声音"陶陶陶……"这个字的"形音意"是完美的统一。

人们制作的陶类器具，有一种就是缶，是一种餐具。战国时期，秦王与赵王在渑池相会，秦王要赵王鼓瑟、就是弹琴，并立即记入秦国史册。蔺相如为了挽回赵王的尊严，舍身相逼迫使秦王击缶、敲了这种餐具一下，也立即被记入赵国史册，这个"缶"就是陶器。用餐具在陶制缶里取饭菜，动作相似于在杵臼里舂米，所以用了"缶"这个字，非常形象。

"唐"字上边是"广"，代表山崖，中间是一只右边横伸过来的手，握一个垂直的木棒，下面是一个容器。字的整体好像正在舂米脱壳，但又不是舂米。因为在山崖下常常有水，不是舂米的地方。远古时期，在这个地方这个动作只能是舂泥，舂好的泥就能制作陶器了。舂泥的声音"唐唐唐……"所以形成"唐"的读音。这个字的"形音意"也是完美的统一。

"陶"的读音来自"陶陶陶……"的做工的声响，与"唐唐唐……"做工发出的声响发音相近，其实两种表达方式描述的是相同的声音。如同现代汽车鸣笛，可以描述为"嘀嘀……"也可描述为"哔哔……"如果心中想着是"嘀嘀……"听着就感觉很相似;如果心中想着是"哗哗……"听着也同样很相似。人具有"相似性"联想功能的大脑,与只能成为"太牢"或"少牢"之牺牲的动物本质不同。

古代大量普及制作陶器是陶唐氏时期,那为什么还称他为唐尧呢?

尧字的古体是"堯",上面是三个"土"垒起来,"兀"是高而平的象形字。因此"堯"就是用泥捏好陶器层层垒起来,高高地入窑摆在台子上烧陶器的象形字。所以,"堯"仍然表示制作陶器,与"陶唐"表示了相同的意思。简体"尧"字由"戈"与"兀"组成。"戈"高于士兵身高,意为高。"戈""兀"二者合体,共同强调高的意思。因此说明帝尧的形象是高大威武。陶、唐、堯这一组字,透露了唐尧那个时代农耕早已成形,社会发展主要体现为手工业制作陶器的重要历史信息。

尧的都城平阳,即现在山西临汾地区,是古唐国,至今还有陶唐峪、陶唐村。周朝初期,周成王分封了诸侯叔虞管理唐国。隋唐时期的唐太宗从山西太原起兵时,首先在太原唐叔虞祠祭拜唐叔虞,承诺并兑现了夺取天下后取国号为唐。现在国外还称华人为唐人、穿唐装,华人居住区都有唐人街。

陶器在英文里是 pottery,意思是埋在土里的瓦片。说明世界各民族都很早就学会制作陶器,是生活迫使人们首先探索餐具等生活必需品的制作,这完全符合人类历史发展规律。

冀州伊氏邑

屯留县在西周时还有"陶唐"的名称,那么以安泽坐落于"尧都平阳"即今临汾市左近,平阳(古尧都)与屯留(古陶唐)之间,可知此言不虚。顾祖禹编著,被称为中国历史地理巨著、千古绝作、海内奇书的《太平方舆纪要》记载:"安泽县东北九十里有古唐城(今安泽县唐城镇),相传尧都故址"。《水经注》记载:"沁水又南,经猗氏县故城东……古为冀州治所",已是明确的地理位置,亦在其他文献记载为"冀州(治猗氏)幽州(治离石)并州(治晋阳)",而九州之中的冀州特指"治猗氏""古为冀州治所"。至此,安泽与"帝尧""冀州"已经紧紧联系起来,已非寻常郡县的规格,赫然"古国之都城"。

《辞海》注:"邑:古代称国为邑。《左传》桓公十一年(公元前701年)君决于郊郢,御四邑。杜预注:邑也,国也。"光绪《山西通志》记载:"沁水之滨,古有伊氏邑,战国属赵国,或亦炎帝之遗踪。"《中华姓氏来源》记载"伊姓来源于唐尧或伊尹,唐尧之后有冀氏,尧的后裔曾封于冀,建立冀国,因为尧是伊姓,所以说唐尧之后有冀氏",至今安泽县有冀氏镇,为晋卿冀芮、上大夫冀缺故里,北魏设冀氏郡。

根据《辞海》中对"邑"的注释,这个在商周之前就名为伊氏邑的伊氏国是何人之国？历史追溯到商周前的上古，三皇五帝中，唯炎帝因"初国伊"称伊氏，"继国耆"称耆氏，这个古伊氏国应即今安泽县。

距安泽县城6公里有一个乡镇"郭都"。按照《辞海》注释："郭，城的外墙；都，中央政府所在地。"显然，郭都是安泽历史遗迹的重要印记。

至此已知，安泽与"崎氏""伊氏""唐尧"等上古氏族直接相关。

《潜夫论》记载"有神农首出常羊，感任姒，生赤帝魁傀，身号炎帝，世号神农……后嗣庆都，与龙合婚，生伊尧"，表述了尧的母亲与炎帝神农氏族的血缘关系。则尧与炎帝神农氏一脉相承。

《竹书纪年》记载："帝尧陶唐氏，母曰庆都，生于斗维之野，常有黄云覆其上。及长，观于三河，常有龙随之。一旦，龙负图而至，其文要曰：亦受天佑。眉八采，须发长七尺二寸，面锐上丰下，足履翼宿。既而阴风四合，赤龙感之，孕十四月而生尧于丹陵，其状如图。及长，身长十尺，有圣德，封于唐。梦攀天而上。高辛氏衰，天下归之。元年丙子。帝即位，居冀。"即《左传》引《夏书》："惟彼陶唐，帅彼天常，有此冀方。"《竹书纪年》记载："唐尧及夏国同居冀州。"

据《纲鉴易知录》《帝王世纪》载，帝尧是帝喾的儿子，为黄帝的五世孙，母亲庆都，姓伊氏，为炎帝后裔，炎帝姓伊耆。尧生于丹陵，养于伊地外祖家，从母姓伊。尧助兄帝挚受封于陶，年十五复封于唐。

以上记载，包含具有炎帝神农氏血统的后世帝尧"封于唐""陶唐""居冀""冀方"等有效信息，即尧都在平阳，今临汾一带。古籍有记载"(尧)初居冀方，后迁平阳"，尧的"初居冀方"正是今日之安泽，由安泽而后迁平阳。临汾，即"西临汾水"之地，正是周朝初期"河汾之东方百里"的古唐国。

尧建都于平阳，封长子丹朱于长子县。从襄汾陶寺遗址的发掘引证，到今霍州市陶唐峪的传说，这些明显带有帝尧标识的地名，都为尧的活动中心在今临汾、安泽一带提供了佐证。

那么，安泽属尧属地范围无疑，朱载堉所述安泽所依之沁水上游有羊头山，相互之间便有了文化的内在联系。

《竹书纪年》记载："炎帝自伊徙耆，故曰伊耆氏，伊即帝尧母家。"《中华姓氏来源》之"伊姓来源于唐尧或伊尹"，显然并不确定。唐尧是尧舜时代，伊尹是商代人物，伊姓只能是来自古老的"自伊徙耆"之炎帝神农时代，"伊即帝尧母家"即为佐证。

台北炎帝宗亲会、炎帝154代孙姜竹先生研究之炎帝神农分支分氏世系表，特别注明炎帝神农氏始祖魁傀亦名"伊耆氏"。并于第十八代支系孙之中查到有"伊洛"氏，似说明炎帝神农氏后裔或可能发展至伊与洛的地域。这对炎帝神农十八代之后，今河南伊川洛水一带的文化源头是一个重要的参照。

清代学者雷学淇在《竹书纪年义征》书中写道:"耆,姜姓国名。炎帝自伊徙耆,故曰伊耆氏。伊即帝尧母家,耆即文王所伐,皆炎帝支庶之封使守桃中邑者也。"《礼记·祭法》记载"远庙为桃",孙希旦集解:"盖高祖父高祖之祖庙也。"这与"封参卢于潞守其先莹",即守其距潞城南 160 里高平羊头山东南之祖庙陵墓,这种祭祀先祖的传统是一致的。

　　按此脉络,"尧之母家为伊氏",母家即姥姥家。由此上溯,伊为"上世所国"。那么上古世代之"国",便自然前推到了炎帝神农时代。

　　《路史》记载之"耆:侯爵自伊徙耆,爱曰伊耆。一曰阢黎也。故《大传》作西伯戡耆,史记言文王伐阢"。《尚书》记载"西伯既戡黎",都记载为上党地区。《路史》记载的"宣公十五年荀林父灭赤狄潞氏","潞氏甲氏,盖亦先王之世渐流于狄而非狄之出也",透露了伊耆氏即炎帝神农氏,最初是由比较明确的安泽一带,迁徙至高平长治一带,由此便有"神农上了羊头山"。

　　但是,炎帝神农氏为什么要由"伊"徙"耆"呢?

炎帝自伊徙耆

　　洪荒时期,常有洪水危害,炎帝神农氏居安泽高山大岭有安全保障。但至农耕初创时期,安泽却并不具备农耕发展的基本条件。清顺治十二年岳阳县上疏:"山荒之地固是荒芜,仅有河畔平地。大水泛涨,平地又冲"。九月陈抚台复疏:"看得岳阳设居万山之中,乃最瘠最疲之小邑也"。

　　姚邑侯整顿粮规记(清光绪二十三年)"岳邑僻处深山,地瘠民贫。本已困苦难堪,兼之大侵后田畴多荒,户口凋零。劫余穷黎……"

　　雍正十二年版《岳阳县志》序,开篇"岳阳僻邑也,千岩万壑,地瘠民稀……岳所隶周围乏八百里,山巅既乏沃壤,水崖又多石田。岁一未稔即至流离,山行二三十里始得一村,村不过四五家,境内除邑设立市场外余无它市,生斯土者或终生不知贸易事,以故民多贫苦"。

　　如此贫瘠地域,不可能大范围发展农耕,渔猎采集时代是适宜先民居住的,农耕技术高度发展之后,就不可能再以此地为农耕种植根据地。炎帝神农氏始创农耕,必然要寻找更为适宜的环境。那么炎帝神农氏的"自伊徙耆"迁徙,就是历史的必然。应该说,炎帝神农氏"自伊徙耆"的迁徙,是社会发展由渔猎采集到农耕的历史性转变的标志。

　　如果炎帝神农氏确实"自伊徙耆"、自安泽迁徙至高平长治一带,会不会还可能有什么其他什么证据呢?

　　这可以从历史记载较为丰富的后世帝尧反证过来。

《竹书纪年》《皇王大纪》《论语类考》《宋书》《通志》《路史》《绎史》等诸多史书文献都一致认为"尧母陈丰氏曰庆都生尧于丹陵",古代学者也一致认为"丹陵"即"丹林",即《山海经》"谒戾山……其东有林焉,名曰丹林,丹林之水出焉",记载"丹林"之"丹朱岭",丹水以"陵""林""岭"而得名。

《竹书纪年》记载"长子尧子丹朱所居",长子县得名即为尧封自己的长子丹朱于此,至今长子县还有丹朱岭地名为证,可知此说不虚。

这是一个非常重要的信息。距今 4400 年前,尧选择贤者禅位于舜,而自己的儿子丹朱未成大器,无治国之才,只能封于自己的出生地,母庆都所居之故地,同时也是先祖的故地,即炎帝神农氏"自伊徙耆"迁徙所之高平长治一带,获得先祖的庇护,承袭祭祀,保护祖陵与家族。而不可能封至没有根基的其他地区,应是当然之事。

《宋书》引《春秋合成图》记载:"赤帝……其先出自块隗,翼火之精,有神龙首出于常羊山,庆都交之,生伊尧。"这其中内含的重要信息是"羊山""块隗"。"羊山"是地址信息,"块隗"是血脉信息,应该是"魁隗"之后一脉,就是炎帝神农氏、伊耆氏之后裔,即"有神农首出常羊,感任姒,生赤帝魁隗,身号炎帝,世号神农……后嗣庆都,与龙合婚,生伊尧"。丹陵即丹朱岭之高地,在羊头山与发鸠山之间偏北、羊头山西北方向 18 里,庆都才可能与赤龙、即人中之龙赤帝之后相交生尧。

归纳上述脉络:炎帝神农氏"自伊徙耆",由安泽迁徙至高平长治,开创农耕于羊头山。其后裔帝尧,进一步将成熟的农耕技术传播发展于氏族所属故地,上党以西方向、太岳山以西平阳一带。《路史·国名记》记载炎帝神农氏之子"柱所都蒲阪"得以证明,后来的"史载榆罔(参卢)命蚩尤守小颢(运城安邑)"也进一步说明,运城地区已经成为农耕的重要地区,至帝尧继续向平阳(临汾)发展,这是先进生产力对地域拓展与社会发展的推动作用。

此说与《山西通志》记载"沁水之滨,古有伊氏邑,战国属赵国,或亦炎帝之遗踪",《竹书纪年义征》记载"耆,姜姓国名。炎帝自伊徙耆,故曰伊耆氏。伊即帝尧母家;耆即文王所伐,皆炎帝支庶之封使守桃中邑者也",属一脉相承。

出土的石器,进一步为这段上古历史增添了佐证。

近代以来,高平城南、北、东分别发现新石器晚期遗址,出土红色、灰色陶片、兽骨、石斧、石锤、石犁、石球、圆底石簇和尖底石簇等。石犁的出土,标志着当时已经进入农耕乃至牛耕时代。向西安泽一带距此仅 50 公里的下川遗址出土的 3 个圆研磨盘,是用来加工谷物的,中部已经凹陷成坑,这标志着沁河流域先民在狩猎的同时,还大量地加工和食用谷物。

至此,以上党羊头山为中心,西有下川,北有武乡,东有磁山,南有裴李岗,

四地均有石磨盘出土,形成整片农耕区域,

既然上党盆地有更适于大面积耕作的嘉禾产地,炎帝神农氏还会继续以安泽为都城吗?"自伊徙耆""神农上了羊头山"是必然选择。

光绪《山西通志》卷五十《古迹考一》以为古黎国"盖长治、壶关、黎、潞诸县皆是也"。此一带传炎帝神农氏故事。所谓黎亭,即今长治县北黎岭,俗称黎侯岭,亦为羊头岭,相传炎帝建国处。沁水之滨,古有伊氏邑,战国属赵国,或亦伊耆氏之遗迹。

看山西地形图,安泽位于上党盆地与临汾盆地之间阻隔的太岳山脉之上,间有沁水奔流,是关山险阻之地。

今日的安泽县城由南至北分别排列的历史战争遗迹"老寨",可瞭望东西数十里;"大寨"西控浮山,南下沁水,东趋长子,北卫县城;"王寨"可控东趋上党之要路;"高台寨""永兴寨"扼守沁河以西官道;"唐王寨",唐城以北山川尽收眼底,是隋唐时唐兵攻取霍邑的主帅据点;"永宁堡",唐城居民遇兵匪时入堡防御之工事。诚如民国二十一年《重修安泽县县志》序所述:"安泽旧称岳阳名区,东倚太行,西接尧都,南带沁水,北枕霍山,地灵人杰,实陶唐畿辅之域也"。

沿山谷自北向南的沁水,两侧有23条支流汇入,要津须靠木船摆渡,6月份安泽进入汛期,激浪拍岸,飞湍流急,每年山洪暴发5—8次,是为天然险阻。

这一系列古代作战工程,本身地形险要,再加高山大河,共同构成上党盆地与临汾盆地之间太岳山脉阻隔的战略要地,关山险阻。在征战频繁的上古时代,是据上党的姜羌氏族必须占据的战略要地,天然屏障。炎帝神农氏居上党必须同时据安泽,这是地缘政治的基本规律。

《尚书·禹贡》记载:"既修太原,至于岳阳。"《水经注》记载:"太岳山,《禹贡》所谓岳阳也,即霍太山矣。"因此,"岳阳"就是太岳山脉南部。安泽正属于"岳阳"即太岳之阳。而"太原"之名,古时泛指地势较高的宽阔平地。西汉孔安国传"高平曰太原,今以为郡名"。郡名属秦汉郡县制之后的太原郡,即今太原市地区。而古时"太原"泛指高而平之地,属于一种地理特征,符合此特征的地方应该不少。

至此,另一处记载或可帮助我们对此作出判断。《述异记》记载:"太原神釜岗中,有神农尝药之鼎存焉。成阳山中,有神农鞭药处,一名神农原,亦名药草山。山上紫阳观,世传神农氏于此辨百药,中有千年龙脑。"显然,上古时代的"太原",是与"神农"紧密联系在一起的一个地名。以"高而平"的地理特征,似更接近今高平市。

今高平市不仅恰好属于这样的地形,地名也正是"高平",并且与"岳阳"之安泽距离很近,均属太岳山脉,关键是均属炎帝神农氏的故地。如果后世铸鼎,应该立于羊头山。

七 炎帝神农氏领地

神头岭

高平市釜山乡贾村,清道光二十年(1840年)《补修炎帝庙碑记》碑文"帝生于高平东羊头山,相传种五谷、尝百草处也。西羊头山俗呼为神头岭,建有帝庙……残碑犹可考……贾村距神头岭仅里许也"。贾村靠西羊头山,与韩王山、东羊头山连成一线,覆盖了上游丹水流域。相邻的是神头村。

釜山乡神头岭一带,是炎帝神农氏活动的主要地区之一,故称西羊头山。山上的小村庄名神头村,神头村炎帝庙唐朝就有记载。村民传说,这是炎帝老庙,是先有炎帝老庙,后有神头村。神头岭西面是黑山、金牛山,山高林茂,岭北有釜山河,是一个天然渔猎的好地方。南面是一片平整的庄稼地,天然的农耕环境,世代流传炎帝神农氏曾带领三个儿子来此推广农业耕作。《路史》记载"神农相土定居,令人知所避趋",一定评价此地土壤肥沃,适于农耕。

因此,神头老庙祭祀炎帝神农老爷。而周边釜山村炎帝庙是炎帝大太子掌殿,高良村是二太子、贾村是三太子,各村庙会都要到神头村老庙请炎帝老爷。釜山是正月二十八日庙会来请炎帝老爷,高良村是二月十三庙会来请,贾村是三月十五庙会来请。故俗语说:"釜山不出正月,贾村不出二月,高良不出三月。"

炎帝岭

羊头山以西,高平市西北10公里处王何村西,有一座炎帝岭,是目前国内唯一以"炎帝"称谓命名的山岭,海拔1025米。《山海经》记载为"景山"。其峰突兀,登高眺远,若君临天下。古字"景"即"影",说明上古时期这里同样树立圭表测影,掌握时节发展农耕。

炎帝岭南坡地名为药草坡。药草坡偏西有一村,叫蒲沟村,村西南有一座神农药王庙,过去每年都有农民前去求医治病。山顶原有一座古"炎帝庙"。正殿三间,殿中塑有炎帝、后妃和太子像,还有东西各二间配殿。庙的主殿正对一座戏台,每年七月初五,当地传统的炎帝庙会在这里举行,此风俗一直延续至1958年。目前岭上庙址地基、残垣、琉璃瓦当尚存。

百谷山

　　距长治老城东北 13 华里、现在与城市几乎相连接的百谷山,俗称老顶山,又称柏谷山,是炎帝尝百谷的地方,并由此得名。北宋地理总志《太平寰宇记》称:"百谷山与太行、王屋皆连,风洞泉谷,岩壑幽隧,最称嘉境。"此山方圆 40 多平方公里,以老顶为最高,海拔 1378 余米,有 9 条主要岭脊和 18 条主要沟谷,耸立着 40 余座山峰,松柏茂密,林木积翠,是风景胜地,文物密布之所。

　　百谷山与炎帝有关的文物,有炎帝神农庙宇三座,纪念炎帝神农的山洞三座、泉水一处、古神农井一眼及许多碑刻。其中,山之半腰滴谷寺神农庙,始建于 1500 多年以前的东晋。庙内炎帝坐像腰系树叶,肩五谷穗,四壁绘有炎帝尝百谷、采草药、制耒耜、教民耕种等历史功绩的壁画。庙院、地基和宋、明、清柱础及经幢尚存,刻有篆文"炎帝"二字残碑和宋时诗碑。庙旁有"古神农井"一眼,庙前坡下有古寒泉一处,该泉又称百谷泉。庙东半腰有一百谷洞,传说是炎帝尝百谷之所。百谷山西麓关村,有炎帝庙一座,现存者为明、清建筑风格,尚完整,有正殿、献亭、角殿、廊房、经幢等。百谷山南麓柏后村之炎帝庙,原为三进院,现存中院正殿,献亭,东、西角殿,存有清咸丰九年(公元 1859 年)《重制神农庙社物碑记》、清同治十三年(公元 1873 年)《重修布施碑》各一块。

羊头岭、黎侯岭

　　羊头山以北,有直接相连的一座山岭,名羊头岭,当地俗称黎侯岭,相传属古黎国。为了证明"相传"之"黎都"碑记的真实性,长治市炎帝文化研究会副会长马志生三上黎岭村,寻找村民过去都曾目睹的"黎都"碑,却意外地发现了修公路挖出的"重修羊头山黎侯镇庙碑记",记载着"正殿东西药王五斗圣殿焕然……"。证明了确有黎侯岭之名,"黎都"之称不虚传。黎民,最初即是指此黎国之民,后来才引申泛指天下百姓。

　　羊头岭与羊头山一脉相连、近距离衔接、名称相同,共同带有上古姜、羌氏族羊图腾的文化印记,同样处于炎帝神农氏族"遍陟群山,备尝庶草"近距离范围,同样是神农尝百草的遗址遗迹。既然羊头岭同时又称黎侯岭,则"黎侯"、"黎国"就应该与炎帝神农氏直接相关,可是到底有什么关联呢?

　　"黎"字的字理字意,是一个"黍"字右上角加一个变形的"人"字。如果看古"黎"字,就是左边"黍"右边"人"的象形字。显然,"黎"字是一个种植黍的部落、或氏族、或国,这正是炎帝神农氏族集团的基本特征。

八　黎岭沧桑

文王伐耆

　　"氏族"是一个有血缘关系"氏"的族群。只有擅长狩猎、农耕、医药、建造、作战、能文能武的组织者,才可能由于才能智勇出众成为氏族首领。一个部落的首领特别优秀,经济发达,军事强大,能够一呼百应,号召其它部落协同征战、开发,才能成为各部族的共同首领。上古传说的三皇五帝,就属此类超群人物。

　　当时的"国"与"氏族"是什么关系呢?

　　远古时代的"国",大多是部族聚落,是一些相对独立、互不隶属、彼此间没有明确界线的群落,常常连疆域也无法界定,只有一个个像城市标志一样的据点,冠以国名,其基本内涵为"领地"。

　　国家是一个有政治组织的社会。"國"这个字,是从封地开始才出现。如古籍文献中描述的"三里之城,七里之国"。《荀子》记载:"古有万国"。《战国策》记载:"古者四海之内,分为万国。城虽大,无过三百丈。人虽众,无过三千人"。如古籍文献记载,周伐商之前,已经完成了内部的部族国家化,周文王姬昌史称西伯,"伯"的爵位低于"侯"。后来逐渐上升为王国,周文王是第一代国王,成为商末时的三公,即"西伯昌、九侯、鄂侯为三公"。

　　"国"字是后来逐渐形成的简化字。"国"的古字是"或",笔划表示用兵器"戈"来保卫一定范围的边界。周朝时都是诸侯国,常常一座城就是一个国,管理着一个地域,所以"或"字加提土旁就是"域",表示国土范围、疆域。

　　诸侯国随时可以更换国王,只需天子一封诏书,就"或"属于这个人,"或"属于那个人。国内也常发生政变,国君经常改变。因此"或"代表不确定,如"或者"。所以"或"下边加一个"心",就是疑惑的"惑"。最大的疑惑,就是这个国家到底归谁?所以"國"与"或"古音差不多,韵相同,音相近。

　　后来汉字增加偏旁部首归类,就在"或"字周围加了一个框,成为"國",外围这个框表示国家范围和高墙。国家有长城;城市四周有城墙。"國"后来演变出一个"国"字,意为能够代表国家政权的是传国玉玺。

　　从夏朝开始,分封建国的官员分为公、侯、伯、子、男,共五等爵位,能够采纳、享受封地内的收入,称"食邑",即衣食来源之地。如殷商时代公、侯、伯三等食邑,公百里,侯七十里,伯五十里。周朝有所提高。到周公摄政时改制,大其封,公五百里,侯四百里,伯三百里,子二百里,男百里。战国以前,各诸侯国内部的爵位还有卿、大夫、士三级,每级又分上中下三等。周文王后期的爵位身份在商纣王之下已经位列至三公之一,具备了成就大事的条件。

商朝前后对戎狄等"氏族"多有征伐。《后汉书·西羌传》记载:"至于武丁,征西戎、鬼方,三年乃克,故其诗曰:自彼氐羌,莫敢不来王"。这里记录了商朝后期对氐、羌氏族长达三年的征伐。同时记载"西羌之本,出自三苗,姜姓之别也"。

《后汉书·西羌传》又记载"及武乙暴虐,犬戎寇边,周古公踰梁山而避于岐下。及子季历,遂伐西落鬼戎。太丁之时,季历复伐燕京之戎,戎人大败周师。后二年,周人克余吾之戎,于是太丁命季历为牧师。自是之后,更伐始呼、翳徒之戎,皆克之。及文王为西伯,西有昆夷之患,北有猃狁之难,遂攘戎狄而戍之,莫不宾服。及率西戎,征殷之叛国以事纣"。

周武王伐纣的过程中,就与许多"国"作战,应该说其中多数"国"都与上古时代的氏族有关。

周文王被囚羑里,因献美女宝马等给商纣王而被释放,随后伐犬戎、密须、邘国,灭崇国、黎国,于是诸侯归者日众,"三分天下有其二"。所灭有的是氏族,有的是"国",而国也常以某一氏族为主体。

根据《史记·周本纪》记载,周文王首先从征伐犬戎开始。"赤狄本犬种",因赤狄潞氏属犬戎,因此"狄"字为反犬旁。赤狄潞氏与炎帝神农氏族属同一个氏族集团。

周文王第二年征伐密须,即古密国,在今甘肃泾川,说明周文王先向西扩张,巩固西部安全。

周文王第三年打败耆国,即上党地区炎帝神农氏自伊徙耆之地,史称文王伐耆,亦称西伯勘黎。由陕西跨过现运城地区直插上党,这说明晋南与晋东南,在冷兵器也非常落后的原始时期,在军事、经济上是连为一体的,运城地区除黄河外无险可守。

周文王第四年征伐邘国。古邘国即太行山麓与黄河北岸之间,现紧靠晋城的河南省沁阳市。《史记》注为"邘城在野王县西北",另注:鄂侯"一作邘"。因此,征伐三公之一的鄂侯,是周文王公开占据上党后,继续向南扩张。

周文王第五年征伐崇侯虎。《史记》注"崇国盖在丰镐之间",即今陕西西安一带。崇国,就是崇侯虎之国。

这就是商周之际文王与几个古氏族"国"的征伐记载。

但是,这些记载有一个最大漏洞,即商纣王一统天下,周文王却能西征东伐,三分天下有其二? 商纣王还能睡得着? 还能安心派出大军去山东平叛吗?

近期,这个漏洞终于有了答案。在解读《清华大学藏战国竹简(壹)》中,人们发现了前所未知的周代诗篇。《耆夜》一篇,记载周武王八年征伐耆国(即黎国)得胜回到周都后,在文王宗庙举行"饮至"典礼,参加者有武王、周公、毕公、召公、辛甲、作册逸、师尚父等人。典礼中饮酒赋诗,诗的内容均见于简文。该篇与《尚书?商书》的《西伯戡黎》相关,纠正了《尚书大传》《史记》以为伐黎为文王时事的记载。

特别需要关注的是"耆"国,《史记·殷本纪》记载为"西伯伐饥国,灭之",《史记》的注释为:"饥,一作'阢'",《正义》即黎国也,邹诞生云本或作'黎',孔安国云:黎在上党东北。《括地志》云"故黎城,黎侯国也,在潞州黎城县东北十八里。《尚书》云'西伯既戡黎'是也"。

"阢",是居住"阝"即"阜"(山坡)的"几"氏族部落。

"饥",是"几"加"饣"字旁,即有效解决食物的氏族部落。

"黎"是"黍"与"人"(变形),即种"黍"的氏族部落,使用"犁"耕作,以牛牵引,金属犁耕地为利器,故"利"与"牛"合为"犁",与"黎"同音同义,属蚩尤部族。

九黎之国

蚩尤部族称"九黎",是因由许多氏族部落组成,以种植黍类为主。他们曾在黄河流域的广大地区,因此山东省汉朝有黎县,河南省有黎阳县(今浚县)、黎山、黎水,山西省长治市有黎城县、沁县有黎城山,长治县有黎都、黎岭村、黎城,山西北部有九连山(九黎山),都是传说中九黎部族的聚落之地。

蚩尤攻榆罔 采自《盘古唐虞传》

蚩尤九黎族后来占领了炎帝神农氏族农耕初期的都邑耆都(今长治县黎岭村),改耆为黎,即为黎都。蚩尤攻击末代炎帝神农榆罔的豫西都城空桑时,即由黎岭向南,由羊头山东麓流入丹河的羊头山之水处向南出发,沿今长晋公路方向行进。历史记载为"蚩尤产乱,出羊水"。"羊水"现为小东仓河,已成季节性河流,仅留下唐代"永惠桥"、后来称作"大桥"的地名。为了避免水的流失,现故关河道处拦截为故关水库。

最终,榆罔联合轩辕氏,在晋南

阪泉、涿鹿决战,战胜九黎族,擒杀肢解蚩尤,"解州"地名遗留至今。

《解县志》记载:"原解县亦称涿鹿"。唐代诗人王翰咏解州诗《盐池晓望》写道:"涿鹿城头分曙色,素池如练迥无尘"。

据《史纪·五帝记》记载,涿鹿的地名在晋南运城市解州县,阪泉在其附近。

《孔子三朝记》记载:"黄帝杀(蚩尤)之于中冀。蚩尤股体身首异处,而其血化为卤,则解之盐池也。因其尸解,故名其地为'解'"。可见,黄帝蚩尤决战的地点"中冀"、"涿鹿"、"阪泉"与"解"均是同一个地方,那里有"盐池"。

尽管现在山西中部、河北北部等地也有涿鹿、阪泉的地名,但却没有"解"的地名与"盐池"。运城地区居国内光照资源排第二位,仅次于新疆西藏地区,地面水分蒸发量大,常致大雾影响作战。黄帝族属游牧部落,"迁徙往来无常处"(《史记》),不熟悉晋南地形与气象,为此特地制造了指南车引导军队前进方向。最重要的是,战争的起因一定有其经济原因,即争夺盐池这种生存资源。蚩尤不仅没有指南车也能进退自如,显然是主军以逸待劳对阵客军。而且文献记载蚩尤是"造立兵杖刀戟大弩""铜头铁额""食沙石",这说明蚩尤已经掌握了金属冶炼技术,使用金属兵器与头盔,与运城地区发现十多处古代冶炼遗址相对应。"食沙石"正是吃盐补充体能的真实记载。后来黄帝任用在运城盐池煮盐者正是"夙沙氏",可见是把盐称作"沙"。河北等地基本不具备这诸多条件,难以与文献记载一一对应,故难以介入黄帝蚩尤大战主战场的深入研究探索。

遗憾的是,代表先进生产力的蚩尤氏族最后落败,蚩尤遇害,为"解"留下了"害"的读音,首次为先进生产力败阵于落后生产力留下案例。

蚩尤战败后,九黎余部退向南方,因此湖北、湖南、云贵一带都有"三苗九黎"的后裔。至今,川南、滇东北苗族妇女,身着蜡染大花裙下边都环绕三条花边线。据专家考证世代传说,上条为浑水河(黄河),中条为大清河(长江),下条为大平原田坝,三条线记录了部族向南迁徙的上古历史。黔东南苗族妇女,袖饰上多绣蚩尤像,称"蚩尤公"。现今我国南方的壮、苗、瑶等少数民族与古代九黎族均有渊源关系。

贵州《郎岱县访州》卷二说:"苗人……即古之三苗。自涿鹿战后渐次向南辟合,以滇黔为最多"。海南省少数民族黎族、台湾高山族,据考查均为九黎族的后裔,足见炎帝族系源远流长。从字理说,"苗"与"黎"字均与稼穑有关,遗留着炎帝神农时代的印记。

黄帝打败炎帝族裔蚩尤,各部落包括上党蚩尤余部被兼并统一,拥戴轩辕氏为"帝",即为黄帝。黄帝封榆冈(参卢)于潞(今潞城市一带),守其南160里处的炎帝神农氏陵墓,耆都仍为"黎"。由于蚩尤氏族在农耕、冶金、盐铁等方面领先于其它氏族,代表了先进生产力,因此蚩尤后裔首领被任命为六相之一,主管兵器制造。

商代东夷族统治中原后,把黄帝后裔排挤至陕西华山、岐山一带,谓之西岐,成为商王朝的敌国。史载商末"西伯戡黎",周文王姬昌首先攻占了重要的粮食产地黎(耆)国,灭了黎侯。周武王伐纣灭商后,为表示对炎帝和蚩尤氏族农耕传统的敬重,封帝尧后裔于新的黎地(今黎城县),成为周代的黎侯国。

春秋时期,黎国被赤狄潞氏侵占,黎侯被迫出奔卫国,随行的大臣劝他设法复国。黎庄公夫人作《式微》记载于《诗经》:式微,式微,胡不归?微君之故,胡为乎中露。式微,式微,胡不归?微君之躬,胡为乎泥中。所述就是这段历史。

这首《式微》诗,表现了强烈的爱国思乡之情,以及对夫(国)君不思进取复国的哀叹。黎庄夫人的复国理想在数百年后,才由黄帝族后裔、晋国的君主得以实现。荀林父率军打败赤狄潞氏,恢复了黎国(今黎城县)。

自炎帝神农氏始祖统领中原至春秋时期,一直是版图不大的国家。按说,在古代兵戎征战中被兼并和灭亡,本不足为奇。然而,黎国却始终受到统治者包括战胜国的尊崇,几度被复兴和封侯,"黎国"、"黎侯"的称谓竟能延续数千年之久,更是值得深思的文化现象。

关于"黎国"的记载以《大清一统志》记载最为详尽:"黎国,应劭、杜予以为在壶关,今长治县,魏收以为在刘陵。《后汉志》则壶关、潞县两存其说。意者,黎国本在长治县西南黎侯岭下,至晋立黎侯。或徙于今黎城县城。故《太平寰宇记》于上党县则曰本黎侯国,即西伯勘黎之所。于黎城县则曰古黎国。晋荀林父灭潞立黎侯,是春秋以后之黎,非商周黎国故地也"。又云"黎在上党东北,盖长治、壶关、黎潞诸县皆是也"。清顺治版《潞安府志》记载:"总上党皆黎地……郡西南三十里,黎岭黎水乃其都会"。当地老人们说,岭下的黎岭村的村名,也是由此而来。

这几段记载,说明《史记》记载的周文王向山西上党地区扩张,是攻击羊头山北坡之黎侯岭的黎侯国,"西伯既戡黎,祖伊恐,奔告于王……"(《尚书·西伯戡黎》)。《太平寰宇记》记载:"蚩尤城在(安邑)县南十八里。"徐旭生先生认为"这些全是黎氏之地,蚩尤的领土"。《战国策》记载"黄帝伐涿鹿而禽蚩尤",高诱注"蚩尤,九黎氏之君子也"。《黎城县志》记载"周武王即位后,复封黎为侯国"。因此,黎国即蚩尤部族所属,其后裔到周武王时封为黎侯。

清雷学淇在《竹书纪年义证》中指出"耆,姜姓国名,炎帝之先自伊徙耆,故曰伊耆氏。伊即帝尧母家,耆即文王所伐,皆炎帝支庶之封,使守桃宗邑者也"。这段述证,结合春秋时《左传》哀公九年"炎帝为火师,姜姓其后也"、南宋《路史》"黄帝乃封参卢(末代炎帝)于潞"等,都说明清代学者已经集历代研究之大成,基本认定黎侯岭乃古黎国所属,均为炎帝神农氏之后历代遗封。

《吕氏春秋》记载"武王封尧后于黎"。对照《路史》的记载："伊：盖亦上世所国，今洛之伊阳县，有伊水。尧之母家，伊侯国。耆：侯爵自伊徙耆，爰曰伊耆，一曰阢黎也。故《大传》作西伯戡耆，《史记》言文王伐阢。"

我们正在引用的《史记》，查阅却并没有"文王伐阢"的直接记载。《史记》是二十四史第一部，并非冷僻书籍，几乎不可能有错误的刻版，那就只可能为不同的注释版本。它为我们补充了一个重要信息，"黎"即"阢黎"，就是"伊耆氏"。而"阢"字，偏旁部首多为秦汉时汉字分类所加，秦汉以前或为"九"。那么"阢黎"就是九黎，既然"神农氏七十世有天下"，那么"黎"、"九黎"当在神农氏族集团之中。故《路史》有"黎，黎氏故国。或黎山氏"。这个黎山氏应该就是"烈山氏"之后，"烈山泽而焚之"之意，故后来以火德王，有"火正黎"。

《说文解字注》记载"嶅，今《商书》西伯勘黎，今文《尚书》作耆，《尚书大传》文王受命五年伐耆，《周本纪》明年败耆国，是也。或作阢、或作饥，皆假借字也。许（慎）所据《古文尚书》作嶅，戈部做黎，盖俗改也。《左传》曰，赤狄夺黎氏地。《诗》序曰：狄人迫逐黎侯，未知即商诸侯之后与否，在上党东北"。

因此，"西伯勘黎""西伯戡耆""西伯伐饥国""文王伐阢"，都是记载的同一个历史事件，都是攻击姜羌氏族后裔。对"黎"的几种称号：饥、阢、黎、耆等，多有与种植黍有关的含义，按古代读音接近或基本相同，应该指相通的古代部族，就是后来的"黎国"。故《尚书传》注："耆即黎也。"

至此，炎帝神农氏"自伊徙耆"进一步明晰，自今安泽县迁徙至上党羊头山，包括羊头岭、神头岭、炎帝岭、百谷山大片区域。

伊耆之后

《路史》记载："宣公十五年荀林父灭赤狄潞氏。十六年灭赤狄甲氏及留吁，皆潞之属"；"留吁：潞氏属（亦灭于晋）"，"潞氏甲氏，盖亦先王之世渐流于狄而非狄之出也"；阳城县，春秋时为赤狄皋落氏所据，曰积桑。《国语》"晋太子申生败狄于积桑，即此"等。这是周宣王时期，晋国对上党地区几个炎帝神农氏族后裔部落不断围剿的记载。春秋时期，高平为赤狄所居，为辰放氏之辰米国，是炎帝榆冈后裔赤狄潞氏的一个支系部落。

清初学者、湖广布政使毕振姬对此曾表述："臣考《日知录》曰：晋之灭狄，其用兵有次第。鲁宣公十五年灭潞氏，十六年灭甲氏及留吁。成公时伐廧咎如，而上党为晋有矣。至《左传》曰，灭甲氏及留吁。而毕振姬则曰：春秋时，高平沦于戎狄，为辰米国，从潞子杖马乘盗晋旁，晋次第灭之辰。辰放氏后即赤翟，今辰堨村，米子国，赤翟后，今米山则臆说也。"

《四州文献》记载："发鸠山为少昊之五鸠,伞盖山为散宜氏,盖州为商。该国山为米子国辰墟,为赤翟之辰伯,封为吉甫邑。董封为简子,追封董安于原村为先谷之原。"

隋朝时"米"姓为高平六大姓氏之首,"米"字本身又代表粮食,应该是上古时代古辰米国的后裔以祖国为姓有关,与炎帝神农氏族集团的内在联系同样割舍不断。

《史记》记载"(宣王)三十九年,战于千亩,王师败绩于姜氏之戎","千亩"注释为地名,西河介休县。关于介休县,是由于春秋时追随晋文公的介子推所在及其后所封的介山。介山所在地有两种说法。一种说法是现在人们都熟悉的晋中介休县绵山。《史记》的这段记载,注释为"西河介休县"。三国至南北朝初期的那个阶段,介休县曾归入西河郡。

另一种说法是春秋时期晋南的介山,即现在万荣县的孤峰山。既然称"西河",应该比较靠近山西、陕西之间的这段黄河,此段黄河古称"西河"。这种说法,显然没有将"西河"看作行政区划,而仅看作地理标志,古时的这座介山或许因靠近"西河"故称,而晋南地区因此称作"河东"。特别是既称"千亩",应该有大片农田。当时的这座介山周围至今还是大片平川麦田,而且与侯马曲沃一带之晋国都城较为接近。

反之,现在晋中由南至北从介休县到清徐县之间,东、西之太岳山与吕梁山之间,春秋时还是由九个湖泊与沼泽构成大片的"昭余祁薮",是大禹治水后残留的水泽,基本没有成片的农田。因此,说当时周朝王师与姜氏之戎的作战地点在今万荣县一带,似有道理。

总之,周武王征伐姜姓氏族失败,说明西周时介山一带属炎帝神农姜姓氏族的后裔,农耕面积已非常可观,粮食为主的作战资源构成较强的"综合国力"。

《春秋》、《左传》记载:"(鲁)昭公元年(公元前541年)晋荀吴帅师败狄于大卤"。荀吴即晋大夫中行穆子,后来晋国六卿专政之中行氏。

联系周文王至周宣王、至春秋时征伐的几段记载综合分析可知,炎帝神农氏族集团后裔之姜氏之戎、赤狄潞氏、伊耆氏、九黎氏等,都在今山西南部长期存在。氏族部落之间必然进行的相互通婚、人口交流与渗透、局部战争等,已经形成民族与文化的长期融合,如"潞氏甲氏,盖亦先王之世渐流于狄而非狄之出也"的记载便是。所以古籍记载九黎族领袖蚩尤是炎帝神农氏的后裔,又记载炎帝与蚩尤的战争,全面地历史地看待,都可能是真实的。特别是蚩尤这样的优秀氏族首领,由氏族之间通婚结合而产生,应该是完全可能的。

由此反观一些论述,认为不同氏族首领之间怎么能够成为兄弟,既然是兄弟何以又有战争。看看李世民的《晋祠铭》开篇"夫兴邦建国,非亲无以隆基,非德无以启化"，以此而著称的周朝，后来却出现著称历史的"春秋无义战"。再看欧洲各王国王室之间的通婚关系与王国之间的和平与战争，就能了解用辨证的、唯物的分析方法，容易理清思路与头绪。

我们容易查阅到的文献，《说文解字》记载"黎在上党东北"，孔颖达注"黎国，汉之上党郡，壶关所治黎亭是也"；《后汉书·郡国志》记载"壶关县，有黎亭，故黎国"；《括地志》记载"故黎城，黎侯国也，在潞州黎城县东北十八里"。《尚书》记载"西伯既戡黎是也"，《正义》记载"耆，即黎国也。故址在今黎城县"等等。黎国所在上党长治，基本没有疑问。直至隋初黎城县建宝泰寺而立碑，碑文"县之东南……傍冲黎国，斜之潞城……炎帝获嘉禾之地"，皆因文献的不同记载。《山西通志》则记载为：古黎国"盖长治、壶关、黎、潞诸县皆是也"。

据文献记载，蚩尤部落战败后，一部分部众退居南方；留在北方的九黎族人建立了两个黎国，一个在今山西长治县，商末被周文王所灭；另一个在今山东郓城县，后为晋国所灭，其子孙后以国名为姓称"黎"；更多的黎人沦为奴隶，至西周时尚有"黎民"之称。

"黎"的字形，为"黍"加变形的"人"字，今天我们来看楷书则变形很大，如果与甲骨文中的"人"字对照，字形非常相似。望字思义，"黎"字的本义也就清晰了，即擅长种黍的氏族。后来农耕技术普及推广，"黎民"演变为泛指种植五谷的众人。值得注意的是这个"民"字。"民"字与"目"字相似，但右下部不完整，被一撇插入而变得残缺。由此透露了上古时期，九黎族战败后，俘虏要被刺瞎右眼充当奴隶，从事农业种植等劳苦作业。"黎民"一词，隐隐透露了九黎氏族乃至炎帝神农集团失政后的境遇。故《尚书》记载："黎民，当即九黎之民。"

九黎氏族战败后，不会向西向北寒冷荒凉不宜生存的地方迁徙，只能向东黄河下游、向南长江流域逐渐迁徙，形成湖北、湖南、广东这样的迁徙流向和路线。因九黎集团遍布黄河流域，后来遍布中华大地，"黎民"一词就引申泛指天下百姓。

九黎族，是一支擅长种植黍的部族群体，其首领是蚩尤。在姜姓炎帝神农氏世系表里，蚩尤为炎帝神农氏支系"柱公"的七世后裔。

上党华山

与《山海经》等对应的，还有《世本》记载炎帝母亲游华阳（华山之阳），感神龙首而孕炎帝的华山，离绛（鄁）水亦不过数十里。《山西山河大全》记载，沁县漳源乡有华山，又名花山、滑山，山峰秀丽，林木苍翠。此华山即发鸠山北峰，属绵山支脉。绵山，《禹贡》称作"太岳"，在文献记载中，与姜姓关系最密切的一座山就是太岳山。《左传》记载:"姜,大岳之后也"。"大岳"古亦书作"太岳",《禹贡》:"壶口雷首,至于太岳"。孔安国《尚书传》记载:"太岳,上党西"。

学者刘毓庆在《华夏文明之根探源》中指出,甲骨文"岳"字是上边"羊"下边"山"。那么,"大岳"就是"大羊","太岳是最大最古的'羊头山',也是炎帝族的老家","太岳之野乃原始姜姓的大本营",当然地属于炎帝神农氏族了。故有《诗经》"崧高维岳,峻极于天。维岳降神,生甫及申"。甫即吕,吕、申都是姜姓国家,这里就指吕申都是岳神之后。故有《史记·夏本纪索隐》注"太岳""即霍太山也"。《山海经》称谒戾山,《汉书》称羊头山,又称界山、介山。

《国语》言大禹治水,共工之重孙"四岳"佐禹有功,尧于是"祚四岳国,命以侯伯,赐姓曰姜,氏曰有吕"。韦昭注:"姜,四岳之先,炎帝之姓也。炎帝世衰,其后变易,至四岳有德,帝复赐之祖姓,使绍炎帝之后"。因此,姜姓至尧舜时仍生活于太岳山一带,故尧才确认其封国。这里举出了姜姓中吕氏的一支受封的情况,吕国的封地,最初在山西境内,后来才迁至山东。此说与周文王曾与"姜氏之戎"作战,"王师败绩于姜氏之戎",其时间地点大致统一。

学者钱四宾在《西周地理考》中指出:介山即厉山、烈山。"厉、烈、介皆声转相同。汉魏以来,有传焚山之事。窃疑相传焚山之事,即烈山氏之遗说也"。按此说,直至春秋晋文公、介子推那个时期,晋中地区还有炎帝神农氏时代遗留的"烈山火耕"传统。

在太岳山西侧的洪洞县,有个村子叫"明姜"。据当地百姓传说,明姜是由昏羌演变而来,很早以前姜戎的一支就聚居在霍泉上游,曾跟随大禹治水,也曾帮助武王伐纣,帮助晋国击退秦国。后来嫌"昏羌"不好听,就改成了"明姜"。传说武王伐纣时,姜戎氏手持木棍与商纣格斗,他脚踢纣王时,被纣王的剑尖砍中,纣王逃走后,姜戎氏产下一双男女,因此孩子脚小拇指上有了一道鲜红的血迹,像一片指甲被剑砍裂的样子。从此,此地出生的人,脚小拇指就形成了复形指甲。这个传说最值得注意的有两点,一是关于明姜、昏羌之名,说姜戎随大禹治水,这与《国语》记载完全相合。二是关于当地人复形指甲的传说,认为与姜戎有关,这实际上是说姜戎就是这里人的祖先。不难看出,昏羌是姜姓的一支,夏商时期还保持独立。

根据中国古代社会发展脉络,结合此地丰富的炎帝神农文化遗存分析,始祖炎帝的祖父(母)辈作为神农氏族的重要一支,很早已迁徙渔猎于古太岳太行一带,炎帝神农氏正是诞生在这里的"华阳"、"姜(绛)水",并在居无定所的渔猎游牧生活中渡过了自己的童年时代。

根据王玉哲先生的研究,姜姓之族原在山西,无论是属于诸夏的姜姓国,还是属于姜姓的戎狄与羌方,商末周初都活动于山西境内。炎帝后裔在山西的分布,是神农氏发祥于太行、太岳之野的重要佐证。

《管子》记载:"神农作,树五谷淇山之阳,九州之民,乃知谷食,而天下化之。"这是先秦文献唯一明确记载神农发明五谷之地的资料。

"淇山",就是淇水发源之山。《水经注》记载"云出淇山"。《大清一统志》记载"淇山,在辉县西北,淇水所出"。《地形志》记载"王莽岭源河流为淇",淇水正是上党陵川所出。因陵川棋子山是围棋的发源地,所出之水为淇水,水之源头的具体山峦为淇山。方位在今晋城市陵川县境东北。此地之南即"淇山之阳"的地方,已经发现略早于下川的人类活动遗址,为历史记载提供了考古依据。

神农足迹

明世子朱载堉对山西地区的炎帝神农氏遗迹早已有所考证,《羊头山新记》记载:"又按诸志,凡羊头山以形命名,随处有之。在冀州之域者有三,其一即此山;其一在汾州西北十五里,见《一统志》;其一在古谷远县沁水所出,见《汉书》及《水经注》,今沁源县绵山是也!神农尝谷之所亦有三焉。其一即此处,其一在潞安府东北十三里百谷山,其一在隰州东四十五里合桑村。有古谷城,谷台是也"。

隰县在今临汾市西部,是个不能忽视的地区。按照神农氏族由西部向中原逐渐迁徙入晋,到达吕梁山区,其后裔广布吕梁,留下许多遗迹,《路史》载:"隰州有谷城,非姬姓谷"。可见其历史更为古老。今隰县有谷城,有尝谷台,《九域志》指出:"神农尝谷于此"。谷城在隰州东北四十里。尝谷台今称合桑村,元代立尝谷台碑于此,至今犹存。《太平寰宇记》载:隰州有"尝谷山,在县南高岭"。今隰县刀家峪乡,有羊头神村,村有神庙,庙中塑羊头人身神像,民间历代奉祀至今,故称羊头神村。羊头神当为神农氏族以羊为图腾的崇拜偶像,可见神农氏族遗民中至今仍保留着传统的遗俗。隰县一带神农遗迹较多,说明这里古代为炎帝神农氏族聚居活动的重要地域。

据《羊头山新记》记载:"羊头山,山上有神农城,又叫谷城,传说为神农得嘉谷之所",而隰县也有一座谷城,传说为神农尝谷之所。这两处,一处是"神农尝谷之所",一处是"神农得嘉谷之所",都是炎帝神农氏"遍陟群山"尝百草之地,区别只是在羊头山取得成果。

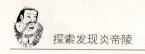

历史 九　炎帝以姜水成

宝鸡姜水与上党郣水、郲水

"炎帝以姜水成"，这是学术界考察炎帝发祥地所在的一个标志性文献记载。找到所居之水，并具有姜姓炎帝神农氏族的足迹和印记，才能作为具有文化意义的依据。这是对山西炎帝神农氏族真实性的重要考证依据。

上党古姜水，是一个重要而且关键的文化信息。刘毓庆先生指出："炎帝'西来说'学术界几成定论，却没有最关键的'证据'，先秦文献中没有任何资料能为这个理论提供支持，一条都没有。"

《水经注》记载了"岐水又东径姜氏城南，为姜水"，但郦道元这位受到历代史学者尊重的伟大地理学者，在此问题上却出现了一个小小的疏忽。按此观点，岐水流至姜氏城而为姜水。《国语》却记载"黄帝以姬水成，炎帝以姜水成。成而异德，故黄帝为姬，炎帝为姜"，《世本》也记载"姜氏、炎帝生于姜水，因氏焉"。都认为炎帝是因姜水而为姜姓。分歧在于以水为"姜"姓、还是以"姜"姓命水，观点完全相左。

郦道元这个疏忽虽小，影响却不小，历代学者因此把姜水定位于宝鸡地区。以至当地学者在民国版《宝鸡县志》中，为此直接指出了郦道元的错误，在"姜氏城"下注："郦氏不考，以岐水蒙姜水之名，而并移姜氏城以就之。误矣！"

那么，姜水何在呢？

历代专家在西部评说之际，都忽视了古上党地区太行山中流淌着一条更为古老的郣水，而且是先秦文献中唯一一条郣水。

《山海经》记载，发鸠山以北有"陆山，多美玉，郣水出焉，东流注于河（郭璞注：或作郲水）"。据考证，陆山，即与长子县发鸠山通体联麓，位于屯留县西南的鹿渎山，今称盘秀山；郣水，即发源于鹿渎山谷、东流入漳的绛水，又称降水。《史记》记载：大禹治水，"北过降水，至于大陆"，张守节注"降水出潞州屯留县西南"。《通典》记载"屯留县……有鹿渎山，绛水所出"。绛（郣）水之滨，炎帝文化遗存密布。春秋时期是炎帝后裔之国。《路史》记载"屯留故城南，即故留吁国也"。屯留南面就是炎帝少女女娃化作精卫所居的发鸠山，这是关键所在。

《淮南子》记载"清漳出谒戾，浊漳出发包"。高诱注："谒戾山在上党沾县。"雍正《山西通志》记载："少山，在县西南二十五里，一名谒戾山，一名何逢山，又名沾山。"而《元和志》记载,谒戾山一名羊头山,此与相传炎帝建国的长治羊头岭、炎帝陵所在的高平羊头山,皆属古上党。其间关系,可以想见。

鄐水在《山海经·北次三经》中与发源于"发鸠之山"的漳水流向完全相同。这是见于文献最早的、有明确方位记载的鄐水,至少也比郦道元的记载早八、九百年。尽管年久日远,已无法确定其所指是现在的具体哪条河,但其方位在太行、太岳之间则可以确定。而且发现这条叫作"鄐水"的河流,同时还叫作"郯水"(见《山海经》郭璞注)。这里同时是至今炎帝神农传说极盛的地方。

汉字右边"右耳"之"阝"字旁为"邑"字的简写,表示一个可居住的地方即"居邑"。因此"鄐"字即"姜"氏族居住的地方,"郯"字即"炎"氏族居住的地方。"鄐"与"郯"有内在联系,也就是"姜"与"炎"有内在联系。能够使"姜"与"炎"联系起来的,只有姜姓炎帝,舍此无它。那么,两千年前已经整理成书、记载远古时代的地理志《山海经》里,记载着上古时代上党地区与姜姓炎帝直接相关、并且只与姜姓炎帝相关的一条河流,能够说明什么?答案只能是以姜姓炎帝"命名",这个唯一的历史文化原因。因此,只有姜姓炎帝神农氏在此地居住,才能在我国最著名的历史地理文献《山海经》里,保留如此准确定位的记载与内涵。

从双法字理分析,由99对即198个"文",发展到十万个"字"的过程,是一个不断增加文化信息与内涵的过程。因此由"姜"演变为"鄐",由"炎"演变为"郯",显然带有这种文化源流发展过程的印记,以此标志着炎帝神农氏族迁徙发展的源流和脉络。

史载,黄帝取代八世炎帝榆罔,取得部族联盟最高首领地位后,封榆罔到"潞"这个地方。"潞",位于现潞城市东北25公里西流乡古城、潞河、续村一带,分布着大量的古城址和古墓葬,是春秋时期炎帝榆罔后裔赤狄潞氏的聚居地,其在续村的大坟冢,俗呼"龙嘴圪堆",是潞氏国王潞子婴儿的坟冢。

80年代,根据长治市城区分水岭考古发掘的两座春秋中期的墓葬随葬物,其中"铜器,尤其礼器方面,颇具中原地区特点,但其中的羊首铜矩、鸟首衔蛇为内容的銎斧及矛、镞等为特点显明的地方因素",基本明确为赤狄墓葬。

潞城附近有羊神山。羊肠坂,是太行山上的古坂道名,一在平顺县东南,一在晋城市南。古籍载:"羊肠坂道在太行山上,南口怀州,北口潞州"。这些都是羊崇拜的遗迹。

不要轻视《山海经》的记载,这本书已经学术证明是一本"图书",即有"图"有"书"。"书"不过是"图"的文字说明,尽管"图"已佚,但在中华文化圈范围的朝鲜国家图书馆里,还保存有一幅尘封的山海经图,是一幅包括南极和北极的世界地图。德国的一部电影纪录片《想往将来》,就采用了这幅《山海经》图。因此,《山海经》具有极高的历史文化考据价值。

　　至于非洲、美洲的测绘工作如何跨越大洋,南极冰盖下的陆地范围古人如何测绘,是我们的古代先人难以想象的智慧与成就。

　　《山海经》自殷商至战国成书以来,以至于明朝胡应麟之前,都被视为"实用地理书",胡氏以一己之见视其为古今语怪之书,后人便以神话大全看待《山海经》,这是后世学界的一个大误解。

　　根据卫聚贤教授所著《中国人发现美洲》一书,还有人自1986年开始认真研究并依书中记载自绘地图,画出了超过古代中国版图的山海经地图,认定《山海经》不仅是最古老之中国地理书,亦是最古老全球地理书,因为其描述内容广至全球,不仅描述亚洲、欧洲、美洲三洲之山脉、河流、矿物、动物、植物,更描述上古风俗民情以及信仰崇拜,并非一些现代学者所认为的"神话"。

七千年遗址

　　山西垣曲县北橄乡枣园村发现7000年前有火烧山灰的遗存的农耕文化遗址,证明是一支由东南历山迁徙而来的原始先民。同时还有从历山向东部阳城、沁水方向迁徙的一支,以烈山而得名的烈山氏炎帝神农氏部落。由阳城、沁水继续东迁到达高平羊头山,继续用"烈山"的方式垦荒。迁徙总的方向,与炎帝神农氏族初期由西向东运动的大走向一致。上党地区因此出现了羊水、羊头山、首阳山、阳城、昌羊镇等地名,具有姜姓神农氏族最基本的文化烙印。

姜姓后裔上党分布

　　姜姓炎帝神农氏族在上党地区的遗址分布流向归纳如下:

　　潞城市;榆冈封潞。《汲冢周书》记载:"昔烈山帝榆冈之后,其国为榆州。曲沃灭榆州,其社存焉,谓之榆社。地次相接者为榆次。"可见,榆社和榆次都曾是炎帝榆冈后裔所建榆州国的重要领地,自榆冈之后一直延续到商周春秋时期。《周书》记载"伐智而专事疆力",榆州民乘其弊伐灭曲梁(曲梁在潞城西十里)。榆州地次相接者有榆次,解州有解榆,古亦为榆州。《博物志》记载:"榆州孤而无使,曲沃伐之而亡""国亡而社存,故称榆社"。

　　长治市:曾为赤狄铎辰氏占据,晋景公七年被晋国灭。

　　武乡县:曾为柱公孙(庆甲子)赤狄甲氏之领地。晋景公七年被晋国灭。

　　皋落镇:位于今垣曲县东南5公里处。春秋时期赤狄别族皋落氏居于此,故名。《左传》记载"晋侯(献公)使太子申生伐东山皋落氏",灭之。

　　屯留县:春秋初期为赤狄留吁国和茅戎的徐吾氏所居。晋景公七年,晋将率军灭赤狄的甲氏及留吁、铎辰等,这一带并入晋国势力范围。

壶关县:黄帝封榆罔于"潞"的领地之一,曾为炎帝八世榆罔子系长狄和白狄所居。后被炎帝支系后裔蚩尤族攻占,至商朝为黎国属地。春秋时被赤狄潞氏攻占,晋景公六年,晋大夫荀林父率军灭潞,归晋。

晋城:周时为赤狄族铎辰国占据,后被晋景公派大夫隋会率军攻占,归晋。

高平市:春秋时曾沦于戎狄辰放氏,为辰米国,后被晋灭。今陈堡镇相传为部族遗址。

陵川县:春秋时期曾为赤狄陵泽占据。毕氏《四州文献》记载:"陵泽隗姓国,即陵子寿胡也,今陵川"。春秋时期,晋献公多次于此地讨伐狄人并攻占。

吉县:夏至周,赤狄一支啬咨如国占据,后被晋国灭。

春秋时期,山西上党地区的炎帝后裔族系在数十年内相继被晋国所灭。

姜姓后裔山西分布

姜姓炎帝神农氏族后世在山西各地的分布流向归纳如下:

方雷与方国。神农榆罔与黄帝联盟打败蚩尤。时榆罔之子名雷,加入黄帝联盟,为黄帝左相,随黄帝伐蚩尤有功,封于方山(汾阳县一带)。夏商时方国仍为大邦。甲骨文记载,方国常侵扰商朝及属国缶、俞、唐。缶即陶,与唐皆为陶唐后裔,俞即榆罔后裔,居河东一带。方国逐渐南迁中条山一带,故雷首山一名方山。商王武丁派兵伐方国未能获胜,后方国为商之属国。周初武王、成王都曾讨伐方国,终使其降服并向周王朝贡。《周书》记载"方扬以皇鸟",方扬为方国之君,周王大会诸侯时,方扬向周天子进贡雌凤凰。

炎帝后裔有烈山氏,烈或作列、历、郦、赖等。一支迁于介休之烈山(即介山),后散处晋南各地,洪洞西、永济、垣曲均有历山,史称"舜耕历山"。因此汾水中下游分布着许多姜姓部落方国,晋中姜戎,洪洞县明姜村,解县姜村等。

灵山与巫咸。炎帝之孙灵契(㤵),传为上古巫史,自炎黄至殷中宗千余年皆称巫咸,为世系名号,《山海经》记载灵山有十巫。巫咸迁河东。黄帝与蚩尤战时,灵契族支持蚩尤。万荣汾阴、蒲坂襄山均为灵人居地。黄帝与炎帝争战涿鹿时,巫咸筮后卜曰"果哉而有咎",意为能获胜然而亦有凶险。《世本》宋衷注:巫咸以鸿术为帝尧医。到殷商时,巫贤为贤臣。《竹书纪年》记载"商祖乙三年,命卿士贤",贤即巫咸之子。《大清一统志》记载"殷巫咸墓、巫贤墓,在夏县东五里,巫咸山下"。

四岳与太岳。炎帝后裔共工氏重孙伯夷,为颛顼帝师,虞舜时为秩宗,主三礼,即尧时的四岳。汉经学家郑玄曰"四岳,四时官,主方岳之事",即尧时主持祀四岳之事。四岳部族居太岳山,故称太岳。

吕国的迁徙。四岳部由陕入晋,"虞夏之际,封于吕",即吕梁山。尧舜之时,吕氏族人迁太岳山。《元和郡县志》记载:永安有吕乡。今霍州西南十里有吕乡、吕阪。尧都平阳,以霍山为太岳,"太岳"祀之,后又任太岳为四岳。四岳伯夷佐禹治水有功,祭祀岳神。"太岳袭吕,余为申许"。吕侯长子袭父封,以国为氏称吕氏,次子以官为氏称岳氏。殷周之际,吕氏助武王灭商,其中吕尚功勋卓著封齐侯(今山东)。周王曾命吕侯——吕他伐越戏方,命吕侯作《吕刑》,成为我国古代最著名的法典,历史价值堪与巴比伦《汉谟拉比法典》相媲美。周王以吕侯为司寇之卿,位居三公之一,"周穆王以吕侯为相"。吕尚即姜尚、姜太公。

后世称姜、梁、申、许、箕。四岳后裔一支建梁国(善建桥梁),梁山在离石县东北,梁国在今汾阳,亦为秩宗伯夷之裔。炎帝裔四岳部在晋西山区建立吕国和梁国,后称吕梁山,有吕梁湖,梁国后裔迁徙各地,临汾有高梁,翼城有南梁、解县有解梁,长子有梁山梁水,潞城有曲梁城。

四岳后裔一支建申国(岳阴一带),助周武王伐纣有功,封伯国,与吕为兄弟之国。《诗·嵩高》曰:"嵩高维岳,骏极于天,维岳降神,生甫(吕)及申,维申及甫,维周之翰。"申、吕都是捍卫周天子宗主国的重要封国。申伯与周王室结亲,申后生子为宣王,宣王命王舅申伯镇守南国,封侯于谢(信阳)。留晋中之申人后称申戎或羌戎,宣王伐之不克。姜戎南迁于晋之南鄙,曾与晋人同击秦军,即《左传》记载晋国及"羌戎败秦师于崤"。秦汉以后羌人西迁,今平遥有羌城,赵城明羌镇,盂县羌贾村、解县姜村等。

四岳后裔还有许、箕。由陕入晋,散居各地,今蒲县、太谷、左权、平陆等县都有箕山、箕城。炎帝时夙沙氏叛,箕文(夙沙氏臣)谏不听被杀,夙沙氏煮海为盐,居运城盐池一带。《元和郡县志》载:左权县箕山上有许由冢,唐初置箕州,洪洞县有九箕山、洗耳泉。临汾城北康庄涝河段也称洗耳河,有尧访许由民间传说。

后土句龙。炎帝后裔共工生后土。帝颛顼时,"举以为土正,天下赖其功,尧祠以为社",奉祀为社神。后土原名句龙。东迁后居于猗氏、绛州一带。《国语·鲁语》记载:"共工氏之伯九有也,其子曰后土,能平九土,故祀以为社。"九有即九州岛,伯即霸,即称霸中原。句龙为该族的图腾,勹形如盘龙,勹内加日为旬,即以旬记日。临猗西南、解县西北有郇城,新绛县西有荀城,应即句龙氏之遗族(《炎黄源流史》)。

汾阴(万荣县)的一个土丘,史称脽上或魏脽。黄帝时开始设坛祭祀后土,汉文帝时建后土庙,武帝置后土祠,并亲往拜祭如上帝礼。汉元鼎元年(前116)汾阴巫锦在此建民祠,掘土得一大鼎,周八尺一寸,高三尺六寸,与众鼎不同,以为祥瑞,迎之甘泉官,藏之帝廷。武帝东幸汾阴,亲祠后土,三年一次,凡五次。后土族后裔一支以土为氏,居于今石楼一带,商代称土方,汉为侯国,晋设吐京,后魏置吐京郡,隋改为石楼县,土族西迁入藏称吐蕃、土伯特。

伯夷、叔齐。四岳之裔有孤竹氏。以竹为瓠亦称瓠竹。东迁入晋,临猗县北五十里有孤山,山北古城疑即孤竹城,其南为首阳山。《史记》记载夷齐故事,山上有庙有碑,夷、齐兄弟乃孤竹君之二子,皆让国出奔,谏阻武王伐纣不听,义不食周粟,饿死于首阳山,孤竹国后迁卢龙,一支徙西南建夜郎国。

姜、齐、蒲、柴。姜氏之后有古蒲氏,建蒲子城(隰县东北四十里),蒲伊传为古代之高士贤人,隐蒲子山,尧亲往拜访。汉置蒲县。蒲人后迁河东中条山,故雷首山亦称蒲山,山下汉置蒲坂县。蒲山、蒲川、蒲谷、蒲城、蒲州、蒲县均蒲人居住地。

姜齐的一支为柴氏。《太平环宇记》记载:晋州郡六姓之首为柴氏,襄汾有柴庄,古称柴壁。唐高祖之女平阳公主嫁临汾柴绍为妻,官至骁卫大将军,封爵霍国公。

缙云、赤狄。炎帝裔缙云氏,黄帝时以云为官,其任夏官缙云,赐姓酉,封涿鹿新郑大隗氏,后裔以缙云为氏,缙初为晋,当与晋水晋地有关。其初居之地必在平阳之晋水一带。尧舜时"缙云氏有不才子,贪于饮食,冒于货贿,天下谓之饕餮,天下恶之,比之三凶"。舜流四凶族,"迁于四裔,以御魑魅"。今浙江括州有缙云县,当为其后裔徙迁之地。

炎帝裔"揉木为耒",古以火焙、手揉之法为赤制,故其民称赤氏。赤松子号为仙人,为黄帝师。赤氏族人入晋,今孝义县曾置赤谷县,太原有赤唐关,盂县古有赤狄仇由之国,春秋战国之际,"智伯以钟遗仇由,赤将蔓枝(仇由臣)谏令不受",为智伯所灭。赤狄之"甲父氏,古诸侯国,以国为氏,因以为姓,高平县东南有甲父亭,即其地(《古今姓氏书辩证》)"。甲氏先分布于沁县一带,后为晋所逼,东迁河北,为赤狄甲氏,后为晋国所灭。

卯、午、辰氏。炎帝裔共工氏噎鸣,首先发现木星 12 年运行一周天的规律,今日可称著名天文学家,他的儿孙以十二地支为氏。其中以卯为氏者,以柳为图腾,称柳人。初居于吕梁柳林镇一带,后一支迁晋南,居夏县东南十五里中条山内柳山林谷,垣曲县有柳庄隘;一支迁入晋中,太原有柳子峪,太原县东南三十里有柳林,五代唐筑坛于此。"卯为刘之原字",相传尧之长子监明早卒,其子式封于刘,今临汾东有伯王刘村。噎鸣之子以午为氏者,东迁入晋,居吉县大宁一带,吉县东北 60 里。《太平记》记载"隰州大宁县,后魏太武帝于今县东南 60 里置仵城县",今为午城镇,以酿酒闻名。魏末西山动乱,午人流徙,于临汾侨置伍城、北伍城郡,或即今伍级、伍默。

炎帝姜姓之裔，以辰为氏者，晋东南有铎辰。辰古为农器，"摩蜃而耨"，故农、辱、蓐、耨等皆有辰字形。帝喾之裔实沈居于大夏，"沈、姒、蓐、黄、实守其祀"，其蓐国当为蓐收后裔故地，颛顼时为"金正"曰蓐收。蓐国当与辰氏有关。

我们由此能够得出结论，有着黍稷种植传统即炎帝神农氏农耕传统的姜氏、戎狄、九黎等部族、氏族，他们共同尊崇炎帝神农氏，即使有战争和迁徙，这种传统也会随之传播与弘扬，直至整个中华民族共同认祖归宗为炎黄子孙。

国的演变

秦以前的"中国"，只是一个不带政治含义的地理名词。《吕氏春秋》记载："两河之间为冀州，晋也。"两河，是指黄河中游的一段，其南流至风陵渡晋陕间的一段为西河；再向东经豫北、晋南一段为南河；再转折自南向北纵贯今河北中部稍偏西古河道为东河。黄河至天津附近入海。冀州即西河与东河之间的晋地即今山西省。因为黄河环绕，也称"河内"。《禹贡正义》进一步描述为"明西河之东，东河之西，南河之北，为冀州之境也"。显然，"西河""南河""东河"这种表达方式，始终是立足冀州即今山西省南部一带来描述，正是尧、舜、禹建都山西的立足点。

冀州得名，源于夏商时代晋南有个冀州。《禹贡辩》记载"晋地有冀，秦地有雍，则是冀、雍以地名州"。《水经注》记载"汾水又过冀亭南……京相璠曰：'今河东皮氏县有冀亭，古之冀国所都也'"。皮氏即今河津市。古冀国被晋国灭后成为晋地，故"晋地有冀"。《吕氏春秋》记载"两河之间为冀州，晋也"。这个历史渊源与今日想当然地认为河北省为冀州完全不同。

《山海经》注"'冀州，中土也'，故曰中冀"，"中冀，即冀州之野"。这就是冀州又称中冀的由来。黄帝擒杀蚩尤的"冀州之野"或"中冀"即指晋南地区。故《左传》载孔子引《夏书》曰"惟彼陶唐，帅彼天常，有此冀方"。

"中国"的名称到西周时演变为为京师附近，相对于东西南北四方而如此称谓，春秋战国时泛指黄河中下游一带，又称中原。故有些国家属于"中国"，如晋（韩、魏）、鲁、宋、郑；有些国家属于四方蛮夷，如秦、楚、吴、越、燕、中山、巴、蜀；有些国家则地跨"中国"与夷狄之间，如赵、齐。

从"国"的演变可以看出，最初的"国"就是诸侯，《通典》记载："黄帝，方制万里，为万国，各百里。"虽然称作"国"，彰显的内涵还是"诸侯"。如西伯戡黎，周文王武力平定的是黎侯之国。下一年伐邘，也是征伐鄂侯的邘国。

到了春秋战国时期，同样称作"国"，同样还是周王朝的诸侯，彰显的内涵却已经是独立自主的"国"，诸侯只是一个名义而已。韩赵魏三家分晋，自立为国已经既成事实，请封为侯，还送上礼物，周天子不得不封侯。这时"国"是主体，请立为侯只是要个虚名而已。那么，居羊头岭上的黎侯国，显然属于早期的黎侯之国，与黎侯相关的历史文化内涵，只是他最初的从属，"这些全是黎氏之地，蚩尤的领土"。

国的形态演变最为剧烈的是绵延八百多年的周帝国。

周文王去世，周武王即位，发兵征讨殷商纣王得天下，封国达一千多个。进入春秋时代，因不断发生兼并，后来只剩约十分之一，即一百多个。到了战国时代，大国就只有秦、齐、楚、燕、韩、赵、魏"七雄"。

春秋战国时期的诸侯各国，规格低于"天子之国"，但各诸侯自立门户，各自为政，内政、外交、军事、经济、文化、习俗等皆由自己当家作主。东周王朝所能做的，仅仅是号召出兵、册封诸侯、收取进贡（还常常收不到）。虽仍是"天子之国"，国王代代相传，历数百年，然而与西周王朝早已不能等同而语，地域狭窄仅有一个"王畿之地"，一个越来越徒有其名的朝廷，一座供放着九鼎亦即"社稷"象征的庙宇。这个王畿之地，还是诸侯们恩赐给它的一块保留地。

一些国家在相互兼并中势力大增，便不把周天子放在眼里，甚至出现"问鼎"的故事，询问鼎的重量，野心已经按捺不住，直至重演伐夏、伐商的故事，直接出兵攻打王朝。

长平关战役四年后，秦国的虎狼之师再度攻击韩、赵两国时，穿过洛阳古老的周王国领土，如入无人之境。周王国最后一位国王姬延，赫然震怒，亲自号召各国恢复早已无人再谈的合纵对抗盟约，组织讨伐秦国的国际联军。周王国的命脉不绝如缕，既小又穷，连神圣不可侵犯的九鼎，都熔化了卖掉过日子。如今竟去碰撞人人畏惧的侵略大军。

姬延好不容易招募了五六千人，又苦无粮饷，只有向地主富商借贷，约定胜利凯旋时用战利品奉还。到了约定的时间，只有楚、燕二国派遣了军队赴约，当他们突然发现再没有其它国家军队时，就惊惶地全部撤退。周王国那五六千人的乌合之众，当然不能单独行动，热闹了一阵只好解散。既没有战利品，也无法还债。债权人日夜追索，姬延无法应付，就躲在一个高台之上，不敢与人见面。但他这种儿戏举动，秦国听到后大不高兴。派出一支军队到洛阳，把姬延捉住，废为平民。这个立国八百七十九年，被儒家学派赞不绝口的周王朝，在没有一声叹息中灭亡。

当"天子之国"向秦国大军投降时，仅有邑三十六，人口三万。周制"九夫为井，四井为邑，四邑为丘，四丘为甸，四甸为县，四县为都"，其统辖区域远不足一个县，有"中央"无地方，有"天子"无子民。

历史十 两个炎帝陵

这是一个由来已久的议题。

流传至今历代载入祀典祭祀的炎帝陵,天下有两处,山西高平为其一,湖南茶陵为其一。

炎帝神农氏远祖,怎会相隔两千余里身葬两处?若有孰是孰非,又怎会同为"炎帝陵"?二者之间到底有什么内在关系?

本书通篇论证高平炎帝陵与大片遗迹群的历史,这方面自不必多说。那么,湖南炎帝陵情况又怎样呢?半东明程原生 2012 年亲赴湖南考查基本理清。

湖南炎帝陵

南宋孝宗时代学者罗泌著《路史》47 卷。《路史》即"大史"之意,记述了上古"三皇五帝"以来有关历史、地理、风俗、氏族等方面的传说和史事,文章华丽富于考证,取材繁博言之成理,是记载中国神话历史时期的集大成之作。从罗泌的著作宗旨看来,对孔子"删书"断自唐尧,忽略远古史的传统深表惋惜。故此书之丰富内容,对远古史是一个重要的补阙。

《路史》对炎帝神农氏族,有着比一般古籍文献更为详尽的,关于氏族系统来龙去脉的记载,几乎构成这方面独有的特点。其中对"黄帝后姜姓国",即轩辕黄帝主政后,炎帝神农氏族所属姜姓国流向记载之有关的部分尤为独到。其主要部分为:

氏人:山海经云,炎帝孙灵恝生氏人为氏国。

庸咎:杜例云赤狄别种。

皋落:杜例赤狄别种,盟会图疏云:在潞州,今绛之垣曲县西北六十故皋落城是,世曰倚薄。

赤狄:隗姓(赤狄潞氏皆隗姓),故上党地,今洺州地。

路:参卢后,春秋之潞子,都曲梁(即鸡泽、洺州鸡泽县)。周置潞州,今之潞城。汉故县,亦作路,有潞水(并之浸)、潞子庙。

隗氏:《山海经》有员神隗氏,春秋隗氏之地。

潞:齐邑。昔鲍子及潞者,一云土军县,今有地曰潞,汉之东露,而幽之潞县,亦有潞水(即潞河、露河也)。知后代之承袭,尤殷商楚郢所至以为名也。

甲氏：潞氏属晋，灭之（宣公十五年荀林父灭赤狄潞氏。十六年灭赤狄甲氏及留吁，皆潞之属。杜云：上党只潞城县东有古城，潞氏之国也）。

留吁：潞氏属（亦灭于晋）。屯留故城南，即故留吁国也，与潞俱附中国（水经第十卷一名戎，屯与潞俱附中国），为赤部胡（索隐春秋地名云潞氏，今曰赤部胡）。

露：参卢之封茶陵露水乡，有露水山。予访炎陵，稽其始封，字亦作潞，盖商周间衍于河东北尔。

向：向姜国，今河阳西北三十五有向城。郦元云，轵南四十五有向城（轵故城在济源，地名向上，寰宇记在怀之河内西北二十七），璠预皆以河内轵西有向而无城，疑为苏田。按纪年，郑侯使韩辰归晋阳向二月城阳向（更名阳为河，向为高平）……。

随：随侯炎裔（得蚰珠者）。故李白云：汉东之国，神农之后，季梁为大贤，而世以为姬姓（详周后国）。

黑齿：姜姓。山海经黑齿之国，帝俊生其中宜梁竟。

小颢：参卢命蚩尤宇此。今安邑有蚩尤城宜是。

黄帝……戮蚩尤于中冀，于是炎帝诸侯咸进委命，乃即帝位，都彭城。

鲁宣公十五年书晋师灭赤狄潞氏以潞子婴儿归。明年书晋人灭赤狄甲氏及留吁……潞子之夫人晋景公之姊也……潞氏甲氏，盖亦先王之世渐流于狄而非狄之出也……晋之不能仁义御于为夺易绝人之世也。神农之姚，在于茶陵。而潞水之乡潞水之山若诸潞之名，遍于茶陵攸邑潭衡之境，益以是知诸露之始有在于此，殷周之代衍出幽冀上党之郊尔。书其爵土又书其名氏又别其种族，徒以见盛衰之不常，其重绝先王之世也。

无关者略去，有关者摘录，仅此也洋洋洒洒，极为详尽，无愧"大史"之作。

"姚"为墓地的界域，《路史》记载之"姚""所葬代云衣冠"，非实际丧葬处，只是纪念性衣冠冢。且为"（宋）太祖抚运，梦感见帝，于是驰节覆求，得诸南方"，因此有了湖南酃县炎帝陵庙，建于北宋乾德五年（酃县自茶陵东南部划分出来，茶陵后改茶陵）。此事发生于长治百谷山炎帝庙一次有记载之重修394年后，属上党地区历代延续炎帝祭祀历史上，曾风闻的一件南方的故事。

据明万历四十八年（1620年）吴道南撰碑记记载，宋太祖诏钦差至湖南寻访炎帝陵未找到，后梦一神指点，将茶陵一处指认为陵址，修庙祭祀。南宋罗泌所撰《路史》记载与此完全一致，同样记载为"衣冠"冢，而非实际丧葬处。作于宋太宗时期的地理名著《太平寰宇记》，和南宋《方舆胜览》，均未记载茶陵有炎帝陵，可见对炎帝神农氏故去四千年后，宋太祖再来如此"指认"未予采信。

《路史》虽有关酃县茶陵军（郡）有露水乡、露水山的记载，但明确考证"路，露也,是后繁之河之北东,商周别于赤白之狄",以历史源流发展脉络,系统地证明了露氏来自晋东南上党地区。其中的注释——《姓纂》记载:"路——地,炎帝之后,黄帝封其与子于潞,春秋时潞子婴儿,子孙以路为氏。"《后汉书》记载:"犬戎,盘瓠之后也,今长沙武林之郡太半是也。"唐宋时期的这个"注",能够说明是北方戎、狄氏族迁徙到长沙地区。

从字源上看,湖南炎帝陵所在地先后称"荼""酂""茶",几个关键字在甲骨文、金文中均不存在,可见无古地名。而"茗"、"荼"、"茶"为茶叶不同生长阶段采摘的名称,与炎帝神农氏并不直接关联。

高平炎帝陵

由《路史》的记载可知,潞氏历代繁衍于冀州(今山西省)、幽州(今河北省),都在黄河以北,并特别指出在"上党之郊"。这与《山海经》记载炎帝之女化作精卫于发鸠山完全吻合。

关于南北两个炎帝陵,这段《路史》摘录最关键的三段为:

1. 神农之姚,在于茶陵……殷周之代,衍出幽冀上党之郊尔。

2. 露……字亦作潞,盖商周间衍于河东北尔。

3. 潞:齐邑……今有地曰潞,汉之东露,而幽之潞县……知后代之承袭,尤殷商楚郢所至以为名也。

1.2 两段阐述极为明确,湖南炎帝神农氏族,为商周时代来自山西上党。

今人对其中"河东北"是哪条河多有疑问,这在古代却是常识。古籍文献中凡出现"河"均为黄河,其支流均为"水",如泾水、渭水、洛水、汾水等等,今人逐渐改称泾河、渭河、洛河、汾河等,"河"与"水"明确区分的传统反而失落。(古籍文献中凡出现"江"均为长江,支流均为"某江",如岷江、乌江、嘉陵江等。这与黄河区分支流的表达模式相同)。再来说"河东北"就容易理解了。

中国古代中原文化集中于以风陵渡为中心点,200公里为半径的圆周内,那么上党地区当然就在黄河北偏东方向了。至于今黄河上游与下游地区,上古时均不在当时的"中原"范围。

关于"衍出幽冀上党之郊尔",这个"衍"字,是"行"字中间加"氵"。"行"字的古字形是一个岔路口的象形字,中间加"氵"表示水流淌而去,组词如繁衍、衍生等。那么"衍出幽冀上党之郊尔",就是由"幽冀上党之郊"流动出去的人口之意。

因此,湖南"神农之姚,在于茶陵……殷周之代,衍出幽冀上党之郊尔",这段记载已经非常明确浅显:茶陵的"神农"坟墓,于"商周"时代,由"幽冀上党之郊","衍出"而去。

应该特别注意第3段,说明齐国有个叫"潞"的地方,显然与上党之"潞"一脉相承。而那里在汉朝称"东露",既称"东露",那么"东"是相对于西边的什么地方呢?幽州的西边,只有并州的山西,也就是只有上党之"潞"了。而所以得名,就如同商与周那个时代在楚国郢那个地方,因有"路"或"潞"的部落群体迁徙到达而得名"露"一样,齐国那里也因为有"潞"的部落群体到达而得名"潞"。汉朝记载了与上党之"潞"的区别,称"东露"。这一段还特别对一些古地名之得名的方式做了分析并举例说明,体现了一种重要的思想方法源流。

按字源分析,《路史》记载"露水山"为"潞水山",是上党衍出的文化印记。而甲骨文、金文均无"露"与"潞",显然是秦汉时对汉字加偏旁部首分类后,为区别而分别采用的字。对最原始的"路"字,《路史》特别记载"路:参卢后,春秋之潞子,都曲梁。周置潞州,今之潞城。汉故县,亦作路,有潞水(并之浸)、潞子庙",明确源头在上党。可见,南宋《路史》对"路"的源头已经做了分析与结论。

对《路史》这一段的分析还不止于此,上党"潞"的氏族部落向南方迁徙的时间又得到另一个证明。

神农氏族南迁

《路史》记载的炎帝神农氏族"衍出上党"至湖南的时间为"商周间",与《广东新语》记载周夷王八年北人南迁带去"五羊"与"黍稷"的精确时间吻合。

那么,为什么商周时期炎帝神农氏族的后裔要南迁呢?

举族南迁,一定有不得不南迁的原因。

进入商代以后,商朝东夷各族诸侯屡屡征伐姜、姬姓诸侯国。武丁在位期间,不断对西面的羌方、南面的虎方、东面的夷方、北面的鬼方进行征伐。《易卦爻辞》记载:"高宗(武丁)伐鬼方,三年克之"。此外,土方、吕方、苦方、龙方、马方、蜀方、盂方、人方、荆楚、周族等小国也经常遭到商的攻击,据《殷墟书契考释》所辑卜辞统计,商伐苦方就达二十六次。

例如甲骨文记载对□方作战使用的兵力,有时三千,有时五千;羌方一直是征伐的对象,最多时一次出兵三万人,一次杀伐可达二千六百五十六人,其中一次俘获的最大数目是三万人。据殷墟卜辞记载,武丁的配偶妇好还亲自率兵征伐羌方。除了"伐羌",卜辞中还多用"获羌"、"用羌"的记载,即抓获了羌人的俘虏并用作人祭的牺牲,有时一次殉葬上千羌(姜)人。

其中有一片甲骨卜辞记载:"贞:戊获羌? 不其获羌? 贞:戊不其获羌"? 这是在问:戊能擒获羌人罢? 不能擒获羌人吗? 戊不能擒获羌人吗?

另一片甲骨记载"乙巳卜,宾贞:三羌用于祖乙"。这是记载的乙巳日占卜,卜人"宾"询问:"是否杀三个羌人用祭于祖乙?"

还有一片甲骨记载"癸丑卜,贞:小示,□(有)羌?贞:勿□(有)羌?二月"。这是癸丑日的一次占卜,问:"祭小宗时,要侑祭以羌人吗?"问:"不要侑祭以羌人吗?在二月。"

《大誓》记载周武王的誓词"纣有亿兆夷人",所谓"亿兆夷人",就是纣在征夷方战争中获得的俘虏。牧野之战,纣王一次武装十七万(一说七十万)奴隶,证明武王誓词的真实性。专家曾对殷墟祭祀坑出土的人头骨作过科学鉴定,认为牲人的人种不是单一的,他们中有蒙古人种主干下类似现代的北亚、东亚、南亚各种系,这说明牲人来自不同地区的不同民族,他们是殷商四邻的异族战俘。

周王朝建立以后,战争较多地记录到简册之中,"三十九年,战于千亩,王师败绩于姜氏之戎",这样的故事还在不断延续。

《竹书纪年》记载"夷王衰弱,荒服不朝,乃命虢公帅六师,伐太原之戎,至于俞泉,获马千匹……周宣王……后五年……后二年,晋人败北戎于汾隰,戎人灭姜侯之邑"(亦见《后汉书·西羌传》)。

《路史》记载:"鲁宣公十五年,书晋师灭赤狄潞氏以潞子婴儿归。明年书晋人灭赤狄甲氏及留吁……潞氏甲氏,盖亦先王之世渐流于狄而非狄之出也……潞子之夫人晋景公之姊也。据传之说,酆舒为政煞之,则酆舒者罪矣。晋之致伐,则执酆舒戮之,立黎侯安潞,子纪其政而还,则诸戎至矣。而顾灭其国执其君哉,踵是以降,伐廧咎如,败狄于交刚、于太原一,皆晋人有以见晋之不能仁义,御于为夺易绝人之世也。"

《羊头山新记》对此作了总结:"潞子婴儿娶晋景公之姊伯姬为夫人。其臣酆舒专政,虐伯姬而杀之。鲁宣公十五年夏六月,晋荀林父帅师灭潞。事载《左传》。今潞城县东北四十里,有古潞城,即其国也。其国至神农冢一百六十里,此为先茔。"

《水经注》记载"书晋荀吴帅师败狄于大卤",大卤即今太原市一带。周朝的晋国诸侯对姜羌戎狄的不断攻击,致使姜羌氏族后裔难以立足。

表现在文化观念上:《礼记》记载"是故厉山氏之有天下也,其子曰农,能植百谷,夏之衰也。周弃继之,故祀以为稷";《左传》"昭公二十九年:稷,田正也。有烈山氏之子曰柱,自夏以上礼之。周弃亦为稷,自商以来祀之"。可见为炎黄氏族后裔的夏朝失政衰落之后,商、周开始祭祀自己氏族的农神,不再祭祀姜羌神农氏族的神农氏。

姜羌氏族后世的生存处境如此艰难,祭祀宗主之文化内涵也被取代,那么发生在商周期间的炎帝神农氏族后裔南迁,就是别无选择、历史的必然了。

按照夏商周断代工程年表推算,周夷王姬燮即位于公元前893年,至今约

2903 年。这就说明，炎帝神农氏族于轩辕黄帝之后继续在山西存在了 2000 多年，到周朝周夷王那个时期开始南迁，炎帝神农氏族才开始在湖南出现踪迹，脉络比较清楚。

虽然先秦以来的史籍上，曾出现过"路人供大竹"的记载，也只能是八世榆罔的后裔露氏（路氏）、庆甲等支系部落可能到达湖南的记载，当地为追念炎帝榆罔设立虚冢以祭祀。但说榆罔落足过湖南，尚无证据。因此，湖南学者罗立洲在其著作《神农论》中指出："……但要神农本人再到湖南，显然是不可能的。故说炎帝神农氏之来湖南只可能是其部族后裔的一部分，经两千年繁衍迁移而来湖南的。"此说与"周夷王时南迁"时间相合，观点颇为中肯。

《神农论》还指出："我认为这里的神农氏，不是开创者的神农氏……有的学者认为炎帝陵为神农后裔立的纪念性的墓。宋罗泌云：'古圣王久于其位，恩沾于俅禹，泽及于牛马，赴格之日，殊方异域，无不为位而建坟土至其哀敬'，就是说，古代有大功绩的圣王，后世子孙崇仰他，怀念他，故到哪里，就在哪里立坟敬祀，不必本人真葬其地。"

湖南学者何光岳先生，是全国著名的炎黄学者之一，从事炎黄文化研究 40 余年，著有 70 余万字的《炎黄源流史》。何先生针对罗泌在《路史》中引用炎帝诞生于今湖北随州市厉山乡的说法，认为："神农氏只能在一个地方诞生，而另一个地方诞生，无疑是后裔，也袭神农氏。隋县厉乡神农氏诞生地，当系榆罔南迁后的一个后裔。这一族人还有继续南迁。周初，兵力达至江汉，周分封亲族……于江汉之间，才迫使这支部落继续南迁至湖南。酃县炎陵乡才出现炎帝陵。"此说显见出之有据。

在全国著名的炎帝神农氏研究者中，炎帝 154 代孙，台北姜氏宗亲会常务理事姜竹先生无疑是一个举足轻重的人物。姜竹先生出生于浙江宁波，曾是国民党军队中校军官。1950 年从舟山群岛退到台湾后，心情忧郁苦闷。为了排遣思乡之愁，遂萌发了研究家世祖先炎帝神农氏的念头。供职期间，他只能利用业余时间查找资料，退役后便投入全部精力专门研究长达 30 余年。大陆改革开放后，他多次来大陆访问，寻根祭祖。陕西宝鸡、湖北厉山，湖南酃县等凡与炎帝神农有关的古迹举办大型祭祀活动，他总是不顾年老体弱，应邀参加。此外，他还从美国、欧洲等国外图书馆，托人找到不少炎帝族谱资料，他的不少学术研究成果，在海内外享有盛誉，1995 年 3 月，姜竹被香港国际交流出版社编入《世界名人录》。

姜竹先生认为，山西是炎帝神农氏族活动的一个重要地区，"神农帝位传至榆罔失政，致引起支孙蚩尤争帝位，也皆称炎帝。经轩辕氏帮助榆罔（炎黄联盟）将蚩尤首战于阪泉，后灭于涿鹿之战（所谓蚩尤与黄帝之战，所指皆称炎帝）。战后,诸侯共举轩辕氏为黄帝,降封榆罔于潞(山西),炎帝时代才结束"。

《路史》记载的黄帝主政后,属于过去时代遗留之炎帝神农氏族属国与姓氏的、与我们正在分析的问题直接相关的分别为"路"、"潞"、"露"三个关键字。

汉字"独体为文,合体为字"。因此字意、字形相同或相近,偏旁部首组合的"部件"越多,表示逐渐出现更多的外延、区别与分类,因此常常能够说明造字的早晚。因此,从"路"、"潞"、"露"三字便可明显看出源流发展脉络应该为:"路"为主体,"潞"为分支与发展,"露"为进一步分支与发展。

以此观点对照,果然"路"的笔划最少,《路史》记载为"路:参卢后,春秋之潞子,都曲梁(即鸡泽、洺州鸡泽县)。周置潞州。今之潞城汉故县,亦作路,有潞水(并之浸)、潞子庙"。末代神农炎帝榆罔的第五个儿子为"路氏","路氏"的儿子则分为"潞氏"与"露氏"两支。故有《路史》记载的"今之潞城汉故县,亦作路,有潞水(并之浸)、潞子庙"。

周朝设置潞州即今潞城市,所在地属上党羊头山周边范围,正是神农尝百草区域。而周朝设置潞州,时间比神农时代推后了两千多年,"路"也增加"氵"偏旁演变为"潞","氵"增加的依据是由于有潞水,为并州之"浸",大水泽是其最重要特征。

而"潞"的信息在另一地出现,则说明了这个氏族发展迁徙,到达齐国即河北山东一带古土军县的地方,汉朝时地名为东露,属幽州之潞县,南宋时地名为"潞"的地方,有河流为潞水(或称潞河、露河),这就是春秋战国时鲍叔牙曾涉足之"潞"的地方。由此可知"路"的氏族分支发展为"潞"的过程,和发展到河北山东一带的发展时间段。氏族迁徙、时间推移、氏族发展又逐渐开始出现"露"的氏族分支。

汉字"露"的出现,开始主要体现为末代神农炎帝参卢(榆罔)的后代,居于初封之地直至商朝与周朝时期还在"河东北"即上党地区潞州(今潞城市)。黄河第一次改道,有史可查于周定王时期。对比《禹贡》可以看出,黄河这次改道经高唐县南,又折向北,至东露县西,会合漳水,然后下折,在今河北沧州黄骅市东流入大海。可见周定王时期,已有东露县地名,而且是漳水下游入黄河的地方。这就暗示了漳河上游部落逐水而居到达漳河下游的上古生存法则。

与上党炎帝神农氏族及郯水(郕水)紧密相关的,是山东临沂郯城县。其地为氏族社会末期东夷之地,称"炎"地。周朝封炎族首领于此,称炎国,后演化为郯国。春秋时期"郯子朝鲁"、"孔子师郯子"。

魏晋时期,作家兼医学家皇甫谧在所撰的《帝王世纪》中称"炎帝自陈营都于鲁曲阜"。唐代司马贞在《史记·补三皇本记》记载"初都陈,后居曲阜"沿袭了这个说法。但《帝王世纪纂要》作者却并不同意此说法,坚持称炎帝"其初国伊,继国耆,合称又曰伊耆氏",坚持《竹书纪年》的最初说法。但是,既然有"东露"的史实,又有得虵珠的隋侯炎裔的春秋故事典故,东露与曲阜都在山东,相去未远,"曲阜说"或许也有此由来。

到了南宋罗泌著书《路史》之际,历经四千年,参卢(榆罔)的后代早已到达湖南茶陵县露水乡、露水山一带,却没有形成大的都邑城镇,仅留山水之名,颇具流落意味。如果想去那里详细考察炎帝陵及氏族的最初分封,就必然走入《路史》所述的"露亦作'潞'"这个线索途径,舍此无它。因此,这个"露"字的演变结果,透露的是商周以后,"路"氏族部落由上党向山东、向湖南茶陵发展的历史脉络。

诸多古文献典籍对炎帝神农氏多有记载、评价和赞颂,却少有对炎帝神农氏族在轩辕黄帝主政后发展的记载。《路史》这种分门别类的系列考证、源流勾陈如此深入,因此极为可贵,无愧"大史"之称,因此成为历代炎帝神农氏研究最重要的文献之一。

山西省与湖北省之间看似隔着一个河南省,高平市与神农架的直线距离不过500公里。而湖北省与湖南省虽然接壤,神农架与茶陵县的直线距离却有750公里。因此,山西高平、湖北神农架、湖南茶陵三者之间,明显体现了神农氏族由坐主中原到转移南方的迁徙路线。

以"双法字理"汉字理论为一种思想方法,以《路史》等详实的资料为素材,就可能探索发现汉字笔划里隐藏的更多文化内涵。汉字由"路"增加"氵"字旁与"雨"字头,向"潞"与"露"的演变过程,说明"路"氏族发展迁徙到有大的河流乃至海边大水的地方山东,再发展迁徙到多雨的南方湖南的源流脉络。汉字笔划内涵的信息量只会越变化越多,以增加笔划区别之,而不可能相反。

《山海经》记载山西上党之郪水亦称郯水,说明了姜姓炎帝氏族农耕发展的辉煌时期在上党。这就完整勾划出炎帝神农氏族发展迁徙的历史全过程和总脉络,即:

一、进入中原时期:"神农氏七十世有天下"共约两千多年。最初应该来自西部,并逐渐向气候温暖的黄河中游迁徙。后来神农氏在山西上党尝百草,始创农耕烈山耕作,定居并发展以羊与牛为主的畜牧养殖,开始有姜姓炎帝之称。《山海经》记载上党郪水或称郯水为其佐证。

二、退出中原时期:轩辕黄帝主政后,炎帝神农氏族逐渐向山东、向湖北、向湖南、向广东、向云贵迁徙。各地地名及纪念性遗存为其旁证。

所有古籍文献记载基本与此发展脉络吻合。

从统计的角度来看,说炎帝神农氏在"陕西"的,侧重讲氏族发展走向;说炎帝神农氏在山西的,则全面讲述尝百草、种五谷、始创农耕、精卫填海、神农之死、陵墓所在、炎黄战争、榆罔守茔、遗迹群落等几乎囊括所有炎帝神农故事的内容;说炎帝神农氏在湖南的,仅以宋朝所建陵墓谈"崩葬长沙"。

从气候学植物学本质属性来看,《诗经·硕鼠》仅记载了"硕鼠硕鼠,无食我黍……硕鼠硕鼠,无食我麦……硕鼠硕鼠,无食我苗",未有硕鼠食稻的记载,说明直至商周时代,中原文化尚未传播到江南稻作文化区。炎帝神农氏获嘉禾发明黍稷类五谷种植,只可能发生在山西省黄土高原地区。

从社会文化价值来看,律度量衡,即累黍为尺,黍定黄钟,量具定义,权衡规范等,只能唯一地产生于山西上党羊头山。

从遗迹分布来说,只有上党地区形成了完整的炎帝族生活链。炎帝出生、成长、创业、建国、殡葬、陵庙遗迹群,都在古上党羊头山方圆百里之内。

因此,"神农氏七十世有天下"之中,尝百草始创农耕乃至辉煌发展的那一段历史,只能发生在山西上党地区。

因此,明朝郑世子朱载堉综合了诸史,特别是重点研究了《路史》,总结炎帝神农氏族后期发展的脉络源流后指出:"今之长治县,即旧上党县也。山之东南八里曰故关村,村之东二里曰换马镇,镇东南一里许,有古冢,垣址东西广六十步,南北袤百步,松柏茂密,相传为炎帝陵。有石栏、石柱存焉,盖金元物也。愚按《路史》:神农氏七十世有天下,轩辕氏兴,受炎帝参卢禅,封参卢于潞,守其先茔,以奉神农之祀。"

随后,朱载堉特别描写了炎帝神农氏族后来的境遇:"参卢之后政衰,其国浸削,至春秋时,为晋之附庸焉。无纲纪礼法,而民俗鄙陋,颇同夷狄。然以火德王,犹知尚赤,故谓之'赤狄潞氏'。"这就是自炎帝神农氏族失政直至春秋时代,炎帝神农氏族在上党地区两千年之间的发展面貌。

随后,"潞子婴儿娶晋景公之姊伯姬为夫人,其臣酆舒专政,虐伯姬而杀之。鲁宣公十五年夏六月,晋荀林父帅师灭潞",至此,姜、羌氏族主体退出上党地区。此记载与姜、羌氏族迁徙至湖南的记载"商周间衍出幽冀上党之郊耳"完全吻合。

朱载堉因此考证:"事载《左传》。今潞城县东北四十里,有古潞城,即其国也。其国至神农冢一百六十里,此为先茔,理或有之。又按:神农冢,天下有二焉。其一在湖广衡州府酃县,载于祀典,每三岁遣官祭。其一即此冢。元成宗大德九年,亦尝遣祭,禁樵采。"

1995年1月,中国中央电视台播出山西高平发现炎帝陵,日本 NHK 电视台接踵报道。湖南未观望等待,立即报请国务院批准,于同年4月改酃县为炎陵县,并每年举办盛大炎帝祭典活动。这在各地努力发展旅游经济的今日,有此敏锐的旅游经济意识,是容易理解的。

常有人论及炎帝神农氏先到哪里后到哪里。但是,如果没有获得五千年前炎帝神农氏的贴身起居行止原始记录,这种说法与判断依据何在?

还有人怀疑炎帝神农氏自陕西到山西再到湖南,一生是否跑得过来?炎帝既在湖南,为何没有发明水稻种植,却种植北方的五谷?等等,那是把一个氏族几千年的发展与一个人的事迹混淆,概念不清。

如果不能历史地、唯物地、辩证地考虑问题,这些疑问就永远没有答案。既然已知神农氏前后七十代,许多代氏族首领或许都称神农、或许都称炎帝,那么,这个氏族在中国前后迁徙发展多大范围,那必然是多少代人的长期行为,如果偏离全面地仅看作一人所为,或将几十代人的故事汇聚至一人,那是我们的思想方法出了问题。

关于尝百草、种五谷,由黍稷这类谷物的本质属性,决定了它只能是发现、栽培、推广于北方的干旱地区。炎帝神农氏既然未能始创水稻栽培,说明当时尚未在江南活动,岂有"崩葬长沙"之可能?

《博物志》中说:"榆州孤而无使,曲沃伐之而亡。"《汲冢周书》记载"昔烈山帝榆罔之后,其国为榆州。曲沃灭榆州,其社存焉,谓之榆社。地次相接者为榆次",两个地名均在今山西晋中地区,事件记载均为春秋时代。另外,榆州后设榆社县,浮山县有榆社村,临汾县有小榆乡,解州有解榆,古亦为榆州。《路史》记载"炎帝参卢,是曰榆罔,居空桑",古空桑在今河南开封南陈留镇。足见神农末代榆罔的后裔群体遍布现山西晋中、晋南乃至河南北部地区。

《路史》特别对炎帝神农氏族的后期走向,提供了历史性的关键说明:"商周间衍出幽冀上党",即商周之前,炎帝神农氏族一直在始创农耕的幽州冀州之上党地区,商周时期才衍出至湖南,《路史》载湖南"所葬代云衣冠",即是准确的说明。

且不论湖北神农架世传《黑暗传》云"神农上了羊头山",也不论《山海经》记载"神农尝五谷之所,山形象羊头",更不谈羊头山秬黍为中华文化"律度量衡"之本,仅就事理而论,炎帝神农氏在羊头山获嘉禾,其子农官"柱出兹山",蚩尤逐帝榆罔而"出羊水"。仅此,自炎帝神农氏始祖开始,八代之中即有三代明确记载在羊头山。岂有其中某一代者自己要求被千山万水抬运至长江之南蛮荒之地埋葬之理?

但是,既有"崩葬长沙"之说,就一定有其所说之原由。晋之皇甫谧《帝王世纪》称:"(炎帝)在位一百二十年而崩,葬长沙。"这是炎帝身故的最早记述。这是继承了西汉的《淮南子》记载,天下分东、南、西、北、中五帝,而"南方火也,其帝炎帝"。《淮南子》多有道家阴阳五行之说,因此不免附会。以后,东汉的《白虎通》又进一步说"炎帝者,太阳也"。或许因此缘故,炎帝似乎开始成为离广东不远的南方籍人士。

纵观中华五千年历史,三皇五帝、秦皇汉武、唐宗宋祖,无一不在中原立国安邦,故有"逐鹿中原"之说。凡去岭南,在个人多为"失意流放",在国家多为"国破流亡"如南宋、南明,或国家分裂为南北朝等,岂有一统天下而皇帝忽居南、忽居北、忽居东、忽居西之理? 我国历代国都地址乃至三皇五帝活动地区的记载,都无法证明此说。即使交通如此发达之今日,国家首脑与首都也断不会如此随意搬迁。

五帝之说源于汉代盛行的道家阴阳五行学说,一切都以"五"而划分。如天地划分为"金木水火土",金属划分为"金银铜铁锡",人体划分为"心肝脾肺肾",五味为"酸甜苦辣咸"等等。一年四季为此不得不穿凿为"秋、冬、春、夏、长夏"五季,四个方向附会为"东、西、南、北、中"五方。人间帝王因此出来个"五方五帝",难道仅有一帝在中原,其余分属东夷、西戎、南蛮、北狄轮流称帝乎? 纵向历史长河,岂能改为横向平面分布哉?

"盘古开天地","嫦娥奔月",那是先民神话时代的观念产物,现在科学时代只能将其看作"有一个美丽的传说"。"阴阳五行"学说的产生虽已脱离神话时代,却尚未进化到当今科学时代,属于过渡时代的产物,应一分为二地看待。

阴阳思想是宇宙间物质运动的普遍规律;"阴阳五行"学说作为阴阳思想的一种思维框架,其中有价值的成份很独到,但一概论之则有问题。如金属已知岂止五种,我们现在随身的器物就离不开铜、铁、铅、铝、镍、镉、镁、锰等,元素周期表上带"钅"的字就已经有64个。对应中国"金木水火土"五行学说的,是印度的"地、水、风、火"四种本原,没有听说因为缺了哪几种,印度国家就怎么样了。五行学说或有其一定意义,但随意套用,结果常常会莫名其妙。

按照五行学说的五方五帝,南方必须有一"帝"。按《路史》载"官长师事,悉以火纪,故称炎焉",男苹注释《世纪》云:以火承木,位在南方,主夏,故为炎帝。关尹告列之子,神农有炎之德者"等等。就这样,虽然炎帝神农氏在北方辛辛苦苦种黍稷五谷,但似乎应该配位南方之帝,因此就被请为"位在南方主夏",尽管从未听说他去过南方种过水稻,也未听说炎帝神农氏去南方如何播生嘉谷。

诸多古文献均有记载的炎帝神农累黍为尺、黍度黄钟,"制雅琴度瑶瑟"的音律之依据均为秬黍,地点就在《山海经》记载精卫填海所述"西山"时的立足点羊头山。《醴泉》书断云:上党羊头山嘉禾八穗,炎帝乃作《穗书》,用颁时令","《太平寰宇记》记载"羊头山在县北三十五里,《山海经》云神农尝五谷之所,山形象羊头"等等,均记载为上党羊头山。忽而炎帝成了"配位南方",洛阳种植秬黍品种尚且致"钟率失准,历象失占,孔穴乖错",不知南方何来嘉禾秬黍以度量衡? 何以确定音律? 何以颁令《穗书》?(飞机车船运送乎?)假定曾专程前往南方公干或私访时崩葬,也从未听说炎帝神农氏去南方的任何记载、事由和道理。

一个五行配位推出一堆矛盾,始终没找到任何一个自圆其说的完整说法。

详细研究《路史》记载,终于逐渐领会此中原委。

宋太祖赵匡胤陈桥兵变取得皇位,为了表示奉天承运,理应承继大统,随之遍访天下帝王陵墓,修葺维新。《路史》记载:"太祖抚运,梦感见帝,于是驰节复求,得诸南方。爰即貌祀,时序隆三献。"原来是一次"梦"遇"炎帝"以后生出的事。

对此男苹注曰:"庙在康乐乡鹿原陂上,乾德五年建。太平兴国中,将事官覆舟悍险,奏徙县南隅。庙有胡真宫殿,云帝之从臣,帝病告以当葬南方,视旗所蠹,遇蟜即止,因葬于兹。今中途蟜梁岭也,梁坑有辙迹。淳熙十三年,予请守臣刘清之奏,于陵近复置庙,乞以陵前唐兴敝寺为之,谓佛殿其中而炎帝殿乎其旁,不惟不正,而三五之时未尝有西方之教。君从之,即命军使成其事,未竟而去。"

《路史》及男苹的注果然对此事的记载较为详尽,说明赵匡胤梦中得到启示,即位第八年(967年)于鹿原陂建炎帝庙,赵光义即位之际(976年)迁至酃县以南。据庙内胡真宫殿记载,炎帝病危时,告大臣要葬于南方"蟜"的地方,后葬于此。

到南宋时的淳熙十三年(1187年),庙的住持通过官员上奏,说炎帝庙建在佛寺旁边,佛寺正而炎帝庙偏,奏请建庙于佛寺位置。佛教是外来宗教,尚且建造在先占了好的位置,炎帝庙在其后建造,也没有办法。此事获得准奏,但受命者并未执行其事。南宋时所撰《路史》表示"我宋火纪,上协神农,岂其苗裔邪",即炎帝庙建在佛寺旁边,神农似乎成为佛教中人的后裔?怎么成了这个关系?问题提的极为尖锐。

依照庙里的记载,似乎炎帝病危时要求离开始创农耕的中原所在,一定要千里迢迢葬在南方蛮荒之地,似乎没有任何道理与原由,所述难以自圆。特别是"帝病"留言,此说恰与炎帝神农氏尝百草"中毒"不治而亡相互矛盾,难以置信。而至今湖南炎陵县介绍炎帝神农氏还是尝百草中毒而亡,与此说完全不同,可见湖南历代学者对此说也未予采信。同时,宋朝距神农时代远隔四千年,何来"衣冠"?"衣冠冢"之说亦不成立。宋代建造湖南炎帝陵的存在能够说明的,只是我中华炎黄子孙对远祖的一厢追念。

一个皇帝的一个"梦"想,尚不知真假,竟引致历代对此"梦想"之延伸发挥,不乏幽默。

湖南炎帝陵源头概略如此,可见炎帝陵建于湖南,并无历史依据。至今互联网上湖南炎帝陵,还是使用高平炎帝陵碑的照片。

随州炎帝传说由来

　　轩辕黄帝统一天下后,炎帝神农氏族逐渐退出中原,除向其他方向流散之外,大批南迁。迁徙过程较为集中于商周时期,沿途必有踪迹可寻。

　　随州地处长江、汉水、淮河流域的交汇地带,东承武汉,西接襄樊,北临信阳,南达荆州,居"荆豫要冲",扼"汉襄咽喉",为"鄂北重镇"。因其地理位置之独到,三国时这一带成为诸葛亮初期辅佐刘备北拒曹魏的战略要地。那么,轩辕黄帝入主中原,炎帝神农氏族迁徙南下,这里应该留有踪迹。

　　《路史》记载"神农之姚,在于茶陵……殷周之代,衍出幽冀上党之郊尔。那么,神农氏族由上党迁徙到湖南乃至广东,必然途径湖北省。随州市厉山镇西距神农架仅 200 公里,两地的民俗风情、方言以及神农传说都大抵相似,属于和神农架相同类型的神农氏族南迁地区。

　　南宋罗泌《路史》记载:"厉(列、赖):帝之潜邦。一曰列,是曰列山,亦曰丽山,即厉山"。"潜邦"意为"龙潜"之后居所,就是炎帝神农氏族失政后所去之地。《路史》还记载:"神农井在赖山(即厉山),旧说汲一井则八井皆动,人不敢触。今惟一穴,大木旁荫,即其处立社。"

　　先秦史籍,盛行纵横、列行之说,"东西为横,南北为纵;横为列,纵为行"(如苏秦张仪合纵连横之策略),太行山南北走向故有"大行山"之称;秦岭为东西走向,古称列山。羊头山为南北走向的太行山山脉与太岳山脉之间连接的横向山脉,属"列山",由烈山垦荒而成"前望玉黍高原,后倚烈山大岭"之"烈山"。

　　山西历山在山西羊头山以西沁水县、垣曲县交界处,也是与王屋山连接的东西走向山脉,同属"列山",而且舜帝曾亲自耕作,是山西境内著名的"舜耕历山"农耕遗迹。那么轩辕黄帝得天下祭天登王屋山,见主峰"山形像王者之屋",这就直接与炎帝神农氏相关,别无其它解释了。

　　由神农氏族迁徙而先后经历的列山(秦岭山脉)、历山、烈山等,就成为相互联系的一系列山脉,统称"连山"。直至"轩辕氏兴",炎帝神农氏族后裔失政南迁,在湖北所经之处留厉山之名。

　　列山、历山、烈山、连山、厉山的读音相近,这几个"音近意连"的特有名称,完全符合"同音同意,音近意连"的汉语发音规律。如果以中原古音读出,同属入声字,读音几乎完全相同,从而透露着相近的名称概念之间相同的文化内涵与文化演变的信息。

　　随州曾出土我国年代最早的一套 65 件编钟,是我国目前出土的数量最多、重量最重、音律最齐的一套编钟。全套编钟总重量 2567 公斤。编钟上刻有关于记事、标音、律名关系的错金铭文。每件钟都能发出两个乐音,每钟双音并呈和谐的大小三度关系,其音阶相当于现代国际上通用的 C 大调。

随州曾侯乙墓出土编钟时,还发现了一种秦、汉时已失传的五弦琴,全长115 厘米,折合为三尺四寸五分,同《世本》说的炎帝神农所创"三尺六寸六分"的琴,其长度相差无几,这是个重要问题。古代能够规范十二音律,能够确定黄钟音之音高者,唯有采用高平羊头山秬黍。以"累黍为尺"进而"黍定黄钟",即横排百粒羊头山秬黍确定尺长,以其尺度之九寸律管,即可直接吹出黄钟音,古乐器之音律由此而确定。

假定随州出土是最古老的乐器,或具有最古老的音乐传统,那就一定说明它传承自山西东南部。舍此则无法精确定音并统一音律标准。

相传神农氏诞生于厉山镇九烈山神农洞,附近有古庙一座,内供伏羲氏、神农氏、轩辕氏的塑像。这显然是轩辕黄帝主政中原以后传来的历史遗迹,即轩辕黄帝主政中原在先,当地居民迁徙而来在后。

故《路史》记载:"随:随侯炎裔(得虵珠者)。故李白云:汉东之国,神农之后"。随州在汉水以东,汉东之国应即指随州一带。随的字意有"走"的字形、字意有随后、跟随之意,且甲骨文里无随字。因此,随州是炎帝神农氏族后裔所到之处比较清楚。

因此有文章指出"炎帝是以粟作农业为主的部落,活动在黄河流域的黄土地带,他们的足迹超不出粟作农业分布的范围。虽然在黄淮流域交错地区粟稻种植有交错……但那是很有限一个小的区域,可以肯定炎帝部落迁移的足迹没有跨过长江,达到今天对炎黄崇拜炽热的两湖地区……所以,两湖地区的炎帝崇拜,是后起的社会观念形态所形成的。不可能是炎帝在北方转了一个大圈后南下两湖,死于斯而葬于此的。"(《有关炎帝文化的几个问题》载《姜炎文化论》)。何光岳先生指出:"神农氏只能在一个地方诞生,而另一个地方的诞生地则无疑是他的另一个后裔,也袭称为神农氏。在随县厉乡的神农氏诞生地,当系榆罔南迁之后的一个后裔。"

那么,高平炎帝神农遗迹与随州炎帝神农遗迹的先后传承关系就已经清楚了,随州与湖南同属一类炎帝神农后裔南迁的纪念地。有高平炎帝神农氏祖陵在先,南方建陵纪念在后,赤县神州格局由此形成。

炎帝神农氏族发展脉络

炎帝神农氏时代的版图到底有多大?参照夏、商时期的版图就能作出判断。

战国名将吴起曾对魏国首任国王魏斯叙说夏朝的版图:"东有济水(发源于

太行山，注入渤海），西有华山，南有伊阙（洛阳南郊），北有羊阳阪（山西平顺东）"，疆域即现今山西、河南、陕西三省交界一带。

对于商朝的版图，吴起继续说"东有泰山，西有孟门（河南辉县西太行山关隘），南有黄河，北有恒山"，疆域即现今山西、河北、山东、河南北部一带。

因此，《史记》记载"昔三代之君，皆在河洛之间"，夏、商两个朝代的疆域尚且都没有到达秦岭淮河一线，要说远祖炎帝神农氏患病临终留言，要求越过秦岭、跨过长江葬于南方一个当时谁都不知晓的蛮荒之地，产生这个说法并敢刻上石碑，这已经需要超然的想象力和非凡的勇气。而敢于顺着这个说法往下说，也同样需要经历学术良知的考验。

"中华"、"中国诸华"是超越汉族，兼容不断内迁中原的边疆各民族之核心概念。公元300—600年，三国两晋南北朝时期，匈奴、鲜卑、羯、氐、羌等各族纷纷向中原汇聚、建立政权。中原的中心地位备受尊崇。内迁各族都表现出对中原传统的强烈认同意识。能否居中华正统，在当时成为一个政权是否能在社会舆论面前取得合法存在资格的潜在标准。因此，内迁各族所建政权均从血统、地缘及文化制度方面找到自己是圣人后代，理应居中华正统的根据。中原优越的自然地理特征造成的社会心理发展趋势，左右着几千年中华民族的人口迁徙流动。成功者不断挺进适于农耕富饶的中原地区，失落者渐次退出中原，这就是中华民族几千年的发展史。

神农氏族在很远的早期由西北进入中原，后期又由中原南迁，就实践了这个规律，不过这个过程是一段逐渐的漫长的历史。姜羌氏族自神农时代直至汉朝一直定居上党包括羊头山，"神农氏七十世有天下，轩辕氏兴，受炎帝参卢禅，封参卢于潞（上党潞城），守其先茔，以奉神农之祀"（《羊头山新记》）；"潞地，黄帝封炎帝之裔参卢（榆罔）于潞，后因以地为氏"（《姓考》）；"潞地，炎帝之后，黄帝封其与子于潞，春秋时潞子婴儿，子孙以路为氏"（《姓纂》）；"武王追思先圣王，乃褒封神农之后于焦（古陕县焦城，今三门峡陕县），黄帝之后于祝，帝尧之后于蓟，大禹之后于杞"（《史记·周本纪》）。这些记载，对我国中原的文明发展脉络都是极为重要的记录。

因炎帝神农氏居上党，因此在太行、太岳之野都有着广泛的文化遗迹和遗存。因上党地区周边重山环绕，是华北最为封闭的地方。太行山通向河北河南两省仅八陉九关，因此这里发生的故事很难外传。同时此地"居太行之巅，据天下之脊"，后世人迹罕至，从来不被人重视。古建筑就是一例，目前全国宋金以前的古建筑共161处，山西就有120处，上党独占80处，约占全国的一半。

上党地区的上古传说除了几乎所有的神话，多数被从这里迁出的人群将故事带到了新的生活区域落地生根，反而造成此地历史记载的空缺。因此除大量民间传说与民俗资料外,我们只能从方志和古籍里获得点滴信息。但也正因为封闭的地理特点,原始的东西因较少受到冲击得以保存,甚至连龙山文化时期人类所用的炊具,也可以在此地当代人的生活中找到踪影。炎帝传说与有关民俗赖以因此幸存。

关于我国各地的几处炎帝陵,山西大学学者刘毓庆先生指出:

有两点需要说明。第一是关于神农与炎帝是一人还是二人,学术界久有争论。笔者认为有两个神农氏,一是代表农业发生时代的"神农氏",一是代表神权膨胀时代的"炎帝神农氏",二者存在着继承、取代关系。故行文中合而论之,未作详细区分。第二是关于陕西、湖南炎帝陵的问题,笔者认为,这和炎帝族的迁徙有关。炎帝族是古羌人的一支,其初在大西北,本为游牧氏族。后来迁徙到山西境内,与已进入农业社会的"神农氏"融合,遂而有了"炎帝神农氏"。其后为后进的游牧部落黄帝所战败,一部分融入了黄帝部落;一部分留在大山里,在相当长的时间内一直保持着个性(甲骨文中之羌、周宣王时的姜戎氏当为其列);一部分南迁,这就有了南方的炎帝陵。宝鸡炎帝陵,疑出自夏商以后。夏商之际,在中原政治冲突中,夏人及姜姬二姓大批进入陕西境内,这样就把炎帝、黄帝的传说带到了这里。同时关中自周到唐约二千年间,多数时间是中国政治、文化的中心,为天下所关注,故上古传说最容易附会于此地,此地传说也最容易播扬四方。比如关于"姜嫄生稷"的传说,从汉儒以来,一直说在陕西武功。而著名考古学家邹衡则据实地考察武功一带原始文化遗迹,得出了一个近于严酷的结论,他非常严肃地宣布:"可以肯定地说,这个传说完全出于后人的附会。"(《夏商周考古学论文集》文物出版社 1980 年版第 342 页)钱穆《西周地理考》、王玉哲先生《中华远古史》,也对此传说作了彻底否定。炎帝在宝鸡的传说当与此同。

古地名志中记载宝鸡县有姜氏城。固然,距今 7000 年左右的姜姓氏族远祖,陕西或许也是发祥地之一,但从目前发掘出来的与此同期的典型遗址西安半坡文化来看,还处在母系氏族社会、渔猎采集阶段,农耕文化不占主导地位,显然没有进入神农尝百草的时期。而古国的出现,至少应该是在农耕文化繁荣的基础上产生,姜氏城当时只可能是一座部落聚落中心,离"古国"的标准还有差距。

可见,只有农耕的出现,才会产生群体组织和领袖,才有工具末耜为标志的类似"权杖"的出现,才有人手持长形物体的象形字"伊""尹"的产生("尹"字为右边横过来一只手,斜握一个长物)。而"伊"字恰是"伊耆氏"之"伊",并有初始之义,如"下车伊始"等。同音同义,"一"字是亿万之始,常用于农耕"春种一粒粟,秋收万颗籽",故有"一生二,二生三,三生万物"。农耕出现才导致"國"产生。

关于"初都陈后居曲阜",关于上古的古籍文献从无此记载。炎帝族如果最初由陕西穿越华夏部族聚集的黄河中游一带去山东,首先是目地何在?是被迫?被迫的原因何在?是主动迁徙?向洪水肆虐的平原发展是为了什么?

这不仅有必须杀出一条血路的问题,不论以工具(兵器)粮草为标志的战争军需,还是群体组织水准,以当时的生产力水平,政治、经济、交通条件都不可能,古、今史学者没有一个认同这一观点。

当代考古成果也证实,炎帝族尚赤(崇尚红色,这个传统传承至今),东夷族崇尚灰、褐乃至黑色。晋南和豫西交界地区发掘出土大量体现为仰韶文化时期泥质红陶、红顶碗等遗存;而在豫东、河北、山东聚落的部族,则是以灰陶与褐陶为主、少量黑陶的大汶口文化,这是太昊少昊氏族文化的主要特征。而且这种文化随着年代推移,有从豫东向河北、山东迁徙的趋势,这也从另一个方面印证了古籍中"初都陈,后居曲阜"的记载,反映的是太昊少昊氏族集团而非炎帝神农氏族。炎帝神农氏陵庙在上党,就是一个很好的佐证。

能够对炎帝神农氏陵庙作出最后结论的,应该是有着深厚的学识与真知灼见者。2005年的一篇学术会议报道,基本对此作出了结论:

山西讲"华夏文明5000年",应从炎帝始。炎帝至今5200年,黄帝4700年,尧舜至今4300年(据中国社科院历史所编制《中国历史年表》,中国社科院2002年版),炎帝族的发祥地在古上党。

去年7月,中国社科院先秦史学会在高平召开"2004年炎帝文化全国学术研讨会",来自18个省(市、自治区)的70余位专家学者,通过实地勘察,大多数人认为:在陕西宝鸡、湖北厉山、湖南茶陵,山西上党这四处炎帝文化遗存密集区,只有上党地区形成了完整的炎帝族生活链。炎帝出生、成长、创业、建国、殡葬、陵庙群,都在古上党高平县羊头山方圆百里之内。

高平羊头山之称,源于古本《山海经》,宋《太平寰宇记》卷四十四云:"高平县羊头山,在县北三十五里。《山海经》云,神农尝五谷之所,山形象羊头"。

炎帝族群靠山而居,用火来开辟耕地,进行生产和耕耘,反映了我国史前洪荒时期人类曾遭遇洪水为害的历史,这时的人类只有栖居山岭才能躲避洪水之害,火焚山草,是一种较为简便的垦荒办法。然而,炎帝族所"烈"的那个山,源于何处?有的古籍上说湖北随县(现随州市)厉山是炎帝诞生之地,然而却未能在考查民俗、传说等各类遗传系统中有新的发现,一些史学权威也多有否定之说。近年来,山西考古界在垣曲县北橄乡的枣园村发现了7000年前的农耕文化遗址,那里有火烧山灰的遗存,发现这是一支由东南50里处历山一带发源,辗转迁徙而来的原始先民。而历山地区迁徙的原始先民中,还有一支向东部阳城、沁水方向迁徙的遗迹。由此我们可以判断,说这是一支发源于历山(历山氏),因烈山而得名(烈山氏)的炎帝神农氏部落,由阳城、沁水继续向东迁徙,最后到达高平羊头山，继续用"烈山"的方式垦荒，是完全有可能的。迁徙总的方向，与炎帝神农部落由西北向东南运动的大走向一致。

著名历史学家、中华炎黄文化研究会常务副会长王俊义教授特别指出："从上述长治市、高平市一带现存有关炎帝的遗址、遗迹看，其时间之久远、范围之广阔、密度之集中、体系之完整，都令人叹为观止。我们考察组一行由于工作关系，近几年曾到过目前国内炎帝遗迹相对集中的湖南炎帝陵、湖北神农架、陕西宝鸡神农祠、各地现有炎帝遗存，都不像长治、高平如此密集。

炎帝神农氏族驰骋中原，曾经辉煌灿烂，永远成为我中华远祖骄傲的历史。他们由西北偏远挺进中原，在太行之巅开创了最初的农耕文明。他们"居太行之巅，据天下之脊"，"北拒幽燕，南瞰中原"，雄踞中原数千年。中原失意，他们又跨黄河，越长江，开辟蛮荒，继续向南传播农耕文明的火种。

南北关山万里，能够说明相互关系的，还见于长治县羊头岭一带一个颇有意味的民间传说：炎帝神农氏在羊头岭始创农耕建国后，继续尝百草疗民疾，不幸尝"断肠草"中毒身亡。炎帝神农氏牧养的六只白羊，等不到神农氏归来，日久成仙。它们经常在羊头岭西南角的羊池边吃草饮水。一天，一只小白羊跑到现在西坡村的桃林摘桃吃。桃园中的青年农夫发现小白羊把羊皮脱掉，变成一位窈窕美丽的仙女，摘了桃子就跑到了羊头岭上。

待小白羊再来时，农夫悄悄把羊皮拿走放入一眼枯井。那仙女摘了桃子却找不到自己的羊皮"神衣"不能回去，日久生情，结婚生子。恩爱夫妻无话不说，一日提起往事，丈夫透露了秘密，从枯井取出羊皮，妻子兴奋之余披在身上，结果变成山羊跑回羊头岭。丈夫携子在羊头岭炎帝神农氏住过的地方，找到了六只羊，左瞧右看无法分辨，丈夫急中生智，在儿子身上打了七七四十九棒，打的儿子哭天喊地。只见一只小白羊泪流满面地说："我已不能回去，祝愿你们父子永无饥饿"，随即摘下五谷畦的豆子送给他们。回家后，豆子放在缸里越吃越多。不料农夫娶了后妻，把缸打扫干净，从此再也没有豆子了。

相传南方灾害瘟疫，民众没有饭吃。布谷鸟巡游归来报告了炎帝神灵。炎帝神灵扮作农夫，手执六束谷穗，嘱咐仙羊到南方传播五谷。小白羊恐儿子受罪不肯离去。其余五只羊变成五位身穿不同颜色衣服的仙人，拿着六把谷穗，骑着五匹毛色各异的羊降临南方。仙人把良种谷穗留给了当地，祝曰"愿永无荒饥"，随即逝去，五匹仙羊也化为石羊。为了纪念给广州带来祝愿的仙人，广州人修建了"五仙观"。明朝时的五仙观在今广州市惠福西路，观中有仙人塑像。越秀公园修建有"五羊仙庭"，有五仙人石像，广州故称"五羊城"、"羊石城"、"仙城"、"羊城"、"穗城"。

广州在雕塑五仙人塑像时，因有六把谷穗，只好让一只领头羊多衔了一束。

值得思考的是广州本地不产谷子,谷穗何来?六束谷穗为何仅有五只羊?羊并非广州标志动物,何以羊为形象代言?南北两地相隔万里,其中联系却如此紧密,极其耐人寻味。

那只小白羊因念母子离别之情不忍心离去,炎帝神灵感其事迹,点石成金,石羊化作一颗金羊头埋在羊头岭上,这就是羊头岭的地名传说。此传说流传在羊头岭一带民间,祭神农以羊祭,而不以牛祭,可见羊与炎帝氏族的关系。

明沈思孝《晋录》记载:"晋俗勤俭,善殖利于外,即牧畜亦籍之外省。余过朗陵,见羊群过者群动以千计。一问之,则皆山以西人。冬月草枯则麾羊而南,随地就牧,直至楚中洞庭湖左右泽数度岁,春深而回。每百羊息羔若干剪毛若干,余则牧者自得之。"

山西的这种大规模牧羊方式,如同候鸟南北迁徙,冬则南下湖南,夏则返回山西,羊群始终吃鲜草。这个通畅的熟路,为古时姜姓氏族南迁湖南乃至广州,提供了路线与走向,尤其放牧的主体为——羊,恰是姜姓氏族的图腾。

二十世纪七十年代,广州曾有人来羊头岭考察,立意建庙以示纪念,此中极其意味深长。

这个意味深长的事件能够说明:

第一、广州人绝非仅凭"空穴来风"就来高平"认祖归宗"、立意出钱建庙,此事的认定必有由头。

第二、这个由头的依据是一个传说,此传说绝非今日或近代编造。否则不可能有如此精确的时间——"周夷王八年"。已知最早的文献记载见于晋代,因此五羊传说流传至少于1500年前。

第三、广州别称"羊城"并简称"穗",其标志是羊衔着谷穗。能够使这二者之间联系的,只有以羊为图腾的农耕文化始创之炎帝神农姜姓氏族,于古代为文明落后的的广州带来农耕文化,并且是广州地区历史上最重大的标志性事件。这个事件在广州已经形成几千年的深厚文化传承,广为共识,是绝非道听途说就能形成的故事。

第四、《续南越志》记载的"执六穗秬",没有对"黍为北方农作物"、"黍为多穗作物"、"秬黍为山西高平羊头山独有"之深厚的北方农耕文化了解,南方人根本不可能编造出这种传说,也没有编造的任何理由。

因此,只剩一个答案:羊头山炎帝神农氏族农耕文化由羊头山原住居民携带至广州。

十一　炎帝、黄帝、仓颉

　　炎帝神农氏族经过八代 520 年辉煌的农耕初创时期,农耕文明已经初步成形。它包含嘉谷即优良品种的世代传播普及采用,耕作工具的创造与推广应用,天文气候农时节令的掌握并对农耕的有效指导,两年三熟耕作制度的形成(春作物接冬小麦再接秋作物),食物结构的形成,粮食产量的不断提高,日中为市的市场交换形成等等。一个崭新的、以上党地区为中心的、以黄土高原与黄河流域旱作农业为特征的农耕文明社会已经形成。

　　炎帝神农氏的圣地后来怎样了呢?

　　曾寻访高平市城关镇张庄村问一位老汉:"你们村里有几座庙, 哪座庙最大"? 老汉告之:"有座最大的庙,不过那庙名字起得日怪,叫轩辕庙。"还问:"甚是个轩辕庙哩? "看来,这个老汉识文断字差点,一辈子没搞清"轩辕"是咋回事。

　　"轩"字,属于车类为"车"字旁。右边"干"象形地表示古代一种车,前边套牲口部位是单独一根向前伸长的粗木杆,可套左右两匹马。这种车近代绝迹。

　　"辕"字,也属车类为"车"字旁。右边"袁"字,是表示有围绕脖子的领口那类衣服。这个字比喻套牲口,给牲口穿戴上一套器具,如同人穿衣服一样。现在年纪大些的人差不多都见过这种马车,马车向前伸出两根辕,中间可套一匹马、骡子或牛,甚至毛驴,驭手称驾辕。古代车的前端有一个横向的扶手,称"轼",供驭手扶持,故驭手也叫"把轼",逐渐演变为"车把式"的称呼。

　　黄帝复姓公孙,因黄帝之臣造父发明了畜力拉的车,故称轩辕氏,是继农耕始祖炎帝神农氏之后的另一位中华民族的祖先。轩辕黄帝是在经历了大战蚩尤、炎黄战争之后,成为华夏民族的最高首领,人们尊称为人文初祖。

　　轩辕庙在城关镇张庄村道路旁,坐北朝南,面宽 20 米。七级石阶上是正门,正门额上原有"轩辕庙"大匾。庙两边的石阶立面,雕刻着各种浮雕图案,有双凤朝阳、人畜兴旺、双龙戏会、舞龙人等,千姿百态,石刻艺术精湛。

　　司马迁《史纪·五帝记》记载,轩辕氏在取代炎帝神农氏前名为轩辕氏,取代神农氏后被尊为轩辕黄帝。在高平人的心目中,高平是炎帝神农氏故里,以"炎帝"为名称的庙宇很多,碑刻常简称"帝"。却没有以"黄帝"取名的庙。只以轩辕氏称呼,有的碑文以"二氏"并称,而没有以"二帝"并称的。

　　《重修黄帝轩辕庙记》碑记,介绍了黄帝轩辕氏的丰功伟绩:"生长在汉水,建国在有熊,征榆冈、诛蚩尤在阪泉、涿鹿……"汉水是长江支流;有熊,即今河南新郑县。表明轩辕氏族最初活动范围在黄河流域中游与长江流域的中间地带;征榆罔、诛蚩尤,表明黄帝与炎帝八世榆罔同时代。

轩辕庙虽然是祭祀轩辕黄帝,但在高平与炎帝神农氏相比,尊崇的程度和称谓,显然有着明显差别。

《史纪·五帝纪》记载,轩辕黄帝战后"合符釜山,邑于涿鹿之阿"。"阿"字左"阝"偏旁为山坡,右边"可"为大迥转弯曲之形,加"氵"即为"河",古代特指黄河。那么"阿"即襟山带河之山西南部。"符"字,"竹"字头,说明古代传递命令征调将领用的令牌兵符多为竹制品。原始时代的符上刻有氏族图腾,双方各执一半,合之以验真伪。"合符"的传统可追溯到远古时代,引申为会盟。即轩辕黄帝在釜山与所属首领会盟,验证令符,论功行赏、分封疆土。高平以"釜山"称谓的地名有两处,一是在永禄乡与长子交接处的釜山,现名朗公山。"在县西北三十里,形如覆釜,仓颉庙建于上"(顺治版《高平县志》)。二是在高平县城西部的釜山乡,在釜山脚下。国内唯一的釜山地名,见证了黄帝轩辕氏于战争之后在高平会盟的历史。

有人认为河北涿鹿县、韩国也有"釜山"地名,到底哪个是黄帝会盟之处?

远古先民命名新的地名的传统是,部族迁徙,沿用故地的地名。即每迁徙到一个新的住址,即以原故乡的地名而命名,表示本部族又占据一块新的领地,取同名以示其为一脉。如同两晋时期五胡乱华,晋人衣冠南渡至福建,沿江而居,取名晋江,漳水流域者来定居之处为漳州,同理。

轩辕黄帝在晋南的阪泉、涿鹿战胜蚩尤。在高平釜山合符会盟后,又继续"北逐荤粥"的北伐军事行动。因而晋中、河北北部出现了很多以原会盟或作战地名命名的衍生地名。如太原市阳曲县东 40 里的阪泉山(又名罕山),山上有轩辕祠;在河北中北部涿州、涿鹿县出现涿鹿山、阪泉山、釜山等地名。这些衍生地名经考古专家证实,均为轩辕黄帝族作战地点。韩国的釜山,则表明轩辕黄帝族其中的一支远征蚩尤至那里,至今韩国每年都有社团来运城盐池寻根蚩尤祖地。考古学将内蒙辽河流域的黄帝族古迹称之为红山文化,与史籍上记载的传说相对应。

高平乃至上党是黄帝轩辕氏活动过的地区,因而轩辕庙也不止高平一处。《泽州府志》记载:阳城县刘善村也有一座轩辕庙。高平的张庄村,阳城的刘善村,都可能是留居下来的黄帝轩辕氏族后裔居住地,他们建庙以祭祀祖先。刘、张二姓,从汉字字理上讲,张为弓、长(念涨音),即弓箭部队的管理者;繁体"劉"字,由"金""刀"开"卯"合体。刘姓与张姓均应是古代战争将领之后裔。

从政治的角度来说,轩辕黄帝取代神农炎帝主政中原,在釜山会盟是一个政治仪式,借此以向各氏族即全社会宣告一个新生政权的诞生。如同历代改朝

朗公仓颉像

换代后，一定要铲除旧政权的标志，甚至毁灭旧政权的宫室，在故都城庄严宣告："××国成立了。"轩辕黄帝的这种政治行动，一定要选择炎帝神农氏的圣地进行，绝不可能"躲"到辽东半岛那边进行，那样就失去了此举的政治意义，反而给人以未敢在敌之都城立足之感。

釜山上有仓颉庙，庙名叫"朗公仓颉庙"，庙后还有仓颉墓。现存一块残碑是明成化六年的《重修玄帝庙》记事碑，另一块是明天启三年的《重修元帝庙》记事碑。当地老人告知，唐玄宗李隆基任潞州别驾时，曾到高平叩拜过仓颉庙，后登基皇位，天宝年间下了一道御旨，诏令各地为其建"生祠"。高平县令奉旨在此仓颉庙正殿前，加修了一座元（玄）帝殿，所以仓颉庙也被称作元（玄）帝庙了。

据《泽州府志》记载："釜山……上有仓颉庙，名朗公山。朗公，仓颉也"，《路史》载："史皇，神农后。盖神农已作《穗书》，书与穗相因，起今上党羊头山，神农始种五谷处，西连仓颉古庙。"《路史》记载"作《穗书》以同文颁令"。说明颁布节令是使用"穗书"的最初文字。

乾隆版《高平县志》还记载"仓颉作字，四目灵光，或以为黄帝之臣。《路史》以为史皇，神农之后。今羊头山神农始种五谷处，西建仓颉庙，乃知仓颉君天下者，非臣也"。

高平永录乡东庄村有另一座仓颉庙，正殿五大开间，纵深六椽，雕梁画栋。五十年代以前有仓颉神像，体型高大，有四目，头戴九连串珠皇冠，身着黄龙袍，殿前竖匾上写道：仓颉大帝。特别是在这座仓颉庙的山门上，有两个砖雕券池，一个刻着"受图创字"，另一个刻着"六书始祥"。

2006年大修此庙时，从墙内挖出一块小牌，牌上刻着"东庄、后河、扶市三村，因仓颉朗翁大庙大门年远，塌形踪存。众议重修大门，发明门楼……"落款为"康熙元年二月吉日"。清同治《高平县志》便记载有"羊头山神农城西连仓颉古庙"。

据永录乡扶市村村民介绍，村中最大的一座庙被称作大庙，有人称"祖师庙"，也有人称"仓颉庙"，20世纪50年代，扒掉神像作了集体粮库，一位老人回忆说，正殿塑有三尊像，中间是炎帝神农氏，左边一尊称仓颉，右边一尊是蔡伦。

这也是该村所属的釜山又名朗公山的由来。这是一个重要的文化信息。如果仅有仓颉庙，或许仅是久远的追念。而以仓颉之名为山名，则应该是上古仓颉在此地，以姓氏命地名。

河南省新乡县朗公庙镇朗公庙村的"朗公庙传说"，2009年4月被新乡市政府列入"新乡市第一批非物质文化遗产名录"。据朗公庙村出土的清雍正元年的碑刻记载，朗公庙中敬奉朗公仓颉像，村名叫做朗公庙村，至今已600多年，据传明代已有此庙。

退休干部、已是耄耋之年的岳绍文先生研究朗公仓颉文化已18年。为追溯朗公仓颉文化历史的源头，他多次从河南新乡到山西高平考查取证，追根求源。2010年6月，岳老由高平永禄乡扶市村一位村民引导，见到了一块清康熙元年二月的《重修仓颉庙记》残碑，记载了朗公即为仓颉，是汉文字的创造者，当地有朗公山，山上有旧庙遗址。

与上党炎帝神农氏族及郯水（郯水）紧密相关的，是山东临沂郯城县。其地为氏族社会末期东夷之地。太昊氏为东夷一位著名酋长，少昊氏为黄帝族向东发展的一支，与夷族杂居于此，称"炎"地，周朝封炎族首领于此，称炎国，后演化为郯国。春秋时期"郯子朝鲁"、"孔子师郯子"。至今，苍山文都峰有纪念仓颉造字的朗公寺，山名寺名均不寻常。

《左传》载："秋，郯子来朝，公与之宴。昭公问焉：少昊氏鸟名官，何故也？郯子曰：吾祖也，我知之。昔者黄帝氏以云纪，故为云师而云名；炎帝氏以火纪，故为火师而火名；共工氏以水纪，故为水师而水名；太昊氏以龙纪，故为龙师而龙名。我高祖少昊挚之立也，凤鸟适止，故纪于鸟，为鸟师而鸟名。

郯子与昭公的对话，传递了远古时代中国五大部落集团及其崇拜物的重要信息。其地域分布已被现代考古基本证实。可见《左传》《国语》关于炎帝的记述真实可信，炎帝确有其人，确属对应于上古神话传说中的人物，并确有后裔到达山东地区。这与远古洪水时期山东成为海侵洪泛区、洪水过后人口又流向山东的人口迁徙规律一致。

相传仓颉有四只眼（四目），目光锐利，能见常人所未见，古人称为"天眼"。故有学者说"当人类能够思考

永录乡仓颉古庙

的那一刻,文明诞生了"。仓颉所以又名朗公,是由于使用了他所造的字,便明事理,知天地万般造化,犹如黑暗中"良月"之明。仓颉造字之后,可使人大声"朗读",所记载事物"明朗"无疑。连山下流入丹河的河流,都名为"白水"。《水经注》记载:"丹水又南,白水注之。水出高都县故城西,所谓长平白水也。""白水"者,"明白之水"也。

半坡刻画符号

姜寨刻画符号

上古时代人们结绳记事。《说文解字》记载"神农氏结绳为治,而统其事"。结绳这种古老的方法,无论中国或外国都有案例可查,甚至有些民族至今仍在使用这种方法。《文字学》指出"文字之作,肇始于结绳",古文字中"十、廿、卅"等,就是结绳记事的孑遗。但是,结绳只能帮助记忆,或作表示某种简单事物的标记,只能作备忘的记号,不能用来表达感情或交流思想。结绳不等于文字,也不能发展成文字。

大约从伏羲氏时代开始,就已经开始采用简单的刻画符号来记事。考古学家在河南舞阳县贾湖一带发现距今8000年前刻在龟甲上的几种符号,初步确认为伏羲太昊时代的遗存。到了五千至七千年前的炎帝时代,随着农耕的发展,人类对天文、星相、农业技术等复杂事物的认识,想法乃至语言和思想,必然迫切需要更具体详细的记载。

"发现"或可能偶然为主,"创造"则一定是社会迫切需求之必然。汉字这种系统的文化结晶,必然是长期创作演进而成。炎帝神农时代产生了农耕,大量收获粮食必然建仓存储,羊头山下小东仓河、西仓河之名,即说明古有粮仓。而仓储必有保管者,保管必有进出品种数量记录,结绳记事已不可能适应,从刻划符号到文字一定会应运而生。"文明",有文字才能心明。

轩辕黄帝釜山会盟,"史官"必在左右记录历史,文献记载仓颉担任轩辕黄帝的"史官"。文字的发明是农耕发展的必然产物,也一定是会盟分封、历史记录的第一需求。仓颉既为"史官",可见已经在使用成熟的文字。那么,记录复杂事物的文字,必然是在此之前已经形成。

轩辕黄帝的史官记史之前500余年期间,正是八代炎帝神农氏时代,显然正经历产生并完善汉字系统的过程。甚至应该说,炎帝神农时代结束之际,仓颉造字已经草创初成,进入能够一般纪录的阶段。文献对于《穗书》的记载,就是一个重要证明。另一个证明是《方书》,即神农尝百草的记录,如果没有一种准确详细的记录方式,几乎不可能有汉朝将《神农本草》整理为《神农本草经》流传后世,也不会有轩辕黄帝之臣使用汉字"记史"。

从仓颉的身份来看,既是黄帝史官,却不是史官官职,而是仓库管理者之称。至今组词用作仓库的"仓"字的甲骨文字形,上边是仓库顶部的象形,下边是人向仓库内搬运米。显然,"仓颉"是世袭的仓库管理者。羊头山下小东仓河与西仓河,不仅构成羊头山古都城粮仓的证据,本身也是遗留的东、西两个古粮仓的地名信息。

到轩辕黄帝时需要"记史",而能胜任"记史"者只有仓库管理者。利用仓颉的文字记录技术直接来"记史",显然造字在此之前已经完成。仓颉作为世代相传的造字用字者,始于炎帝神农时代。故有《路史》"以为史皇,神农之后"之记载。朗公山乡政府所在地是"永录",名称也似乎与汉字记录有关。

因此,"此仓颉"必然"非彼仓颉"。山西高平是炎帝神农氏时期的"朗公仓颉",为造字远祖,汉字最早的创造者,因社会职责需求历代造字,写下了《穗书》与《神农本草》(后世成书为《神农本草经》)。宋罗泌《路史》因此记载:"史皇,神农后。神农作《穗书》,书与穗相因,起今上党羊头山,神农始种五谷处,西连仓颉古庙。乃知仓颉君天下者,非臣也。"陕西白水为轩辕黄帝时期的"侯冈仓颉",即为后继者,造字当然更趋成熟,达到实用阶段。由此,高平白水朗公仓颉造字之名流传天下,世人皆知。后世之陕西白水仓颉亦名垂青史。

从炎帝神农同时代仰韶文化出土文物来看,刻划符号已经明确产生出来。根据白双法先生对这些刻划符号的识别,认为80%已经有明确的意义指向。

学者王大有在解读了仰绍半坡村的28个陶文中,认为80%是表示粮食品种和数字的,其余有表示土地符号的,有表示年份月份以及图腾徽铭等,其中"米"字,竟与现代汉字一模一样,显然属记载粮食的内容。在其他遗址的陶文中,也大同小异。这说明,中华民族最早产生的文字,与粮食有着密切的关系。

文明的主要标志之一是文字,文献记载炎帝神农氏时代已经创造了《穗书》,《穗书》文字创造显然源于谷物,最初也是用于谷物信息的记录。漳河流下太行山麓的武安县磁山村,发掘了7300年

前大量堆积的黍米沉淀物达13.82万斤,足以说明植物采集发展以后,特别是嘉禾发现、农耕成为主导食物来源之后,记录的需求极为迫切。既然有迫切需求,就一定会产生一种方法,即初级的记录方式、记录符号。那么,文字就已经诞生了,尽管尚不完备。这就如同婴儿的第一声啼哭,标志着他已经跨入人类的行列,尽管还不能驰骋沙场。

甲骨文成熟的汉字系统成型之前文字已经产生的另一个实物证明,是早于甲骨文约800年,即距今4000年左右,襄汾陶寺尧舜禹时代的一件出土扁壶残片上,以毛笔朱书书写的两个汉字,一个是"文"字,另一个字已残缺难以辨认。能够确切说明的是,这两个汉字已经不是简单的刻划符号,不仅已经具有专门书写的用具毛笔,和专用颜料朱砂,而且已经是与甲骨文完全相同的字形笔划。

今天使用的汉字也未必完备。每一个新的科学发现,每发现一个新的化学元素,就可能创造一个新的汉字来应对,氢、氧、氮、氯、氦、氖、氟、氩、铀、镁、镍、镉、锂、熵、砼、浬……新字就这样不断出现,都是汉朝许慎《说文解字》里不可能有的字。

人类认识世界是一个无限深化的过程,汉字造字的过程还将继续下去。当然,在一定阶段,汉字可以说相对完备、相对系统化。但从哪个阶段算起是基本完备呢?如果认为是甲骨文,那只是由于我们考古挖出了刻字的甲骨,并非甲骨刻字那个时代刚发明汉字。而考古的局限恰在于有些东西再过很长时间也难以挖掘,一些古代写字或刻字的载体难以留存,或许永远挖不出来,我们却不能永远等待下去、永远不作判断。以具体的文物判断具体的历史事件可以理解,要了解史前时代,或许需要换一种思维方式。如同农耕文明诞生于采摘第一粒谷物种子的手,汉字也是诞生于有意识书写第一个符号之手。

纵观汉字发展过程,商周甲骨文、金文,秦汉偏旁部首分类,历代使用大篆、小篆、隶、楷、草、印刷体、美术字等,书法演变前后几千年。显然,初始阶段的汉字形成更不可能突变产生,一定有一个逐渐形成的过程。西安西郊斗门乡花园村原始社会遗址出土甲骨文比殷墟甲骨文早1200年,就是证明。

从汉字的系统性、完整性,形、音、义兼具的内涵,汉字与事物的相似性来看,是一个极为完整的文化结晶,即使以今日的现代思维,也绝难重新再造一套与之媲美的文字系统。

1998年春节前,高平永禄乡扶市村祖师庙内,村民王会民上庙顶打扫卫生,在正殿中央琉璃瓦梁的背面,发现写有"仓颉尊神之位"字迹的琉璃檐牌位。那么祖师就是仓颉了?事实却不尽然。据村里;老人说,大殿内中间神座上是发明农耕的炎帝神农氏,右边是仓颉,左边是发明造纸的蔡伦,仓颉只能排在炎帝神农氏一旁。

十二　农耕饮食文化

1996 年,高平市团池乡路边标注"神农饭馆"的大招牌开始出现,乡党委书记米东明弘扬炎帝文化的新思路在团池乡已经深入人心,深入市场经济流域,并渗透到第三产业。后来米东明工作调动,但炎帝神农文化带动经济建设的思路,早已成为高平对外开放的主题,蔚成风气和传统,成为高平不可动摇的地方民俗。据米东明介绍,带有"神农"、"炎帝"字样的饭店、宾馆在高平市已不止三五家。炎帝文化的独特魅力和风韵已经遍布高平城乡!

外地人到神农饭馆,当然是首先品尝山西闻名海内外的面食刀削面。这是炎帝神农氏,特别是炎帝神农氏六世"厘"与"来"栽培小麦成功的结晶。

面食品类大量出现于文献记载,最迟在汉代以前。当时,还没有"面食"、"面条"之类的概念,凡面制食品统称为"饼",烙饼叫蒸饼、笼饼,面条叫汤饼、索饼、水引饼。《释名》记载:"饼,并也。溲面使合并也……蒸饼、汤饼……之属皆随形而名之也。"到宋朝《水浒传》记载武大郎经营的面食则为"炊饼"。什么是"炊饼"?"炊"字自然是烧火制作火字旁,右边"欠"常用为"哈欠",人打哈欠时吐出哈气。与这种哈气相似的面食制作法唯有蒸馍。由此可知,炊饼即蒸馍,与演变至今日我们认为的"烙饼"不大相同。

我国中原人以面食为主,北方面食尤以山西面食最为著名,是因山西小麦种植于黄土高原,越冬时间长,糖分积累较多之故。因此,山西素有"面食王国"、"面食之乡"之称,此言不虚。目前,山西屈指可数的面食品种即有 360 余种,到山西吃面,保证能够天天不重样,餐餐不重样。故全国各地山西面食自成一家,成为特色。日本、韩国、美国、加拿大等许多国家均有山西面食的流传和烹饪。

1983 年 5 月,日本明星食品株式会社社长卜厚昌之先生专程来太原拍摄面食制作电视记录片。在观看了面案师傅精湛的技术表演后说:"各位有名的厨师精巧的技术和后起之秀的表演,我深为感动和惊讶。我们深感到世界面食在中国,中国面食在山西,太原不愧为面食的故乡。"

山西省所以能形成独具特色的面食文化,与其地处高原山区冱寒地带,气候干燥等原因有关。人们对饮食的要求是温热型、汤水型,蒸煮类面食正好符合这一要求。古籍中即有"并州人苦于嗜面",冀州(即山西)人"喜汤食"的记载。

山西的面食花样繁多,有蒸、煮、炸、煎、烤、烙等多种做法。在蒸制面食中,玉米面窝窝、小米面发糕、麦粱混合面馒头等是过去普通主食,现在则多以麦面馒头为主。而馒头又分花卷、切馍、圆馍、枣馍……此外还有素、肉、糖等各种馅的包子,蒸饺等。晋北地区用莜麦面做的烤酪酪别有风味;在炸制面食中,有用黍米面炸的油糕,麦面油条,刀切馍片……煎制面食中,有白面糊做的煎饼,肉、素馅饼、葱花油饼等;烤制面食中,有烧饼、千层饼、葱花饼、糖饼等;煮制面食中,有拉面、赶面、剔尖,刀削面、压丝面、揪片、猫耳朵……其中山西的刀切面名气最大,饮誉海内外。

饮食文化的核心是烹调。这方面,山西具有悠久的传统风俗。《饮食风俗》一文中指出:山西干旱多风,少饮水啜茗条件,全靠吃饭时汤水一并补充。少有蔬菜,全凭盐醋相佐,口味明显偏重,需大量水分,喜汤食。

山西民俗中的汤食,通常有小米粥、腊八粥、玉米糊糊、红(高粱)白(小麦)面拌汤、米粥面条加土豆块合一的"和子饭"等极多种类。

至今,"世界面食在中国,中国面食在山西",饮食文化只能产生于神农尝百草、创农耕的太行山以西。1988年高考有一道"最早称作中国的地方是哪里"的命题,标准答案就是"山西南部",这就是最早的"中国"。新中国成立以后,特别是改革开放以后,中国的吃饭问题基本解决,开始追求"吃营养、吃口味、吃新鲜",开始追求小麦稻米以外的杂粮。同样获得世界性评价的是:"中国是小杂粮的王国,山西是王国里的王国。"尽管其他省份也有杂粮种植,但山西的杂粮几乎每一种养分含量,都比其他省份的杂粮含量高出几个百分点。这就是神农尝百草"遍陟群山,备尝庶草"之后,只能历史地、必然地在山西获嘉禾的原因。

饮食特色之中,对原始的羊崇拜传统习俗依旧随处可见。上党地区逢过年节必蒸面羊,有公、母、群、独、站、卧各种形态。公羊身上披满谷穗,掺黍米、豆作眼、麦粒作唇,五谷俱全。孩子满月送礼,姥姥舅舅家必送一份面羊,数量为五,表示与羊为"伍"。大羊脖子上戴一把锁,以红线拴三枚铜钱,另捏一块拴羊石,意为把羊拴住。十五岁时要"圆十五",姥姥家要蒸十五只面羊,却没有了锁和拴羊石。开锁仪式完毕,孩子要取一只面羊跑开,表示成人了。逢年节,亲戚送礼都是一斤20只八条腿面羊馒头为赠礼。

代县有类似习俗的地方,河流居然是"羊头神河"。寿阳县羊头寨、羊头崖的地方,孩子满月蒸各种面食小动物,却统称"面羊羊"。

1949年中国农民获得解放,特别是改革开放以后,人们走过了温饱阶段。过去的长工吃上了地主才能吃到的饭菜。结果吃精米精面久之,反而要回头追求吃营养、吃口味、吃新鲜。吃全麦面,麦麸要求较多比例甚至全部麦麸磨进面粉食用。米要黑米,麦要黑麦,五谷都要归入黑五类。现在又进而吃"文化"、吃"环境"、吃"氛围",在高档酒店包厢里,周围服务员小姐陪侍,大屏幕影视音响烘托,几百元数千元的小酒碰着,主食却选择当年长工的主食玉米面窝头、玉米面饼、高粱面剔尖、玉米棒子切段、红薯切块、和子饭等等。令人感慨万千。

山西农耕饮食文化还繁衍出杏花村古井汾酒、竹叶青酒，玫瑰汾酒、白玉汾酒，益源庆老陈醋等众多原汁原味正宗的黄土饮食文化。2010年世博"明星"汾酒。原名汾清，别称羊羔酒、汾州乾和酒。起源于2000多年前的黄酒，1400多年前第一次记载为"汾清"。此酒酿造技艺精湛，清香味醇，酒质如琼浆玉液。早在1915年就曾代表中国参加巴拿马万国博览会，并荣获甲等金质奖章。国家档案馆里保存的阎锡山时期督军府历史档案中，保留了汾酒曾参加1916年巴拿马太平洋博览会的历史记载（贵州茅台酒仅获五等银奖）。

古人常把烹饪与治国的道理联系在一起。《中国的烹饪与治国理政》一文认为：在中国的饮食文化中，随时可见饮食烹调与伦理政治相通的倾向。普通日用器物，一旦注以伦理政治的观念，立即神圣不可侵犯。

祭品总是少不了酒，因此盛酒的器具便有了高低贵贱之分。大的盛酒器具为樽，小的即为桴。除去因是木材制作使用的"木"字旁，剩下的就是尊与卑，读音连一个音节都没有改变。后来为了盛放酒水保持木料不会裂缝，制作桴必须使用树根材料，逐渐又出现象形字"杯"，右半边"不"为地平线下开放延伸的树根形象。

鼎是最突出的一例。

青铜鼎，自古属国家重器，最初却只是造饭的用具，用作国器的意义在于，国家稳定的基础是人民有食物。它的鼓腹，比其他容器能盛放更多的食物；两耳，便于提携移动；三足鼎立，方便置火燃烧。炊具和餐具合一，比当时的箢、釜、镬、豆、簋等食器具具有更大的实用价值，所以古人认为是"调和五味之宝器"。用宝器供奉祖先或神灵，举行重大礼仪，与天地和声，击之不同凡响，远远超过战国时的渑池会上，蔺相如提议，秦王为赵王击缶之声。

古晋阳赵简子墓出土之鼎

因鼎被尊为礼器。传说黄帝铸造三只鼎，以此象征天地人；夏禹收罗全国的金属，铸成九个大鼎，作为传国之宝。周灭商后，铸九鼎于镐京，举行隆重的定鼎仪式，自此，定鼎喻为国家政权奠基，鼎也就成为国家权力的象征。

鼎有了这种特殊价值,就不能为普通人所拥有,因此又有列鼎制度。天子可以有九鼎,诸侯七鼎,大夫五鼎,士三鼎。士、大夫、诸侯、天子,权力愈大,拥有的鼎就愈多。所以钟鸣鼎食之家,都是指王公贵族,任何公卿哪怕权力再大,都不能超越鼎的限量,谁要超越这规定,就是僭越,属犯上作乱,要受到惩罚。

《左传》记载了周朝后期衰微,楚国崛起称霸中原,周定王派使臣去慰问,楚庄王踌躇满志地打听周鼎的轻重大小,使臣正色道:"周德虽衰,天数未改,鼎之轻重,未可问也。"鼎的轻重大小是不能问的,问鼎就是窥视政权。从此问鼎成为图谋不轨的象征,迁鼎也就是国家政权灭亡了。

二十世纪七八十年代,山西太原出土战国古墓,根据出土的三套鼎均为七只一套,立即就认定为赵简子或赵襄子之一的战国古墓,后考证基本确认为赵简子墓。文物到香港展出期间,港人多不知赵简子是何人。为此专家反问,是否听过《东郭先生和狼》的故事?答曰知道。问追狼者是否为一个年轻将军?答曰:是。专家随即告知:狼系中山国(今河北正定县一带)之中山狼,追狼的年轻将军即赵简子也。众恍然大悟。

饭锅从食器演变为礼器,鼎就不再是饭锅而是权力和荣耀的象征,能鼎上操作的都是身居高位的统治者,所以调和鼎鼐这一纯属烹调的术语,在古代亦可作为宰相治国理政的代称。春秋时晏婴对齐景公谈论君臣关系时,以和羹比喻说:"和如羹焉,水火盐梅,于烹酰醢鱼肉。"

孙子论兵学喻为烹饪之学,淮南子论治学以烹饪为例证,老子的"治大国若烹小鲜",更是以饮食比喻治国的高度概括。

十三　久远之道

中国人对炎帝神农氏的纪念可谓久远,为什么一个传统能够如此久远? 一个民族的久远之道是什么?

"久"字的字源本意是针灸之"灸",古时写作"针久",意为艾灸比针刺时间要长久才能够发挥效果。后来进一步强调艾灸要点燃,下面加一个"火"字为"灸","久"字则专门用来表示长久之意。

因此凡带"久"字读音的汉字,都有长久之意。如"旧"字,长久的物件表现为陈旧;"酒"字,粮食长久酝酿成为酒,酒能长久保存,越陈久越醇香;"臼"字,杵臼之臼,几千年长久使用至今;"舅"字,女孩终究嫁人,男丁永久居家。"舅"字下边是男,上边是杵臼的臼,即男丁能够如臼一样居家长久;"韭"字表示一种蔬菜,韭菜割了一茬又长一茬,还能越冬跨年度生长,是长久之菜;"就"字,右边是"尤"字,特别之意。左边是"京",高架之意,"就"字即指特别高。特别高的建筑规模宏大能够长久,如北京天安门、应县九层之木塔、金阙九层之晋祠圣母殿等高楼大厦,抬头仰望的石刻造像、高山峻岭、崇高的威名等都能长久;"九"字表示天数,如九天揽月,也是单数最大的数,长久的积累方能达到等等。

黄河农耕文明的发祥地

三皇五帝,唐宗宋祖,无不纵横四海,功名显赫。但真正能够被人民长久怀念,永久祭祀,从内心认同并以为其子孙而自豪的,唯炎帝与黄帝。因为他们真正为中华民族做出了永久而且无可替代的贡献,这就是"文明"的力度。

世界四大文明古国大多已经消失,惟有中华文明连续不断传承至今。这是中华民族的幸运与骄傲。

距今 7000—5000 年前,中华民族的生存环境进入温暖湿润期。温暖湿润造就了华北植物生长茂盛,却也造成了后来洪水滔天。

这时,中华民族渔猎之外还大量采集植物果实,由食肉向食肉与食草混合型转化,进入定居、用火和制作彩陶最繁荣昌盛的仰韶文化时期,目前已发现仰韶文化遗址五千多处,大多在陕西、山西、河南、甘肃等地。最著名的几处如山西沁水下川遗址、武乡遗址、河北磁山遗址、河南新郑裴李岗遗址、仰韶遗址等,形成一个环状区域。在这个环的圆心——上党羊头山,一个伟人发现了易于人工有效种植的嘉谷,这就是神农尝百草的故事。

无论时间、地点、地理、自然等机缘,嘉谷或迟或早一定会被发现,但它一定是被做事做到极致的探索者发现,"机遇只赐给有准备的头脑","神农氏"为中华民族获取了这个历史机遇。

考古学家又继续搜寻,在山西、河南、湖北、陕西等地相继发现了新的文化遗存。因其文化面貌不尽相同,所以又分别命名为河南龙山文化、陕西龙山文化、湖北石家河龙山文化、山西陶寺龙山文化,通称龙山文化时期。

龙山文化最显著特征就是城址的发现。令人惊异的是,这一次又是那位神农氏——他的后人——"尧帝"主导了时代,他的根据地距离羊头山不过60公里,而且有了标志国家的"都城"——陶寺古城。陶寺消亡百年之后,才有太行山南侧二里头古城,距离羊头山130公里。

羊头山是上古农耕革命的中心,因此改朝换代从来不会被忽略。商周时西伯勘黎,春秋时晋师灭潞,秦汉击众羌于上党羊头山。虽然这个英雄的氏族最终离开了羊头山,但"神农城"安在,神农氏之"魂"安在,《山海经》将羊头山永远地记入了典籍,《神农本草》在5000年后依旧是中医教科书的基本内涵,中华创世史诗《黑暗传》将神农故事传唱至今。历代农耕王朝所需度量衡必须以羊头山秬黍为基准,即"律"由"黍定黄钟","度"由"累黍为尺","量"由"积黍为斗","衡"由"黍为权重"。到秦始皇兼并六国统一度量衡之际,中华农耕文明的这些重要的要素,已被羊头山整整规范了3000年。

这3000年是英雄辈出的时代。女娲补天、愚公移山、精卫填海、夸父逐日、黄帝战蚩尤、仓颉造字、后羿射日、嫦娥奔月、共工怒触不周山、尧都陶唐、舜耕历山、大禹治水……中华古代神话传说,几乎全部发生在山西上党以及周边,以至太行山地区被喻为中国古代神话的"地质带"。"太行山大河水"因此被称作中华文明的摇篮。愚公移山移的是太行王屋山,抗美援朝歌唱祖国唱的是"一条大河……"每当外寇入侵,大山大河养育的人们便会高呼"还我河山"。

羊头山"岭限二郡,麓跨三邑",故高平、长治、长子三市县世代成为炎帝神农氏祠庙高度集中的密集区、炎帝神农氏传统民俗高度集中的密集区、炎帝神农文化高度集中的密集区。这种植根于大山大河的立体时空,造就了世代深厚积淀的黄河农耕文化内涵,造就了太行山为中心的远古国家雏形,造就了著称于世的燕赵之风,造就了传承文明火炬的三晋文化。这种文化乃至文明的历史资源,绝非仅以巨资打造能够替代。

中华文明是一个多元的整体,但黄河农耕文明自有其摇篮所在,自有其始创源头。自此,我国历代农耕的神农溲种法、冬月种谷法、雪藏种子法、畎亩法、区田法、亲田法、砂田法、中耕法等一系列农耕技术，都凝聚了中国古代人民对肇始神农的农耕文化传承的智慧。

农耕始祖炎帝陵在高平

本书探索择要：

目前国内有四省建炎帝陵庙，唯有炎帝神农氏及子女在山西高平事迹载入古本《山海经》。

"神农氏七十世"的前期为中华诸多氏族之一，并无特别著称于世，无由称作"帝"。而最后的八代神农氏族领袖因获嘉谷，创造并领导农耕解决了人民的食物来源，"至德之隆"，后世称"炎帝"。其中第一代炎帝尝百草获嘉谷，为始创农耕始祖"炎帝神农氏"。其在羊头山尝百草获嘉谷事迹载入《山海经》，宋《太平寰宇记》卷四十四记载："高平县羊头山在县北三十五里。《山海经》云：神农尝五谷之所，山形像羊头。"

炎帝少女在羊头山以西 30 里发鸠山的事迹载入《山海经》即"精卫填海"。《山海经》唯一记载炎帝姜姓所在之"郯水"（郯水）亦发源于发鸠山一脉。《水经注》记载的陕西宝鸡"岐水又东，迳姜氏城南为姜水"，为郦道元之误。

炎帝神农氏之子、农官"柱"生于羊头山，"能植百果百蔬"；炎帝神农氏支系后裔蚩尤驱逐末代炎帝榆罔自羊头山登九淖伐空桑；黄帝战蚩尤在羊头山以西 350 里运城盐池畔蚩尤村周边，祭天于两地之间的王屋山；第八代炎帝榆罔政衰，轩辕氏兴。黄帝封榆罔于上党"潞（路）"地"以奉神农之祀"。至此八代炎帝之中，文献记载有三代四人与羊头山直接相关。

炎帝神农氏在上党高平羊头山获嘉谷烈山耕种之"羊头山秬黍"，其形"巨"、其量"重"，成为中华文明历代律、度、量、衡之基准物；神农氏所尝百草之最后一味——羊头山"马陆"名列《神农本草》，李时珍《本草纲目》特别记载为"神农药"；羊头山自神农时代直至汉代一直为"众羌"占据；唐武则天于羊头山"改置社稷"，恢复夏朝以前传统，恢复祭祀炎帝神农氏；元朝百年国庆之前，至元九丰始祭神农，迁建羊头山炎帝神农氏陵庙皇城于"真灵""坟侧"并"遣祭、禁樵采"；明朱载堉将羊头山礼乐内涵发扬传承，著《羊头山新记》；羊头山周边至今尚有硬如钢铁之"羌木"树种，是上古时代制造耒耜的优良木材；羊崇拜以羊头山为中心，几乎遍及整个山西境内；羊头山地区炎帝神农氏遗俗民风遍及农村生活的各个方面、各个角落，遗迹广布，内涵深厚广博。

"参卢（榆罔）之后政衰"，商周时炎帝后裔自山西上党南迁至湖北神农架，传唱至今的《黑暗传》对神农氏上羊头山获嘉谷念念不忘。后裔继续南迁湖北随州、湖南茶陵、广东广州等区域。《路史》详尽记载上党炎帝后裔于商周时代南迁至湖南茶陵的来龙去脉。

与先秦《山海经》记载并至今史籍不断、以本书探索为标志的高平炎帝神农氏深厚文化内涵相比,陕西宝鸡、湖北随州、湖南茶陵等炎帝"遗迹"均无先秦明确记载,学术论著少有当地文化内涵分析,多以一般歌功颂德为主。

宏观来看,中国历史历来是游牧民族西来、南下。上古神农氏族东迁据中原、周人东迁灭商、秦人东迁灭六国、董卓进京等均为西来。古之猃狁、匈奴、辽、金、元、清等均为南下。五胡入中原、晋人衣冠南渡,唐与后唐、宋与南宋、明与南明等无一例外,皆属人口由自然生存条件恶劣寒冷地区向富庶温暖地区流动。那么,炎帝神农氏族创农耕居中原、失政后两千年间逐步迁徙南下,亦为题中应有之义。

华夏文明以黄河农耕文明为主,嘉谷之黍稷为北方特有、黄土高原为最。湖北、湖南、广州等上古炎帝传说均被文献记载为神农氏族后裔南迁。仅此,炎帝神农氏始祖在上党尝百草、获嘉谷、创农耕、统华夏、殁后葬于所居之羊头山麓,史迹、民俗、传统、志书等俱在,不是需要讨论的事。

中国社科院先秦史学会2004年高平"炎帝文化全国学术研讨会"指出:"在陕西宝鸡、湖北厉山、湖南茶陵,山西上党这四处炎帝文化遗存密集区,只有上党地区形成了完整的炎帝族生活链。炎帝出生、成长、创业、建国、殡葬、陵庙群,都在古上党高平县羊头山方圆百里之内。"

结论:

"炎帝"称谓仅限于尝百草、创农耕的最后八代神农氏族领袖;山西高平羊头山"炎帝之所居",炎帝文化内涵深厚广博,农耕始祖炎帝神农氏陵庙在高平,历史记载为"真灵";陕西宝鸡神农祠或为姜羌氏族远祖早期迁徙纪念地;湖北随州、湖南茶陵为神农氏族后裔商周时南迁纪念地,茶陵宋初始建炎帝陵"所葬代云衣冠",为历代共识之结论;各自历史源流与地位明确清晰。

今日我们该做些什么?一个黄河农耕文明博物展示的构想,律度量衡标志物的解读标本,黄河农耕文化的探源博览,炎帝神农农耕文明信息的有效传递,农耕文明内涵续写崭新篇章的产业支撑,一个文化产业正在向我们召唤。

继往开来,这才是长久之道。

高平的酒传统

伴随粮食的诞生,存在同样十分长久的一种粮食深加工产品——酒。

《战国策》记载:"昔者帝女令仪狄作酒而美,进之禹,禹饮而甘之,遂疏仪狄,绝旨酒。曰：后世必有以酒亡其国者。酒本身不会使国亡,如同武器未必决定战争胜负一样。但酒饮而甘之,却是一定的。

高平羊头山是炎帝神农氏发现酿酒原料"嘉禾"之处,嘉禾为秬黍,秬黍能酿酒,因此,高平酒传统必然与众不同。

饮酒,是高平人的通用名片,也是高平男子汉的一种生活方式。高平人饮酒,讲的是场面,闹的是气氛,抒发的是高平汉子的豪情,这种方式是通过"走圈"来体现的。圆桌前,客人们客气推让座次排列,主席(主持酒席,为词之本意)者会说,"大官小官,围个圪圈",或者"有钱没钱,围成圆圈"的话语劝人入座。来客坐定,先定喝什么酒,当然汾酒为主,称之"喝酒必汾,汾酒必喝"。开口直呼黄盖汾或红盖汾,乃至瓷瓶汾、磨砂瓶汾酒、观音瓶汾酒、青瓷瓶开国汾酒、双耳瓷汾酒、书本盒汾酒、牧童牛汾酒、青花瓶汾酒、红木盒中华汾等等。或也随流行广告而定,五粮液、孔府家酒等。茅台价高,也喝不惯,一般限于贵宾场合。乡间则是3元一瓶的高粱白,当然一定还要上一杯白开水。

高平人饮酒没有"开君一壶酒,细酌对春风"那般闲情逸致,却似梁山好汉,瓦岗英雄,"酒桌上皆弟兄,坐下一般高","谁叫领导罚谁酒","老哥老弟"等一番称呼确定下来,随后烟雾缭绕,幺三喝四喧闹起来。

主席者必定按反时针方向与在座的每一人猜拳或"丢猴"(丢骰子),先说清章程,"成猴比猴,不成猴比点,猴比点大",随之照章办事,称"走圈"。不过随着改革开放的进度,丢猴的方式正日新月异地变化,自"吹猴"开始,现已发展为不下百种的较量方式。

罚酒是一打十二个(杯)酒,当然也根据走圈人的酒量与豪情来决定,一般不会少于六个酒。笔者曾遇当地陪同司机开口40个酒走圈,酒后还送我等回宾馆。应说我等亦壮了酒胆,豪情万丈,才敢坐这一二百个酒后驾的车。

不论饮多少酒,一定要在座的每个人都走完圈才算圆了圈。即使不善饮者,也要走三个酒,方为圆满。

高平人的豪情集中表现在走圈后的自选活动。这时酒至微酣,没了场面的顾忌,没了规定的束缚,只是人性的碰撞,个性的袒露,自由奔放的快意,挥斥方遒的意境,睿智、聪颖、机敏、才情的展示。真正方显舍命陪酒、不醉不归的万般豪情,畅快淋漓。由不得来客也豪情怒放,想不舍命怕也来不及了。幸而高平的女人通人情,为朋友喝醉酒的汉子回家可以免遭责罚。

高平人以"赵人"自居。大粮山上迟浩田将军手书"赵将遗风",昭示着高平人的心性。到了酒桌上就展示为能言善辩的较量,手示数码超级速算的较量,丢骰子手法手气的较量,呼声高亢低沉韵律婉转艺术的较量。老哥老弟还要叫得勤快,各方才进入无所顾忌、志得意满、面目全非的境界。碰上输酒过多,赢方会爽快地替你干一半,简直是两肋插刀,死不足惜。高平人温情、和善、中庸、直气,往往危机临头以替酒、豁免、留存、人情酒的出路维护对方的面子,维护高平人的待客之道。玄妙与温情,率直与狡黠,对手与朋友,品位与佳酿统一的惟妙惟肖,已经有些哲学的意味了。

有幸遇邻座憨直者,怕是"老哥老弟"刚出口,那人就直接替你喝了,常有场面不输酒,替酒却替醉的。高平人古道热肠、质朴、中庸、好面子等心理特征在一堆数字的碰撞中,在丢猴的手气技巧中,在酒杯的多少上显得大气,豪爽。一友曾已至花生豆反复夹起又掉下,却还一杯不落数着往里倒。高平人的酒量多少难说,常是酒后酒瓶比人多,实践是检验真理的唯一标准,果然一派燕赵之风。

高平人从不怯酒,说话的豪气奠定了饮酒的大气,常被人事后感叹:酒量其实不行,却是酒胆吓人。晋城人饮酒,凡听说在坐有高平者,立刻不敢嚣张跋扈信口开河,语调迅速谦和,言辞谨慎,先敬一句"高平人行"。据说高平夜晚上街,喝醉酒的人比陵川白天街上的人还多?

高平酒传统由来已久,仅禁止酒后驾车,或不足以禁酒。饮酒之风可能还会千百年长久传承下去。

为了解高平酒传统,我得谢过朋友张立新,其对酒的了解深且厚。。

久远的中医与新兴的西医

神农尝百草不仅从此有了五谷,有了酒,还有了中医中药,神农尝百草的直接结果莫过于此。因此我们在谈论神农时,不得不直面中医中药。

现在人们看病,认为西医见效快,中医见效慢。却不知"西医治标,中医治本"。我们身体出了问题,是希望只消除症状呢? 还是希望病因根除呢? 到需要看病时已经来不及思考这些问题了。

中医以"望、闻、问、切"诊断病因,直接针对病因治疗,尽管对病因的理解与阐述,人们感觉"模糊""抽象",似乎不同于伤口化脓、骨折断裂等表述的那样具体,而是诸如"阴、阳、表、里、虚、实、寒、热"这种表述。而这种表述,正是对人体系统整体状态的概括,西医则还没有进步到整体辨证分析的境界。而人体的多数病症恰恰是整体性"运转失调"。

作为一个系统整体性"运转失调"的例子,就如同北京二环路,高峰时汽车行走比自行车还慢。其实哪里都没有堵车发生,也都是同向行驶,就是行驶极缓。这是因为无数辆车无法做到步调一致,并非一个整体,一辆车减速,后边就会有几公里远的车停止等待。假设全部汽车都用挂钩衔接在一起,如同一列火车形成一个系统的整体,形成秩序,问题就解决了。这就是系统的整体性。假如系统整体性出问题,尽管每辆车都没有故障,但统一速度的秩序未建立或被破坏,正常运转就失灵。

中医正是把人体看成一个完整的系统,是一个始终处于动态平衡的有机生命整体。天气冷,人体机制会调整应对未必生病,却在感觉热时不小心反而会受凉感冒。其实并无器官损坏,亦无病毒突然袭击,只是调节机制失调。中医的主要工作,就是调理人体自我调节机制,激发生命体自身抗病因素来治疗疾病。

西医并不关注人体整体机制失调的病因,而是发明各种药物,分别抑制发烧、头痛、鼻塞、感染等"症状"现象,使症状缓解,等待自愈。笔者遇一病人手术后饮食极少,十日未便。未便是由于进食少,又为何进食少呢? 以此问大夫,答曰:"进食少可输液、未便可灌肠,没别的办法。"并不探讨根本原因。

中、西医的本质区别,就在于着眼点分别放在了整体与局部、宏观与微观、本质与表象……

中医学采用的是"黑箱"式理论。"黑箱"就是指那些既不能打开,又不能从外部直接观察内部状态的系统,比如人们的大脑只能通过信息的输入输出来确定其结构和参数。相似的例子就是买西瓜不便切开时,用敲击声响、触摸表皮来判断生与熟。

中医的脏象学说,就是运用"从象测脏"的方法形成的一门学说。"象",就是输入输出的信息;"脏",就是人体黑箱内部的规律性联系。从象测脏,就是从输入输出信息推测人体黑箱内部的规律性。中医学从"象"推测出来的"五脏"——心、肝、脾、肺、肾,并非近代西医用白箱方法已经认识到的五个解剖器官。在中医的方法论里,它的更广阔的含义是组成人体大系统的五个功能子系统。除了脏腑之外,中医学还有人体之气血、阴阳、表里、经络等等,这些都是从"黑箱"式思想方法中认识而来。

中医学认为,任何疾病,尽管它的临床表现错综复杂,千变万化,但都可以用阴或阳来加以概括说明,"察诊者,察色按脉,先别阴阳"(《素问》)。人体的健康生活是由于人体内部阴阳平衡,疾病发生的原因便是阴阳失调。因此从控制论来看,中医学的阴阳学说,就是在人体内,有一个庞大的以反馈控制为机制的稳态机构,它的功能就是力图控制人体的阴阳平衡。疾病就是这个系统的阴阳平衡出了问题,治疗就是调整使之恢复平衡。

中医学"辨证"中的"辨"是辨别,"证"就是证据、信息,就是变量的集合。"证,形于外者也",可见"证"指的是人体系统的输出信息或称输出变量。中医学所讲的每一个"证",都有相应的一组主要的症状体征。

几千年来的中医实践证明,当人体的内脏有病时,内脏功能活动及其相互关系的异常变化,可以反映到体表相应的组织器官,如出现色泽、声音、形态、脉象等诸方面的异常变化。所谓"辨证论治"的辨证就是通过"望、闻、问、切"所收集到的资料、症状和体征,通过分析综合,辨清疾病的原因、性质、部位以及邪正之间的关系,概括、判断为某些性质特征。通过人类长期反复的临床试验,观察其输入和输出信息,最后通过对输入输出的对应关系的分析综合,就可以推导出人体黑箱里面的规律和特性了,如果我们用控制论的术语去描述,即形成了一套可参考的"参比信息"。这就是黑箱方法,

解剖技术与显微镜的发明和应用,容易使人们侧重于外在表象的"眼见为实",而忽略内涵的本质特征。因此西医看人体,好比"外星人"看"地球",能看到每个独立的人、住宅、交通工具、通讯工具等物质层面上的东西,却可能看不到文化、法律、道德等意识形态层面的东西,忽略人体内非物质层面上的内容。

西医学的另外一个不足之处是,如果对某个病症的机制没有搞清楚,就意味着西医临床无从下手。如今的西医临床严重依赖基础医学的发展,如果疾病的病理机制不清楚,就意味着找不到治疗的靶点,没有靶点就无法设计治疗用药或治疗方法。然而,病理机制不清楚并不是意味着这个病理机制不存在,在还没有发现它之前,如果有治疗该疾病的方法,尽管看去仿佛粗糙,为什么不去采用呢?为什么不去研究它,促进病理机制的发现呢?

历史上,中医学和印度医学、阿拉伯医学、西医学的前身(希腊医学和罗马医学)处于同一个水平,即同样为传统医学。传统医学在发展过程中,表现为两种形态:演变为现代西医学(比如希腊医学和罗马医学)和继续按自己的理论体系发展下去(比如中医学)。如果不是战争,这两种医学体系或许会在各自的国度分别按部就班的走下去。自从鸦片战争打开了中国的国门,西医学也就来到了中国,两大医学体系自此展开了交流和碰撞。哲学观和方法论是两大医学体系交流和碰撞的焦点。

医学发展的早期,不论东方还是西方,观测手段都不完备,还没有能力探测人体内部的奥秘,应用的观点方法都是整体观念。中医学的阴阳五行学说、脏腑经络学说、气血津液学说和天人合一学说,把人体内部联成一个整体,把人体和周围环境联成一个整体来考察彼此间的作用和影响,通过改变某一局部而达到调整整体。如针刺合谷治疗牙痛,服用泻火通便药治疗头痛目赤鼻出血,这些都是人们熟知的、体现整体观点的中医知识。

西方古代医学采用的也是整体观的思维模式。在希波克拉底学派,整体观念也是其主要特点,它强调人体本身是一个整体,体内各器官间互有联系,一种疾病可累及全身,而人体与外界不可分,外界气候、地区、水和空间等对健康和疾病有影响,指出某些疾病多见于某些季节,如夏天多痢疾等。

1956年,石家庄市流行乙型脑炎,名医蒲辅周先生用白虎汤清热解毒、养阴

法治疗,治愈率达90%以上。卫生部门认为白虎汤里有抗病毒成分,随即进行了化学分析,结果一无所获。次年北京也流行此病,又用上述方法,效果却不显著,因此去请教蒲老。蒲老告知,从临床实践中发现,北京多年阴雨连绵,湿热交蒸,因此属暑湿偏盛。遂用上述药方加苍术利湿,收到了良好效果。卫生部门又认为苍术里肯定有抗病毒成分,对苍术进行化学分析,结果仍一无所获。

可见,不仅人体内部是一个统一运动的整体,人体与自然亦然。

根据自然界元素组成万物的观点,唯物地解释人体的生命现象,是中医学和西方古代医学共同的特点。比如:中医学的金、木、水、火、土阴阳五行学说,毕达哥拉斯提出的地、水、火、风四元素说,印度的气、粘液、胆汁三体液学说,希腊医学的血液、粘液、黄胆汁、黑胆汁四体液学说。他们都认为阴阳或体液平衡即构成健康,不平衡或偏胜则产生疾病,治疗就要纠正偏胜,恢复平衡。

可见,在西方古代,西医学的哲学观与中医学的哲学观是一致的,都坚持整体观和唯物观。这是人类认识世界的共同规律。

中世纪末叶,西方爆发了一场伟大的思想解放运动——文艺复兴运动,促进了自然科学诞生。西方古代医学在西方自然科学的带动下,一方面继续坚持唯物观,认为自然界是物质的,不依赖于人的意识而客观存在;另一方面却背离了整体观,采纳了自然科学的还原论和机械论,最终演化成现代西医学。

"科学"一词,是满清灭亡以后,西方教育制度传入我国,按科举制的特点,因其教育方式属"分科而学",因此简称"科学"。结果因当时西方"船坚炮利"打败中国,人们认为外国什么都好,中国似乎什么都不好。"分科而学"简称的"科学"一词,虽仅是表达一种教育模式或思维模式的特征,却被多数人误解为好的、正确的、是真理,这种误解流传至今。而中国的教育方式与独特的东方思维,因与其不同,属整体性思维,非"分科而学",却被一些人认为"非科学"就是谬误,这种模糊认识导致的普遍误解至今难以澄清,尽管持这些观点者有了大病常常还是首选中医。

如果按照"科学"之概念,《易经》就很难被认为是"科学",但《易经》已经被世界公认是中华文化的集大成,是东方人类思维认识世界的宝贵文化遗产,那么中医"亦然"。考察一种文化思想,要看它是否为真理,是真理就是正确的,不是真理就可能是片面甚至是错误的,不论何种教育模式,不论分科与不分科。

"有一利必有一弊",西医确有许多特点、许多优势。但西医分科很细,本身最大的问题恰恰在于机械地、形而上学地分科。人体是一个有机的、辩证的整体,内部几乎都是在整体性运行,相互影响、相互作用、相互制约。西医分科之后,常常抛开整体矛盾,去分析解决局部矛盾,结果常常是努力处理"症状",而非根本性解决"病因"。

解放初期,久经考验的一批革命老干部离开战场进城,有了条件娶妻生子,生活充满新的激情,许多人仍遗留战争年代大量饮酒习惯,酒色伤身,一批老干部因此导致肝坏死去世。但石家庄一位老中医却以"小柴胡汤"治愈一批肝病患者,有的去世后解剖,发现肝部居然再生了"肝小叶",这是西医不能想象的中医奇迹。毛泽东主席因此指示选派西医基础好的医生学习中医,号召中西医结合。这是对中西医互补思想最高境界的总结和阐述。

又如经络学说,为几千年中医所认识并长期作为基本的医学理论,西医却因尚未从解剖中得以证明,长期认为不存在。后经现代医学研究,已经证明确实是一种客观存在。以此为理论基础的针灸在国际上应用的神奇效果,已经使全世界不得不正视它,现在德国,荷兰,英国,意大利等许多国家已经开始把针灸列入医疗保险范围。这种调理人体内部运行机制而西医不能解释又不得不认同其疗效的治疗技术,就是一个整体性诊疗人体疾病的经典例子。

不能因为以人类目前的有限知识尚未认识就想否定,欧洲人对待哥白尼"日心说"所走的形而上学的思想弯路,这类悲剧实在不应该重演。

至今,《神农本草经》依旧是中医最经典的文献之一。因此,自神农开始并被五千年长久沿用,实践证明自成体系行之有效的中医学,不仅是中华文化的宝贵财富,也是世界人类文化的宝贵财富,更是今后人类认识、研究人体自身最宝贵的经验总结和知识体系,甚至有可能成为人类认识自身最重要的参照系。

以中、西医对待感冒病症的认识和治疗的思想方法为例,可以使我们更深入了解各自的特点。

煮姜汤治疗感冒是中医基本的治疗方法。每当遭遇风吹雨淋、风寒侵袭,出现鼻塞、打喷嚏、流清涕等症状时,及时喝一碗姜汤,常可达到预防和治疗感冒的目的。生姜是辛温食物,能发汗解表、宣肺理气,对于治疗风寒感冒确实有效。

姜汤的制作对姜的选用很有讲究。因加工炮制方法不同,姜的药用有生姜、干姜、炮姜之分,各具不同的药性。生姜是指鲜品,味辛性温,既可发散风寒又可止呕;干姜为母姜的干燥品,味辛性热,专治脾胃虚寒;炮姜经过炮制,辛味减轻,温经止血是其所长,多用于虚寒性出血症。

感冒在中医还细分为风寒、风热、暑湿、表寒里热等症型。风寒感冒主要表现为鼻塞声重、打喷嚏、流清涕、咳嗽、痰白稀、怕寒明显,全身无汗且酸痛不适,一般不发热或仅有低热;风热感冒则表现为流黄色黏稠鼻涕,发热明显,甚至有高热、出汗、咽喉痛、咳嗽、痰黄稠、舌苔呈薄黄色等;暑湿感冒表现为发热、头昏胀痛,身体倦怠,伴有胸闷、恶心等症状;表寒里热感冒,又名"寒包火",多以恶寒发热、咳嗽气喘、痰黄黏稠、烦躁头痛为主症。另有气虚、阴虚等感冒症型。

中医治病讲求辨证施治,不同的症型用不同的药。风寒感冒以辛温的解表药以宣肺散寒,姜汤的主料生姜"辛能疏散,温可祛寒"。既然"辛温",对于风寒感冒就适用;风热感冒用辛凉的解表药物,板蓝根冲剂、银翘解毒片等;暑湿感冒,用清暑祛湿解表的药物,藿香正气丸,配合清凉解表的薄荷等辅助治疗。

可见,中医对于各种类型感冒的不同症状,已经有了清晰明确的分类,和各自成形的行之有效的治疗方法。

西医对于感冒,基本认识则是病毒引起。这个判断本身就是一个逻辑错误,为何同样有病毒的环境条件,少数人感冒,多数人未感冒呢?根本问题在于体质或者说抵抗力不同,还是内因在起主导作用。

而针对病毒,西医则难以有效的药物消除,强调一星期后人体即可产生抗体,自行痊愈。对于流行性感冒,每年的病毒种类都在变异,虽然能够不断研制消灭病毒的药物,但针对一种病毒的化学药品从研制实验到投放市场,平均需要5年时间,根本跟不上病毒变异的速度——看来是思想方法,或者说解决问题的思路有问题。因此,西医治疗感冒的基本方法就只能是对"症状"下药,发烧者吃药退烧,咳嗽者吃药止咳,鼻塞打喷嚏者吃药收缩血管、抗过敏等等,以期抑制症状,等待一星期后自愈,显然是治"症状"不治"病因"的思想路线。

另外,感受风寒患感冒,并非恰好病毒入侵,而是身体不抵风寒侵袭,病毒乘虚而入。还是内因在起着决定性作用。同时,感冒头疼未必是头脑疾病,打喷嚏流涕并非病在鼻腔,咳嗽也同样并非由于呼吸道恰好发生问题,各个局部都是在反映生命体的整体性运行失调,治疗感冒必须从整体性去解决治疗。

因此,中医治疗感冒没有去试图消灭那些难以判断类型不断变异的病毒,更不是回避矛盾,而是面对矛盾,从调理身体的表里、虚实、寒热、阴阳平衡入手,"虚则补之,实则泄之",身体的各项平衡调理好了,抗病能力增强了,内部矛盾解决了,疾病就治愈了。这是从内因入手、从解决主要矛盾、解决矛盾的主要方面入手,是积极的治疗路线,是客观上的有效治疗,是符合唯物辩证法的。

西医的诊疗方法则令人担忧。

英国《星期日电讯报》2009年3月1日报道,英国政府下属的药物安全管理机构发现,69种常用的非处方类儿童感冒药和咳嗽药不仅不管用,而且还可能带来各种副作用甚至致命危险。因大多数感冒咳嗽药都含有15种成分,正是这些成分带来了危险的副作用。这些成分包括:

一、使鼻腔黏膜血管收缩的伪麻黄碱、麻黄素、脱氧肾上腺素(新福林)、羟甲唑啉、塞洛唑啉,主要是起到收缩血管,减轻鼻塞症状的作用,这类药物主要对心血管系统有影响,造成心悸、心律失常,甚至死亡。

二、抗组胺剂——苯海拉明、氯苯那敏、异丙嗪、曲普利啶、抗敏安,主要是减轻打喷嚏、流鼻涕等症状,严重情况可以引起死亡。

三、抑制咳嗽的右美沙芬、福尔可定及用于除痰的愈创甘油醚、吐根剂等。主要是对心脏有影响。

MHRA 收到的报告显示，服用含有这 15 种成分的药物后，已有几十人死亡，另有超过 3000 人出现"有害反应"。在英国出现的儿童死亡案例中，主要是因为过量使用抗组胺和麻黄素，前者会导致心律不齐、昏迷。后者会导致心跳加速和血压上升，有关成分常见于治疗伤风咳嗽的药物。为此，强生公司、诺华公司等制药商主动召回其在美国市场上出售的 14 种非处方药类儿童感冒药。

解放军第 306 医院药学部副主任药剂师刘刚指出，基本上我国出售的治疗感冒、咳嗽类的西药里面都含有上述 15 种成分，比如白加黑、新康泰克、感叹号等。治疗感冒、咳嗽类的西药都主要是针对成人的，儿童用药要慎之又慎，尽量不用西药。

我国著名的药物不良反应专家、国家卫生部合理用药监测网专家、原海军总医院药剂科主任孙忠实教授指出，在我国市场上销售的感冒药基本都含有上述成分，儿童服用感冒药的不良反应主要是心慌、恶心呕吐以及头疼等。因此建议 2 岁以下的儿童不要服用止咳和抗感冒药物。

其实这三类药物的主要作用，都是缓解感冒症状，改善生活质量，并没有抗感冒病毒的作用。因此孙忠实教授指出，对于儿童感冒药和止咳药的不良反应问题，国家食品药品监督管理局正在研究中，相信最终也会是禁用和慎用。

通过对治疗感冒的中、西医药物对比，我们能感悟到些什么呢？幼儿不宜，成人或许就适宜？只是由于成人耐毒性稍强能够"扛的住"，而老年虚弱体质、相关器官疾病的患者，更难以承受化学药品的副作用，或许比幼儿更不堪一击。今日人们重视农产品化学残留，讲求绿色食品、生态食品、有机食品，相比直接吃化学药品，那点食物化学残留都已经算不了什么了。

西医西药每年不断推出新的化学药品种类，又不时地宣布一些药品禁止使用。而经过几千年治疗实践的中医中药却表现长久稳定。这个长期持久的对比能够给我们一些什么启示呢？

废止中医案

中国近代历史上的一次废止中医案，对我们认识中医或许能有帮助。

1929 年 2 月，南京政府卫生部在汪精卫的授意下，抛出了一个"废止中医案"（《废止旧医以扫除医事卫生障碍案》），企图取消中医。当时的四大名医之一孔伯华等人去南京请愿，面对汪精卫当场提出："我们拿治病效果来说话，找 12 个病人，你们西医先挑选 6 个用西医治疗，剩下的 6 个留给我用中医治疗。"汪同意"打擂",孔伯华分到 6 个分别患有高烧、咳喘等病人,结果疗效非常好,擂台胜出。汪看到良好的疗效,眼见为实,初步决定不能取缔中医,后来还介绍一些朋友到孔伯华处治疗,效果也很好。

事情在关键时刻又出现一个重要的转机。

据当年四大名医之一,施今墨先生之子施小墨先生介绍,当时情况非常危急,中医的命运岌岌可危。其父施今墨先生正多方寻求支持,适逢汪精卫的岳母患恶性痢疾,每天腹泻十几次,请遍了当时著名的西医治疗,都没有什么效果,病人已经奄奄一息。此时,有人向汪精卫推荐施今墨先生。开始汪精卫怎么也不同意,却又别无他法,为了治好岳母的病,只好请施先生诊治。

当晚,施今墨先生便赴汪精卫岳母处。施先生仅把了一下脉搏,便找到症结,表述症状时,每言必中。汪精卫的岳母频频点头称是,心服口服。

施先生当即开了 10 天的汤药,汪精卫的岳母随即询问:"先生何时再来复诊?"施今墨先生这次没有像往常一样谦虚地说"试试看",而是坚定地告之:"您安心服药,3 天后痢疾停止,5 天后胃口好转,10 天后您就痊愈了,不必复诊。""病了这么多天了,怎么可能一诊即愈呢?"汪精卫与其岳母都半信半疑。但病情却真如施先生说述,日渐好转,10 天痊愈,汪精卫这时才相信中医神验。

为答谢救命之恩,汪精卫特意亲笔题字送匾。但施先生没有收汪精卫送来的匾,而是提出一个要求:"既然您肯定中医能治病,请您收回'取消中医'的决定。"当时汪精卫没有立即表态,但此后他对"取消中医"的态度不再坚决。

1931 年 1 月,在中医界及社会各界一再请愿反对的情况下,国民政府被迫放弃了"废止中医"的前议。

炎帝神农氏始创的中医中药,在这次全社会关注的中西医较量中,充分展示了它几千年长久传承的无比力度。

解放后,孔伯华因医术高超,名列中国四大名医,更因高风亮节,备受各界尊重。党中央选定孔伯华担任了毛泽东主席的保健医生。

强大后的前景

地球生物一度称霸世界的莫过恐龙,那时已经没有能够与之匹敌的对手,因此恐龙得天独厚地空前强大,任意攻击几乎所有种类的大型动物,又进一步壮大自己,直至最后遇到任何大型动物都能一举消灭。恐龙能够到达的地方,能够作为它食物的那些大型动物,都在劫难逃。恐龙的体积、尺度、力量和种群无限制地强大到顶点,也就走到了历史的尽头。无论何种原因直接导致它最后毁灭,仅就吃掉面临的所有大型动物,以致为了寻找食物填充它巨大的胃口,以维持这个种群无限膨胀的无数超巨型躯体的肉类需求，恐龙之间也开始相互攻击。假定在一座孤岛，如果狼吃尽了所有的羊，没有了食物，狼必然开始互相攻击，灭亡也就不远了。因此，或许恐龙灭亡于异常灾变引起的生态灭绝，或许有其他什么原因，但仅"食物短缺"就可能导致恐龙灭亡。

恐龙灭绝之后，同样的考验又一次降临原始人类。

起初如《韩非子》描述，"上古之世，人民少而禽兽多，人民不胜禽兽虫蛇"。但其后如《吴越春秋》记载："古者人民质朴，饥食鸟兽，渴饮雾露，死则裹以白茅，投于中野。孝子不忍见父母为禽兽所食，故作弹以守之，绝鸟兽之害。故歌曰'断竹续竹，飞土逐肉'之谓也。于是神农皇帝弦木为弧，剡木为矢。弧矢之利，以威四方。"这就是描述了上古渔猎时代，人民饮食生存无保障，没有丧葬之俗，为了保护死去的父母尸首，以弯曲的竹片弹射石子阻击鸟兽侵害。炎帝神农氏根据这个原理发明了弓箭，氏族因此强大，形成氏族的实力与威名。

当我们的祖先炎帝神农氏族已经使用火、使用工具、使用弓箭、使用智力的时候，很快就变得足够强大，一切狼虫虎豹、毒蛇猛兽都已经远远不是对手。这时就是到了"古之人民皆食禽兽肉，至于神农，人民众多，禽兽不足"，"神农以为走禽难以久养民"之际，反而由于自己的强大，"中华民族到了最危险的时候"。

在同样面临"灭尽对手就是自己灭亡之时"的三岔路口，"于是神农因天之时，分地之利，创制耒耜，教民耕作"，"乃求可食之物，尝百草，察实咸苦之味，教民食谷"，由吃肉逐渐改为吃草（"种在地里都是草，收回囤里才是粮"）。中华民族因此幸运地绕过了恐龙面临过的死路，在"野火烧不尽，春风吹又生"的草类物种里，炎帝神农氏为我们找到了一条生路。

幸而人类转而开始食"草"、即以食五谷为主，当然打猎从来也没有停止过，以致狼虫虎豹、毒蛇猛兽等多数必须依靠人类的怜悯，至今甚至不严禁捕猎就只有灭绝。人类在吃"草"为主之际，也找到了能够长久吃肉的途径，许多动物因此依托人类养殖，才得以继续繁衍，物种进化为几类：协助人类狩猎的鹰犬，服务人类的牛马，提供肉食的猪羊鸡鸭鹅，娱乐人类的逗鸟斗鸡等等。这可以从一个"鸡"字的演变看到驯化动物的发展史。

"鸡"字的两个繁体是"鷄"和"雞"。

"鷄"字的左边是"奚"，"奚"的下边是"大"即伸展四肢的人，上边是"爪"中间是"丝"。组合的字意是上边抓着头发，中间绳索捆绑的人。这种人是什么人？在古代只能是俘虏回来被奴役做奴隶的人。古籍常用一个词汇"奚奴"，《周礼》记载"奚三百人"，形容人处境很差常用"奚落"。秦国曾有一个著名宰相百里奚，就是以五张羚羊皮换到秦国的一个奴隶，故姓名之中有这个"奚"字。

那么，"奚"字右边加一个繁体"鳥"为"鷄"，就是被奴役的鸟，这就是对被驯化的鸡之内涵展示最恰当的造字,妙不可言。

另一个繁体"雞",右边是"隹",短尾鸟之意。"雞"与"鷄"是异体同义字。

那么简化字"鸡"呢? 左边是一个"又","又"在甲骨文里是一只手。"又"与"鸟"组合起来的"鸡"的字意,就是用手可以抓到的鸟,同样极为形象并精彩。

一个"鸡(雞)"字的笔划解读,展示了所有动物驯化的本质,即这些物种将永远地被人类驯服、奴役、任意驱使、任意宰割。虽然人们也会念及它们的好处,什么千里马、老黄牛、狗的忠诚、鹰的迅疾、"一唱雄鸡天下白","鹅,曲项向天歌"等等。但它们终究是牛马鹰犬,一高兴就被杀猪宰羊,重要节日总有鸡鸭鱼肉,祭坛上,它们只能是"牺牲"。

假设没有炎帝神农氏,农业再晚诞生几千年,莫说武松打不到虎,刘邦斩不到蛇,我们的先祖直至我们自己或许都只能沦为食人生番。幸而这是个假设。

一个以羊图腾命名的山峰,一个上古时代曾栖息在这座山巅的氏族,伴随着几代伟大首领的英名,竟使看来身躯渺小的人类,第一次在风云变幻的大自然面前掌握了自身的命运,度过了生存危机!

炎帝神农氏对中华民族的丰功伟绩,无论怎样评价都不会过分。因此,《白虎通·五行篇》曰"炎帝者,太阳也","神而化之,故谓之神农也"。《清史稿》对炎帝神农氏评价为"盖古圣功德,惟帝最大。故后世之报享,惟帝最重"。

神农尝百草造就的五谷食物中医中药之生态生存之道,是与食用克隆肉类、化学制品对比之后方能体现出来的生态自然之道,是至今日益被人类感受至深的生态生存路线,造就的是至今人类健康所日益追求的发展走向与途径,是真正能够长久之道。而更重要的,是对此持有的生态生存意识。

一位曾接受北京协和医院培训的高才生、持有卫生部颁发的中医师资质的乡村医生指出,去医院治疗感冒,首先要进行一系列常规化验诊断,据说是为了"排除其它可能",继而开出一堆西药,没有四、五百元出不了医院。既然认为感冒是病毒引起,只需"对症状治疗",一星期自然就能扛过去,那么感冒患者上医院,先花几百元做各种常规化验诊断是否真正必要? 而这位为民治感冒仅需六分钱,其结果,一位优秀且有良知的中医师根本养活不了一家老小,只好改行。

根据中医辨证施治的哲学思想,这位中医师刘全保改而分析果树的生长规律,创造了《果树辩证管理学》新学科。采用这种理论思想与技术,能够使果树产量提高三至五倍、成本下降至三分之一到五分之一、而且结出纯生态型商品果。十几个省份的大批果农学其技术, 已经实现亩产25000斤优质商品果纪录,远远超过农业部亩产6000斤的高产标准,被新华社内参、中央电视台、中央人民广播电台、中央农广校及各类报刊、网络等数十次报道,果树专家祁寿椿评价为"果树管理的一场革命"。

当笔者问到其核心思想时，刘有感于许多人对自己研究实验的各种看法，指着自己写的一副对联告知核心即此。上联"众论不是、其实不是、不是可是"，下联"保持自然、利用自然、自然而然"，横批"道法自然"。我辈大学深造辩证唯物主义，见此亦叹为观止。为此，笔者为这位农村出身的中医果树大师题词"辨证的经典实践，生态的世纪走向"，自认切中本质。

这位先生是真正理解了炎帝神农氏真理探索精神者，是炎帝神农氏真理探索精神的继承和发扬。相比之下，许多人对五千年前创造的农耕生态文化、朴素的哲学思想理解是很不够的。

炎帝神农氏朴素的哲学思想体现在"扐闰成爻"，"神农演八卦为六十四卦"，因此《连山易》、《归藏易》与后来的《周易》共同成为中华文化的经典，这是对天文地理自然万物变化规律的经典总结，是五千年前最了不起的文化贡献。孔子读《易经》尚且"韦编三绝"，我们今日如果不读四书五经，几乎不可能成为中华文化大家，而《易经》就列为五经之首。

笔者在中央电视台第十套科学教育频道编导摄制《寻找炎帝遗迹》时，"片花"中写下了炎帝神农在高平的四句经典总结，"神农尝百草之地，山海经记录所在，律度量衡之本，黄钟大吕之源"，后被高平广泛用于手机彩铃，黑陶工艺品题字等。炎帝神农氏勇于研究实践的真理探索精神，是造福中华民族永久长存之根源。探索就是动力，真理就是力量。

今日看来，这总结似有粗糙之感，综合米东明与李皓两位先生的意见，将其修改为"神农尝百草之地，山海经记录所在，度量权衡之本，黄钟大吕之源"似更准确，唯因"文革"影响而欠诗词对仗的学养。

因此，自炎帝神农氏之始开创的诸多文化源流，不仅历经五千年沧桑演变至今能够长久延续，而且还会继续长久地延续下去，因为这都是人类生存最根本的长久之道，"道可道，非常道"（"可"字应为"呵"感叹意，"常"字原为"恒"，因避汉文帝刘恒讳而改，词意皆非），这是人类生存、万物造化、宇宙演进、阴阳变易之大道。

穷则变，变则通，通则久。炎帝神农氏为了民族生存，改变生存方式，保持自然、利用自然、自然而然之探索世界的实践之核心，正被近代社会发展与生态演变日益证明是人类长久发展之大道。老子曰"天长地久"，天长地久之道，就是珍惜一切自然资源、利用一切自然条件，调整我们对生态自然环境的生存适应，方能真正天长地久。

和则谐，谐则同，同则久。这就是为 2008 年北京奥运会阐释并为全世界普遍认同的中华民族恒以持久、福祚久远、昌盛长久之精神。

能够长久、永久、恒久者，即为久远之道。

附录一

羊头山新记（乐律全书）
（明）郑世子朱载堉

　　羊头山在今山西之南境,泽潞二郡交界,高平、长子、长治三邑之间。自山正南稍西,去高平三十五里,西北去长子五十六里,东北去长治八十里。所谓岭限二都,麓跨三邑也。山高千余丈,旁礴数十里。其巅有石,状若羊头,觑向东南,高阔皆六尺,长八尺余。山以此石得名焉。

　　石之西南一百七十步有庙一所,正殿五间,殿中塑神农及后妃、太子像,皆冠冕若王者之服。按:神农时,尚未有衣冠之制,不若设木主为宜耳。此殿以南,属泽州高平县丰溢乡团池北里;殿之西北,属潞安府长子县义丰乡栅村里;殿之东北,属潞安府长治县八建乡施庄里。故俗说云:前檐滴高平,后檐滴长子,谓此也。殿西稍北二十步,有小坪,周八十步。西北接连大坪,周四百六十步。上有古城遗址;谓之"神农城"。城内旧有庙,今废。城下六十步有二泉,相去十余步。左泉白,右泉清。泉侧有井,所谓"神农井"也。二泉南流二十步相合而南。《寰宇志》云:"神农尝五谷之所。上有神农城,下有神农泉。"后魏《风土记》云"神农城在羊头山,其下有神农泉",皆指此也,地名井子坪,有田可种。相传神农得嘉谷于此,始教播种,谓之"五谷畦"焉。

　　庙之西北一里许,有黑龙池;东北三里许,有白龙池;东南二里许,有金龙池。此三池惟金龙池大而且深。《高平志》云:金龙泉阔丈余。旧传有二鱼时跃于泉,遇雨即飞去,疑龙也。山之正东稍前一里余有泉,甚清。泉西半里许有梵刹,曰"清化寺"。建自后魏孝文帝太和之岁,初名"定国寺",北齐改名"洪福"。隋末寺废。唐武则天天授二年重建,改今额。有碑,乃唐乡贡明经牛元敬撰并书,其略曰:

　　此山炎帝之所居也。昔者摄提纪岁之后,燧人化火之前,穴处巢居,茹毛饮血,爰逮炎皇御宇,道济含灵,念搏杀之亏仁,嗟屠戮之残德,寻求旨味,以替羶腥。遍陟群山,备尝庶草,届斯一所,获五谷焉。记此灵奇,显其神异,石类羊首,遂立为名。于是创立耒耜,始兴稼穑。调药石之温毒,除瘵延龄。取黍稷之甘馨,充虚济众。人钦圣德,号曰"神农"。历代崇恩,峰亭享庙。其山也。左连修岭,横巨嶂而峙沧波;右接退峰,列长关而过绛阙。烈山风穴,泛祥气而氤氲;石鼓玉泉,泄云雷而隐轸。芬敷花药,春夏抽丹;蓊鬱松萝,秋冬耸翠;人天交集,仙圣游居。譬鹫岭之灵宫,犹鹿苑之佳地。播生嘉谷,柱出兹山矣!

字乃行书,遒劲可观,颇类圣教序。其而□等文,非篆非隶,盖武氏所制字也。碑阴识云:所有当寺,方圆八里,东至秦关古道下面,东西石楞并虎谷南,高僧岭所管。南至团池古羔分水。西至秦关栅村道下面,东西石楞并古尼寺下平取。正北至双浮图下古道。以上所管,永记于铭后。凡七十五字。询访遗迹,多不可晓。问僧,但云:四至以里田泉林木皆属本寺。旧时僧无租税,有司尊炎帝,故禁民樵采。数十年前,木皆合抱,弥满山谷。近来禁弛,盗伐几尽,寺僧赋役,同于俗氓。盖有不胜其苦者矣!

寺东五、六里有水焉,俗呼为长河。《高平志》云:长河在县东北,南流入丹水。河渠渺远,环带萦纡。夏秋之交,众溪合流,水势若江海,渡者艰危,至冬始涸。愚按《水经注》云:长平水出长平县西北小山,今此水在县东北,非古所谓长平水也。山之西二十里,曰丹朱岭,其古之丹林欤?《水经注》引《山海经》云:"沁水之东有林焉,名曰丹林。丹水出焉,即斯水矣。"又引《地理志》云:高都县有莞谷,丹水所出,东南入绝水是也!又引《竹书纪年》云:晋出公五年,丹水三日绝不流。幽公九年,丹水出相反击,即此水也!考其时,在白起赵括之前,已有丹水之名。《高平志》引《方舆胜览》云:白起坑赵卒,血流成河,故名丹水。又云:丹朱岭在县北四十里,长子县界,以尧长子丹朱得名。此二说皆谬。盖本丹林年久伐尽,不复有林矣,遂讹为"丹岭"。而"朱"乃后人妄加耳!"长子"读如长短之"长",见颜师古《汉书》注。《春秋》、《左传》云:鲁襄公十八年,晋人执卫行人石买于长子,执孙蒯于纯留。《竹书纪年》云:梁惠成王十二年,郑取屯留尚子,屯留即纯留,尚子即长子。古音相近互用,无关于丹朱岭也。是时郑已灭矣!此云郑者,盖韩懿侯也!见《史记·韩世家注》。

又西二十里,曰伞盖山。泫水出焉。《山西通志》云:伞盖山在长子县西南五十里,以形似名,下有水,名"泫水"。《水经注》云:泫水道源泫氏县西北,元谷东南,流迳泫氏故城南而东,会绝水乱流,东南入丹水是也。

《寰宇志》云:神农尝五谷之所,上有炎帝庙。南带太行,右有繖盖山,即此山也。又西北三十里,曰"发鸠山"。山下有泉,泉上有庙。宋政和间祷雨辄应,赐额曰"灵湫"。盖浊漳水之源也。庙中塑如神女者三人,旁有女侍,手擎白鸠,俗称"三圣公主"。乃羊头山神之女,为漳水之神。漳水欲涨,则白鸠先见,使民觉而防之,不致暴溺。羊头山神指神农也!然白鸠事,诸志未载,以其近怪,故不语耳。愚按《山海经》云:发鸠之山,漳水出焉,有鸟,名曰精卫,炎帝少女,游于东海,溺两不返，化为此鸟，常衔西山木石，以堙东海。故陶诗云"精卫衔微木，将以填沧海"，盖用此事。然则俗语亦有所本矣！《周礼·职方氏》曰："冀州其川，漳其浸潞。"许氏《说文》曰：潞，冀州浸也，上党有潞县。阚骃曰：潞水为冀洲浸，即浊漳也。《后汉书》注引《上党记》，亦谓"潞即浊漳"。然则清漳为漳，浊漳为潞，明矣！《山西通志》云：潞水在潞城县东十五里微子城发源，西流合浊漳。此说非也。潞为冀州巨浸，岂小水耶？浊漳即潞，近乎理矣。潞水迳羊头山西北去山五十里。山之阴，凡有泉皆北流入于潞水；山之阳，凡有泉皆南流入于丹水。古所谓泫氏者，即今高平也。所谓高都者，即今泽州也。羊头山在太行之北一百五十里众山最高处，俯视太行，犹在下矣。《高平志》云：羊头山在县北四十里，危峰秀拔，势凌霄汉。日夕诸山俱暝，而此峰返照犹光，故俗传此山比天下名山高三尺。然非山高，地势高耳。秦并天下，置郡县，以此地极高，与天为党，故名上党郡。即今潞安府及泽州府所属，皆古上党郡地。至隋，仍置上党县，属潞州。

今之长治县，即旧上党县也！山之东南八里，曰故关村。村之东二里，曰换马镇。镇东南一里许，有古塚，垣址东西广六十步，南北袤百步，松柏茂密，相传为炎帝陵。有石栏石柱存焉，盖金元物也。愚按《路史》：神农氏七十世有天下，轩辕氏兴，受炎帝参卢禅，封参卢于潞，守其先茔，以奉神农之祀。参卢之后政衰，其国浸削。至春秋时，为晋之附庸焉。无纲纪礼法，而民俗鄙陋，颇同夷狄。然以火王，犹知尚赤，故谓之赤狄潞氏。潞子婴儿娶晋景公之姊伯姬为夫人。其臣酆舒专政，虐伯姬而杀之。鲁宣公十五年夏六月，晋荀林父帅师灭潞。事载《左传》。今潞城县东北四十里，有古潞城，即其国也。其国至神农塚一百六十里，此为先茔，理或有之。又按：神农塚天下有二焉。其一在湖广衡州府酃县，载于祀典，每三岁遣官祭。其一即此塚。元成宗大德九年亦尝遣祭，禁樵采。然南北二塚相去三千里，世代久远，是否真伪，莫知其详。今此坟侧，有神农庙，有司岁时致祭焉。又按诸志，凡羊头山以形命名，随处有之。在冀州之域者有三，其一即此山。其一在汾州西北十五里，见《一统志》。其一在古谷远县沁水所出，见《汉书》及《水经注》，今沁源县绵山是也！神农尝谷之所亦有三焉。其一即此处，其一在潞安府东北十三里百谷山，其一在隰州东四十五里合桑村。有古谷城，谷台是也。夫神农庙宇在处犹多，兹不足纪。盖皆乡民积年私建，谓之行祠云。律家考秬黍率曰羊头山。叩其详，多不知。附此以资谈论而已。

摘自《泽州府志》卷四六

附录二

姜姓始祖炎帝神农传承一百五十七代世系表

世序

始祖炎帝魁傀 01 —帝临魁 02 —帝承 03 —帝明 04 —帝直 05 —帝厘 06 —帝哀 07

帝榆罔 08 —雷 09 —句龙 10 —共工 11 —信 12 —夸父 13 —垂 14 —伯夷 15 —先龙 16

玄氏 17 —王宣 18 —王定 19 —王怀 20 —王恒 21 —王宙 22 —王宇 23 —王高 24

25 王许 —26 王宰 —27 王禅 —28 王启 —29 王蒯 —30 王正 —31 志道 —32 祖荣

33 杜成 —34 济公 —35 林一 —36 承先 —37 荣 —38 永和 —39 禹宣 —40 衡车 —41 海复

42 祖甲 —43 二懋 —44 正二 —45 心成 —46 元一 —47 仲调 —48 训元 —49 先二

50 司会 —51 辉前 —52 公伦 —53 豫仲 —54 尚（太公）01 —55 丁公 02 —56 乙公 03

—— 海 108 55
—— 硕 109 56
—— 庆 110 57
—— 著 111 58
—— 翰 112 59
—— 神翊 113 60
—— 挺 114 61
—— 公辅 115 62
—— 忠 116 63
—— 诚 117 64

靖康 98 45
—— 肇 99 46
—— 廉 100 47
—— 实 101 48
—— 琛 102 49
—— 烨 103 50
—— 经 104 51
—— 开之 105 52
—— 选 106 53
107 54

尔委 90 37
—— 从成 91 38
—— 卓修 92 39
—— 善初 93 40
—— 培德 94 41
—— 维（伯约） 95 42
—— 试 96 43
—— 固 97 44

龙武 81 28
—— 世相 82 29
—— 家成 83 30
—— 公若 84 31
—— 真岗 85 32
—— 立吾 86 33
—— 成二 87 34
—— 明性 88 35
—— 和邦 89 36

康公 73 20
—— 异侯 74 21
—— 正侯 75 22
—— 模侯 76 23
—— 崇武 77 24
—— 元美 78 25
—— 仕侃 79 26
—— 之瑞 80 27

桓公 65 12
—— 惠公 66 13
—— 顷公 67 14
—— 灵公 68 15
—— 景公 69 16
—— 悼公 70 17
—— 平公 71 18
—— 宣公 72 19

癸公 57 04
—— 献公 58 05
—— 武公 59 06
—— 历公 60 07
—— 文公 61 08
—— 成公 62 09
—— 庄公 63 10
—— 厘公 64 11

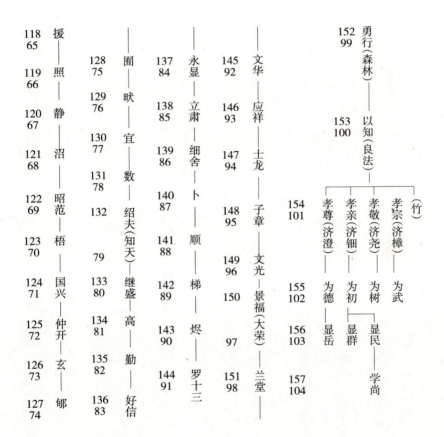

勇行（森林） 152/99 ── 以知（良法） 153/100

（竹）
孝宗（济樟） 154/101 ── 为武 155/102 ── 显民 156/103 ── 学尚 157/104
孝敬（济尧） ── 为树 ── 显群
孝亲（济钿） ── 为初
孝尊（济澄） ── 为德 ── 显岳

文华 145/92 ── 应祥 146/93 ── 士龙 147/94 ── 子章 148/95 ── 文光 149/96 ── 景福（大荣） 150 ── 97 ── 兰堂 151/98

永显 137/84 ── 立肃 138/85 ── 细舍 139/86 ── 卜 140/87 ── 顺 141/88 ── 梯 142/89 ── 烬 143/90 ── 罗十三 144/91

囷 128/75 ── 畎 129/76 ── 宜 130/77 ── 数 131/78 ── 绍夫（知天） 132 ── 79 ── 继盛 133/80 ── 高 134/81 ── 勤 135/82 ── 好信 136/83

援 118/65 ── 照 119/66 ── 静 120/67 ── 沼 121/68 ── 昭范 122/69 ── 梧 123/70 ── 国兴 124/71 ── 仲开 125/72 ── 玄 126/73 ── 郇 127/74

附录三

炎帝神农分支分氏世系表

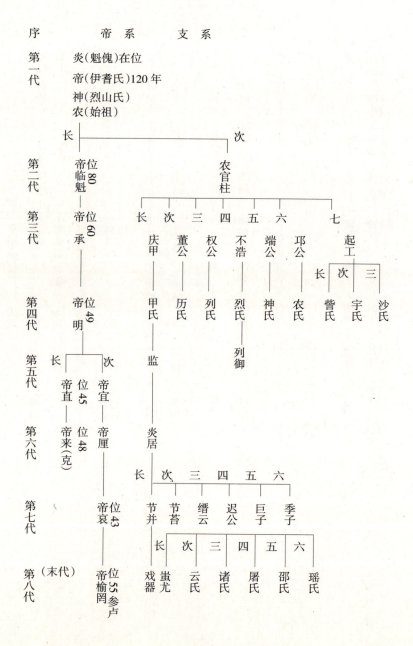

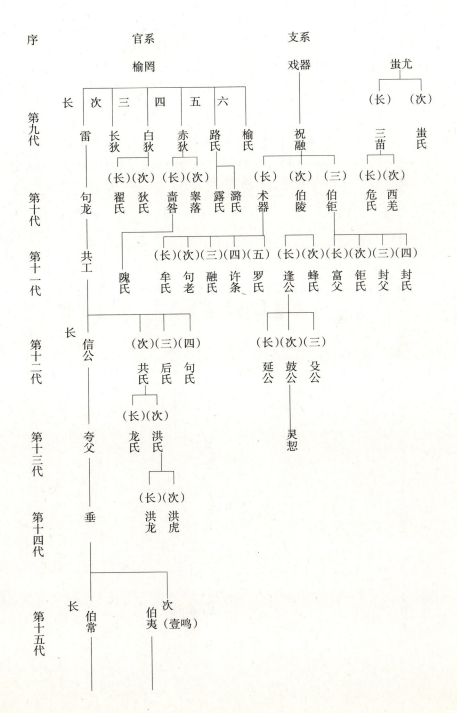

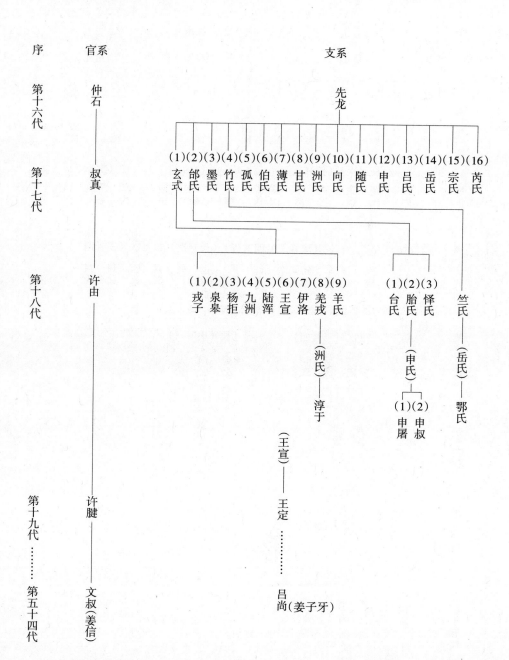

序	官系	支系
第十六代	仲石	先龙

附录四

高平副市长米东明发现炎帝碑陵歌记

赫赫炎帝,肇始华夏。晋之东南,遗迹甚多。历朝历代,岁时致祭。民国以来,颓废已久。

米氏东明,身材健硕,为人爽直,爱乡爱土。为官一任,造福一方,两任团池,励精图治。访炎陵,功莫大焉。寻迹炎帝,苦找陵碑,草丛见宝。历史还原,万历勒石,震惊国人。其后上太原,奔北京,寻史书,访专家,及至乡间传说、古迹庙宇、碑碣石刻、皆整理收集。探幽寻微,刨根问底。访农问道,不辞劳苦。日夜操劳,传播炎帝文化。从始至今未曾放弃。由此,炎帝文化,更成规模,逐使国人周知,高平乃炎帝之陵。期吾祖炎帝,佑我子民,风调雨顺,国泰民安。期亿兆同胞,四海一家,戮力同心,光前裕后。创业艰难,甘苦自知。勒石铭之。

山西省改革创新研究会

二零零八年十一月

后 记

　　探索炎黄历史，是探索我中华远祖征服自然，创造中华文明的恢弘主题，是中国历代文人学者从未停止过的研究课题，是炎黄子孙都应该永远关注，并对今人会有不断启迪的重要内容。

　　为了导游指南和大众文化普及，一直梦想出一部论证炎帝神农氏在山西高平始创农耕的书。好在首次发现、首次报道炎帝陵的经历还历历在目，对羊头山炎帝遗迹还算了解，就借了高平人的酒胆，与米东明、白双法一干旁门左道者一拍即合，造句作文似地开写了。

　　"有效传播就是让大众愿意接受。据此对照，目前炎帝神农文化的传播有四大不足：第一、闭门抄书常形不成有效主题、无看点。第二、论点常没有论据论证支撑，只能泛泛而论，无可信度。第三、没有依据也编故事，不合炎帝主题。第四、学术性过强就没了大众观赏，难以实现传播目标。归结一句话，不能写了书没人爱看，要写文化普及"浅出"版本，成为高平炎帝神农氏遗迹的集成之作、导游之作、纵横谈之作，还要有品位有水准，谁都愿意看"。米东明一番宏论喷薄而出，并随即根据昨天北京奥运会开幕式由队列排演出一个"和"字，就以"和则同，同则久"为本书宗旨，提出"从和说起，从久结束"，命题作文，将了我等一军。

　　老米够牛，提这般要求还这般理直气壮？

　　《太平寰宇记》卷四十四记载，高平郡六大姓：米、范、巴、瞿、过、独孤。未料米姓居然属高平第一大姓，渊源久远。因发现炎帝陵，吕日周会长闻之，山西省改革创新研究会出面给米东明立了碑，两米高立在羊头山炎帝广场东北侧。陕西农民发现兵马俑还写进书里，米东明发现炎帝陵，无愧碑刻记载。

　　米东明总想人生做点什么"事"，做市场？做官？做文化？他都敢想敢做，敢做敢为，乡里人说来那是"没白活一回"。但他却感觉没上道，一直没进入自己也说不清楚的那个什么"理想天地"。亲自下功夫找到炎帝陵这件事，才彻底奠定了他的人生走向。发现炎帝陵只是序幕，炎帝文化成了他毕生要做的"事"。"以天下为己任"这话现在没人说了，老米却真正脚踏实地实践这个中国士人的历来梦想。中华民族炎帝神农文化这等大事是他能够做得了的吗？可是他却一条胡同走到底，从上个世纪走到这个世纪，应了最初的一句话"重在参与"。山西省炎帝文化研究会考虑他任副秘书长时，他还不愿担这个名誉，宁愿以理事身份

去"理点实事"。

由老米这事,我真正领略了大形山大河水陶冶的燕赵之风。我也因此豪迈起来,与老米共同策划摄制了首次 CCTV 新闻联播报道、日本 NHK 电视台报道、CCTV-10《家园》栏目《寻找炎帝遗迹》大型文化探索节目,共同"编导"了《神农乡纪》《高平发现炎帝陵》两书。但至今,仍感文化探索深度不够,诸多常年萦绕心头文化之谜的新发现总是推着我们不能止步。

极为偶然却历史必然地,我与毕生深度研究汉字文化源头的白双法先生走到一起。他对中华文化的不懈考察研究,解读了无数隐藏在汉字笔划里的文化信息,逐步形成了他的"双法字理"理论。在转而还原出造字时隐藏在笔划里的文化信息时,常能别开生面,揭示许多文化悬念。他的研究成果已被国家"语委"高度评价,"汉办"确认为对外汉字教学首推成果。那么,汉字笔划里不断揭示的文化信息,不是有助我们揭示汉字造字之初诸多社会形态的秘密吗?同为白先生好友的老米一拍桌子,"再写《探索发现炎帝陵》三卷,深度发掘其他省份炎帝神农文化所不具备的文化内涵"。就这样,虽然不是作家,却开始坐家,真的似地摆弄起电脑。

一般人写炎帝神农氏,多是互相转抄古籍。虽然这也不可或缺,但仅此就都在同一个层面徘徊,很难有什么突破。须知古籍记载本身就有很大的局限,古人受所涉足地理范围、信息范围和考古技术的局限,上古故事只能据传说而记载,信息又因辗转而多有耗散。在前人记载的基础上再做文章,难度足够大。

笔者在央视多年编导工作的思想方法,习惯思考"是什么"背后的"为什么"。这就迫使自己深度挖掘,掘出他人所未关注的信息,因此便有了深度思考的空间,形成了自己的剧本模式。"是什么"只是生活表象,"为什么"才是文化深度。

如笔者为摄制晋祠纪录片,细读了一纸箱有关晋祠的重要文献,特别是阅读了古人一般无法见到的宋朝宫廷档案《宋会要辑稿》,分析了鱼沼水下发掘的元代残碑碑文,分析了皇家才许可采用的宫廷规制雕塑群,以历史的辩证分析,终于成功揭示困扰宋、元、明、清历代文人儒生的晋祠圣母之谜,这是过去时代难以逾越的门坎。又如依据实地考察、研究道家阴阳学说、历代碑文特别是虢季子白盘铭文为佐证,论证了司马迁自序"迁生龙门,耕牧河山之阳"在山西河津而非陕西韩城的故里之谜。依据当地地理、志书、传说等解读"关关雎鸠,在河之洲……",发掘了周文王在洽川黄河沙洲追求和迎娶美女太姒而生周武王的史实等,均为仅在图书馆难以完成。这就是"读万卷书不如行万里路"的优势。

当然,许多历史之谜非一日能想明白,更多的文化整合、整体性思考,深入历史的文化解读,构成本书初衷。

以此出发点对照，前两本书《神农乡纪》《高平发现炎帝陵》便留下缺憾。因笔者从事电视编导，虽已储备资料，却无暇坐家写书，故以电视编导的创作方式，拟定宗旨大纲，组织实地详细考察、赴"国图"累月查阅资料，嘱其兄代笔编写。但未形成深度分析模式，属纪实文学，故执笔本书以偿夙愿。

本书以实地游览为脉络，梳理古义，辨证诸家歧说，或采近年研究新论，或抒胸臆成一家之言，或标新而立，或有破有立，或破而未立，希望能把问题推到论证的极限。因非专业研究，又属普及浅出之作，故凡采众家之说，未便一一注明出处，望众方家见谅。

本书从问一系列为什么开始，以辩证唯物的思想方法，以纵横谈的叙事方式展开讨论，不一定拘于具体文物考证，或更容易在尚未全部发掘所有地下文物之前，甚至长期不可能有相关文物出土时，形成一个讨论框架，讨论要为社会发展服务。

同时避免毫无意义地介入争议较大、难以把握、难以验证的具体历史轨迹、事件和观点，避免武断地对人类目前不可能回答的问题，做出一堆纯属猜测性的"我认为……"的企图。而是针对眼前的具体问题，从事物本源入手，从人类思维规律入手，立足实地考察，立足较少争议的历史记载，立足传说中唯物的有效信息，做出历史的、唯物的、辩证的合理论证，以供大众参考，促进普及，促进炎帝神农文化传播。

或许此事并不简单，数千年前司空见惯的事，今日已成遗迹，甚至踪迹全无。要想重新了解，就成了解读与揭秘。而多数历史信息本身就少有文物遗存的炎帝神农时代，考古手段也常受到局限，文化解读与纪录片特有的求证真相模式就成为重要方法。

白双法先生以诸多文化古迹考察不断完善的"双法字理"理论，解读了无数隐藏在汉字笔划里的文化信息。如果转而还原出造字时隐藏的文化信息，常能别开生面揭示许多文化悬念。因此成为我们揭示炎帝神农氏历史的重要思想方法。

辩证地看待上古神话，历史信息永远散发着璀璨的光辉。神话不是糟粕，那是我们的远祖传给我们的历史遗嘱，如同世界所有民族都有神话历史，那是民族的骄傲。而其中的历史印记，需要我们从中探索发现，解读其中的有效信息，从而倾听远祖传递给我们的遥远呼唤。

炎帝神农氏或许永远是一个历史之谜，因此对其解读，就是不断提出问题而不是武断地敲定"答案"。是指明探索方向，而非给予了最终定论。炎帝神农氏之谜的魅力即在于此，这就是使我们孜孜不倦的动力所在。

我们的万代子孙，即使将来能够开发出更多的上古未知领域，也同样不会

因我辈所处时代的浅显而责备我们，因为这就是历史，这就是人类认识世界的基本规律。

高平炎帝神农氏遗迹尽管非常丰富，但在当今娱乐文化时代，能够引起广大读者关注的吸引力却可能有限，本身难以形成阅读热点。因此，本书在许多重要的文化"点"上，大量展开知识信息面，充实知识信息量，这样既能对这些"点"形成相对系统的知识信息量给以充分说明，这些大量的知识信息本身，也会对读者形成可读性，即使作为文化资料也很有价值，以此使炎帝神农文化得以普及传播。

因非此道中人，从未这般作文造句，想当然的这些想法或许未必如此，方家阅读至此也不必见笑，权作聊聊心得。即便引之一笑，亦作开心也罢。若虽作文造句一般，却能引起某些思考，便是吾辈目标。

文化作为社会上层建筑的重要组成部分，应该并且完全可能通过文化产业的形式，推动区域经济发展，从而推动社会生产力进步。

高平市现存宋金以前的古建筑11座，有世界古代史上最大规模的"长平之战"极为丰富的战争遗迹遗存。然而能够扛起高平旅游业的大旗，成为高平旅游业的龙头，成为晋城、山西乃至中国旅游业品牌的，非炎帝文化莫属。民革晋城市委的一份提案认为，开发炎帝文化，不能仅仅停留在保护和维修现存遗迹、收集和整理历史记载、炫耀和比较资源优势上。应在认真保护的基础上，在开发和打造品牌上下大工夫，将具有极高研究价值的内容转变为具有较高旅游观光价值的重要产业。

几年前，著名旅游专家王连义教授总结山西旅游业的现状是：一流的资源，二流的规划，三流的人才，四流的管理，五流的营销。要科学、高水平地发掘炎帝文化，做好炎帝旅游产业开发，需要借助各方智力资源，制定总体规划，吸引各方投资，方可破解开发困局。

对此，山西省炎帝文化研究会、高平市委市政府不仅对本书给予有力的支持，对炎帝文化产业给以积极的推动，诸多产业开发项目已在筹备之中，令我辈欣慰之至。

各省之间比较，炎帝神农文化的开拓发展都有各自的瓶颈，多数都是"硬件足、缺软件"。相信本书抛砖引玉，能够促进山西高平达到"软件足、找硬件"，辉煌的中华炎帝文化事业就遥遥在望了。

程原生

二〇一一年七月十五日

图书在版编目（CIP）数据

　　探索发现炎帝陵 / 程原生, 米东明 主编. —太原：
三晋出版社, 2011.8
　　ISBN 978-7-5457-0361-0

　　Ⅰ. ①探… Ⅱ. ①程… ②米… Ⅲ. ①炎帝—陵墓—
介绍 Ⅳ. ①K928.76

　　中国版本图书馆 CIP 数据核字（2011）第 062976 号

探索发现炎帝陵

主　　编：程原生　米东明
责任编辑：田潇鸿

出 版 者：山西出版传媒集团·三晋出版社（原山西古籍出版社）
地　　址：太原市建设南路 21 号
邮　　编：030012
电　　话：0351-4922268（发行中心）
　　　　　0351-4956036（综合办）
　　　　　0351-4922203（印刷部）
E－mail：sj@sxpmg.com
网　　址：http://sjs.sxpmg.com

经 销 者：新华书店
承 印 者：山西科林印刷有限公司

开　　本：787mm×960mm　　1/16
印　　张：21.5
字　　数：450 千字
版　　次：2012 年 4 月　第 1 版
印　　次：2012 年 4 月　第 1 次印刷
书　　号：ISBN 978-7-5457-0361-0
定　　价：66.00 元